D1718647

Karl-Heinz Vanheiden

Bibel-Chronik Band 4

Jesus und seine Zeit

**Eine Chronik seiner Geschichte
in den vier Evangelien**

Karl-Heinz Vanheiden

BIBEL-
CHRONIK

Band 4
Jesus und seine Zeit

Eine Chronik seiner Geschichte
in den vier Evangelien

Sämtliche Bände dieser Reihe:
Band 1: Israels Väter und ihr Gesetz
Band 2: Israels Könige und Propheten
Band 3: Israels Exil und seine Folgen
Band 4: Jesus und seine Zeit
Band 5: Die Gemeinde und ihr Buch

Karl-Heinz Vanheiden
Bibel-Chronik Band 4
Jesus und seine Zeit
Eine Chronik seiner Geschichte in den vier Evangelien

ISBN 978-3-89436-625-4

© Copyright 2008, Christliche Verlagsgesellschaft mbH,
Dillenburg, www.cv-dillenburg.de
Satz: K.-H. Vanheiden
Umschlaggestaltung: CV Dillenburg
Druck: GGP Media GmbH, Pößneck

Printed in Germany

Inhaltsverzeichnis

Vorwort zur Chronologie des Lebens von Jesus

In diesem Buch wird der Versuch unternommen, die vier Zeugenberichte über das Leben von Jesus Christus zu einer Biografie zusammenzufassen. Dazu mussten die Ereignisse seines Lebens in eine chronologische Reihenfolge gebracht und die mehrfach berichteten Geschehnisse zu einer einzigen Geschichte verbunden werden. Der Autor hat Wert darauf gelegt, den biblischen Text möglichst unverändert zu lassen, auch wenn es der Chronologie wegen manchmal nötig war, die Reihenfolge der Berichte zu ändern.

Als Bibelübersetzung wurde die leicht lesbare und doch genaue „NeÜ bibel.heute" gewählt. Es handelt sich dabei um eine neue evangelistische Übersetzung des Autors, eine Übertragung der Bibel ins heutige Deutsch. Wenn der chronologisch geordnete Text der vier Evangelien so wie in diesem Versuch mit den Ereignissen der damaligen Zeit verbunden wird, entsteht daraus ein packender authentischer Bericht über das Leben von Jesus Christus auf dieser Erde.

Die chronologische Einordnung der biographischen Daten des Lebens von Jesus Christus lehnt sich im Wesentlichen an den Versuch Pixners an, der sie auf die drei von Johannes erwähnten Passafeste gründet sowie die in den Evangelien erwähnte Vegetation, die Stürme, das Klima und die Fischerei.[1]

Folgende Daten können mit einer gewissen Sicherheit angegeben werden. Das 15. Jahr der Regentschaft des Tiberius (Lukas 1,3) ist das Jahr 27 n.Chr.[2] Das erste von Johannes erwähnte Passa fällt dann in den April 28 n.Chr. Dafür spricht auch die Angabe in Johannes 2,20, dass bereits 46 Jahre am Tempel gebaut worden wäre. Herodes hatte im Jahr 19 v.Chr. mit dem Tempelbau begonnen. Die angegebenen 46 Jahre führen uns ebenfalls genau[3] ins Jahr 28 n.Chr.

Schwierig ist die Einordnung des Festes der Juden (Johannes 5). Weil Jesus nach Jerusalem zieht, könnte es eines der drei Wallfahrtsfeste gewesen sein. Passa und Laubhüttenfest werden sonst von Johannes direkt

---

[1]   Pixner S. 426ff. Siehe Literaturverzeichnis!

[2]   Der Beginn der Mitherrschaft des Tiberius ist inschriftlich auf den 23. Oktober 12 n.Chr. bezeugt. Siehe Anhang!

[3]   Unter Beachtung des Jahr-Null-Problems. Siehe Anhang!

erwähnt, also nehme ich mit G. Kroll[4] das Pfingstfest an. Das würde auch gut zum nachfolgenden „Ährenausraufen" der Jünger passen, das jedenfalls im Juni stattgefunden haben muss.

Der Sturm auf dem See (Matthäus 8, Markus 4, Lukas 8) passt am besten in den nächsten Februar, ebenso die in diesem Zusammenhang erwähnte Schweineherde, die nur von Februar bis April auf einem Abhang über dem See Weide finden konnte. Die Speisung der 5000 (Johannes 6,4) fand kurz vor dem zweiten Passa statt, also im April 29, das Laubhüttenfest (Johannes 7,2) im Oktober 29, das letzte Passa dann im April des Jahres 30.

Als Geburtsjahr von Jesus Christus wird heute meist das Jahr 7 v.Chr. angenommen.[5] Biblisch-historisch lässt sich das so begründen: Herodes der Große starb Ende März, spätestens Anfang April des Jahres 4 v.Chr. Etwa ein Jahr vorher verließ er Jerusalem, schon von schwerer Krankheit gezeichnet, und betrat die Stadt nie wieder. Nach Matthäus 2,1 fand die Begegnung der Sterndeuter mit dem König aber in Jerusalem statt. Das müsste also spätestens im Jahr 5 v.Chr. stattgefunden haben, als Herodes noch in Jerusalem sein konnte. Von den Sterndeutern hatte er den Zeitpunkt der Erscheinung des Sterns erfahren und vermutete darin – nicht zu Unrecht – den Geburtstermin des Messias. Deshalb befahl er „in Bethlehem und der ganzen Umgebung alle Jungen im Alter von zwei Jahren und darunter zu töten" (Matthäus 2,16). Von daher hat das Jahr 7 v.Chr. eine gute Chance, als Geburtsjahr von Jesus Christus angenommen zu werden.

Lukas schreibt, dass Jesus „ungefähr 30 Jahre alt" war, als er seinen Dienst begann (Lukas 3,23). Das lässt eine gewisse Toleranz zu, zumal Lukas den gleichen Ausdruck (griech. *hôsei*) mehrmals in ähnlichen Zusammenhängen gebraucht (z.B. Kapitel 1,56 „ungefähr drei Monate"; Kapitel 9,14 „ungefähr 5000 Mann"). Eine Toleranz von 10% wäre gewiss nicht zu hoch gegriffen. Von daher ist es nicht unangemessen, für Jesus Christus ein Alter von 33 Jahren[6] beim Beginn seiner Wirksamkeit anzunehmen.

---

4   G. Kroll. S. 248. Siehe Literaturverzeichnis!

5   Dass Jesus Christus in einem Jahr „vor Christus" geboren wurde, hängt mit der christlichen Zeitrechnung zusammen, die das Jahr 248 nach der Thronbesteigung Diokletians mit dem Jahr 532 nach Christus gleichsetzte. Siehe Anhang!

6   27 n.Chr. (siehe oben) plus 7 v.Chr. ergibt 34 Jahre, minus 1 (wegen dem Jahr-Null-Problem, siehe das Kapitel „Die christliche Zeitrechnung") ergibt 33 Jahre.

Die Vorgeschichte

Im Jahr 538 vor Beginn unserer Zeitrechnung[7] erließ der persische Großkönig Kyrus ein Gesetz, das den heimatvertriebenen Völkern in seinem Reich die Rückkehr erlaubte. Dieser Erlass wird zweimal in der Bibel zitiert. Im Britischen Museum in London findet sich auch eine archäologische Bestätigung dafür in Keilschrift auf dem berühmten Cyrus-Zylinder.

Kurze Zeit später machte sich eine Gruppe von fast 50.000 Juden auf den beschwerlichen, 1500 Kilometer langen Heimweg. Mehr als ein halbes Jahrhundert vorher waren sie aus Israel vertrieben worden. In Jerusalem angekommen errichteten sie den Brandopferaltar auf der Tempelhöhe der zerstörten Stadt und fingen an, sich notdürftig einzurichten. 22 Jahre später hatten sie auch den Tempel wieder aufgebaut. Unterstützt wurden sie dabei von den Propheten Haggai und Sacharja, deren Bücher wir am Ende des Alten Testamentes finden.

Doch 70 Jahre später war die Stadt Jerusalem – abgesehen vom Tempel – immer noch ein Trümmerhaufen. Als der Jude Nehemia, ein hoher Beamter des persischen Großkönigs Artaxerxes, davon erfuhr, war er schwer betroffen. Er ließ sich von seinem König nach Jerusalem schicken, um die Mauer der Stadt wieder aufzubauen und Ordnung in das Gemeinwesen der Juden zu bringen. Dank der gütigen Hilfe Gottes und seines ausgezeichneten Organisationstalents gelang ihm das in nur 52 Tagen. Unterstützt wurde er dabei von dem Schriftgelehrten Esra, dem wir einige Bücher des Alten Testaments verdanken, und dem Propheten Maleachi, der das letzte Buch des Alten Testaments geschrieben hat.

Das riesige persische Reich, das mit den Großkönigen Kyrus und Darius zwei geniale Herrscher hervorgebracht hatte, wurde langsam porös und erlag schließlich dem ungestümen Angriff des jugendlichen griechischen Königs Alexander. In wenigen Jahren hatte Alexander der Große das gesamte Persische Reich erobert und drang sogar bis nach Indien vor. Nach seinem frühen Tod im Alter von 32 Jahren zerfiel das neu entstandene griechische Weltreich in vier Teile, wie es der biblische Prophet Daniel schon 200 Jahre zuvor geweissagt hatte. In Judäa geschah zu dieser Zeit nichts Bemerkenswertes, außer dass das Volk der Juden ständig unter den rivali-

---

7 Es gab allerdings nie einen Zeitpunkt, an dem ein Mensch sagte: „Jetzt ist das Jahr Null. Von nun an lasst uns vorwärts zählen bis zum Jahr 2000 und mehr." Wer sich für die Rechnung mit den Jahren und Jahrhunderten interessiert, der sei auf das Kapitel „Die christliche Zeitrechnung" im Anhang verwiesen.

sierenden Nachfolgern Alexanders zu leiden hatte. Das Gebiet der Juden wurde abwechselnd von dem Herrscher erobert, der die nördlich von Israel gelegenen Teile des Alexanderreiches regierte, oder dem, der über Ägypten herrschte.

Antiochus Epiphanes IV, einer der „Könige des Nordens", wollte den von ihm beherrschten Völkern die griechische Kultur mit Gewalt aufzwingen. So schaffte er in Judäa per Gesetz das tägliche Opfer ab, hob die Sabbate und Feste auf und verbot die Beschneidung. Den Besitz einer Thorarolle und das Einhalten der Gesetze Gottes ließ er mit der Todesstrafe bedrohen. Den Tempel in Jerusalem weihte er dem olympischen Griechengott Zeus.

Das aber ging den Juden entschieden zu weit. Ein alter Priester namens Mattatias konnte es nicht mehr mit ansehen, wie Juden gezwungen wurden, Schweine als Opfer zu schlachten. Er tötete den jüdischen Kollaborateur, der das Opfer vor seinen Augen vollzog, und erschlug den königlichen Beamten gleich noch dazu. Das war das Signal zum Aufstand gegen die griechische Herrschaft, der nach drei Jahren schließlich zum Erfolg führte. Es ist erstaunlich zu sehen, wie die Einzelheiten dieses jüdischen Freiheitskampfes bereits im biblischen Buch Daniel vorausgesagt sind.

Ungefähr 100 Jahre lang konnte sich das kleine jüdische Königreich behaupten. Die Könige – man nennt sie Hasmonäer – waren Nachkommen des Mattatias, mit dem der Aufstand begonnen hatte. Sein jüngster Sohn Jonathan gönnte sich nach dem Sieg den Königstitel, maßte sich aber auch das Amt des Hohen Priesters an. Das wiederum forderte die Feindschaft der Frommen in Israel heraus, deren geistige Nachkommen die im Neuen Testament bekannten Pharisäer wurden.

Inzwischen tauchte die nächste Weltmacht am Horizont der Geschichte auf. Die Römer begannen, sich um das ganze Mittelmeer herum ein Reich nach dem anderen einzuverleiben.

Der letzte offizielle hasmonäische König hatte einen Berater namens Antipater. Dieser war von Geburt ein Idumäer, also ein Nachkomme Esaus, „ein höchst intriganter Mensch" und ein Freund Roms. Antipater sorgte dafür, dass sein Sohn Herodes mit 25 Jahren zum militärischen Befehlshaber Galiläas ernannt wurde. Herodes erwies sich als tatkräftig und machte dem dortigen „Räuberunwesen" bald ein Ende, was ihm den Beifall der Römer verschaffte. Im Jahr 47 v.Chr. wurde er vom römischen Kaiser zum Tetrarchen von Judäa ernannt, das war eine Art Unterkönig unter dem damaligen Hasmonäerkönig Hyrkan.

Zwei Jahre später überfielen die Parther Syrien und Israel. An ihrer Spitze ritt Antigonus, ein Neffe Hyrkans. Herodes musste fliehen. Er brachte seine Familie in Sicherheit und setzte sich nach Rom ab. Dort wurde er später vom römischen Senat zum offiziellen König Judäas ernannt. Das Land, das er beherrschen wollte, war allerdings inzwischen besetzt. Mit Hilfe der Römer aber unterwarf er sich zunächst Galiläa, dann die Gebiete außerhalb Jerusalems. Im Jahr 37 v.Chr. konnte er schließlich die Stadt erobern. Während der Belagerung hatte er seine Verlobte Mariamme, die einzige Frau, die er wirklich liebte, geheiratet. Durch sie war er nun mit dem Königsgeschlecht der Hasmonäer verbunden.

In dieser Zeit riefen zwei namhafte Pharisäer die Juden auf, sich der Herrschaft des Herodes zu fügen, weil sie darin eine Strafe Gottes für das Volk sahen.

Herodes setzte im Lauf der Zeit verschiedene Hohe Priester im Tempel ein und wieder ab. Beim internen Machtkampf der Römer um die Kaiserkrone schlug er sich auf die richtige Seite und wurde deshalb in seinem Königtum bestätigt. Misstrauen und Intrigen brachten ihn allerdings dazu, seine geliebte Mariamme und später auch seine intrigante Schwiegermutter hinrichten zu lassen.

Im Lauf der Zeit erhielt er immer mehr Gebiete von den Römern, so dass sein Reich schließlich fast die Ausdehnung des Großreiches unter David und Salomo erreichte. Sobald er einigermaßen Ruhe hatte, begann er mit einem riesigen Bauprogramm, das den Einwohnern Arbeit und Wohlstand verschaffte. Dazu gehörte auch der Umbau des Tempels.

Die letzten Jahre
vor der Geburt des Messias

20 v.Chr. **Römisches Reich.** Kaiser Augustus schließt Frieden mit dem Reich der Parther, das den Römern viel zu schaffen gemacht hatte.

Israel. Das Essener-Viertel auf dem Südwesthügel von Jerusalem wird begründet.

Herodes erlässt dem Volk ein Drittel der Steuerzahlungen. Er holt seine Söhne Alexander und Aristobul, die er drei Jahre zuvor zur Erziehung nach Rom geschickt hatte, zurück und verheiratet sie. Die beiden Prinzen fühlen sich inzwischen über die Idumäerfamilie ihres Vaters hoch erhaben, was ihnen den Widerstand ihrer Tante Salome einbringt und Herodes argwöhnisch und misstrauisch gegen sie macht. Darum holt er auch seinen zuvor verstoßenen ältesten Sohn Antipater wieder an den Hof zurück. Aber der kennt kein höheres Ziel, als seine Halbbrüder beim Vater zu verleumden.

19 v.Chr. Herodes hat die Vorarbeiten zum Umbau des Tempels in Jerusalem abgeschlossen. Große Blöcke waren aus den Steinbrüchen nördlich der Stadt herantransportiert und viele erfahrene Handwerker angeworben worden. Etwa 1000 Priester hatte man zu Steinmetzen und Zimmerleuten ausbilden lassen, damit das Heiligtum nicht durch „unreine Hände" entweiht würde.

Nun lässt Herodes den Tempelplatz durch Gewölbekonstruktionen erheblich vergrößern, sodass er fast die doppelte Fläche des bisherigen Tempelbezirks einnimmt. Er ist vor allem daran interessiert, den äußeren Tempelbezirk zu erweitern, weil er als Nichtjude das Heiligtum nicht betreten darf. Deshalb stattet er den „Vorhof der Heiden" mit nie gesehener Pracht aus und baut längs der äußeren Mauern riesige Säulenhallen. Die Gesamtlänge der Umfassungsmauern wird schließlich mehr als anderthalb Kilometer betragen. Das Tempelhaus selbst, an dem ausschließlich die ausgebildeten Priester arbeiten dürfen, lässt er auf ein völlig neues Fundament aus weißen Marmorblöcken stellen.

Germanien. Die Römer erobern das Alpenvorland bis zur Donau. Augsburg wird als römische Militärkolonie gegründet.

Israel. Vermutlich begründeten die beiden berühmtesten pharisäischen Schriftgelehrten Hillel und Schammai um diese Zeit ihre rivalisierenden Schulen.[1]

Marcus Vipsanius Agrippa, Feldherr, Freund und Berater des Augustus und dessen späterer Schwiegersohn, ist auf Inspektionsreise bei Herodes, mit dem er ebenfalls befreundet ist.

14 v.Chr. Herodes erlässt dem Volk erneut ein Viertel der Steuern. Gleichzeitig setzt sich für die Juden in Kleinasien und Kyrene ein.

13 v.Chr. Herodes macht seinen ältesten Sohn Antipater testamentarisch zu seinem Nachfolger. Er schickt ihn zusammen mit dem befreundeten Marcus Agrippa nach Rom, damit er sich dem Kaiser vorstellen kann. Den Namen Agrippas wird er später auf einem der Tempeltore einmeißeln lassen.

Rom. Der römische Senat errichtet einen tempelartigen Altar des Friedens zum Dank für die siegreichen Feldzüge des Augustus. Rom hat um diese Zeit 800.000 Einwohner.

12 v.Chr. Am 6. März stirbt der Pontifex Maximus, der oberste heidnisch-römische Priester. Augustus eignet sich unter anderem auch diesen Titel an. Damit bringt er nicht nur die höchsten feierlichen Opfer dar, sondern verfügt auch über die Feiertage und die Festsetzung der Schalttage im Februar. Vor allem aber kann er jetzt alle anderen Sakralhandlungen wegen Verletzung der religiösen Form als ungültig verwerfen. Selbst politische Beschlüsse kann er wegen angeblich ungünstiger Vorzeichen (z.B. Blitze, Vogelstimmen, menschliches Niesen) ungültig machen. – Außerhalb Roms beginnt man ihn göttlich zu verehren.

---

1 Es wird angegeben, dass sie zwischen 15 vor und 20 nach Christus wirkten. Andere geben an, dass sie bereits zwischen 30 und 20 vor Christus gestorben seien.

vor Christus	Geburt/Jugend	1. Dienstjahr	2. Dienstjahr

Marcus Agrippa, der Freund und Schwiegersohn des Augustus stirbt. Er hat sich zeitlebens immer mit dem zweiten Platz begnügt. Seine großen Leistungen sind der Bau des Straßennetzes im Römischen Reich und das Anlegen einer Weltkarte, die allen anderen römischen Weltkarten später zum Vorbild dient.

Herodes unterstützt die finanziell angeschlagenen Olympischen Spiele und sichert damit ihre weitere Zukunft.

Herodes reist mit Alexander und Aristobul nach Norditalien in die Stadt Aquileia zu Augustus, um seine Söhne wegen einer Verschwörung gegen ihn anzuklagen. Augustus bewirkt eine Versöhnung zwischen dem Vater und den Söhnen.

Seine Nachfolge regelt Herodes so, dass sowohl Alexander als auch Aristobul in königlichen Rang erhoben werden, aber Antipater zum Oberkönig werden soll.

11 v.Chr. Der römische Feldherr und Konsul Publius Sulpicius Quirinius wird zunächst Legat von Syrien und leitet bis zum Jahr 16 n.Chr. in verschiedenen amtlichen Stellungen den orientalischen Teil des Imperiums.

10 v.Chr. Dem Herodessohn Aristobul wird ein Sohn namens Herodes Agrippa geboren. Herodes der Große weiht den umgebauten Tempel in Jerusalem ein, obwohl die endgültige Fertigstellung noch viele Jahre dauern wird.

Syrien. Marcus Titius wird römischer Statthalter.
Galiläa. Um diese Zeit wird Matthäus geboren, der spätere Jünger von Jesus und Verfasser des Matthäus-Evangeliums.

9 v.Chr. Herodes führt einen Feldzug gegen Räuberbanden der Trachonitis (östlich vom Golan), der ihn aber in nabatäisches Gebiet[2] führt, worauf er bei Augustus vorübergehend in Ungnade fällt.

Die Einweihung der Stadt Cäsarea am Meer, mit deren Umbau er vor 13 Jahren begonnen hatte, wird zu einem glanzvollen Spektakel.

---

2 Nabatäa lag östlich des Jordan und reichte nur an der Jesreel-Ebene in das israelische Kernland hinein.

| letzte Monate | letzte Tage | Passion | nach Ostern |

Herodes vermutet erneut, dass sein Sohn Alexander beabsichtigt, ihn zu ermorden.

Germanien. Der römische Feldher Drusus hat in drei Jahren Germanien bis zur Elbe erobert. Er stirbt bei der Rückkehr zum Rhein infolge eines Unfalls.

Römisches Reich. Eine Verordnung vom Kaiser Augustus führt zum Beginn des Reichszensus in Ägypten und Syrien, einer Volkszählung zum Zweck der Steuererhebung.

Israel. Nach einem neuerlichen Verdacht klagt Herodes seine Söhne Alexander und Aristobul wegen Hochverrats an. Augustus, mit dem sich Herodes wieder aussöhnen kann, rät zu einem Gerichtsurteil.

Südfrankreich. Das große Aquädukt bei Nimes wird erbaut.

Wie Gottes Geschichte begann, *beschreibt der alte Jünger Johannes etwa 100 Jahre später in seinem Evangelium:*

Quelltext: *Johannes 1,1-5.10-14.16-18*

Im Anfang war das Wort. Das Wort war bei Gott, ja das Wort war Gott. Von Anfang an war es bei Gott. Alles ist dadurch entstanden. Ohne das Wort entstand nichts von dem, was besteht. In ihm war Leben und dieses Leben war Licht für die Menschen. Das Licht scheint in der Finsternis und die Finsternis hat es nicht erfasst.

Er war schon immer in der Welt, doch die Welt, die durch ihn geschaffen wurde, erkannte ihn nicht. Er kam in sein Eigentum, aber sein Volk wollte nichts von ihm wissen. Doch allen, die ihn aufnahmen, die an seinen Namen glaubten, gab er das Recht, Kinder Gottes zu werden. Sie wurden das nicht auf Grund natürlicher Abstammung, durch menschliches Wollen oder den Entschluss eines Mannes, sondern durch eine Geburt aus Gott.

Er, das Wort, wurde Mensch und lebte unter uns. Wir haben seine Herrlichkeit gesehen, eine Herrlichkeit voller Gnade und Wahrheit, wie sie nur der einzigartige Sohn vom Vater bekommen hat.

vor Christus	Geburt/Jugend	1. Dienstjahr	2. Dienstjahr

Aus seinem unendlichen Reichtum hat er uns mit aller erdenklichen Gnade überschüttet. Durch Mose wurde das Gesetz gegeben, aber durch Jesus Christus ist Gnade und Wahrheit Wirklichkeit für uns geworden. Niemand hat Gott jemals gesehen. Nur der Eine und Einzige, der an der Seite des Vaters selbst Gott ist, hat uns Aufklärung über Gott gegeben.

Ankündigung des Boten

Lukas berichtet später in seinem Evangelium, wie Gott dafür sorgte, dass noch vor der Sendung seines Sohn Jesus Christus ebenfalls auf wunderbare Weise ein Kind geboren wurde, das zum Boten und Wegbereiter für Jesus heranwachsen sollte. Sein Vater war der Priester Zacharias. Als ihm die Geburt seines Sohnes angekündigt wurde, war er gerade dabei, das Räucheropfer im Tempel darzubringen. Dazu musste er eine glühende Kohle vom Altar nehmen, der sich außerhalb des Tempelgebäudes befand, und diese auf den Räucheraltar legen. Der stand vor dem dicken Vorhang, der das Heiligtum des Tempels vom Allerheiligsten trennte. Innerhalb von 14 Tagen hatte er das zweimal täglich zu tun.

Nun lehrten die Rabbinen seiner Zeit, dass jemand, der diese Zeremonie falsch ausführte, von Gott mit dem Tod bestraft würde. Vor seinem Tod würde ihm dann sein Todesengel auf der rechten Seite des Altars erscheinen. Würde ein Engel auf der linken Seite erscheinen, wäre alles in Ordnung. Wie es wirklich ausging, berichtet Lukas folgendermaßen:

Quelltext: *Lukas 1,5-25*

Es begann in der Zeit, als Herodes König von Judäa[3] war. Damals lebte dort ein Priester namens Zacharias, der zur Priesterabteilung des Abija[4] gehörte. Seine Frau hieß Elisabet und stammte aus dem Priestergeschlecht Aarons[5]. Beide führten ein Leben in Verantwortung vor Gott und richteten sich in allem nach den Geboten und Anweisungen des Herrn. Sie waren kinderlos geblieben, weil Elisabet keine Kinder bekommen konnte. Und nun waren beide schon alt geworden. Als seine Abteilung wieder einmal an der Reihe war, den Dienst im Tempel zu verrichten,

---

3   Von Juden bewohntes Gebiet zwischen dem Toten Meer und dem Mittelmeer.

4   Seit der Zeit Davids war die Priesterschaft Israels in 24 Abteilungen gegliedert. Abija war nach 1. Chronik 24,10 und Nehemia 12,12 das Oberhaupt einer dieser Abteilungen.

5   Aaron, der Bruder Moses, war der erste Hohe Priester Israels, vgl. 2. Mose 28,1.

| letzte Monate | letzte Tage | Passion | nach Ostern |

wurde Zacharias nach priesterlichem Brauch durch ein Los dazu bestimmt, das Räucheropfer im Heiligtum darzubringen. Während er opferte, stand eine große Menschenmenge draußen und betete. Doch ihm erschien auf einmal ein Engel des Herrn. Er stand rechts neben dem Altar. Zacharias erschrak, als er ihn wahrnahm, und bekam es mit der Angst zu tun. Doch der Engel sagte zu ihm: „Fürchte dich nicht, Zacharias! Gott hat dein Gebet erhört. Deine Frau Elisabet wird dir einen Sohn schenken, und den sollst du Johannes nennen. Du wirst überglücklich sein, und auch viele andere werden sich über seine Geburt freuen, denn der Herr wird ihm eine große Aufgabe übertragen. Er wird keinen Wein und auch keine anderen berauschenden Getränke anrühren und von Mutterleib an mit dem Heiligen Geist erfüllt sein. Und viele Israeliten wird er zum Herrn, ihrem Gott, zurückführen. Im Geist und in der Kraft des Propheten Elija wird er dem Herrn als Bote vorausgehen. Er wird die Herzen der Väter zu ihren Kindern umkehren lassen und Ungehorsame zur Gesinnung von Gerechten zurückführen, um so das Volk für das Kommen des Herrn bereit zu machen." „Wie kann ich sicher sein, dass das wirklich geschieht?", fragte Zacharias. „Schließlich bin ich ein alter Mann und auch meine Frau ist nicht mehr jung." „Ich bin Gabriel!", erwiderte der Engel. „Ich stehe unmittelbar vor Gott und bin extra zu dir geschickt worden, um mit dir zu reden und dir diese gute Nachricht zu bringen! Was ich gesagt habe, wird zur gegebenen Zeit eintreffen. Aber du wirst stumm sein, weil du mir nicht geglaubt hast! Du wirst so lange nicht mehr sprechen können, bis alles geschehen ist, was ich dir angekündigt habe."

Draußen wartete das Volk auf Zacharias und wunderte sich, dass er so lange im Tempel blieb. Als er dann herauskam, konnte er nicht zu ihnen sprechen. Er machte sich durch Handzeichen verständlich, blieb aber stumm. Da merkten sie, dass er im Tempel eine Erscheinung gehabt hatte. Als seine Dienstwoche vorüber war, ging er wieder nach Hause. Bald darauf wurde seine Frau Elisabet schwanger und zog sich fünf Monate völlig zurück. Sie sagte: „Der Herr hat mir geholfen. Er hat meinen Kummer gesehen und die Schande meiner Kinderlosigkeit von mir genommen."

Römisches Reich. Der römische Militärbezirk „Germanien" mit seinem zentralen Lager Oppidum Ubiorum (später Köln) wird errichtet.

Die häuslichen Laren (Schutzgeister) und der häusliche Schutzgeist des Augustus („Genius") werden zum offiziellen römischen Staatskult erhoben.

vor Christus	Geburt/Jugend	1. Dienstjahr	2. Dienstjahr

7 v.Chr. Publius Quintilius Varus, der später die römischen Legionen gegen die Germanen führen würde, wird römischer Statthalter in Syrien.

Die Gerichtsverhandlung gegen die Herodessöhne findet in Berytos, dem heutigen Beirut, vor einem römischen Gericht statt. Herodes fleht vor Gericht so eindringlich, dass ein Todesurteil gegen seine Söhne zustande kommt. Die Mariamme-Söhne werden schuldig gesprochen. Die Erbfolge wird dahingehend geändert, dass Antipater alleiniger Thronfolger wird. An zweiter Stelle reiht Herodes seinen gleichnamigen Sohn aus der Ehe mit der zweiten Mariamme – Herodes – ein.

Israel. Die Herodessöhne Alexander und Aristobul werden auf Drängen Antipaters, des ältesten Herodessohnes, in Sebaste erdrosselt.

Die von dem römischen Kaiser Augustus befohlene Steuerschätzung, der Reichszensus, erreicht das Gebiet von Israel.[6] Dabei müssen die Untertanen des Herodes dem römischen Kaiser den Treueid leisten. Daraufhin entfesselt der aus Gamla in Galiläa stammende Judas einen Aufstand gegen die Römer, denn er konnte und wollte aus religiösen Gründen die Oberhoheit des Kaisers nicht anerkennen.[7] Nach gewissen Anfangserfolgen wird der Aufstand niedergeschlagen. Doch dadurch entsteht die Partei der Zeloten, die sich hauptsächlich aus Pharisäern rekrutiert und immer wieder neue Aufstände entfacht. Die Zeloten wollen das Reich Gottes mit Gewalt herbeizwingen.

6000 Pharisäer verweigern den Eid auf Augustus.

Ankündigung der Geburt des Messias
Maria, einem jungen Mädchen, das kaum 16 Jahre alt war, wird in Nazaret die Geburt eines Sohnes angekündigt, den sie auf übernatürliche Weise empfangen sollte.

---

6   Siehe Lukas 2,1-2! Wahrscheinlich geschah das auf Bitten des Herodes hin.

7   Siehe Apostelgeschichte 5,37! Manche nehmen an, dass dieser Aufstand erst im Jahr 6 n.Chr. ausbrach, als Quirinius Judäa in die Provinz Syrien eingliederte und dort einen weiteren Zensus durchsetzte.

---

letzte Monate	letzte Tage	Passion	nach Ostern

Quelltext: *Lukas 1,26-38*

Als Elisabet im sechsten Monat schwanger war, sandte Gott den Engel Gabriel nach Galiläa in eine Stadt namens Nazaret[8] zu einer jungen Frau, die Maria hieß. Sie war noch unberührt und mit einem Mann namens Josef verlobt, einem Nachfahren Davids. Der Engel kam zu ihr herein und sagte: „Sei gegrüßt, du mit Gnade Beschenkte! Der Herr ist mit dir!" Maria erschrak, als sie so angesprochen wurde und überlegte, was der Gruß bedeuten sollte. „Hab keine Angst, Maria!", sagte der Engel. „Gott hat dich mit seiner Gunst beschenkt. Du wirst schwanger werden und einen Sohn zur Welt bringen, den du Jesus nennen sollst. Er wird große Autorität haben und Sohn des Höchsten genannt werden. Gott wird ihn die Königsherrschaft seines Stammvaters David weiterführen lassen. Für immer wird er die Nachkommenschaft Jakobs regieren und seine Herrschaft wird nie mehr zu Ende gehen." „Wie wird das geschehen?", fragte Maria. „Ich habe ja noch nie mit einem Mann geschlafen." „Der Heilige Geist wird über dich kommen", erwiderte der Engel, „die Kraft des Höchsten wird dich überschatten. Deshalb wird das Kind, das du zur Welt bringst, heilig sein und Sohn Gottes genannt werden. – Sieh doch, auch deine Verwandte Elisabet ist noch in ihrem Alter schwanger geworden und erwartet einen Sohn. Von ihr hieß es ja, sie könne keine Kinder bekommen. Und jetzt ist sie schon im sechsten Monat. Für Gott ist nichts unmöglich." Da sagte Maria: „Ich gehöre ganz dem Herrn. Was du gesagt hast, soll mit mir geschehen." Darauf verließ sie der Engel.

Priesterliche Verwandtschaft

Kurz danach reist Maria zu einem dreimonatigen Besuch zu ihrer Verwandten Elisabet, die mit ihrem Mann Zacharias in einer Stadt im Bergland von Judäa lebte.

Quelltext: *Lukas 1,39-56*

Nicht lange danach machte sich Maria auf den Weg ins Bergland von Judäa. So schnell wie möglich wollte sie in die Stadt kommen, in der Zacharias wohnte. Als sie das Haus betrat und Elisabet begrüßte, hüpfte das Kind in Elisabets Leib. In diesem Augenblick wurde Elisabet

---

8 Galiläa war ein von Juden und Griechen bewohntes Gebiet im Norden Israels zwischen dem See Gennesaret und dem Mittelmeer. Ungefähr in der Mitte lag der kleine Ort Nazaret mit etwa 150 Einwohnern.

| vor Christus | Geburt/Jugend | 1. Dienstjahr | 2. Dienstjahr |

mit dem Heiligen Geist erfüllt und rief laut: „Du bist die gesegnetste aller Frauen, und gesegnet ist das Kind in deinem Leib! Welche Ehre, dass die Mutter meines Herrn mich besucht! Als ich deinen Gruß vernahm, hüpfte das Kind vor Freude in meinem Leib. Wie glücklich bist du, dass du geglaubt hast! Denn was der Herr dir sagen ließ, wird sich erfüllen." Da sagte Maria:

„Meine Seele staunt über die Größe des Herrn / und mein Geist freut sich über Gott, meinen Retter! / Seiner geringsten Sklavin hat er Beachtung geschenkt! / Noch künftige Generationen werden mein Glück preisen! / Heilig ist der Mächtige, der Großes an mir getan hat!

Sein Erbarmen gilt jedem, der sich ihm unterstellt, / in jeder Generation. / Hoch hebt er seinen gewaltigen Arm / und fegt die Hochmütigen weg. / Mächtige stürzt er vom Thron / und Geringe setzt er darauf. / Hungrige macht er mit guten Dingen satt / und Reiche schickt er mit leeren Händen fort.

Und Israel, sein Kind, nimmt er selbst an die Hand / und schenkt ihm seine Barmherzigkeit, / denn so hatte er es für immer versprochen / dem Abraham und seiner ganzen Nachkommenschaft."

Johannes der Täufer

Einige Wochen nach der Abreise Marias wird Johannes geboren, den man später den „Täufer" nennt.

Quelltext: *Lukas 1,57-80*

Für Elisabet kam nun die Zeit der Entbindung, und sie brachte einen Sohn zur Welt. Als ihre Nachbarn und Verwandten davon hörten, wie der Herr ihr sein Erbarmen geschenkt hatte, freuten sie sich mit ihr. Und als das Kind acht Tage alt war, kamen sie zu seiner Beschneidung zusammen. Dabei wollten sie ihm den Namen seines Vaters Zacharias geben. „Nein!", widersprach da seine Mutter. „Er soll Johannes heißen." „Aber es gibt doch niemand in deiner Verwandtschaft, der so heißt", wandten sie ein. Durch Zeichen fragten sie den Vater, wie das Kind heißen sollte. Der ließ sich ein Schreibtäfelchen geben und schrieb zum Erstaunen aller darauf: „Sein Name ist Johannes." Im gleichen Augenblick konnte er wieder sprechen und fing an, Gott zu loben. Alle, die in jener Gegend wohnten, wurden von einem ehrfürchtigen Staunen ergriffen, und im gan-

| letzte Monate | letzte Tage | Passion | nach Ostern |

zen Bergland von Judäa sprachen die Leute über das, was geschehen war. Alle, die es hörten, wurden nachdenklich und fragten sich: „Was wird wohl aus diesem Kind einmal werden?" Denn es war offensichtlich, dass der Herr etwas Großes mit ihm vorhatte.

Sein Vater Zacharias wurde mit dem Heiligen Geist erfüllt und begann als Prophet zu sprechen:

„Gepriesen sei der Herr, Israels Gott! / Er hat sein Volk wieder beachtet / und ihm die Erlösung gebracht: / Aus Davids Geschlecht ging ein starker Retter hervor, / ein Horn des Heils aus dem Haus seines Dieners. / So hat er es uns vor sehr langer Zeit / durch heilige Propheten gesagt. / Er ist die Rettung vor unseren Feinden, / vor unserer Hasser Gewalt. / So zeigte sich sein Erbarmen an uns, / das er schon unseren Vätern erwies, / so bestätigte er seinen heiligen Bund / und den Eid, den er unserem Stammvater Abraham schwur. / Befreit aus unserer Feinde Hand / dürfen wir ihm nun dienen ohne Furcht, / in Heiligkeit und Gerechtigkeit, / solange wir am Leben sind.

Und du, mein Kind, wirst ein Prophet des Höchsten sein, / ein Wegbereiter des Herrn. / Du wirst sein Volk zur Einsicht bringen, / dass die Vergebung der Schuld ihre Rettung ist. / Weil unser Gott voller Barmherzigkeit ist, / kommt das Licht des Himmels zu uns. / Es wird denen leuchten, die im Finstern sitzen und in Furcht vor dem Tod, / und uns wird es leiten, den Weg des Friedens zu gehen."

Johannes wuchs heran, und sein Geist wurde stark. Dann zog er sich in die Wüste zurück und lebte dort bis zu dem Tag, an dem er öffentlich in Israel auftrat.

Geburt und Kindheit des Messias

Der Pflegevater Josef

Als Maria nach Nazaret zurückkommt, erlebt sie, wie Gott ihrem Verlobten, dem Bauhandwerker Josef, der aus Bethlehem stammt, die unfassliche Nachricht beibringt, dass sie schwanger ist. Josef ist dann genauso wie Maria bereit, Gott zu gehorchen, auch in dieser außergewöhnlichen Zumutung. Er holt seine Braut öffentlich – vielleicht sogar mit einem Festzug – in sein Haus. Damit werden beide nach Recht und Gesetz ein Ehepaar, obwohl sie auch später noch als Verlobte bezeichnet werden, denn sie vollziehen die Ehe nicht, bis ihr erstes Kind geboren wird.

Quelltext: *Matthäus 1,18-25*

Es folgt die Geschichte der Geburt von Jesus, dem Messias: Seine Mutter Maria war mit Josef verlobt.[1] Da stellte sich heraus, dass Maria ein Kind erwartete, obwohl sie noch nicht miteinander geschlafen hatten. Sie war durch den Heiligen Geist schwanger geworden. Josef, der schon als ihr Ehemann galt und ein aufrechter Mann war, nahm sich vor, den Ehevertrag stillschweigend rückgängig zu machen, um sie nicht zum Gespött werden zu lassen. Während er noch darüber nachdachte, erschien ihm ein Engel des Herrn im Traum. „Josef", sagte er, „du Sohn Davids, zögere nicht, Maria als deine Frau öffentlich zu dir zu holen. Denn das Kind, das sie erwartet, wurde vom Heiligen Geist gezeugt. Sie wird einen Sohn zur Welt bringen, den du Jesus, Retter, nennen sollst, denn er wird sein Volk von seinen Sünden erretten. Das alles ist geschehen, damit in Erfüllung geht, was der Herr durch den Propheten angekündigt hat: ‚Seht, das unberührte Mädchen wird schwanger sein und einen Sohn zur Welt bringen. Man wird ihn Immanuel nennen.'[2]" Immanuel bedeutet: Gott ist mit uns. Als Josef aufwachte, tat er, was der Engel des Herrn ihm gesagt hatte, und holte seine Frau zu sich. Doch hatte er keine geschlechtliche Gemeinschaft mit ihr, bis sie ihren Sohn geboren und er ihm den Namen Jesus gegeben hatte.

---

1   Eine Verlobung begann mit dem Abschluss eines rechtsgültigen Ehevertrags und dauerte ein Jahr (um festzustellen, ob die Braut wirklich noch Jungfrau war). Dann nahm der Mann seine Braut zu sich.

2   Jesaja 7,14

| letzte Monate | letzte Tage | Passion | nach Ostern |

Die Geburt von Jesus Christus

Lukas berichtet nun die genauen historischen Umstände der Geburt von Jesus, dem Messiaskönig Israels, und zeigt, warum Josef mit seiner hochschwangeren Frau 150 Kilometer von Nazaret nach Betlehem reisen musste, das acht Kilometer südlich von Jerusalem liegt. Dort wird der Messias[3] Jesus geboren.

Quelltext: *Lukas 2,1-7*

In dieser Zeit erließ Kaiser Augustus[4] die Anordnung, alle Bewohner des Römischen Reiches zu zählen und in Steuerlisten einzutragen. Es war das erste Mal, dass solch eine Erhebung durchgeführt wurde. Sie geschah, als Quirinius[5] Statthalter der Provinz Syrien war. So ging jeder in die Stadt, aus der er stammte, um sich eintragen zu lassen. Auch Josef machte sich auf den Weg. Er gehörte zur Nachkommenschaft Davids und musste deshalb aus der Stadt Nazaret in Galiläa nach der Stadt Bethlehem in Judäa reisen, um sich dort mit Maria, seiner Verlobten, eintragen zu lassen. Maria war schwanger, und als sie in Bethlehem waren, kam für sie die Zeit der Entbindung. Sie brachte ihr erstes Kind zur Welt. Es war ein Sohn. Sie wickelte ihn in Windeln und legte ihn dann in eine Futterkrippe, weil in der Unterkunft kein Platz für sie war.

Damit erfüllen sich viele alttestamentliche Weissagungen, unter anderem die des Propheten Micha, der schon etwa 700 Jahre vor Christus gesagt hatte:

Quelltext: *Micha 5,1*

Doch du Bethlehem in Efrata[6], / so klein unter den Hauptorten Judas: / Aus dir soll der hervorgehen, / der mein Herrscher über Israel

---

3   *Messias* heißt auf Hebräisch „der Gesalbte", auf Griechisch „Christus". Christus ist also nicht der Familienname von Jesus, sondern ein Hoheitstitel.

4   *Augustus*. Vom römischen Senat verliehener Ehrentitel „Erhabener". Gemeint ist hier Octavian, er lebte von 63 v.Chr. bis 14 n.Chr.

5   Der römische Feldherr und Konsul Publius Sulpicius *Quirinius* wurde 11 v.Chr. Legat von Syrien und leitet bis 16 n.Chr. in verschiedenen amtlichen Stellungen den orientalischen Teil des Imperiums. Die Steuerschätzung begann 8 v.Chr. in Ägypten und Syrien und erreichte 7 v.Chr. das Gebiet Israels.

6   *Efrata* war ein fruchtbares Gebiet um Bethlehem herum und unterscheidet die acht Kilometer südlich von Jerusalem liegende Stadt von einem Bethlehem in Galiläa.

---

wird![7] / Sein Ursprung liegt in der Vorzeit, / sein Anfang in der Ewigkeit.

Lukas berichtet weiter:
Quelltext: *Lukas 2,8-21*

In jener Nacht hielten ein paar Hirten draußen auf dem freien Feld Wache bei ihren Herden. Plötzlich trat ein Engel des Herrn zu ihnen, und das Licht der Herrlichkeit Gottes umstrahlte sie. Sie erschraken sehr und hatten Angst, aber der Engel sagte zu ihnen: „Ihr müsst euch nicht fürchten, denn ich bringe euch eine gute Nachricht, über die sich das ganze Volk freuen wird. Heute Nacht ist in der Stadt Davids euer Retter geboren worden. Es ist der Messias, der Herr. Ihr werdet ihn daran erkennen, dass ihr ein Kind findet, das in Windeln gewickelt in einer Krippe liegt." Plötzlich waren sie von ganzen Heerscharen des Himmels umgeben, die alle Gott lobten und riefen:

„Ehre und Herrlichkeit Gott in der Höhe / und Frieden den Menschen im Land, / auf denen sein Gefallen ruht."

Als die Engel in den Himmel zurückgekehrt waren, sagten die Hirten zueinander: „Kommt, wir gehen nach Bethlehem! Sehen wir uns an, was da geschehen ist, was der Herr uns sagen ließ." Schnell brachen sie auf und fanden Maria und Josef und auch das Kind, das in der Futterkrippe lag. Als sie es gesehen hatten, erzählten sie, was ihnen über dieses Kind gesagt worden war. Und alle, mit denen sie sprachen, wunderten sich über das, was ihnen die Hirten berichteten. Maria aber bewahrte das Gehörte in ihrem Herzen und dachte immer wieder darüber nach. Die Hirten gingen dann wieder zu ihren Herden zurück. Sie priesen und lobten Gott für alles, was sie gehört und gesehen hatten. Es war genau so gewesen, wie der Engel es ihnen gesagt hatte.

Als das Kind acht Tage später beschnitten wurde, gab man ihm den Namen Jesus, den Namen, den der Engel genannt hatte, noch bevor Maria schwanger war.

---

[7] Die Stelle wird auch von den jüdischen Gelehrten sinngemäß zitiert, als zwei Jahre später (siehe S. 30) die Sterndeuter König Herodes nach dem Geburtsort des Messias fragten.

| **letzte Monate** | **letzte Tage** | **Passion** | **nach Ostern** |

Liste der Vorfahren

Matthäus beginnt sein Evangelium mit einer Liste der Vorfahren, um die Legitimität von Jesus Christus in der jüdischen Gesellschaft deutlich zu machen. Lukas hat ein ähnliches Verzeichnis, das aber umgekehrt aufgebaut ist. Es geht von Jesus aus gesehen rückwärts bis zu Adam.

„Vater" kann in Israel auch Vorfahr bedeuten. Matthäus hat – vielleicht um der besseren Einprägsamkeit willen – verschiedene Generationen übersprungen.

Quelltext: *Matthäus 1,1-17 (Lukas 3,23-38)*[8]

Buch des Ursprungs von Jesus Christus, dem Nachkommen von König David und dem Stammvater Abraham. Abraham wurde der Vater von Isaak, Isaak der Vater von Jakob und Jakob der Vater von Juda und seinen Brüdern. Juda wurde der Vater von Perez und Serach. Ihre Mutter war Tamar. Perez wurde der Vater von Hezron, und Hezron der von Ram. Ram wurde der Vater von Amminadab, Amminadab von Nachschon, Nachschon von Salmon. Salmon wurde der Vater von Boas. – Die Mutter war Rahab. – Boas wurde der Vater von Obed. – Die Mutter war Rut. – Obed wurde der Vater von Isai und Isai der von König David.

David wurde der Vater von Salomo. Die Mutter war Urias Frau. Salomo wurde der Vater von Rehabeam, Rehabeam der von Abija, Abija der von Asa, Asa der von Joschafat, Joschafat der von Joram, Joram der von Usija. Usija der von Jotam, Jotam der von Ahas, Ahas der von Hiskia. Hiskia wurde der Vater von Manasse, Manasse der von Amon, Amon der von Josia. Josia wurde der Vater von Jojachin und seinen Brüdern. Damals wurde das Volk in die Verbannung nach Babylon geführt.

Danach wurde Jojachin der Vater von Schealtiël, Schealtiël der von Serubbabel, Serubbabel der von Abihud, Abihud der von Eljakim, Eljakim der von Asor, Asor der von Zadok, Zadok der von Achim, Achim der von Eliud, Eliud der von Eleasar, Eleasar der von Mattan, Mattan der von Jakob. Jakob wurde der Vater von Josef, dem Mann der Maria. Sie wurde die Mutter von Jesus, der auch Christus genannt wird.

---

8 Die Namenslisten weisen darüber hinaus einige Unterschiede auf, die man heute damit erklärt, dass der eine Evangelist die leibliche, der andere die rechtliche Abstammungslinie nachzeichnet, bzw. die der Maria und die des Josef. Letzte Sicherheit darüber haben wir aber nicht.

vor Christus	Geburt/Jugend	1. Dienstjahr	2. Dienstjahr

Insgesamt sind es also von Abraham bis David vierzehn Generationen, von David bis zum Beginn der Verbannung nach Babylon vierzehn und von da an bis zu Christus noch einmal vierzehn Generationen.[9]

Reinigungsopfer

Vierzig Tage nach der Geburt bringen Josef und Maria das Kind in den Tempel, um es Gott zu weihen und die vorgeschriebenen Opfer zu bringen.

Quelltext: *Lukas 2,22-39*

Und als dann die im Gesetz des Mose festgelegte Zeit der Reinigung vorüber war[10], trugen Josef und Maria das Kind nach Jerusalem, um es dem Herrn zu weihen. So war es im Gesetz vorgeschrieben: „Jede männliche Erstgeburt soll Gott gehören."[11] Dabei brachten sie auch das Opfer dar, wie es im Gesetz des Herrn steht: ein Paar Turteltauben oder zwei junge Tauben.[12]

Damals lebte in Jerusalem ein gerechter und gottesfürchtiger Mann namens Simeon. Er wartete auf die Ankunft des Messias, der Israel Trost und Rettung bringen würde. Der Heilige Geist ruhte auf ihm und hatte ihm die Gewissheit gegeben, dass er nicht sterben werde, bevor er den vom Herrn gesandten Messias gesehen habe. Als die Eltern von Jesus das Kind hereinbrachten, um mit ihm zu tun, wie es nach dem Gesetz üblich war, kam Simeon, vom Geist Gottes geführt, gerade in den Tempel. Er nahm das Kind in seine Arme und pries Gott: „Herr", sagte er, „dein Sklave kann nun in Frieden sterben, denn du hast deine Zusage erfüllt. Mit meinen eigenen Augen habe ich die Rettung gesehen, die du für alle Völker vorbereitet hast – ein Licht, das die Nationen erleuchten und dein Volk Israel zu Ehren bringen wird."

Sein Vater und seine Mutter wunderten sich, als sie hörten, was Simeon über dieses Kind sagte. Simeon segnete sie und sagte zu Maria, seiner Mutter: „Er ist dazu bestimmt, dass viele in Israel an ihm zu Fall kommen

---

9 Dieses Geschlechtsregister ist bewusst selektiv zusammengestellt und stellt wohl das Verzeichnis der Erben des davidischen Königshauses dar, wobei diese, statt direkt, auch über eine Nebenlinie verwandt sein können.

10 Zeit der Reinigung. Das waren 40 Tage nach der Geburt wie 3. Mose 12,2-4 vorschrieb.

11 2. Mose 13,2.12

12 Tauben. Nach 3. Mose 12,8 war das ein Opfer armer Menschen.

| letzte Monate | letzte Tage | Passion | nach Ostern |

und viele durch ihn aufgerichtet werden. Er wird ein Zeichen Gottes sein, gegen das viele sich auflehnen werden – so sehr, dass der Kummer deine Seele wie ein Schwert durchbohren wird. Doch so kommt an den Tag, welche Gedanken in ihren Herzen sind."

Damals lebte auch eine alte Prophetin in Jerusalem. Sie hieß Hanna und war eine Tochter Penuels aus dem Stamm Ascher. Nur sieben Jahre war sie verheiratet gewesen und war jetzt eine Witwe von 84 Jahren. Sie verließ den Tempel gar nicht mehr und diente Gott Tag und Nacht mit Fasten und Beten. Auch sie kam jetzt dazu und lobte Gott. Und zu allen, die auf die Erlösung Jerusalems warteten, sprach sie über dieses Kind.

Als Maria und Josef alles getan hatten, was das Gesetz des Herrn verlangte, kehrten sie nach Galiläa in ihre Heimatstadt Nazaret zurück.

6 v.Chr.   **Jerusalem.** Herodes geht mit Härte gegen Pharisäer vor, die verkündet hatten, dass mit der Geburt des Messias das Ende seiner Herrschaft bevorstünde.

Die Weisen

Sternenkundige Weise aus einem Land im Osten (wahrscheinlich Persien) erreichen die Stadt Jerusalem und erkundigen sich nach dem Neugeborenen. Das erregt den Argwohn des Königs.

Quelltext: *Matthäus 2,1-8*

Als Jesus während der Herrschaft von König Herodes[13] in Bethlehem[14], einer Stadt in Judäa, geboren war, kamen Sterndeuter[15] aus einem Land im Osten nach Jerusalem. „Wo finden wir den König der Juden, der kürzlich geboren wurde?", fragten sie. „Wir haben seinen Stern aufgehen sehen und sind hergekommen, um ihn anzubeten." Als König Herodes davon hörte, geriet er in Bestürzung und ganz Jerusa-

---

13 Gemeint ist Herodes der Große, 37-4 v.Chr., „Freund und Verbündeter Roms", dessen Reich ganz Israel und Gebiete im Osten und Nordosten des Landes umfasste.

14 *Bethlehem* liegt 7 km südlich von Jerusalem und war die Heimatstadt von König David.

15 *Sterndeuter* waren Mitglieder einer babylonischen Klasse von Weisen, die für außergewöhnliche Einsichten im Zusammenhang mit Traum- und Sterndeutung bekannt waren.

lem mit ihm. Er befahl alle Hohen Priester[16] und Gesetzeslehrer des jüdischen Volkes zu sich und erkundigte sich bei ihnen, wo der Messias geboren werden sollte. „In Bethlehem in Judäa", erwiderten sie, „denn so ist es in der Heiligen Schrift durch den Propheten vorausgesagt:

‚Du Bethlehem im Land Juda, / keineswegs bist du die unbedeutendste / unter den führenden Städten von Juda, / denn aus dir wird ein Fürst kommen, / der Hirt meines Volkes Israel.'[17]"

Danach rief Herodes die Sterndeuter heimlich zu sich und fragte sie, wann genau sie den Stern zum ersten Mal gesehen hatten. Dann schickte er sie nach Bethlehem. „Geht, und erkundigt euch genau nach dem Kind", sagte er, „und gebt mir Nachricht, sobald ihr es gefunden habt, damit ich auch hingehen und ihm die Ehre erweisen kann."

Geehrt wie ein König
Die Familie von Jesus, die inzwischen ein Haus in Bethlehem bewohnt, bekommt überraschend nächtlichen Besuch von den Weisen.

Quelltext: *Matthäus 2,9-12*

Nach diesen Worten des Königs machten sie sich auf den Weg. Und der Stern, den sie bei seinem Aufgang beobachtet hatten, zog vor ihnen her, bis er schließlich genau über dem Ort stehen blieb, wo das Kind war. Als sie den Stern sahen, kam eine sehr große Freude über sie. Sie gingen in das Haus und fanden das Kind mit seiner Mutter Maria. Da warfen sie sich vor ihm nieder und erwiesen ihm die Ehre. Dann holten sie ihre mitgebrachten Schätze hervor und legten sie dem Kind hin: Gold, Weihrauch[18] und Myrrhe[19]. Als sie dann im Traum eine göttliche Weisung erhielten, nicht wieder zu Herodes zurückzukehren, reisten sie auf einem anderen Weg in ihr Land zurück.

16 *Hoher Priester.* In neutestamentlicher Zeit bestimmten die Römer, wer in Israel Hoher Priester werden konnte. Wenn im Neuen Testament eine Mehrzahl von Hohen Priestern erwähnt wird, sind sowohl der amtierende als auch die inzwischen abgesetzten Hohen Priester gemeint, sowie weitere Mitglieder aus deren Familien, die hohe Positionen in der Tempelverwaltung innehatten.

17 Micha 5,1

18 *Weihrauch.* Weißes Harz eines Strauches, das beim Verbrennen einen aromatisch-duftenden Rauch entwickelte.

19 *Myrrhe.* Ein sehr kostbares wohlriechendes Harz afrikanisch-arabischer Herkunft, das in Salbölen und Arzneien verarbeitet wurde.

| letzte Monate | letzte Tage | Passion | nach Ostern |

Nächtliche Flucht

Kurz nach Abreise der Sterndeuter muss die Familie nach Ägypten fliehen und findet dort wahrscheinlich in einer der großen jüdischen Kolonien[20] bei Landsleuten Unterschlupf.

Quelltext: *Matthäus 2,13-15*

Nachdem die Sterndeuter abgereist waren, erschien auch dem Josef ein Engel im Traum. Er sagte ihm: „Steh auf, nimm das Kind und seine Mutter und flieh nach Ägypten! Und bleib dort, bis ich dir neue Weisung gebe. Denn Herodes will das Kind suchen und umbringen lassen." Da stand Josef auf und brach noch in der Nacht mit dem Kind und seiner Mutter nach Ägypten auf. Dort blieb er dann bis zum Tod von Herodes. So erfüllte sich, was der Herr durch den Propheten vorausgesagt hat: „Aus Ägypten habe ich meinen Sohn gerufen."[21]

Kindesmord

Der in seinem Alter sehr misstrauische Herodes lässt alle Jungen in Betlehem, die ihm später vielleicht hätten gefährlich werden können, umbringen. Das werden in dem kleinen Ort und seiner Umgebung zwar nicht viele Kinder gewesen sein, die Grausamkeit der Aktion wird dadurch aber nicht gemildert. Doch erfüllt sich damit eine Weissagung des Propheten Jeremia, die 580 Jahre vorher niedergeschrieben wurde (Jeremia 31, 15).

Quelltext: *Matthäus 2,16-18*

Als Herodes merkte, dass die Sterndeuter ihn hintergangen hatten, war er außer sich vor Zorn. Er befahl, in Bethlehem und der ganzen Umgebung alle Jungen im Alter von zwei Jahren und darunter zu töten. Das entsprach dem Zeitpunkt, den er von den Sterndeutern in Erfahrung gebracht hatte.[22] So erfüllte sich, was durch den Propheten Jeremia vorausgesagt worden war: „Angstschreie hört man in Rama, lau-

---

20 Schon Jahrhunderte vor Christus gab es jüdische Kolonien in Ägypten, z.B. in Syene, Elephantine, Leontopolis, Alexandria und Hierapolis.

21 Hosea 11,1

22 Jesus könnte zu diesem Zeitpunkt also schon zwei Jahre alt gewesen sein.

vor Christus	Geburt/Jugend	1. Dienstjahr	2. Dienstjahr

tes Weinen und Klagen: Rahel weint um ihre Kinder und lässt sich nicht trösten, denn sie sind nicht mehr."

Jerusalem. Antipater hatte inzwischen seinen Onkel Pheroas angestiftet, seinen Vater Herodes zu vergiften. Doch Pheroas war kurz darauf gestorben. Die Verschwörung wurde aufgedeckt und Herodes befahl dem noch in Rom lebenden Antipater, nach Jerusalem zu kommen und sich vor dem römischen Statthalter Quintilius Varus zu verantworten. Antipater wird dort von seinen Untaten überführt und verurteilt. Das Urteil muss nur noch vom Kaiser in Rom bestätigt werden.

Herodes setzt auch Simon Boethos als Hohen Priester ab und betraut dessen Sohn Joasar mit diesem Amt.

5 v.Chr. Herodes der Große begibt sich in sein Lustschloss nach Jericho und macht ein zweites Testament, in dem er seinen jüngsten Sohn Antipas als Erben einsetzt. Nun ist er bereits von schwerer Krankheit gezeichnet.

Bei Herodes war alles groß: seine Tapferkeit als Soldat, seine Begabung als Feldherr, seine Kühnheit als Jäger, seine Gewandtheit als Politiker, seine Unverzagtheit in widrigen Lagen. Groß war seine blutige Konsequenz in der Sicherung seiner Herrschaft, groß war – bei allem gegenteiligen Anschein – sein Familiensinn, noch größer freilich sein Misstrauen; und besonders groß war sein Ehrgeiz.

Einen besonderen Namen hat er sich durch kostspielige Bauten und große Spenden gemacht. In Jerusalem hatte er neben dem gewaltigen Umbau des Tempels die Burg Antonia und eine burgartig gesicherte Palastanlage errichtet, bei Jericho unter Mitwirkung italischer Baumeister ein luxuriöses Lustschloss, südöstlich von Betlehem die Palastanlage Herodeion. Er hatte Samaria als Sebaste wieder aufgebaut und aus dem alten Stratonsturm das glanzvolle Caesarea am Meer gemacht. In beiden Städten entstanden außerdem Tempel für den Kaiserkult. Auch andere Städte wie Askalon, Ptolemais (Akko), Tyrus, Sidon, Damaskus, Berytus, Byblos, Tripolis, Antiochia am Orontes, aber auch Rhodos, Chios, Pergamon, Athen, Sparta, Olympia konnten sich der Wohltaten des Herodes rühmen. Er hatte dort Tempel, Gymnasien, Theater, Bäder und Säulenstraßen gebaut. Auch in Jerusalem und Jericho waren auf seine Weisung hin Theater, Amphitheater und Hippodrom entstanden.

Spanien. Der spätere römische Philosoph und Erzieher Neros, Lucius Annaeus Seneca, der Jüngere, wird in Cordoba in Südspanien geboren.

Skandinavien. Eine römische Flotte gelangt bis zum südlichen Teil von Skandinavien.

Israel. Herodes schickt den sechsjährigen Sohn des Aristobul, Agrippa I., zur Erziehung nach Rom. Der gewinnt dort bald die Freundschaft von Drusus, dem Sohn des Tiberius.

Herodes macht nun ein drittes Testament, in dem er seinen Sohn Archelaus zum König bestimmt und seine Söhne Antipas und Philippus II. als Tetrarchen eingesetzt haben will.

Judas und Matthias, zwei hoch angesehene Rabbiner entfernen zusammen mit einigen ihrer Schüler den römischen Adler am Tempel und zerschlagen ihn. Der König lässt die beiden Gesetzeslehrer sofort verhaften, vor Gericht stellen und hinrichten.

Der inhaftierte Antipater versucht, seine Bewacher zu bestechen. Da trifft die Bestätigung des Urteils aus Rom ein. Herodes lässt seinen ältesten Sohn sofort von einem Leibwächter töten.

Fünf Tage später stirbt Herodes selbst, wahrscheinlich an Darmkrebs und Wassersucht. In einem pompösen Leichenzug werden seine sterblichen Überreste zur Burg Herodium, südlich von Bethlehem, überführt und beigesetzt.

In zwölfjähriger Arbeit hatte Herodes diese gewaltige Anlage errichten lassen. Über einen vorhandenen Hügel wurde ein 60 Meter hoher Bergkegel[23] aufgeschüttet, auf den Herodes eine runde Festung gesetzt hatte, die noch von Jerusalem aus zu erkennen war. Für solch eine Anlage gibt es keine Vorbilder. Die Burg hatte sieben Stockwerke, einen Wohnpalast mit beheizbarem Bad, einen Garten, auch ein Mausoleum und vier bewohnbare Türme. Doch das war wohl nur der Rückzugsort für Notfälle.

Jerusalem, kurz vor dem Passafest. Als das Volk den 18-jährigen Herodessohn Archelaus als künftigen König in Jerusalem begrüßt, fordert es von ihm neben Steuerermäßigungen und Abschaffung der Zölle

---

23 Auf halber Hanghöhe des Bergkegels entdeckten Forscher im Jahr 2007 die Reste des Herodesgrabes.

| vor Christus | Geburt/Jugend | 1. Dienstjahr | 2. Dienstjahr |

sogleich Rache für die getöteten Gesetzeslehrer. Archelaus zögert. Immer mehr Menschen kommen in die Stadt. Die Anführer halten sich unter beständiger Klage im Tempel auf und betrauern die getöteten Rabbis. Archelaus befiehlt, sie festzunehmen. Die Rädelsführer aber hetzen das Volk gegen die Soldaten auf. Es kommt zu blutigen Auseinandersetzungen im Tempel. Einige Soldaten werden getötet. Schließlich setzt Archelaus das Heer ein. Etwa 3000 Menschen müssen das mit ihrem Leben bezahlen.

Frühjahr. Archelaus muss dann so schnell wie möglich nach Rom reisen, um das letzte Testament des Herodes vom Kaiser bestätigen zu lassen. Auch Salome, die Schwester des verstorbenen Königs reist mit, angeblich, um Archelaus behilflich zu sein, in Wirklichkeit aber, um gegen ihn zugunsten ihres Sohnes Antipas zu intrigieren. Antipas reist zur gleichen Zeit mit einem anderen Schiff nach Rom, und selbst die Juden schicken eine 50-köpfige Delegation zum Kaiser. Sie wollen die Absetzung des Archelaus erreichen und am liebsten von allen Herodianern erlöst werden. Außerdem reist auch Philippus II. nach Rom.

Pfingsten. Nach der Abreise des Archelaus empört sich das Volk erneut. Der syrische Statthalter Quintilius Varus lässt die Rädelsführer festnehmen und stationiert eine Legion Soldaten unter dem Oberbefehl eines gewissen Sabinus in der Stadt. Sabinus war kaiserlicher Finanzverwalter in Syrien. Er reizt die Bevölkerung, indem er sich der Kastelle zu bemächtigen sucht, in denen die königlichen Schätze verwahrt wurden. Deshalb kommt es in Jerusalem erneut zu einem Aufstand. Die herbeigeströmten Pilger überfallen die Römer an drei Stellen gleichzeitig. Die Römer setzen daraufhin einige Säulenhallen des Tempels in Brand und dringen in den Tempel ein. Es gelingt Sabinus, 400 Talente des Tempelschatzes zu rauben. Diese Tempelschändung schürt den Widerstandsgeist der Juden, so dass sich der Aufstand zu einem regelrechten Krieg entwickelt und auf das ganze Land ausweitet. Erst Varus schafft es, mit Hilfe von zwei in Syrien stationierten Legionen und vielen Hilfstruppen Galiläa, Judäa und Jerusalem zurückzuerobern. 2000 Anführer der Aufständischen lässt er danach ans Kreuz schlagen.

letzte Monate	letzte Tage	Passion	nach Ostern

Augustus bestätigt das letzte Testament des Herodes im Wesentlichen und teilt das Königreich unter die überlebenden Söhne des verstorbenen Königs auf. Archelaus erhält den Titel „Ethnarch" („Volksfürst") und die Gebiete Judäa, Samaria und Idumäa. Den Königstitel sollte er sich erst noch verdienen. Die anderen Herodessöhne erhalten den Titel „Tetrarch" („Vierfürst") und dazu folgende Gebiete: Antipas – Galiläa (Lukas 3,1) und Peräa. Philippus II. – Batanäa, Trachonitis (Lukas 3,1) und Auranitis. Salome bekommt Asdod, den Palast von Askalon und eine halbe Million Silberstücke (ein Silberstück entspricht etwa vier Tageslöhnen).

Archelaus setzt den Hohen Priester Joasar ab, weil der sich angeblich an den Aufständen gegen ihn beteiligt hatte. Dafür ernennt er dessen Bruder Eleasar zum Hohen Priester.

Zurück nach Nazaret

Josef kehrt mit seiner Familie aus Ägypten zurück und lässt sich im Heimatort seiner Frau nieder.

Quelltext: *Matthäus 2,19-23; Lukas 2,40*

Als Herodes gestorben war, erschien Josef wieder ein Engel des Herrn im Traum. Er sagte: „Steh auf, nimm das Kind und seine Mutter zu dir und geh wieder nach Israel! Denn die Menschen, die das Kind umbringen wollten, sind tot." Da stand Josef auf und kehrte mit dem Kind und seiner Mutter nach Israel zurück. Er fürchtete sich aber, nach Judäa zu ziehen, weil er gehört hatte, dass Archelaus[24] anstelle seines Vaters Herodes jetzt dort herrsche. Im Traum erhielt er eine neue Weisung und zog darauf nach Galiläa. Dort ließ er sich in der Stadt Nazaret nieder. So erfüllte sich, was durch die Propheten gesagt ist: „Er soll Nazarener[25] genannt werden."

---

24 Archelaus hatte den schlechtesten Ruf aller Herodessöhne. Er regierte von 4 v.Chr. bis 6 n.Chr. über Judäa, Idumäa und Samaria und wurde dann von den Römern abgesetzt.

25 Nazarener. Der Name des im Alten Testament unbekannten Ortes ist von dem hebräischen Nezer, das heißt „Zweig" oder „Spross" abgeleitet, was laut Jesaja 11,1 eine Weissagung auf den Messias ist.

| vor Christus | Geburt/Jugend | 1. Dienstjahr | 2. Dienstjahr |

Das Kind wuchs heran und wurde kräftig. Es war mit Weisheit erfüllt und Gottes Gnade ruhte sichtbar auf ihm.

Galiläa. Um diese Zeit wird Simon Petrus, der spätere Jünger von Jesus, geboren.

3 v.Chr. Herodes Antipas beginnt mit Genehmigung der Römer die von Varus zerstörte Stadt Sepphoris als seine vorläufige Hauptstadt wieder aufzubauen. Die Stadt ist nur sechs Kilometer von Nazaret entfernt. Antipas macht aus ihr das, was Josephus die „Zierde Galiläas" nennen wird. Er lässt Straßen, Häuser, Banken, Archive, Marktplätze, Synagogen, Schulen, Gasthäuser und natürlich einen Palast bauen. Außerdem schmückt er die Stadt mit dem vierten Theater in Israel, in dem 5000 Menschen Platz finden.

In diesem Jahr wird vermutlich Jakobus, der Halbbruder von Jesus Christus geboren.

Der Herodessohn Archelaus verstößt seine Frau Mariamme und heiratet Glaphyra, die frühere Frau seines hingerichteten Stiefbruders Alexander, die inzwischen von ihrem späteren Mann, dem König Juba von Mauretanien, geschieden war. Sie stirbt aber kurz nach ihrer Ankunft in Israel. Nach dem Skandal wegen Glaphyra setzt Archelaus den Joasar wieder als Hohen Priester ein.

2 v.Chr. **Jericho.** Archelaus lässt den Palast des Herodes, der während der Unruhen zerstört worden war, prächtig restaurieren und außerdem eine Wasserleitung zur Oase nördlich von Jericho anlegen.

Rom, 5. Februar. Der römische Senat verleiht dem Kaiser Augustus den Ehrentitel „Pater Patriae" (Vater des Vaterlands). Damit ist er endgültig zum unantastbaren Machthaber geworden.

1 v.Chr. Augustus baut die Prätorianer-Garde aus. Sie besteht aus neun Kohorten von je 600 Mann und gewinnt später große politische Macht.

Das „Jahr 0" In der christlichen Zeitrechnung, die erst im 248. Jahr nach dem Amtsantritt des Kaisers Diokletian begann und

letzte Monate	letzte Tage	Passion	nach Ostern

mit dem Jahr 532 n.Chr. gleichgesetzt wurde, gibt es kein Jahr 0. Die Jahreszählung springt von 1 v.Chr. zu 1 n.Chr.[26]

1 n.Chr. **In der Stadt Sidon**, etwa 100 Kilometer nordwestlich vom See Gennesaret, wird die Glasbläserei erfunden, in römischen Palästen gibt es Sprechrohrleitungen.

3 n.Chr. **Die Germanenstämme** der Quaden, Semnonen, Hermunduren und Langobarden werden unter dem Markomannenfürst Marbod vereint.

Tarsus. Saulus (Paulus) wird geboren.[27]

Cäsarea Philippi. Philippus II., dessen Herrschaft als gerecht und milde gerühmt wird, beginnt die Stadt Paneas im Quellgebiet des Nahr Banyas (einem der drei Quellflüsse des Jordan) auszubauen und macht sie zur Hauptstadt seiner Tetrarchie. Die Stadt hatte ihren ursprünglichen Namen von der Quellgrotte, die von den Griechen dem Gott Pan geweiht worden war. Philippus nennt sie zu Ehren des Kaisers *Cäsarea* (Markus 8,27).

Cäsarea Philippi sollte allerdings nie eine zentrale Stadt werden, sondern bestand aus einer Anhäufung von kleineren Siedlungseinheiten, die man am besten als Dörfer bezeichnet.

Galiläa. Um diese Zeit wird Johannes, der spätere Jünger von Jesus und Verfasser des Evangeliums, geboren.

4 n.Chr. **Rom.** Gaius Caesar, zweiter und einzig überlebender Sohn des Augustus, stirbt. Augustus adoptiert zur Nachfolgesicherung den Tiberius (Lukas 3,1).

Germanien. Die Cherusker schließen mit Tiberius einen Nichtangriffs- und Freundschaftsvertrag. Die Söhne des Cheruskerfürsten Segimer,

---

26 Siehe das Kapitel „Die christliche Zeitrechnung" im Anhang.
27 Er muss zwischen 6 v.Chr. und 10 n.Chr. geboren sein. Das gründet sich auf die Ausdrücke „junger Mann" in Apostelgeschichte 7,58 und „alter Mann" in Philemon 1,9.

Arminius und Flavus, gehen als Heerführer germanischer Hilfstruppen in römischen Dienst.

5 n.Chr. Kaiser Tiberius zieht nach Germanien und bringt fast alle germanischen Stämme westlich der Elbe in seine Abhängigkeit. Er besiegt die Langobarden an der Elbmündung.

6 n.Chr. **Judäa.** Eine gemeinsame Delegation von Juden und Samaritern beschwert sich in Rom über Archelaus. Der Kaiser zitiert ihn sofort zu sich und verhört ihn. Archelaus versucht vergeblich, sich zu verteidigen. Er wird wegen seines tyrannischen Regiments und Misswirtschaft abgesetzt und nach Vienna in Gallien (Südfrankreich) verbannt. Sein ganzer Besitz wird konfisziert und dem kaiserlichen Schatz einverleibt. Sein Gebiet wird römische Provinz.

Damit kommt Judäa unter die direkte Verwaltung des Kaisers und wird nach einem kurzen Zwischenspiel unter Sabinus[28] dauerhaft von einem Statthalter[29] regiert. Nun wird hier das römische Steuerrecht eingeführt. Mit dieser Aufgabe wird allerdings nicht der erste Statthalter Coponius betraut, sondern der syrische Legat Quirinius, der schon früher in dem Gebiet gewirkt hatte. Auch die Todesurteile des Synedriums, des Hohen Rates, brauchen von dieser Zeit an eine Bestätigung durch den römischen Statthalter. Ansonsten bleibt das Synedrium aber die Zivilverwaltung des Volkes und das höchste zivile Gericht.

Dem Hohen Priester Joasar gelingt es trotzdem nur mit Mühe, das Volk wegen dieser Maßnahmen ruhig zu halten. Dadurch wird er aber so unpopulär, dass Quirinius Varus beschließt, ihn abzusetzen. Dafür ernennt er jetzt Hannas zum Hohen Priester (Lukas 3,2). Der muss allerdings als erster Hoher Priester das heilige Festgewand an die Römer abgeben und bekommt es nur noch zum jeweiligen Fest ausgehändigt. Außerdem müssen nun im Tempel täglich zweimal zwei Lämmer und ein Rind für den römischen Kaiser und sein Volk geopfert werden. Dennoch liegen Verwaltung und Machtausübung im Wesentlichen beim Synedrium, dem Hohen Rat.

---

28 Sabinus hatte wahrscheinlich nur die Aufgabe, das Vermögen des Herodes und die finanziellen Möglichkeiten des Landes zu prüfen.

29 Sein genauer Titel lautete: *praefectus judae.* Erst unter Kaiser Claudius (41-54 n.Chr) wurden die Präfekten in Judäa „Prokuratoren" genannt.

---

letzte Monate	letzte Tage	Passion	nach Ostern

In der Passanacht verunreinigen einige Samariter den Tempel, indem sie Totengebeine hineinwerfen. Seitdem werden während des Passafestes die Tempeltüren geschlossen gehalten und die Wache an den Tempeltoren verstärkt.

Der zwölfjährige Jesus im Tempel

Josef und Maria reisen mit dem zwölfjährigen Jesus nach Jerusalem und besuchen zum Passafest den Tempel. In diesem Zusammenhang wird Josef das letzte Mal erwähnt.

Quelltext: *Lukas 2,41-51*

Jedes Jahr zum Passafest reisten seine Eltern nach Jerusalem. Als Jesus zwölf Jahre alt war, gingen sie wieder zum Fest, wie es der Sitte entsprach, und nahmen auch den Jungen mit. Nach den Festtagen machten sie sich auf den Heimweg. Doch Jesus blieb in Jerusalem, ohne dass die Eltern davon wussten. Sie dachten, er sei irgendwo in der Reisegesellschaft. Nach der ersten Tagesetappe suchten sie ihn unter den Verwandten und Bekannten. Als sie ihn nicht fanden, kehrten sie am folgenden Tag nach Jerusalem zurück. Nach drei Tagen endlich entdeckten sie ihn im Tempel. Er saß mitten unter den Gesetzeslehrern, hörte ihnen zu und stellte ihnen Fragen. Alle, die zuhörten, staunten über sein Verständnis und seine Antworten. Seine Eltern waren sehr überrascht, ihn hier zu sehen. „Kind", sagte seine Mutter zu ihm, „wie konntest du uns das antun? Dein Vater und ich haben dich verzweifelt gesucht." – „Warum habt ihr mich denn gesucht?", erwiderte Jesus. „Wusstet ihr nicht, dass ich im Haus meines Vaters sein muss?" Doch sie verstanden nicht, was er damit meinte. Jesus kehrte mit seinen Eltern nach Nazaret zurück und war ihnen ein gehorsamer Sohn. Seine Mutter aber bewahrte das alles in ihrem Herzen.

Germanien. Der dritte Germanenfeldzug des Tiberius muss wegen eines Aufstands abgebrochen werden, der in Pannonien und Dalmatien[30], zwei römischen Provinzen nördlich von Macedonien.

---

30 Dalmatien wurde 68 Jahre später ein Arbeitsgebiet von Titus, einem Mitarbeiter des Paulus (2. Timotheus 4,10).

| vor Christus | Geburt/Jugend | 1. Dienstjahr | 2. Dienstjahr |

Die Jugendzeit von Jesus

7 n.Chr. **Pannonien.** Tiberius bekämpft den pannonisch-dalmatischen Aufstand im südlichen Germanien.

9 n.Chr. Pannonien, das Gebiet zwischen Donau und Alpen, wird endgültig von Rom unterworfen und römische Provinz.

Germanien. Quintilius Varus zieht mit drei Legionen nach Germanien und verliert die Schlacht gegen Hermann (Arminius), die als „Schlacht im Teutoburger Wald" bekannt ist. Hermann war ein römischer Offizier und gehörte ursprünglich zum Stab des Varus. Nach der verlorenen Schlacht begehen Varus und viele seiner Offiziere Selbstmord. In Rom bricht bei Bekanntwerden der Nachricht Panik aus, weil zu diesem Zeitpunkt keine nennenswerten Truppenreserven vorhanden sind. Die Kriegsgegner der Römer waren die verbündeten germanischen Stämme der Cherusker, Chatten, Brukterer, Marser und Usipeter. Tiberius eilt mit dem letzten Aufgebot an Veteranen und Freiwilligen an den Rhein und kann wenigstens den germanischen Vormarsch stoppen.

Judäa. Markus Ambivius wird nächster Statthalter in Judäa.

Der jugendliche Jesus ist inzwischen 15 Jahre alt.

Quelltext: *Lukas 2,52*
Jesus nahm weiter an Weisheit zu und wuchs zu einem jungen Mann heran. Gott und die Menschen hatten ihre Freude an ihm.

10 n.Chr. Salome, die Schwester Herodes des Großen, stirbt und vermacht ihren Besitz der römischen Kaiserin Livia. Ein gewisser Pollio gründet die erste öffentliche Bibliothek in Rom.
Markus, der spätere Verfasser des Evangeliums, wird um diese Zeit in Jerusalem geboren.

12 n.Chr. **Rom.** Augustus ernennt Annius Rufus zum dritten Statthalter in Judäa und Tiberius zu seinem Mitregenten. Die römische Goldmünze mit acht Gramm Feingold, der Aureus, ist inzwischen eine Art „Weltzahlungsmittel" geworden. Augustus kann

| letzte Monate | letzte Tage | Passion | nach Ostern |

sich rühmen, dass er Rom in Ziegeln vorgefunden und in Marmor hinterlassen habe. Er hat in den 41 Jahren seiner Verwaltung das Vertrauen in die Regierung wiederhergestellt, den Staatsschatz aufgefüllt, Frieden und Wohlstand gefördert.

Die zwei germanischen Militärbezirke werden in Provinzen umgewandelt: „Germania Inferior" mit dem Statthaltersitz *Oppidum Ubiorum* (später Köln) und „Germania Superior" mit dem Statthaltersitz Mainz.

14 n.Chr. Octavian Augustus stirbt am 19. August und wird in seinem Mausoleum beigesetzt. Kurz darauf erhebt man ihn in den Götterstand. Tiberius, sein Adoptivsohn, wird mit 56 Jahren zu seinem Nachfolger gewählt und regiert 23 Jahre. Er beschließt, die Statthalter länger als nur drei Jahre im Amt zu lassen, weil er annimmt, dass diese es dann nicht ganz so eilig mit der Ausplünderung ihres Gebietes haben würden.

15 n.Chr. **Judäa.** Valerius Gratus wird der vierte Statthalter von Judäa, der erste, der länger als drei Jahre regiert. Er setzt zunächst den Hohen Priester Hannas zugunsten eines Ismael Ben-Phiabi ab.

16 n.Chr. Hannas sorgt dafür, dass sein Sohn Eleasar das Amt des Hohen Priesters bekommt.

17 n.Chr. Eleasar wird von Simon, dem Sohn des Kamithos, als Hoher Priester abgelöst.

18 n.Chr. Valerius Gratus setzt Josef Kajafas, den Schwiegersohn des Hannas, zum Hohen Priester ein (Lukas 3,2). Dem gelingt es, dieses Amt 19 Jahre lang zu behalten.

Gallien. Archelaus stirbt in der Verbannung in Südfrankreich.

Tiberias. Herodes Antipas beginnt mit dem Aufbau der Stadt Tiberias auf dem Gebiet des ehemaligen Rakkat (Josua 19,35). Die Grundsteinlegung fand wahrscheinlich zum 60. Geburtstag des Kaisers Tiberius statt. Bei den Erdarbeiten stellt sich nun heraus, dass unter dem erschlossenen Gebiet eine Begräbnisstätte liegt. Deswegen wird

Tiberias später von frommen Juden nie betreten. Die Stadt wird ganz im hellenistischen Stil aufgebaut und erhält einen königlichen Burgpalast, ein Stadion, ein Forum und einen Platz für Volksversammlungen. Weil Antipas für seine neue Residenz unter der jüdischen Bevölkerung nur schwer Einwohner finden kann, zwingt er Bewohner aus allen Gegenden zum Einzug.

20 n.Chr. **Alexandria in Ägypten.** Der jüdisch-hellenistische Religionsphilosoph Philo (geb. um 25 v.Chr.) erklärt die Philosophie als Magd der Theologie.

23 n.Chr. **Rom.** Es gibt etwa 5 Millionen römische Bürger. Schwierigkeiten mit dem Senat und häusliches Unglück verdüstern die letzten Jahre des Tiberius.

Drusus, der Sohn des Tiberius, stirbt. Herodes Agrippa I. verliert damit seine einflussreiche Verbindung zum Hof. Nachdem er sein Vermögen verspielt und viele Schulden gemacht hat, kehrt er in seine Heimat zurück. Auf der Festung Malatha in Idumäa will er sich deprimiert das Leben nehmen. Seine Ehefrau setzt sich für ihn ein und schreibt an Herodias, Agrippas Schwester.

Israel. Um diese Zeit wird Lukas, der spätere Verfasser des gleichnamigen Evangeliums und der Apostelgeschichte, geboren.

24 n.Chr. Die Herodias kann bei ihrem Onkel Antipas eine Jahrespension für Herodes Agrippa I. erwirken. Antipas ernennt Agrippa deshalb zum Aufseher der Märkte von Tiberias.

Alexandria. Philo erklärt das geschriebene Gesetz des Mose als sichtbaren Ausdruck des Naturgesetzes, nach dem schon die Patriarchen lebten. Damit definiert er es als ewig gültiges Gottesgesetz.

25 n.Chr. **Israel.** Gamaliel, ein Schüler – vielleicht sogar ein Enkel – Hillels, wird Mitglied des Hohen Rates, dem Synedrium.

26 n.Chr. **Rom.** Tiberius zieht sich aus allen Staatsgeschäften nach Capri zurück und überlässt die Regierung dem Präfekten der Prätorianer, dem Antisemiten Seianus. Der ernennt sogleich Pontius

letzte Monate   letzte Tage   Passion   nach Ostern

Pilatus (Lukas 3,1) als neuen Statthalter für Judäa, Samaria und Idumäa.

Israel. Pilatus führt sich bei den Juden dadurch ein, dass er die Feldzeichen mit dem kaiserlichen Emblem, die seine Vorgänger aus Rücksicht auf die Juden immer in Cäsarea gelassen hatten, von seinen Soldaten mit nach Jerusalem hineintragen lässt. Daraufhin protestieren zahlreiche Juden in Cäsarea und fordern die Entfernung der Hoheitszeichen. Als Pilatus sie von seinen Soldaten mit gezogenen Schwertern umzingeln lässt, erklären sie sich eher bereit zu sterben, als nachzugeben.

Philippus II. macht das Fischerdorf Betsaida am See Gennesaret zur Stadt, indem er in der Nähe des Ortes eine neue Stadt baut, die auch Julias genant wurde. Es wurde eine recht große heidnische Stadt, die auch in außerbiblischer Literatur erwähnt ist.

Herodes Antipas verstößt seine Frau, die Tochter des Königs Aretas IV. von Petra, um seine Nichte Herodias, die schon mit ihrem Onkel, seinem Halbbruder Philippus I., verheiratet war, heiraten zu können. Dieser doppelte Ehebruch erregt großen Anstoß bei den Juden. (Lukas 3,19-20.)

Herodes Agrippa II., der Sohn von Agrippa I., wird geboren.

Johannes der Täufer und Jesus

Der Täufer

Johannes beginnt seinen Dienst im ganzen Jordan-Gebiet. In ihm erfüllen sich die vierhundert Jahre alte Weissagung von Maleachi 3,1 und die siebenhundert Jahre alte von Jesaja 40,3-5.

Quelltext: *Matthäus 3,1-12; Markus 1,1-8; Lukas 3,1-18; Johannes 1,6-9*

Mit der guten Botschaft von Jesus Christus, dem Sohn Gottes, fing es so an, wie es beim Propheten Jesaja geschrieben steht: „Ich werde meinen Boten vor dir her senden. Er wird dein Wegbereiter sein.[1] Hört, in der Wüste ruft eine Stimme: ‚Bereitet dem Herrn den Weg! Ebnet seine Pfade! Die Täler sollen aufgefüllt, die Berge und Hügel eingeebnet werden. Krumme Wege sollen begradigt werden und holprige eben gemacht. Dann werden alle Menschen das Heil sehen, das von Gott kommt.'[2]" Das erfüllte sich, als Johannes der Täufer in der Wüste[3] auftrat. Gott hatte ihn gesandt. Er kam, um als Zeuge auf das Licht hinzuweisen. Alle sollten durch ihn daran glauben. Er war nicht selbst das Licht, er sollte nur darauf hinweisen. Der, auf den er hinwies, war das wahre Licht, das in die Welt kommen und jeden Menschen erleuchten sollte.

Das alles geschah im 15. Regierungsjahr des Kaisers Tiberius[4]; Pontius Pilatus[5] war Statthalter von Judäa; Herodes Antipas[6] regierte als Fürst[7] in

---

1 Es handelt sich hier um ein Mischzitat aus dem Alten Testament. Bei solch einem zusammengesetzten Zitat wird nach jüdischem Brauch lediglich ein Autor genannt, gewöhnlich der bekannteste von ihnen. Der erste Teil des Zitats stammt hier vom Propheten Maleachi, Kapitel 3,1 seines Buches.

2 Jesaja 40,3-5

3 Vermutlich in der Wüste Juda, einem gebirgigen Dürregebiet westlich und nordwestlich des Toten Meeres.

4 Der römische Kaiser Tiberius regierte von 14-37 n.Chr., war aber schon seit dem Jahr 13 Mitregent. Das Jahr 27 n. Chr. ist also das 15. Jahr seiner Herrschaft.

5 Pilatus war von 26-36 n.Chr. kaiserlicher Statthalter in Judäa und Samaria.

6 Herodes Antipas, ein Sohn Herodes des Großen, regierte von 4 v.Chr. bis 39 n.Chr.

7 Eigentlich „Vierfürst", das war ursprünglich der Titel eines Fürsten, der den vierten Teil eines Reiches regierte.

---

letzte Monate	letzte Tage	Passion	nach Ostern

Galiläa, sein Bruder Philippus in Ituräa[8] und Trachonitis[9], Lysanias in Abilene[10]; Hohe Priester waren Hannas und Kajaphas. In dieser Zeit erhielt Johannes, der Sohn des Zacharias, draußen in der Wüste seinen Auftrag von Gott. Daraufhin durchzog er die ganze Jordangegend und predigte den Menschen, sie sollten zu Gott umkehren und sich als Zeichen dafür taufen lassen, damit sie Vergebung ihrer Sünden empfingen. „Ändert eure Einstellung, denn die Herrschaft des Himmels ist nahe!", sagte er.

Johannes trug ein Gewand aus gewebtem Kamelhaar und einen Lederriemen um die Hüften. Seine Nahrung bestand aus Heuschrecken und Honig von wild lebenden Bienen.

Die Menschen kamen in Scharen zu ihm: von Jerusalem, Judäa und der ganzen Jordangegend. Sie ließen sich im Jordan[11] von ihm taufen und bekannten dabei ihre Sünden.

Als Johannes viele von den Pharisäern[12] und Sadduzäern[13] zu seiner Taufe kommen sah, sagte er: „Ihr Schlangenbrut! Wer hat euch eingeredet, dass ihr dem kommenden Zorngericht Gottes entgeht? Bringt die Früchte hervor, die beweisen, dass ihr eure Einstellung geändert habt! Und fangt nicht an zu denken: ‚Wir haben doch Abraham zum Vater!' Ich sage euch: Gott kann Abraham aus diesen Steinen hier Kinder erwecken! Die Axt ist schon an die Wurzel der Bäume gelegt. Jeder Baum, der keine guten Früchte bringt, wird umgehauen und ins Feuer geworfen."

Da fragten ihn die Leute: „Was sollen wir denn tun?" – „Wer zwei Untergewänder hat", gab er zur Antwort, „soll dem eins geben, der keins hat! Wer zu essen hat, soll es mit dem teilen, der nichts hat!" Auch Zollein-

---

8 Gebiet nördlich von Israel um den Antilibanon herum.

9 Landschaft nordöstlich vom See Genezaret.

10 Landschaft zwischen Ituräa und Damaskus.

11 Der Jordan ist der wichtigste Fluss Israels, der als geologisches Phänomen das tiefstgelegene Tal der Erde durchfließt. Er entspringt im Norden im Gebiet des Berges Hermon, etwa 500 m über dem Meeresspiegel und mündet 200 km südlich ins Tote Meer, dessen Wasserspiegel sich 392 m unter Meeresniveau befindet. Die Taufstelle ist etwa 7 km nördlich vom Toten Meer zu suchen.

12 Religionspartei, die auf genaue Einhaltung der Gesetze und Überlieferungen Wert legte.

13 Politisch einflussreiche römerfreundliche religiöse Gruppe, deren Mitglieder aus den vornehmen Familien stammten. Sie behaupteten, es gäbe keine Auferstehung nach dem Tod.

nehmer wollten sich taufen lassen. „Rabbi"[14], fragten sie, „und was sollen wir tun?" – „Fordert nicht mehr, als euch zusteht!", erwiderte Johannes. „Und wir", fragten einige Soldaten, „was sollen wir tun?" – „Beraubt und erpresst niemand", war seine Antwort. „Gebt euch mit eurem Sold zufrieden!"

Das Volk war voller Erwartung, und alle fragten sich, ob Johannes etwa der Messias, der versprochene Retter, sei. Doch Johannes erklärte vor allen: „Ich taufe euch zwar im Wasser als Bestätigung für eure Umkehr, aber es wird einer kommen, der mächtiger ist als ich. Ich bin nicht einmal gut genug, mich zu bücken und ihm die Riemen seiner Sandalen zu lösen. Er wird euch mit Heiligem Geist und Feuer taufen. Er hat die Worfschaufel[15] in der Hand, um die Spreu vom Weizen zu trennen. Den Weizen wird er in die Scheune bringen, die Spreu aber wird er mit einem Feuer verbrennen, das nie mehr ausgeht."

Mit diesen und vielen anderen mahnenden Worten verkündigte er dem Volk die gute Botschaft.

Getauft

Jan. 28 n.Chr. *Jesus kommt zu dem etwa gleichaltrigen Johannes an den Jordan und besteht darauf, sich von ihm taufen zu lassen.*

Quelltext: *Matthäus 3,13-17; Markus 1,9-11; Lukas 3,21-23*

Dann kam auch Jesus aus Nazaret[16] in Galiläa[17] an den Jordan, um sich zusammen mit den vielen Menschen von Johannes taufen zu lassen. Aber Johannes versuchte ihn davon abzubringen und sagte: „Ich hätte es nötig, von dir getauft zu werden, und du kommst zu mir?" Doch Jesus antwortete: „Lass es für diesmal geschehen. Denn nur so können wir alles erfüllen, was Gottes Gerechtigkeit fordert." Da fügte sich Johannes. Als Jesus nach seiner Taufe aus dem Wasser stieg, öffnete sich der Himmel über ihm und er sah den Geist Gottes sichtbar wie eine Taube

---

14 Hebräische Anrede: mein Herr (mein Lehrer, mein Meister)!

15 Hölzerne Schaufel, mit der die ausgedroschenen Getreidekörner durch Hochwerfen im Wind von der groben Spreu getrennt wurden.

16 Der kleine Ort mit etwa 150 Einwohnern lag in der Mitte zwischen dem Mittelmeer und dem See Gennesaret und war etwa 100 km von der Taufstelle entfernt.

17 Von Juden und Griechen bewohntes Gebiet im Norden Israels, etwa zwischen dem See Gennesaret und dem Mittelmeer.

---

letzte Monate	letzte Tage	Passion	nach Ostern

auf sich herabkommen. Und aus dem Himmel sprach eine Stimme: „Du bist mein lieber Sohn. An dir habe ich meine Freude!"[18]

Als Jesus öffentlich zu wirken begann, war er ungefähr dreißig Jahre alt.

Versucht

Anschließend führt der Geist Gottes Jesus in die Wüste (vermutlich die Wüste Juda), wo er vom Teufel auf die Probe gestellt werden soll, ob er sich zur Sünde verführen lassen würde.

Quelltext: *Matthäus 4,1-11; Markus 1,12-13; Lukas 4,1-13*

Vom Heiligen Geist erfüllt, verließ Jesus den Jordan und ging ins Bergland der Wüste. Der Geist hatte ihn dazu gedrängt, weil er dort vom Teufel versucht werden sollte. Vierzig Tage und Nächte lang aß er nichts. Als der Hunger ihn quälte, trat der Versucher an ihn heran und sagte: „Wenn du Gottes Sohn bist, dann befiehl doch, dass diese Steine hier zu Brot werden." Aber Jesus antwortete: „Nein, in der Schrift steht: ‚Der Mensch lebt nicht nur von Brot, sondern von jedem Wort, das aus Gottes Mund kommt.'[19]"

Daraufhin[20] ging der Teufel mit ihm in die Heilige Stadt, stellte ihn auf den höchsten Vorsprung im Tempel und sagte: „Wenn du Gottes Sohn bist, dann stürz dich hier hinunter! Es steht ja geschrieben: ‚Er wird seine Engel aufbieten, um dich zu beschützen. Auf den Händen werden sie dich tragen, damit du mit deinem Fuß nicht an einen Stein stößt.'[21]" Jesus gab ihm zur Antwort: „Es heißt aber auch: ‚Du sollst den Herrn, deinen Gott, nicht herausfordern!'[22]"

---

18 Matthäus überliefert den Satz so: „Das ist mein lieber Sohn. An ihm habe ich meine Freude!" Er verwendet nicht den „exakten Wortlaut" der historischen Situation, sondern vermittelt seinen Lesern die „exakte Bedeutung" des Geschehens, um noch stärker zu betonen, dass Jesus der Sohn Gottes ist.

19 5. Mose 8,3

20 Lukas bringt die 2. und 3. Versuchung in umgekehrter Reihenfolge. Die historische Reihenfolge ist aber die von Matthäus, denn er verbindet die einzelnen Versuchungen mit „dann, daraufhin" im Sinn zeitlich nachfolgender Ereignisse, während Lukas die Ereignisse nur mit „und" verbindet. Außerdem ist der barsche Befehl Jesu: „Weg mit dir, Satan!" nur nach der zeitlich letzten Versuchung sinnvoll. Lukas hat offenbar aus thematischen Gründen die Abfolge verändert.

21 Psalm 91,11-12   22 5. Mose 6,16

Schließlich führte ihn der Teufel mit auf einen hohen Berg, zeigte ihm in einem einzigen Augenblick alle Königreiche der Welt und sagte: „Diese ganze Macht und Herrlichkeit will ich dir geben, denn sie ist mir überlassen worden und ich gebe sie, wem ich will. Alles soll dir gehören, wenn du dich vor mir niederwirfst und mich anbetest." Da sagte Jesus: „Weg mit dir, Satan! Es steht geschrieben: ‚Du sollst den Herrn, deinen Gott, anbeten und ihm allein dienen!'[23]"

Als der Teufel sah, dass er mit keiner Versuchung zum Ziel kam, ließ er ihn für einige Zeit in Ruhe. Jesus lebte bei den wilden Tieren, und Engel dienten ihm.

Johannes über sich

März 28 n.Chr. *In dem Betanien[24] auf der Ostseite des Jordan erklärt Johannes, welche Stellung er zu Jesus hat.*

Quelltext: *Johannes 1,19-34*

Folgende Begebenheit macht klar, wie Johannes auf Jesus hinwies: Die Juden von Jerusalem hatten Priester und Leviten zu ihm geschickt, die ihn fragen sollten, wer er sei. „Ich bin nicht der Messias", machte er ihnen unmissverständlich klar. „Was denn?", fragten sie weiter. „Bist du Elija?" – „Nein, der bin ich auch nicht", erwiderte er. „Bist du der Prophet?" – „Nein!" – „Dann sag uns doch, wer du bist", entgegneten sie, „wir müssen ja denen, die uns geschickt haben, eine Antwort bringen. Was sagst du über dich selbst?" Johannes antwortete mit den Worten des Propheten Jesaja: „Ich bin eine Stimme, die in der Wüste ruft: ‚Ebnet den Weg für den Herrn!'[25]" Unter den Abgesandten waren auch einige Pharisäer, die jetzt weiterfragten: „Wenn du weder der Messias bist, noch Elija und auch nicht der Prophet, weshalb taufst du dann?" – „Ich taufe mit Wasser", entgegnete Johannes, „aber mitten unter euch steht jemand, den ihr nicht kennt. Es ist der, der nach mir kommt. Ich bin nicht einmal würdig, ihm die Riemen seiner Sandalen zu lösen." Das spielte sich in Betanien ab, einem Dorf auf der anderen Seite des Jordan, wo Johannes taufte.

---

23 5. Mose 6,13

24 Dieses Betanien darf nicht mit dem verwechselt werden, das nur drei Kilometer von Jerusalem entfernt am Hang des Ölbergs lag, wo Lazarus mit seinen beiden Schwestern lebte.

25 Jesaja 40,3

---

letzte Monate　　　**letzte Tage**　　　**Passion**　　　**nach Ostern**

Am nächsten Tag hatte Johannes Jesus auf sich zukommen sehen und sagte: „Seht, das ist das Opferlamm Gottes, das die Sünde der ganzen Welt wegnimmt. Ihn meinte ich, als ich sagte: ‚Nach mir kommt einer, der weit über mir steht, denn er war schon vor mir da.' Auch ich kannte ihn nicht. Aber gerade deshalb bin ich gekommen und taufe mit Wasser, damit Israel erkennt, wer er ist." Dann machte Johannes diese Aussage: „Ich sah den Geist Gottes wie eine Taube vom Himmel herabschweben und auf ihm bleiben. Ich hätte nicht gewusst, wer es war, aber der, der mir den Auftrag gab, mit Wasser zu taufen, hatte mir gesagt: ‚Wenn du den Geist auf jemand herabschweben und auf ihm bleiben siehst, dann ist das der, der mit dem Heiligen Geist tauft.' Ich habe es gesehen und bezeuge: ‚Dieser Mann ist der Sohn Gottes.'"

Den Messias gefunden

In den nächsten zwei Tagen kommen die ersten Jünger zu Jesus. Einer von ihnen, Andreas, war überzeugt, den Messias gefunden zu haben.

Quelltext: *Johannes 1,35-51*

Am nächsten Tag war Johannes mit zwei von seinen Jüngern wieder dort. Als er Jesus vorbeigehen sah, sagte er: „Seht, das Opferlamm Gottes!" Die zwei Jünger hörten das und gingen Jesus nach. Jesus drehte sich um und sah, dass sie ihm folgten. Da fragte er: „Was sucht ihr?" – „Rabbi, wo wohnst du?", entgegneten sie. – Rabbi heißt übrigens „Lehrer". – „Kommt mit", erwiderte er, „dann werdet ihr es sehen." So kamen sie mit. Das war nachmittags gegen vier Uhr. Sie sahen, wo er sich aufhielt und blieben den Tag über bei ihm.

Einer von den beiden, die Jesus gefolgt waren, weil sie das Zeugnis von Johannes gehört hatten, war Andreas, der Bruder von Simon Petrus. Der fand gleich darauf seinen Bruder Simon und sagte zu ihm: „Wir haben den Messias gefunden!" – Messias bedeutet „der Gesalbte", griechisch: „Christus"[26]. – Dann brachte er ihn zu Jesus. Jesus sah ihn an und sagte: „Du bist Simon Ben-Johannes. Man wird dich einmal Kephas nennen." – Kephas bedeutet „Fels", griechisch: „Petrus".

---

26 In Israel wurden Könige und Hohepriester durch eine feierliche Salbung in ihr Amt eingeführt. Gott hatte seinem Volk einen Messiaskönig versprochen, der ein Nachkomme Davids und gleichzeitig Hoher Priester sein würde.

Als Jesus am nächsten Tag nach Galiläa aufbrechen wollte, traf er Philippus und sagte zu ihm: „Komm, folge mir!" Philippus stammte wie Andreas und Petrus aus der Stadt Betsaida[27]. Danach traf Philippus Natanaël und sagte zu ihm: „Wir haben den gefunden, von dem Mose im Gesetz schreibt und den auch die Propheten angekündigt haben: Es ist Jesus aus Nazaret, ein Sohn von Josef." – „Nazaret? Kann von da etwas Gutes kommen?", fragte Natanaël. Philippus erwiderte nur: „Komm und sieh selbst!" Als Jesus Natanaël kommen sah, sagte er: „Das ist ein wahrer Israelit, ein Mann ohne Falschheit." – „Woher kennst du mich?", fragte Natanaël. Jesus antwortete: „Ich sah dich, als du noch unter dem Feigenbaum saßest, bevor Philippus dich rief." Da erklärte Natanaël: „Rabbi, du bist der Sohn Gottes! Du bist der König Israels!" Jesus erwiderte: „Das glaubst du, weil ich dir gesagt habe, dass ich dich unter dem Feigenbaum sah. Du wirst noch viel größere Dinge sehen." Dann fügte er hinzu: „Ja, ich versichere euch:[28] Ihr werdet den Himmel offen sehen und erleben, wie die Engel Gottes vom Menschensohn[29] zum Himmel aufsteigen und wieder herabkommen."

Auf der Hochzeit

Diese Jünger begleiten ihn auf eine Hochzeit nach Kana in Galiläa, wo Jesus zum ersten Mal seine göttliche Macht beweist.

Quelltext: *Johannes 2,1-11*

Am dritten Tag fand in Kana[30], in Galiläa, eine Hochzeit statt. Die Mutter von Jesus nahm daran teil und auch Jesus war mit seinen Jüngern dazu eingeladen. Als während des Festes der Wein ausging, sagte seine Mutter zu ihm: „Sie haben keinen Wein mehr!" – „Frau, in was für eine Sache willst du mich da hineinziehen?", entgegnete Jesus.

---

27 Betsaida war ein Fischerdorf an der Mündung des Jordan in den See Gennesaret. Heute wahrscheinlich El-Aradsch.

28 Wörtlich: Amen, Amen! Wenn Jesus Amen (oder sogar das doppelte Amen) am Beginn einer Aussage gebraucht, betont er die Unumstößlichkeit seiner Worte so stark wie möglich. Amen bedeutet: So sei es! Es wird normalerweise als Bestätigung am Ende eines Gebets gesprochen.

29 Menschensohn ist eine von Jesus bevorzugte Selbstbezeichnung. Er knüpft damit an ein Wort des Propheten Daniel (Kapitel 7,13) an, mit dem der zukünftige Herrscher des Gottesreiches angekündigt wird.

30 Der Ort liegt etwa 14 km nördlich von Nazaret, wo Jesus aufgewachsen war.

---

letzte Monate	letzte Tage	Passion	nach Ostern

„Meine Zeit ist noch nicht gekommen." Da wandte sich seine Mutter an die Diener und sagte: „Tut alles, was er euch aufträgt." In der Nähe standen sechs Wasserkrüge aus Stein, wie sie von den Juden für zeremonielle Waschungen benötigt wurden. Jeder von ihnen fasste etwa 100 Liter. Jesus sagte zu den Dienern: „Füllt die Krüge mit Wasser!" Sie füllten die Gefäße bis zum Rand. Dann befahl er ihnen: „Nun schöpft etwas und bringt es dem Küchenmeister." Sie taten das; und als der Küchenmeister von dem Wasser, das Wein geworden war, gekostet hatte, rief er den Bräutigam. Er wusste ja nicht, woher der Wein kam. Nur die Diener, die das Wasser geschöpft hatten wussten davon. Er sagte zu ihm: „Jeder bringt doch zunächst den guten Wein auf den Tisch und setzt erst dann den weniger guten vor, wenn die Gäste schon betrunken sind. Aber du hast den guten Wein bis jetzt aufgehoben."

Dies war das erste seiner Wunderzeichen, das Jesus in Galiläa vollbrachte, in Kana. Damit offenbarte er seine Herrlichkeit, und seine Jünger glaubten an ihn.

Neuer Wohnort Kafarnaum

Jesus will offenbar den Wohnsitz der Familie nach Kafarnaum verlegen, aber die Familie kehrt nach Nazaret zurück.

Quelltext: *Matthäus 4,13-16; Johannes 2,12*

Danach ging er mit seiner Mutter, seinen Brüdern und seinen Jüngern nach Kafarnaum hinunter.[31] Seine Angehörigen blieben aber nur wenige Tage dort. Jesus jedoch blieb nicht in Nazaret wohnen, sondern verlegte seinen Wohnsitz nach Kafarnaum am See im Gebiet der Stämme Sebulon und Naftali. So erfüllte sich, was durch den Propheten Jesaja vorausgesagt wurde: „Du Land Sebulon und Naftali, am See gelegen und jenseits des Jordan, Galiläa der heidnischen Völker: Das Volk, das im Finstern lebte, hat ein großes Licht gesehen. Über denen, die im Land der Todesschatten wohnten, ist Licht aufgegangen."[32]

---

31 Kafarnaum lag am Nordwestufer des Sees Genesaret, ungefähr 200 m unter dem Meeresspiegel, während Kana etwa 300 m über NN liegt.

32 Jesaja 8,23 – 9,1

Tempelsäuberung

April 28 n.Chr. *Kurz vor dem Passafest geht Jesus nach Jerusalem. Dort werden zum ersten Mal die führenden Männer Israels auf ihn aufmerksam, als er die Händler und Geldwechsler aus dem Vorhof des Tempels hinaustreibt.*

Quelltext: *Johannes 2,13-22*

Als das jüdische Passafest näher kam, zog Jesus nach Jerusalem hinauf. Auf dem Tempelgelände sah er Geldwechsler sitzen und Händler, die Rinder, Schafe und Tauben verkauften. Da machte er sich eine Peitsche aus Stricken und jagte sie alle mit den Schafen und Rindern aus dem Tempel hinaus. Die Münzen der Wechsler fegte er auf den Boden und ihre Tische kippte er um. Den Taubenverkäufern befahl er: „Schafft das weg von hier und macht das Haus meines Vaters nicht zu einer Markthalle"! Seine Jünger erinnerten sich dabei an das Schriftwort: „Der Eifer um dein Haus wird mich verzehren"[33]. Die Juden aber stellten ihn zur Rede: „Mit welchem Wunderzeichen kannst du beweisen, dass du das Recht hast, so etwas zu tun?" Jesus entgegnete: „Zerstört diesen Tempel, und ich werde ihn in drei Tagen wieder aufbauen." – „Sechsundvierzig Jahre ist an diesem Tempel gebaut worden", erwiderten die Juden, „und du willst das in drei Tagen schaffen?" Mit dem Tempel hatte Jesus aber seinen eigenen Körper gemeint. Als er von den Toten auferstanden war, dachten seine Jünger an diesen Satz. Da glaubten sie den Worten der Schrift und dem, was Jesus gesagt hatte.

Nikodemus

Während des Passafestes hält Jesus sich in der Stadt auf und bekommt nächtlichen Besuch von einem der führenden Männer des jüdischen Volkes.

Quelltext: *Johannes 2,23 – 3,21*

Jesus hielt sich während des ganzen Passafestes in Jerusalem auf. Viele glaubten in dieser Zeit an ihn, weil sie die Wunder sahen, die er tat. Doch Jesus vertraute sich diesen Leuten nicht an, weil er sie alle durchschaute. Niemand musste ihm etwas über die Menschen sagen, weil er wusste, was in ihrem Innern vorging.

---

33 Psalm 69,10

| letzte Monate | letzte Tage | Passion | nach Ostern |

Einer der führenden Juden, ein Pharisäer namens Nikodemus, kam eines Nachts zu Jesus. „Rabbi", sagte er, „wir alle wissen, dass du ein Lehrer bist, den Gott uns geschickt hat, denn deine Wunderzeichen beweisen, dass Gott mit dir ist." – „Amen, ich versichere dir", erwiderte Jesus, „wenn jemand nicht von neuem geboren wird, kann er das Reich Gottes nicht einmal sehen." – „Wie kann ein Mensch denn geboren werden, wenn er schon alt ist?", wandte Nikodemus ein. „Er kann doch nicht in den Bauch seiner Mutter zurückkehren und ein zweites Mal geboren werden!" – „Amen, ich versichere dir", erwiderte Jesus, „und bestätige es noch einmal: Wenn jemand nicht aus Wasser und Geist geboren wird, kann er nicht in das Reich Gottes kommen. Menschliches Leben wird von Menschen geboren, doch geistliches Leben von Gottes Geist. Wundere dich also nicht, dass ich dir sagte: Ihr müsst von neuem geboren werden. Der Wind weht, wo er will. Du hörst ihn zwar, aber du kannst nicht sagen, woher er kommt und wohin er geht. So ist es bei jedem, der aus dem Geist geboren ist."

„Wie ist so etwas möglich?", fragte Nikodemus. Jesus erwiderte: „Du als Lehrer Israels weißt das nicht? Amen, ich versichere dir: Wir reden nur von dem, was wir kennen. Und was wir bezeugen, haben wir gesehen. Doch ihr nehmt unsere Worte nicht ernst. Ihr glaubt ja nicht einmal, wenn ich über Dinge rede, die hier auf der Erde geschehen. Wie wollt ihr mir dann glauben, wenn ich euch sage, was im Himmel geschieht? Es ist noch nie jemand in den Himmel hinaufgestiegen. Der einzige, der dort war, ist der, der aus dem Himmel herabgekommen ist, der Menschensohn. Und wie Mose damals in der Wüste die Schlange für alle sichtbar aufgerichtet hat, so muss auch der Menschensohn sichtbar aufgerichtet[34] werden, damit jeder, der ihm vertraut, ewiges Leben hat. Denn so hat Gott der Welt seine Liebe gezeigt: Er gab seinen einzigen Sohn dafür, dass jeder, der an ihn glaubt, nicht zugrunde geht, sondern ewiges Leben hat. Gott hat seinen Sohn ja nicht in die Welt geschickt, um sie zu verurteilen, sondern um sie durch ihn zu retten. Wer ihm vertraut, wird nicht verurteilt, wer aber nicht glaubt, ist schon verurteilt. Denn der, an dessen Namen er nicht geglaubt hat, ist der einzigartige Sohn Gottes. Und so vollzieht sich das Gericht: Das Licht ist in die Welt gekommen, aber die Menschen liebten die Finsternis

---

34 Eigentlich: *erhöht, erhaben gemacht*. Das Wort kann im direkten oder übertragenen Sinn verstanden werden und bezieht sich hier auf das Aufrichten des Kreuzes mit dem daran angenagelten Körper.

mehr als das Licht, denn ihre Taten waren schlecht. Wer Böses tut, scheut das Licht. Er kommt nicht ans Licht, damit seine Taten nicht aufgedeckt werden. Wer sich aber nach der Wahrheit richtet, tritt ans Licht, denn so wird sichtbar, dass sein Tun in Gott gegründet ist."

Der Täufer über Jesus

In den nächsten Tagen zieht Jesus mit seinen Jüngern durch Judäa. Johannes, der jetzt umkehrwillige Menschen an der großen Änon-Quelle bei Salim tauft, bezeugt, dass Jesus über ihm steht.

Quelltext: *Johannes 3,22-30*

Danach ging Jesus mit seinen Jüngern in das Gebiet von Judäa. Er blieb einige Zeit dort, um Menschen zu taufen. Auch Johannes taufte damals in Änon, nicht weit von Salim[35], weil es dort reichlich Wasser gab. Immer noch kamen Menschen zu ihm, um sich taufen zu lassen, denn er war noch nicht im Gefängnis. Da kam es zwischen einigen Jüngern des Johannes und einem Juden zu einem Streit über die Reinigungsvorschriften. Deshalb gingen sie zu Johannes. „Rabbi", sagten sie, „der Mann, der auf der anderen Jordanseite zu dir gekommen ist und auf den du hingewiesen hast, der tauft jetzt auch, und alle gehen zu ihm." Johannes entgegnete: „Kein Mensch kann sich auch nur das Geringste nehmen, wenn es ihm nicht vom Himmel gegeben ist. Ihr selbst könnt bezeugen, dass ich sagte: ‚Ich bin nicht der Messias, sondern ich bin nur geschickt worden, ihm den Weg zu bereiten.' Wer die Braut bekommt, ist der Bräutigam. Der Freund des Bräutigams steht dabei und freut sich, wenn er dessen Stimme hört. Das ist auch jetzt meine ganze Freude. Er muss immer größer werden, ich dagegen geringer."

Der Jünger über Jesus

An dieser Stelle fügt Johannes, der Verfasser des Evangeliums, noch ein eigenes Zeugnis über Jesus ein:

---

35 *Salim* liegt 12 km südlich von Skythopolis (dem alttestamentlichen Beth-Schean), der einzigen westjordanischen Stadt des Zwölfstädtegebietes. Änon meint die Quellen beim heutigen Tell Schalem, die so stark sind, dass sie große Fischteiche speisen.

| letzte Monate | letzte Tage | Passion | nach Ostern |

Quelltext: *Johannes 3,31-36*

Ja, er ist von oben gekommen und größer als alle anderen. Wer von der Erde stammt, redet aus irdischer Sicht. Der vom Himmel kommt, steht über allen und bezeugt, was er dort gesehen und gehört hat, aber keiner nimmt ihm seine Botschaft ab. Doch wer auf ihn hört, bestätigt damit, dass Gott wahrhaftig ist. Denn er ist von Gott gesandt und verkündigt Gottes eigene Worte, weil Gott ihm den Geist ohne jede Einschränkung gegeben hat. Der Vater liebt den Sohn und hat alles in seine Hand gelegt. Wer an den Sohn glaubt, wer ihm vertraut, hat ewiges Leben. Wer dem Sohn aber nicht gehorcht, wird das ewige Leben nie zu sehen bekommen, denn Gottes Zorn wird auf ihm bleiben.

Jerusalem. Um eine Wasserleitung für den Tempel bauen zu können, vergreift sich Pilatus an den Tempelschätzen. Das Aquädukt soll von den Teichen Salomos bei Betlehem durch das Gebiet des Hasmonäer-Palastes in Jerusalem führen und im Tempelbereich enden. Der Bau ruft jedoch beim nächsten Besuch des Pilatus in Jerusalem Proteste hervor, wahrscheinlich deswegen, weil das Wasser auf seinem Weg in den Tempel auch von den römischen Soldaten für ihre Bäder benutzt und somit „berührt" wird. Mit Knüppeln bewaffnete Soldaten in Zivil machen dem Protest gewaltsam ein Ende. Sie prügeln auf die Menge ein und töten dabei einige Menschen.

Verhaftung des Täufers

Herodes Antipas lässt Johannes den Täufer verhaften und auf die Festung Machärus bringen, weil dieser ihn öffentlich wegen seiner ehebrecherischen Beziehung getadelt hatte.

Antipas hatte sich nämlich während eines Besuchs bei seinem Stiefbruder Herodes Philippus in dessen Ehefrau Herodias verliebt. Die hatte sich darauf eingelassen, weil sie sich für zu gut hielt, lediglich ein Privatleben zu führen. Antipas hatte dann seine erste Gemahlin, die Tochter des Aretas, auf die Festung Machärus geschickt und anschließend die Herodias, die nicht nur seine Schwägerin, sondern auch noch seine Nichte war, geheiratet. Herodias brachte aus ihrer ersten Ehe eine Tochter namens Salome mit, die später noch eine unheilvolle Rolle für Johannes den Täufer spielen wird.

| vor Christus | Geburt/Jugend | 1. Dienstjahr | 2. Dienstjahr |

Quelltext: *Matthäus 14,3-5; Markus 6,19-20; Lukas 3,19-20*

Johannes wies auch Herodes Antipas zurecht. Der Fürst[36] von Galiläa hatte nämlich seinem Stiefbruder Philippus[37] dessen Frau Herodias weggenommen und auch sonst viel Unrecht getan. Johannes warf ihm vor: „Du hattest kein Recht, sie zur Frau zu nehmen." Deswegen ließ Herodes ihn festnehmen und gefesselt ins Gefängnis bringen. Er hätte ihn am liebsten umgebracht, fürchtete aber das Volk, das Johannes für einen Propheten hielt und hatte auch selbst Hochachtung vor ihm. Er wusste, dass Johannes ein gerechter und heiliger Mann war, und schützte ihn deshalb, denn die Herodias verzieh Johannes nicht und wollte ihn umbringen lassen. Doch sie konnte sich nicht durchsetzen. Herodes wurde zwar immer sehr unruhig, wenn er mit Johannes sprach, hörte ihm aber trotzdem gern zu.

Der Tochter des Aretas gelingt von Machärus aus die Flucht zu ihrem Vater, der fortan Rachegefühle gegen Antipas hegt.

Jesus in Samaria

Als Jesus von der Verhaftung des Täufers hört, kehrt er über Samaria nach Galiläa zurück. Am Jakobsbrunnen, am Eingang des Tales zwischen dem 881 m hohen Garizim und dem 940 m hohen Ebal, begegnet er einer samaritanischen Frau, die aus der Ortschaft Sychar stammte. Sychar lag am Osthang des Berges Ebal und galt als „religiöse Hauptstadt" der Samariter. Der in dem Gespräch erwähnte Berg ist aber der Garizim.

Quelltext: *Matthäus 4,12; Markus 1,14; Lukas 4,14; Johannes 4,1-42*

Jesus erfuhr, dass die Pharisäer auf ihn aufmerksam wurden, weil er mehr Menschen zu Jüngern machte und taufte, als Johannes. – Er taufte allerdings nicht selbst; das taten seine Jünger. – Außerdem hörte er, dass man Johannes ins Gefängnis geworfen hatte. Da verließ er Judäa und kehrte in der Kraft, die ihm der Geist Gottes verlieh, nach Galiläa zurück.

---

36 Wörtlich: *Tetrarch*, Regent über den vierten Teil eines Landes. Herodes Antipas war unter römischer Oberherrschaft Fürst von Galiläa und Peräa.

37 Dieser Philippus war ein Sohn von Herodes dem Großen mit Mariamme II., hat aber selbst nie ein Regierungsamt inne gehabt, ist also nicht mit dem Tetrarchen Philippus identisch, der über die nördlichen Gebiete Israels herrschte.

| letzte Monate | letzte Tage | Passion | nach Ostern |

Dabei fühlte er sich gedrängt, den Weg durch Samarien[38] zu nehmen. So kam er zu einem samaritanischen Ort namens Sychar. Er lag in der Nähe des Grundstücks, das Jakob damals seinem Sohn Josef vererbt hatte. Dort ist auch der Jakobsbrunnen. Ermüdet von der langen Wanderung hatte sich Jesus an den Brunnen gesetzt. Das war gegen zwölf Uhr mittags. Kurz darauf kam eine samaritanische Frau, um Wasser zu holen. Jesus bat sie: „Gib mir etwas zu trinken!" Seine Jünger waren nämlich in den Ort gegangen, um etwas zu essen zu kaufen. Überrascht fragte die Frau: „Wie kannst du mich um etwas zu trinken bitten? Du bist doch ein Jude und ich eine Samariterin." – Die Juden vermeiden nämlich jeden Umgang mit Samaritern. – Jesus antwortete: „Wenn du wüsstest, welche Gabe Gott für dich bereit hält und wer es ist, der zu dir sagt: ‚Gib mir zu trinken', dann hättest du ihn gebeten und er hätte dir lebendiges Wasser gegeben." – „Herr", sagte die Frau, „du hast doch nichts, womit du Wasser schöpfen kannst; und der Brunnen ist tief. Woher willst du denn das Quellwasser haben? Bist du etwa größer als unser Stammvater Jakob, der uns diesen Brunnen hinterließ? Kannst du uns besseres Wasser geben, als das, was er mit seinen Söhnen und seinen Herden trank?" Jesus erwiderte: „Jeder, der von diesem Wasser trinkt, wird wieder durstig werden. Wer aber von dem Wasser trinkt, das ich ihm geben werde, wird niemals mehr Durst bekommen. Das Wasser, das ich ihm gebe, wird in ihm eine Quelle werden, aus der Wasser für das ewige Leben herausprudelt." – „Herr, gib mir dieses Wasser", bat die Frau. „Dann werde ich keinen Durst mehr haben und muss nicht mehr zum Wasserholen herkommen."

„Geh und hole deinen Mann hierher!", sagte Jesus. „Ich habe keinen Mann", entgegnete die Frau. „Das ist richtig", erwiderte Jesus. „Du hast keinen Mann. Fünf Männer hast du gehabt, und der, den du jetzt hast, ist nicht dein Mann. Da hast du etwas Wahres gesagt." – „Herr, ich sehe, dass du ein Prophet bist", sagte die Frau darauf. „Unsere Vorfahren haben Gott auf diesem Berg hier angebetet. Ihr Juden aber sagt, dass nur in Jerusalem der Ort ist, wo man Gott anbeten darf." – „Glaube mir, Frau", gab Jesus zur Antwort, „es kommt die Zeit, wo ihr den Vater weder auf diesem Berg noch in Jerusalem verehren werdet. Ihr Samariter betet zu Gott, ohne ihn zu kennen. Wir jedoch wissen, wen wir anbeten, denn die Rettung für die

---

38 Von Samaritern bewohnte Gegend zwischen Galiläa im Norden und Judäa im Süden. Die Samariter waren ein Mischvolk aus Israeliten und Heiden (siehe 2. Könige 17,24-40) und wurden von Juden verachtet.

Menschen kommt von den Juden. Doch es wird die Zeit kommen – sie hat sogar schon angefangen – wo die wahren Anbeter den Vater verehren, weil sie von seinem Geist erfüllt sind und die Wahrheit erkannt haben. Von solchen Menschen will der Vater angebetet werden. Gott ist Geist, und die, die ihn anbeten wollen, müssen dabei von seinem Geist bestimmt und von der Wahrheit erfüllt sein."

„Ich weiß, dass der Messias kommt!", sagte die Frau darauf. – Messias bedeutet „der Gesalbte" und heißt auf griechisch: „Christus". – „Wenn er kommt, wird er uns all diese Dinge erklären." Da sagte Jesus zu ihr: „Du sprichst mit ihm; ich bin es."

In diesem Augenblick kamen seine Jünger zurück. Sie wunderten sich, dass er mit einer Frau sprach. Doch keiner wagte ihn zu fragen, was er von ihr wolle oder worüber er mit ihr rede. Die Frau nun ließ ihren Wasserkrug neben dem Brunnen stehen, ging in den Ort und verkündete den Leuten: „Da ist einer, der mir alles auf den Kopf zugesagt hat, was ich getan habe. Kommt mit und seht ihn euch an! Vielleicht ist er der Messias." Da strömten die Leute aus dem Ort hinaus, um Jesus zu sehen.

Inzwischen drängten die Jünger Jesus: „Rabbi, iss doch etwas!" Aber Jesus sagte: „Ich lebe von einer Nahrung, die ihr nicht kennt." – „Wer hat ihm denn etwas zu essen gebracht?", fragten sich die Jünger. Da erklärte Jesus: „Meine Nahrung ist, dass ich den Willen Gottes tue, der mich gesandt hat, und das Werk vollende, das er mir aufgetragen hat. Sagt ihr nicht: ‚Es braucht vier Monate bis zur Ernte?' Nun, ich sage euch: Blickt euch doch um und seht euch die Felder an. Sie sind reif für die Ernte. Er, der sie einbringt, erhält schon jetzt seinen Lohn und sammelt Frucht für das ewige Leben. So freuen sich Sämann und Schnitter gemeinsam. Das Sprichwort trifft hier genau zu: Einer sät, und ein anderer erntet. Ich habe euch zum Ernten auf ein Feld geschickt, auf dem ihr nicht gearbeitet habt. Andere haben sich vor euch dort abgemüht, und ihr erntet die Frucht ihrer Mühe."

Viele Samariter aus dem Ort glaubten an Jesus, weil die Frau ihnen bestätigt hatte: „Er hat mir alles gesagt, was ich getan habe." Als sie dann zu Jesus hinauskamen, baten sie ihn, länger bei ihnen zu bleiben. Er blieb zwei Tage dort, und auf sein Wort hin glaubten noch viel mehr Menschen an ihn. „Nun glauben wir, weil wir ihn selbst gehört haben und nicht nur aufgrund deiner Worte. Jetzt wissen wir, dass er wirklich der Retter der Welt ist", sagten sie zu der Frau.

letzte Monate	letzte Tage	Passion	nach Ostern

In der Provinz

Jesus beginnt nun sein öffentliches Wirken in Galiläa.

Quelltext: *Matthäus 4,17; Markus 1,14-15; Lukas 4,15; Johannes 4,43-45*

Nach diesen zwei Tagen setzte Jesus seine Reise nach Galiläa fort. Jesus hatte selbst einmal erklärt, dass ein Prophet in seiner Heimat nicht geachtet wird. Doch als er jetzt dort ankam, nahmen ihn die Galiläer freundlich auf. Denn sie waren zum Passafest in Jerusalem gewesen und hatten gesehen, was er dort getan hatte.

Von da an begann Jesus die gute Botschaft von Gott zu verkündigen. Er sagte dabei: „Es ist jetzt soweit, die Herrschaft Gottes ist nah. Ändert eure Einstellung und glaubt diese gute Botschaft!" Bald sprach man in der ganzen Gegend von ihm. Er lehrte in den Synagogen und wurde von allen hoch geachtet.

In Kana erfüllt Jesus die Bitte eines Beamten von Herodes Antipas, der von Kafarnaum zu ihm gekommen war. Auf sein Wort hin – es war gerade ein Uhr mittags – wird der Sohn des Beamten in dem 30 km entfernten Ort sofort gesund.

Quelltext: *Johannes 4,46-54*

Er kam nun wieder nach Kana, dem Ort in Galiläa, wo er das Wasser zu Wein gemacht hatte. Zu dieser Zeit lebte ein Beamter des Königs in Kafarnaum, dessen Sohn schwer erkrankt war. Als er hörte, dass Jesus von Judäa zurück nach Galiläa gekommen war, suchte er ihn auf und bat ihn, mit nach Kafarnaum hinunter zu kommen und seinen Sohn zu heilen, der schon im Sterben lag. Jesus sagte zu ihm: „Wenn ihr keine außergewöhnlichen Zeichen und Wunder seht, glaubt ihr nicht." Doch der Beamte des Königs flehte ihn an: „Herr, bitte komm, bevor mein Kind stirbt!" – „Geh ruhig heim", sagte Jesus da zu ihm, „dein Sohn lebt." Der Mann glaubte an das, was Jesus ihm gesagt hatte, und machte sich wieder auf den Weg. Unterwegs kamen ihm einige seiner Sklaven entgegen und verkündeten: „Dein Junge lebt und ist gesund!" Er fragte sie, seit wann genau es dem Jungen besser gehe. „Gestern Mittag um ein Uhr verschwand das Fieber." Da wusste der Vater, dass das genau der Zeitpunkt war, an dem Jesus zu ihm gesagt hatte: „Dein Sohn lebt." Und er glaubte an Jesus, er und alle in seinem Haus. Dieses außergewöhnliche Zeichen tat Jesus, als er von Judäa wieder zurückgekommen war und bewies so ein zweites Mal in Galiläa seine Macht.

| vor Christus | Geburt/Jugend | 1. Dienstjahr | 2. Dienstjahr |

In seiner Vaterstadt

Jesus besucht noch einmal Nazaret und geht dort in die Synagoge. Als er sich nach der Prophetenlesung vor die Versammlung setzt, zeigt er den Zuhörern damit, dass er ihnen eine wichtige Lehre weitergeben will. Doch die Einwohner werden aufgrund seiner Aussagen in der Synagoge von solcher Wut gepackt, dass sie ihn umbringen wollen.

Quelltext: *Lukas 4,16-30*

So kam er auch nach Nazaret, wo er aufgewachsen war. Wie gewöhnlich ging er am Sabbat in die Synagoge. Als er aufstand, um aus der Heiligen Schrift vorzulesen, reichte man ihm die Buchrolle des Propheten Jesaja. Er rollte sie auf und fand die Stelle, wo es heißt: „Der Geist des Herrn ruht auf mir, weil er mich gesalbt hat. Er hat mich gesandt, den Armen gute Botschaft zu bringen, den Gefangenen ihre Freilassung zu verkünden, den Blinden zu sagen, dass sie sehend werden, den Unterdrückten die Freiheit zu bringen und ein Jahr der Gnade des Herrn auszurufen."[39] Er rollte das Buch zusammen, gab es dem Synagogendiener zurück und setzte sich. Alle in der Synagoge sahen ihn erwartungsvoll an.

„Heute ist dieses Schriftwort, das ihr eben gehört habt, in Erfüllung gegangen", fing er an. Seine Zuhörer waren beeindruckt und wunderten sich zugleich über die Worte, die ihm geschenkt wurden. „Ist das nicht der Sohn von Josef?", fragten sie. Da sagte er zu ihnen: „Sicher werdet ihr mir jetzt mit dem Sprichwort kommen: ‚Arzt, hilf dir selbst!' und denken: ‚Du musst auch hier bei dir, in deiner Vaterstadt, das tun, was wir von Kafarnaum gehört haben.' Aber ihr wisst doch, dass ein Prophet in seinem Heimatort nichts gilt. Und es ist auch wahr, dass es zur Zeit des Propheten Elija viele Witwen in Israel gab, damals, als es drei Jahre und sechs Monate lang nicht regnete und im ganzen Land eine große Hungersnot herrschte. Trotzdem wurde Elija zu keiner von ihnen geschickt, sondern zu einer Witwe in Sarepta[40], im Gebiet von Sidon[41]. Und viele Aussätzige gab es zur Zeit des Propheten Elischa in Israel, aber keiner von ihnen wurde geheilt, nur der Syrer Naaman."

---

39 Jesaja 61,1-2

40 *Sarepta* war ein phönizischer Ort, 120 km nördlich von Cäsarea, also im heidnischen Ausland. Elija half der Witwe in der Hungersnot und erweckte ihren Sohn vom Tod, vgl. 1. Könige 17.

41 *Sidon*. Phönizische Stadt am Mittelmeer, 90 km nordwestlich vom See Gennesaret.

| letzte Monate | letzte Tage | Passion | nach Ostern |

Als sie das hörten, gerieten alle in der Synagoge in Wut. Sie sprangen auf, zerrten Jesus zur Stadt hinaus und führten ihn bis zum Abhang des Berges, auf dem ihre Stadt erbaut war; dort wollten sie ihn hinabstürzen. Aber Jesus schritt mitten durch die Menge hindurch und zog weg.

Kafarnaum hatte kaum mehr als 1500 Einwohner. Doch es war ein bedeutender Umschlagplatz für Fischereiprodukte. Archäologen haben dort einen 700 Meter langen und mehr als zwei Meter breiten gemauerten Hafendamm entdeckt. Die Häuser der kleinen Stadt waren solide und geräumig gebaut, mit Basaltsteinen gemauert, was auf einen gewissen Wohlstand schließen lässt. Der Ort am See Gennesaret war von Nazaret etwa 50 km entfernt, lag aber 560 m tiefer (ca. 210 m unter dem Meeresspiegel).

Vielleicht hatte Jesus schon im März Kafarnaum zu seinem Wohnort gemacht. Auf jeden Fall wird jetzt seine Distanz zu seinem Heimatort und seiner Familie deutlich. Doch damit erfüllt sich wiederum eine 700-Jahre alte Weissagung des Jesaja (8,23 – 9,1).

Ein paar Tage später predigt Jesus am Westufer des Sees Gennesaret, in der Nähe von Kafarnaum und ruft die beiden Brüderpaare Simon und Andreas und Jakobus und Johannes vom Fischen weg in seine Nachfolge. Die aus Betsaida stammenden Männer betrieben in Kafarnaum wahrscheinlich ein gemeinsames Fischereiunternehmen mit Zebedäus, dem Vater von Jakobus und Johannes.

Quelltext: *Matthäus 4,18-22; Markus 1,16-20; Lukas 5,1-11*

Eines Tages stand Jesus am Ufer des Sees Gennesaret. Die Menschen drängten sich um ihn und wollten das Wort Gottes hören. Da bemerkte er zwei Boote am Ufer. Die Fischer waren ausgestiegen, reinigten ihre Netze und brachten sie in Ordnung. Jesus stieg in eins der Boote, das Simon gehörte, und bat ihn, ein Stück auf den See hinaus zu fahren. So konnte er sich setzen und die Menge vom Boot aus unterweisen.

Als er aufgehört hatte zu reden, sagte er zu Simon: „Fahr hinaus auf den See und wirf mit deinen Leuten die Netze[42] zum Fang aus!" – „Aber

---

[42] Es waren runde Wurfnetze, 3-5 m im Durchmesser, die von Land oder vom Boot aus ins Wasser geworfen wurden und dank der Bleigewichte an den Rändern rasch sanken.

Rabbi", wandte Simon ein, „wir haben die ganze Nacht gearbeitet und nichts gefangen. Doch weil du es sagst, will ich die Netze noch einmal auswerfen." Als sie es dann getan hatten, umschlossen sie eine solche Menge Fische, dass die Netze zu reißen begannen. Deshalb winkten sie ihren Mitarbeitern im anderen Boot, sie sollten kommen und ihnen helfen. Zusammen füllten sie beide Boote bis zum Rand, so dass sie fast sanken.

Als Simon Petrus das sah, kniete er sich vor Jesus hin und sagte: „Herr, geh weg von mir! Ich bin ein sündiger Mensch!" Denn er und seine Begleiter waren tief erschrocken, weil sie einen solchen Fang gemacht hatten. Und genauso ging es Jakobus und Johannes, den Söhnen von Zebedäus, die mit Simon zusammenarbeiteten. Doch Jesus sagte zu Simon: „Du musst dich nicht fürchten. Von jetzt an wirst du ein Menschenfischer sein." Dann forderte er Simon und seinen Bruder Andreas auf: „Kommt, folgt mir! Ich werde euch zu Menschenfischern machen." Da zogen sie die Boote an Land, ließen alles zurück und folgten ihm. Auch die beiden Zebedäussöhne forderte er gleich auf, mit ihm zu kommen. Da ließen sie ihren Vater mit den Lohnarbeitern im Boot zurück und folgten ihm.

Vollmacht und Kraft

Am nächsten Sabbat kommt es in der Synagoge von Kafarnaum zu einer Konfrontation mit der Macht des Bösen, wobei die Vollmacht von Jesus ganz offensichtlich wird.

Quelltext: *Markus 1,21-28; Lukas 4,31-37*

Gleich am folgenden Sabbat ging er in die Synagoge von Kafarnaum und sprach zu den Menschen dort. Die waren sehr überrascht und aufgewühlt von seiner Lehre, denn er lehrte nicht, wie sie es von den Gesetzeslehrern kannten, sondern sprach mit Vollmacht. Nun war da gerade in ihrer Synagoge ein Mann, der von einem bösen Geist, einem Dämon, besessen war. Der fing plötzlich an zu schreien: „Was willst du von uns, Jesus von Nazaret? Bist du hergekommen, um uns zu vernichten? Ich weiß genau, wer du bist: der Heilige Gottes." – „Schweig!", herrschte Jesus ihn an. „Verlass den Mann sofort!" Darauf zerrte der böse Geist den Mann hin und her, warf ihn mitten unter ihnen zu Boden und verließ ihn mit einem lauten Schrei, ohne ihm weiter zu schaden. Die Leute waren so überrascht und erschrocken, dass sie sich gegenseitig sagten: „Was für ein Wort! Welche Vollmacht und Kraft! Er befiehlt den bösen Geistern und sie

| letzte Monate | letzte Tage | Passion | nach Ostern |

fahren tatsächlich aus!" Sein Ruf verbreitete sich mit Windeseile im ganzen galiläischen Umland. Bald sprach man überall von ihm.

Herr über Krankheitsmächte

Unmittelbar nach dem Verlassen der Synagoge kehrt Jesus mit seinen Jüngern bei Petrus ein. Obwohl es noch Sabbat ist, heilt er die Schwiegermutter des Petrus, damit sie ihren häuslichen Pflichten nachkommen kann. Nach dem Ende des Sabbats, nach Sonnenuntergang, bringen die Leute aus der ganzen Stadt Kranke und von Dämonen Besessene zu Jesus, der sie alle heilt. Damit erfüllt sich erneut eine Weissagung des Propheten Jesaja.

Quelltext: *Matthäus 8,14-17; Markus 1,29-34; Lukas 4,38-41*

Nachdem sie die Synagoge verlassen hatten, gingen sie zusammen mit Jakobus und Johannes in das Haus von Simon und Andreas. Simons Schwiegermutter war von einem heftigen Fieber befallen und lag im Bett, und man bat ihn, ihr zu helfen. Er trat an ihr Bett und bedrohte das Fieber. Dann fasste er sie bei der Hand und richtete sie auf. Im selben Augenblick verschwand das Fieber. Sie konnte gleich aufstehen und ihre Gäste bewirten.

Am Abend, es war nach Sonnenuntergang, brachten die Leute alle ihre Kranken und Besessenen zu Jesus – Menschen mit den verschiedensten Leiden. Die ganze Stadt war vor der Haustür versammelt. Jedem von ihnen legte er die Hände auf und heilte sie. Von vielen fuhren auch Dämonen aus und schrieen: „Du bist der Sohn Gottes!" Aber Jesus herrschte sie an und verbot ihnen, weiterzureden, weil sie wussten, wer er war, nämlich der Messias.

So erfüllte sich, was durch den Propheten Jesaja vorausgesagt worden war: „Er hat unsere Leiden auf sich genommen und unsere Krankheiten getragen."

Jesus ist für alle da

Die Menschen in Kafarnaum wollen Jesus für sich behalten, doch sein Auftrag führt ihn auch in die anderen Orte Galiläas.

---

43 Jesaja 53,4

Quelltext: *Matthäus 4,23; Markus 1,35-39; Lukas 4,42-44*

Früh am Morgen, als es noch völlig dunkel war, stand er auf und ging aus dem Haus fort an eine einsame Stelle, um dort zu beten. Simon und die, die bei ihm waren, eilten ihm nach. Als sie ihn gefunden hatten, sagten sie zu ihm: „Alle suchen dich!" Doch er erwiderte: „Lasst uns anderswohin gehen, in die umliegenden Ortschaften, damit ich auch dort predige; denn dazu bin ich gekommen." Doch die Leute suchten ihn, bis sie ihn gefunden hatten. Sie wollten ihn festhalten und verhindern, dass er von ihnen wegging. Aber er sagte zu ihnen: „Ich muss auch den anderen Städten die gute Botschaft vom Reich Gottes verkündigen, denn dazu hat Gott mich gesandt."

So zog er durch ganz Galiläa, predigte in den Synagogen und verkündigte die gute Botschaft vom Reich Gottes. Er heilte alle Kranken und Leidenden im Volk und trieb die Dämonen aus.

Das Zeichen des Geheilten

In einer der Städte heilt Jesus einen Aussätzigen und befiehlt ihm, niemand außer dem zuständigen Priester etwas von der Heilung zu berichten und das vorgeschriebene Opfer zu bringen. Die Vorschriften dafür stehen in 3. Mose 14,1-32. Ein solches Opfer hatte es in Israel seit Jahrhunderten nicht gegeben. Es wäre daher zu einem deutlichen Zeichen für die Priester geworden. Der Geheilte hält sich aber nicht an das Gebot von Jesus, so dass er in keine Stadt mehr gehen kann, ohne Aufsehen zu erregen.

Quelltext: *Matthäus 8,2-4; Markus 1,40-45; Lukas 5,12-16*

In einer der Städte war ein Mann, der am ganzen Körper Aussatz hatte. Als der Jesus sah, warf er sich vor ihm nieder, beugte das Gesicht zur Erde und bat ihn flehentlich: „Herr, wenn du willst, kannst du mich rein machen." Jesus hatte Mitleid mit ihm, berührte ihn mit seiner Hand und sagte: „Ich will es, sei rein!" Sofort verschwand der Aussatz, und der Mann war geheilt. Jesus schickte ihn auf der Stelle weg und befahl ihm mit aller Entschiedenheit: „Pass auf, dass du niemand auch nur ein Wort davon sagst. Geh stattdessen zum Priester, zeig dich ihm und bring das Opfer für deine Reinigung, wie Mose es angeordnet hat. Das soll ein Beweis für sie sein."

Der Mann ging weg, erzählte aber überall von seiner Heilung und machte die Sache bekannt, so dass Jesus in keine Stadt mehr gehen konnte, ohne Aufsehen zu erregen. Die Menschen strömten in Scharen herbei,

letzte Monate	letzte Tage	Passion	nach Ostern

um ihn zu hören und von ihren Krankheiten geheilt zu werden. Er hielt sich deshalb nur noch außerhalb der Ortschaften an einsamen Stellen auf. Doch die Leute kamen von überall her zu ihm. Jesus aber zog sich immer wieder in die Einsamkeit zurück, um zu beten.

Die Sünden des Gelähmten

Einige Tage später ist Jesus wieder in Kafarnaum, wo es zu einer ersten Konfrontation mit den Pharisäern und ihren Schriftgelehrten kommt, weil er einem Gelähmten, der auf spektakuläre Weise zu ihm gebracht wird, seine Sünden vergibt.

Quelltext: *Matthäus 9,1-8; Markus 2,1-12; Lukas 5,17-26*

Einige Tage später kehrte Jesus nach Kafarnaum, in seine Stadt, zurück. Schnell sprach sich herum, dass er wieder zu Hause sei. Da kamen so viele Menschen bei ihm zusammen, dass sie keinen Platz mehr hatten, nicht einmal vor der Tür. Unter den Zuhörern saßen auch Pharisäer und Gesetzeslehrer. Sie waren aus allen Dörfern Galiläas, aus Judäa und Jerusalem gekommen. Und die Kraft des Herrn drängte Jesus, zu heilen.

Während er ihnen die Botschaft Gottes verkündigte, trugen vier Männer einen Gelähmten heran. Er lag auf einer Matte. Sie wollten ihn ins Haus hineintragen und vor Jesus hinlegen. Weil sie aber wegen des Gedränges der Leute keinen Weg fanden, wie sie ihn hineinbringen sollten, stiegen sie aufs Dach. Sie brachen die Lehmdecke über der Stelle auf, wo Jesus sich befand, deckten einige Ziegel ab und beseitigten die Holzknüppel. Dann ließen sie die Matte mit dem Kranken mitten unter sie hinunter, genau vor Jesus.

Als Jesus ihren Glauben sah, sagte er zu dem Gelähmten: „Du musst keine Angst haben, mein Sohn, deine Sünden sind dir vergeben." Einige Gesetzeslehrer und Pharisäer dachten im Stillen: „Was bildet der sich ein? Das ist ja Gotteslästerung! Niemand kann Sünden vergeben, außer Gott!"

Jesus hatte sofort erkannt, was in ihnen vorging, und sprach sie an: „Warum gebt ihr so schlechten Gedanken Raum in euch? Ist es leichter zu einem Gelähmten sagen: ‚Deine Sünden sind dir vergeben' oder ‚Steh auf, nimm deine Matte und geh umher'? Doch ihr sollt wissen, dass der Menschensohn die Vollmacht hat, hier auf der Erde Sünden zu vergeben." Damit wandte er sich dem Gelähmten zu und sagte: „Ich befehle dir: Steh auf, nimm deine Matte und geh nach Hause!" Der Mann stand sofort auf, nahm seine Matte und ging vor den Augen der ganzen Menge hinaus. Dabei pries er Gott unaufhörlich. Die Leute waren erschrocken und priesen Gott, der den Menschen solche Vollmacht gegeben hat. Sie sagten voller Furcht: „So etwas Unglaubliches haben wir noch nie gesehen!"

Zum Fest bei Zöllnern

Jesus beruft Levi als seinen Jünger, der daraufhin zu Ehren seines neuen Rabbi ein großes Fest gibt. Weil Levi dazu in seinem Kollegenkreis eingeladen hatte, stellen die pharisäischen Schriftgelehrten die Jünger von Jesus zur Rede. Der verteidigt seine Jünger und gibt den Schriftgelehrten ein Wort des Propheten Hosea zu bedenken.

Nicht weit von Kafarnaum, an der Grenze zwischen dem galiläischen Gebiet des Antipas und der Tetrarchie des Philippus, muss auch die Zollstation des Levi (Matthäus) gelegen haben. Er stand wahrscheinlich einem Zollamt vor, das auch die Fischfang-Steuer einnahm und mehrere Angestellte beschäftigte.

Quelltext: *Matthäus 9,9-13; Markus 2,13-17; Lukas 5,27-32*

Danach ging Jesus wieder einmal an den See hinaus. Die ganze Menschenmenge kam zu ihm und er belehrte sie. Als er weiterging und an der Zollstelle vorbeikam, sah er Levi, den Sohn von Alphäus, dort sitzen und sagte zu ihm: „Komm, folge mir!" Ohne zu zögern ließ Levi, der auch Matthäus hieß, alles zurück, stand auf und folgte Jesus. Später gab er ihm zu Ehren ein großes Festessen in seinem Haus und lud dazu noch viele Zolleinnehmer und andere Leute mit zweifelhaftem Ruf ein. Viele von ihnen gehörten schon zu denen, die ihm nachfolgten. Aber die Pharisäer und die Gesetzeslehrer, die zu ihrer Partei gehörten, sagten ärgerlich zu den Jüngern von Jesus: „Wie könnt ihr und euer Rabbi nur mit Steuereintreibern und diesem Gesindel zusammen essen und trinken!" Da griff Jesus ein und gab ihnen zur Antwort: „Nicht die Gesunden brauchen den Arzt, sondern die Kranken. Ich bin nicht gekommen, um Gerechten zu sagen, dass sie ihre Einstellung ändern müssen, sondern Sündern. Nun geht und denkt einmal darüber nach, was mit dem Wort gemeint ist: ‚Barmherzigkeit will ich und nicht Opfer!'[44] Dann versteht ihr auch, dass ich nicht gekommen bin, die Gerechten zu rufen, sondern die Sünder."

---

44 Hosea 6,6

Fasten oder nicht?

Die Pharisäer pflegten zweimal in der Woche freiwillig zu fasten und zwar am Montag und am Donnerstag. Die Jünger von Johannes dem Täufer taten das offenbar auch, waren aber verunsichert, dass die Jünger von Jesus das nicht taten. Deshalb fragen sie an einem dieser Fastentage ihren Rabbi danach. Jesus antwortet mit dem Bild von der Hochzeit. Während einer Hochzeitsfeier, die in Israel sieben Tage dauerte, war es nämlich verboten zu fasten, an Trauerfeiern teilzunehmen oder schwere Arbeit zu verrichten. Das zweite Bild bezieht sich auf alte Kleider, die vom vielen Waschen eingelaufen und spröde geworden waren. Wenn man darauf ein Stück neuen Stoffes nähte, das beim nächsten Waschen einlief, zerriss es den alten Stoff. Das dritte Bild bezieht sich auf die Methode, Wein in Schläuchen aus Tierhäuten aufzubewahren. Alte Weinschläuche waren durch die Gärung des Weins bereits bis zum Äußersten gedehnt. Wenn man neuen Wein hineingoss, der noch weiter gärte, platzten die Schläuche.

Quelltext: *Matthäus 9,14-17; Markus 2,18-22; Lukas 5,33-39*

Die Jünger des Johannes und die Pharisäer pflegten regelmäßig zu fasten. Einmal kamen die Johannesjünger zu Jesus und fragten: „Wie kommt es, dass wir und die Pharisäer so viel fasten, deine Jünger aber nicht? Sie essen und trinken." Jesus erwiderte: „Könnt ihr die Hochzeitsgäste denn fasten lassen, wenn der Bräutigam noch bei ihnen ist? Nein, solange der Bräutigam da ist, können sie nicht fasten. Die Zeit kommt früh genug, dass der Bräutigam ihnen entrissen wird. Dann werden sie fasten."

Er machte es ihnen auch noch mit einem Vergleich deutlich: „Niemand näht doch ein Stück Stoff aus einem neuen Kleid auf ein altes Gewand, sonst reißt das neue Stück aus, und der Riss im alten Stoff wird noch größer. Und dann hätte er das neue Kleid zerschnitten, und das Stück würde ja auch nicht zu dem alten passen. Und niemand wird doch neuen Wein, der noch gärt, in alte Weinschläuche füllen. Der junge Wein würde die Schläuche zum Platzen bringen. Dann wären Wein und Schläuche verdorben. Nein, neuen Wein füllt man in neue Schläuche. Aber niemand, der alten Wein getrunken hat, will anschließend neuen. ‚Der alte ist besser', wird er sagen."

Die Strafverfolgung beginnt

Jesus reist wahrscheinlich zum Pfingstfest[1] nach Jerusalem. An diesem Fest, das 50 Tage nach dem Passa gefeiert wird und nur einen Tag dauert, werden im Tempel zwei Brote aus der neuen Ernte als Speiseopfer dargebracht. Deshalb heißt es auch „Fest der Erstlinge der Ernte".

Nördlich vom Tempelgelände beim Schaftor, also außerhalb der Stadtmauer, liegt der zweigeteilte Teich Betesda mit seinen fünf Säulenhallen. Die genaue Lage des Doppelteichs wurde im Jahr 1958 durch Ausgrabungen festgestellt. Josephus berichtet, dass die Teiche mit Regenwasser gefüllt waren.[2] Dort warten die Kranken in einem grausamen „Wettbewerb" auf die Bewegung des Wassers, um sich dann als erste hineinzustürzen. Jesus beendet das vergebliche Warten eines dort liegenden Kranken.

Quelltext: *Johannes 5,1-9*

Einige Zeit später ging Jesus zu einem der jüdischen Feste nach Jerusalem hinauf. Dort gab es in der Nähe des Schaftors eine Teichanlage mit fünf Säulenhallen, die auf hebräisch „Betesda" genannt wird. In diesen Hallen lagen Scharen von kranken Menschen, Blinde, Gelähmte, Verkrüppelte. ()[3] Einer der Männer dort war seit achtunddreißig Jahren krank. Als Jesus ihn sah und erfuhr, dass er schon so lange krank war, fragte er ihn: „Willst du gesund werden?" – „Herr", erwiderte der Kranke, „ich habe niemand, der mir hilft, in den Teich zu kommen, wenn das Wasser sich bewegt. Und wenn ich es selbst versuche, kommt immer schon ein anderer vor mir hinein." – „Steh auf, nimm deine Matte und geh!", sagte Jesus da zu ihm. Im selben Augenblick war der Mann geheilt. Er nahm seine Matte und konnte wieder gehen.

---

1   Es ist sehr schwierig, das *Fest der Juden* in Joh 5 einzuordnen. Es handelt sich wahrscheinlich um eines der Wallfahrtsfeste (Passa, Pfingsten, Laubhüttenfest). Am besten passt Pfingsten in den Zusammenhang der Ereignisse. Ich folge in der Reihenfolge Zarley S. 406, in der Definition Kroll, S. 248.

2   Auch das spricht für Pfingsten, weil die Regenwasserteiche Jerusalems im Herbst (Laubhüttenfest) ausgetrocknet waren.

3   Spätere Handschriften fügen hinzu: „die auf die Bewegung des Wassers warteten. Denn von Zeit zu Zeit kam ein Engel des Herrn und bewegte das Wasser. Und wer danach als erster ins Wasser stieg, wurde geheilt."

Gott gleichgestellt

Wegen der Heilung am Sabbat und weil Jesus, darüber zur Rede gestellt, in seiner Verteidigung Gott seinen Vater nennt und sich so Gott gleichstellt, beginnt die Strafverfolgung gegen Jesus.

Quelltext: *Johannes 5,9-47*

Das geschah an einem Sabbat. Einige von den führenden Männern unter den Juden sagten deshalb zu dem Geheilten: „Heute ist Sabbat! Da darfst du deine Matte nicht tragen." Er antwortete: „Der Mann, der mich geheilt hat, sagte zu mir: ‚Nimm deine Matte und geh!'" – „Welcher Mensch hat dir denn so etwas befohlen?", fragten die Juden. Aber der Geheilte wusste nicht, wer es war, denn Jesus hatte den Ort wegen der vielen Menschen schon wieder verlassen.

Später traf Jesus den Mann im Tempel und sagte: „Hör zu! Du bist jetzt gesund. Sündige nicht mehr, damit dir nicht noch Schlimmeres passiert!" Danach ging der Geheilte zu den führenden Juden und sagte ihnen, dass Jesus ihn gesund gemacht hatte.

Von da an begannen die führenden Juden Jesus zu verfolgen, weil er solche Dinge am Sabbat tat. Doch Jesus sagte ihnen: „Mein Vater ist ständig am Werk, und deshalb bin ich es auch." Das brachte sie noch mehr gegen ihn auf. Sie waren jetzt entschlossen, ihn zu töten. Denn Jesus hatte nicht nur ihre Sabbatvorschriften außer Kraft gesetzt, sondern Gott sogar als seinen eigenen Vater bezeichnet und sich damit Gott gleichgestellt.

Auf ihre Anschuldigungen erwiderte Jesus: „Ja, ich versichere euch: Der Sohn kann nichts von sich heraus tun; er tut nur, was er den Vater tun sieht. Was der Vater tut, das tut genau auch der Sohn. Denn der Vater hat den Sohn lieb und zeigt ihm alles, was er selber tut. Und er wird ihm noch viel größere Dinge zu tun zeigen – Dinge, über die ihr staunen werdet. Denn wie der Vater die Toten zum Leben erweckt, gibt auch der Sohn das Leben, wem er will, weil nicht der Vater das Urteil über die Menschen spricht, sondern der Sohn. Der Vater hat die ganze richterliche Macht dem Sohn übertragen, damit alle den Sohn ebenso ehren wie den Vater. Doch wer den Sohn nicht ehrt, ehrt auch den Vater nicht, der ihn gesandt hat.

Ja, ich versichere euch: Wer auf meine Botschaft hört und dem glaubt, der mich gesandt hat, der hat das ewige Leben. Auf ihn kommt keine Verurteilung mehr zu; er hat den Schritt vom Tod ins Leben schon hinter sich. Ja, ich versichere euch: Die Zeit kommt, ja sie ist schon da, dass die Toten die Stimme des Gottessohnes hören. Wer auf sie hört, wird leben. Denn wie der Vater aus sich selbst heraus Leben hat, hat auch der Sohn Leben aus sich selbst heraus, weil der Vater es ihm gegeben hat. Und er hat ihm auch die Vollmacht gegeben, Gericht zu halten; denn er ist der angekündigte Menschensohn.

Ihr müsst euch darüber nicht wundern, denn es wird die Stunde kommen, in der alle Toten in den Gräbern seine Stimme hören und herauskommen werden. Diejenigen, die das Gute getan haben, werden zum ewigen Leben auferweckt werden, und diejenigen, die das Böse getan haben, zu ihrer Verurteilung. Ich kann nichts von mir aus tun; selbst dann, wenn ich urteile, höre ich auf den Vater. Und mein Urteil ist gerecht, weil es nicht meinem eigenen Willen entspricht, sondern dem meines Vaters, der mich gesandt hat.

Wenn ich als Zeuge für mich selbst auftreten würde, wäre mein Zeugnis nicht glaubwürdig. Es gibt einen anderen Zeugen, der für mich aussagt, und ich weiß, dass er die Wahrheit sagt. Ihr habt eure Leute zu Johannes geschickt, und er hat euch die Wahrheit bezeugt. Nicht, dass ich auf die Aussage eines Menschen angewiesen wäre; ich sage das nur, weil ich möchte, dass ihr gerettet werdet. Johannes war wie eine brennende, hell scheinende Lampe. Aber ihr wolltet euch nur eine Zeitlang an seinem Licht erfreuen.

Doch ich habe ein größeres Zeugnis als das des Johannes: Das sind die Werke, die der Vater mir zu tun aufgibt. Diese Taten bezeugen, dass er mich gesandt hat. Auch der Vater selbst hat als Zeuge für mich gesprochen. Ihr habt seine Stimme nie gehört und seine Gestalt nie gesehen. Und nun habt ihr auch sein Wort nicht länger in euch. Denn ihr glaubt ja nicht an den, den er gesandt hat. Ihr forscht in der Schrift, weil ihr meint, in ihr das ewige Leben zu finden, doch sie spricht ja gerade von mir. Und doch wollt ihr nicht zu mir kommen, wo ihr das Leben erhalten würdet.

Ich bin nicht darauf aus, von euch geehrt zu werden, weil ich weiß, dass ihr Gottes Liebe nicht in euch habt. Ich bin im Namen meines Vaters gekommen, und ihr lehnt mich ab. Wenn dann ein anderer in seinem eigenen Namen kommt, werdet ihr ihn mit offenen Armen aufnehmen. Kein Wunder, dass ihr nicht glauben könnt, denn bei euch will ja nur einer vom anderen Anerkennung bekommen. Nur die Anerkennung bei dem einen, wahren Gott sucht ihr nicht.

Denkt nicht, dass ich euch beim Vater anklagen werde. Mose wird das tun, der Mose, auf den ihr eure Hoffnung setzt. Denn wenn ihr Mose wirklich geglaubt hättet, würdet ihr auch mir glauben, denn er hat ja von mir

| letzte Monate | letzte Tage | Passion | nach Ostern |

geschrieben. Wenn ihr aber nicht einmal glaubt, was Mose geschrieben hat, wie wollt ihr dann meinen Worten glauben?"

Sabbat für Menschen

Vielleicht schon am nächsten Sabbat, auf der Rückreise nach Galiläa, ertappen einige Pharisäer die Jünger, wie sie am geheiligten Tag „arbeiten". Sie hatten Ähren abgerupft und mit den Händen zerrieben, um die Körner zu essen. Damit hatten sie wenigstens drei von den 1500 Regeln[4] der Pharisäer für den Sabbat gebrochen. Als sie die Ähren abrupften, hatten sie am Sabbat „geerntet"; als sie sie mit den Händen zerrieben, hatten sie „gedroschen"; als sie in die Hände gepustet hatten, um die Spreu wegzublasen, hatten sie „geworfelt".

Jesus macht den Pharisäern an zwei Beispielen aus der Geschichte Israels deutlich, dass Gott den Sabbat für den Menschen geschaffen hat und nicht umgekehrt, und dass Arbeiten der Notwendigkeit und Barmherzigkeit am Sabbat immer erlaubt sind.

Quelltext: *Matthäus 12,1-8; Markus 2,23-28; Lukas 6,1-5*

In jener Zeit ging Jesus an einem Sabbat durch Kornfelder. Seine Jünger waren hungrig. Deshalb fingen sie unterwegs an Ähren abzurupfen, sie mit den Händen zu zerreiben und die Körner zu essen. Als einige Pharisäer das sahen, sagten sie zu ihm: „Sieh mal, was deine Jünger da tun! Das ist doch am Sabbat nicht erlaubt!" Jesus entgegnete: „Habt ihr denn nie gelesen, was David getan hat, als er und seine Begleiter hungrig waren und etwas zu essen brauchten? Wie er damals – als der Hohe Priester Abjathar[5] lebte – ins Haus Gottes ging, von den geweihten Broten aß und

---

4 So nach A.G. Fruchtenbaum: *Das Leben des Messias* S. 52. „Hauptarbeiten, die am Sabbat verboten sind, gibt es vierzig weniger eins" (Schab 7,2). Das waren angeblich die, die zur Herstellung der Stiftshütte nötig gewesen waren. Jede der 39 Hauptarbeiten hatte eine Reihe von Unterarbeiten. Dazu kam noch eine größere Anzahl anderweitiger Tätigkeiten, die aus Gründen der Sabbatruhe rabbinisch verboten waren (Strack-Billerbeck I S. 615f.).

5 In 1. Samuel 21,2-7 wird berichtet, dass David die Schaubrote nicht von Abjathar bekam, sondern von dessen Vater Ahimelech, der kurz darauf von Saul umgebracht wurde. Die für heutige Leser entstehende Spannung kann man dadurch auflösen, dass der Text bei Markus (griech.: *epi abjathar archiereos*) entweder so wiedergegeben werden solle: „Zur Lebenszeit des Hohen Priesters Abjathar" oder: „in dem Abschnitt über Abjathar, den Hohen Priester". Die Juden ▶

auch seinen Begleitern davon gab, obwohl nach dem Gesetz doch nur die Priester davon essen dürfen? Oder habt ihr nie im Gesetz gelesen, dass die Priester auch am Sabbat im Tempel Dienst tun? Damit übertreten sie die Sabbatvorschriften und werden doch nicht schuldig. Und ich sage euch: Hier ist einer, der mehr ist als der Tempel. Wenn ihr begriffen hättet, was das heißt: ‚Barmherzigkeit ist mir lieber als Opfer!‘, dann hättet ihr nicht Unschuldige verurteilt. Denn der Menschensohn ist Herr über den Sabbat.“ Und Jesus fügte hinzu: „Der Sabbat wurde für den Menschen geschaffen und nicht der Mensch für den Sabbat. Darum kann der Menschensohn auch über den Sabbat bestimmen.“

Sommer 28 n.Chr. *An einem anderen Sabbat geht Jesus in die Synagoge und lehrt. Dort kommt es erneut zu einer Auseinandersetzung mit einigen Schriftgelehrten und den Pharisäern, die daraufhin zusammen mit Anhängern des Herodes den Plan fassen, ihn zu beseitigen.*

Quelltext: *Matthäus 12,9-14; Markus 3,1-6; Lukas 6,6-11*

Als Jesus ein anderes Mal in eine ihrer Synagogen ging und zu den Menschen sprach, saß dort ein Mann, dessen rechte Hand verkrüppelt war. Seine Gegner, die Gesetzeslehrer und die Pharisäer, passten genau auf, ob er ihn am Sabbat heilen würde, denn sie wollten einen Grund finden, ihn anzuklagen. Jesus wusste, was sie dachten, und sagte deshalb zu dem Mann mit der gelähmten Hand: „Steh auf und stell dich in die Mitte!“ Der Mann stand auf und trat vor. Dann fragte Jesus die Anwesenden: „Soll man am Sabbat Gutes tun oder Böses? Soll man ein Leben retten oder es zugrunde gehen lassen?“ Sie schwiegen. Jesus fuhr fort: „Wenn am Sabbat einem von euch ein Schaf in eine Grube stürzt, zieht er es dann nicht sofort wieder heraus? Nun ist ein Mensch doch viel mehr wert als ein Schaf. Also ist es erlaubt, am Sabbat Gutes zu tun.“ Er sah sie zornig der Reihe nach an und war zugleich traurig über ihre verstockten Herzen. Dann befahl er dem Mann: „Streck die Hand aus!“ Der gehorchte, und seine Hand war heil und gesund wie die andere. Da wurden die Pharisäer von sinnloser Wut gepackt. Sie gingen sofort hinaus und

---

kennzeichneten jedenfalls die Schriftabschnitte, auf die sie sich bezogen, durch die jeweils bekannteste dort genannte Person. Kapitel und Verseinteilung wurde ja erst im Mittelalter erfunden.

| letzte Monate | letzte Tage | Passion | nach Ostern |

berieten miteinander und mit den Anhängern von Herodes Antipas, was sie gegen ihn unternehmen und wie sie ihn umbringen könnten.

Massenheilung?

Der Sohn Gottes zieht sich darauf an das Ostufer des Sees Gennesaret zurück. Doch sein Ruf verbreitet sich nicht nur in ganz Galiläa, sondern auch in Syrien und Phönizien und den heidnischen Gebiete der Dekapolis. Letzteres war ein Bund von zehn freien Städten im Ostjordanland, die von griechischer Kultur geprägt waren. Wieder erfüllt sich in Jesus, was 700 Jahre vorher durch Jesaja vorausgesagt wurde.

Quelltext: *Matthäus 4,24-25; Matthäus 12,15-21; Markus 3,7-12*

Jesus wusste, was sie vorhatten, und zog sich mit seinen Jüngern an den See zurück. Scharen von Menschen folgten ihm, und er heilte sie alle.

Bald wurde überall von ihm gesprochen, weil sie von seinen Taten gehört hatten, selbst in Syrien. Man brachte alle Leidenden zu ihm, Menschen, die an den unterschiedlichsten Krankheiten und Beschwerden litten, auch Besessene, Epileptiker und Gelähmte. Er heilte sie alle. Große Menschenmengen folgten ihm aus Galiläa, aus dem Zehnstädtegebiet, aus Jerusalem Judäa und Idumäa[6], aus dem Ostjordanland und der Gegend von Tyrus und Sidon[7].

Da befahl er seinen Jüngern, ihm ein Boot bereit zu halten, damit die Menge ihn nicht so bedrängte, denn er heilte viele. Und alle, die ein Leiden hatten, drängten sich an ihn heran, um ihn zu berühren. Und wenn von bösen Geistern besessene Menschen ihn sahen, warfen sie sich vor ihm nieder und schrieen: „Du bist der Sohn Gottes!" Doch Jesus verbot ihnen streng, ihn bekannt zu machen.

Auch den Geheilten verbot er nachdrücklich, in der Öffentlichkeit von ihm zu reden. Damit sollte in Erfüllung gehen, was der Prophet Jesaja angekündigt hatte:

„Seht, das ist mein Beauftragter, den ich erwählt habe, den ich liebe und an dem ich Freude habe. Ich werde meinen Geist auf ihn legen, und er wird

---

6   Von Edomitern bewohntes Gebiet südlich von Juda und westlich des Toten Meeres, ca. 200 km südlich vom See Gennesaret.

7   Phönizische Städte am Mittelmeer, ca. 60 bzw. 90 km nordwestlich vom See Gennesaret.

den Völkern das Recht verkünden. Er wird nicht streiten und herumschreien. Man wird seine Stimme nicht auf den Straßen hören. Ein geknicktes Rohr wird er nicht zerbrechen, einen glimmenden Docht nicht auslöschen. So wird er schließlich dem Recht zum Sieg verhelfen. Und auf seinen Namen werden die Völker ihre Hoffnung setzen."[8]

Die Zwölf

Aus der Menge seiner Jünger wählt Jesus nun zwölf aus, die ständig bei ihm sein sollen und die er mit besonderen Aufträgen aussenden will. Aus diesem Grund nennt er sie Apostel (Gesandte).

Die Evangelien machen deutlich, dass die einzelnen Jünger verschiedene Rufnamen und sogar Spitznamen hatten. Jesus nennt Jakobus und Johannes z.B. „Donnersöhne". Bartholomäus ist vermutlich identisch mit Nathanael, dem Freund von Philippus; Matthäus ist identisch mit Levi, Simon der Kanaanäer wird auch Eiferer oder Zelot[9] genannt; Thaddäus, der Geliebte, ist identisch mit Judas Ben-Jakobus und wurde so genannt, um ihn von Judas, dem Verräter, zu unterscheiden; und Thomas wird auch Didymus, Zwilling, genannt.

Quelltext: *Matthäus 5,1; Matthäus 10,2-4; Markus 3,13-19; Lukas 6,12-16*

In jener Zeit zog Jesus sich auf einen Berg zurück, um zu beten. Er betete die ganze Nacht. Als es Tag wurde, rief er seine Jünger herbei, wählte zwölf von ihnen aus und nannte sie Apostel. Diese Zwölf wollte er ständig um sich haben und später aussenden, damit sie predigten und in seiner Vollmacht Dämonen austrieben. Die Zwölf, die er dazu bestimmte, waren folgende: An erster Stelle Simon, der Petrus genannt wird, und sein Bruder Andreas, Jakobus Ben-Zebedäus und sein Bruder Johannes – beide nannte er übrigens Boanerges, das heißt, „Donnersöhne" –, dann Philippus und Bartholomäus, Thomas und der Zöllner Matthäus, Jakobus Ben-Alphäus und Thaddäus – das ist Judas Ben-Jakobus –, Simon, der zu den Zeloten gehört hatte, und Judas, der ein Sikarier[10] gewesen war und ihn später verraten hat.

---

8   Das sagte Jesaja etwa 700 Jahre vorher (Jesaja 42,1-4).

9   Die *Zeloten* waren die jüdische Partei der „Eiferer", die aktiven Widerstand gegen die Römer leistete, es ablehnte Steuern zu zahlen und das messianische Reich mit Gewalt herbeizwingen wollte.

10 Die militanteste Gruppe unter den Zeloten, Dolchmänner (von *sika* = Dolch), die römerfreundliche Juden umbrachten (vgl. Apostelgeschichte 21,38). Andere deuten Judas Iskariot als „Mann aus Kariot".

| letzte Monate | letzte Tage | Passion | nach Ostern |

Heilungen

Nach der Berufung der Zwölf steigt Jesus den Berg etwas hinunter bis zu einem ebenen Platz, wo eine große Menschenmenge auf ihn wartet.

Quelltext: *Lukas 6,17-19*

Mit ihnen stieg Jesus den Berg hinunter bis zu einem ebenen Platz, wo sich eine große Schar seiner Jünger versammelt hatte. Sie hatten zusammen mit einer großen Menschenmenge aus ganz Judäa, aus Jerusalem und dem Küstengebiet von Tyrus und Sidon auf ihn gewartet und waren gekommen, um ihn zu hören und von ihren Krankheiten geheilt zu werden. Auch Menschen, die von bösen Geistern geplagt waren, wurden geheilt. Alle versuchten, ihn zu berühren, denn es ging eine Kraft von ihm aus, die alle gesund machte.

Glücklich seid ihr!

Anschließend steigt er wieder etwas hinauf an eine Stelle, wo er sich hinsetzen und die Menge überblicken kann.[11] Seine Jünger scharen sich unmittelbar um ihn herum und er spricht sie direkt an. Obwohl auch die Menge der Leute zuhören soll, hat Jesus die Bergpredigt doch in erster Linie für seine Jünger bestimmt. Zuallererst preist er sie glücklich, weil seine Gesinnung in ihnen deutlich wird.

Quelltext: *Matthäus 5,2-12; Lukas 6,20-26*

Jesus setzte sich. Da versammelten sich seine Jünger um ihn, und er begann, sie zu lehren.
Er sagte:

„Wie glücklich seid ihr, weil ihr eure Armut vor Gott erkennt, / denn euch gehört das Reich Gottes! / Wie glücklich sind die, die Leid über Sünde tragen, / denn Gott wird sie trösten! / Wie glücklich sind die, die sich nicht selbst durchsetzen! / Sie werden das Land besitzen. / Wie glücklich sind die, die hungern und dürsten / nach dem rechten Verhältnis zu Menschen und Gott! / Sie werden satt. / Wie glücklich sind die Barmherzigen! / Ihnen wird Gott seine Zuwendung schen-

---

11 Mit Zarley und dem Walvoord-Kommentar gehe ich davon aus, dass es sich bei der Bergpredigt und der sogenannten „Feldrede" bei Lukas um ein und dieselbe Gelegenheit handelt.

ken. / Wie glücklich sind die, die ein reines Herz haben! / Sie werden Gott sehen. / Wie glücklich sind die, von denen Frieden ausgeht! / Sie werden Kinder Gottes genannt. / Wie glücklich seid ihr, die ihr jetzt hungert, / denn Gott wird euch satt machen! / Wie glücklich seid ihr, die ihr jetzt weint, / denn ihr werdet lachen! / Wie glücklich sind die, die verfolgt werden, weil sie Gottes Willen tun. / Ihnen gehört das Himmelreich."

„Wie beneidenswert glücklich seid ihr, wenn die Menschen euch hassen, wenn sie euch beschimpfen, ausstoßen, verfolgen und verleumden, weil ihr zu mir gehört. Freut euch, wenn das geschieht, jubelt und springt vor Freude! Denn im Himmel wartet eine große Belohnung auf euch. Mit den Propheten haben ihre Vorfahren es nämlich genau so gemacht."

„Aber weh euch, ihr Reichen, denn ihr habt euren Anteil schon kassiert! Weh euch, ihr Satten, denn ihr werdet hungern! Weh euch, ihr Lachenden, denn ihr werdet trauern und weinen! Und weh euch, wenn alle Menschen gut von euch reden, denn genau so haben es ihre Vorfahren mit den falschen Propheten gemacht."

Salz und Licht

Nun beschreibt er den Einfluss, den Menschen mit dieser Gesinnung auf ihre ungläubige Umgebung in der Welt haben.

Quelltext: *Matthäus 5,13-16*

„Ihr seid das Salz der Erde. Wenn das Salz aber seinen Geschmack verliert, womit soll man es wieder salzig machen? Es taugt zu nichts anderem mehr als auf den Weg geschüttet, um von den Leuten zertreten zu werden. Ihr seid das Licht der Welt. Eine Stadt, die auf einem Berg liegt, kann nicht verborgen bleiben. Man zündet auch nicht eine Lampe an und stellt sie unter einen umgestülpten Topf, im Gegenteil, man stellt sie auf den Lampenständer, damit sie allen im Haus Licht gibt. So soll euer Licht vor den Menschen leuchten: Sie sollen eure guten Werke sehen und euren Vater im Himmel preisen."

Das Gesetz erfüllen

Dann kommt Jesus zum Kern seiner Botschaft: Keinesfalls will er das alttestamentliche Gesetz außer Kraft setzen, sondern er will es erfüllen. Deshalb demonstriert er sogleich an einigen Beispielen, wie die wirkliche

letzte Monate	letzte Tage	Passion	nach Ostern

Erfüllung des Gesetzes und der Propheten, d.h. des Alten Testaments, aussieht. Im Gegensatz zu den Schriftgelehrten und Pharisäern, die das Gesetz mit ihren Traditionen veräußerlicht hatten, zeigt der Sohn Gottes, wie es wirklich von Gott gemeint ist.

Quelltext: *Matthäus 5,17-48; Lukas 6,27-36*

„**D**enkt nicht, dass ich gekommen bin, um das Gesetz oder die Propheten außer Kraft zu setzen. Ich bin nicht gekommen, ihre Forderungen abzuschaffen, sondern um sie zu erfüllen. Denn ich versichere euch: Solange Himmel und Erde bestehen, wird auch nicht ein Jota[12] oder ein Strichlein vom Gesetz vergehen; alles muss sich erfüllen. Wer auch nur eins von den kleinsten Geboten aufhebt und die Menschen in diesem Sinn lehrt, der gilt im Himmelreich als der Geringste. Wer aber danach handelt und entsprechend lehrt, der wird in der neuen Welt Gottes hochgeachtet sein. Ich sage euch: Wenn ihr Gottes Willen nicht besser erfüllt, als die Gesetzeslehrer und Pharisäer, werdet ihr mit Sicherheit nicht ins Himmelreich kommen.

Wo Mord beginnt

Ihr habt gehört, dass zu den Vorfahren gesagt worden ist: ‚Du sollst keinen Mord begehen. Wer mordet, soll vor Gericht gestellt werden.'[13] Ich aber sage euch: Schon wer auf seinen Bruder zornig ist, gehört vor Gericht. Wer aber zu seinem Bruder ‚Schwachkopf' sagt, der gehört vor den Hohen Rat.[14] Und wer zu ihm sagt: ‚Du Idiot!', gehört ins Feuer der Hölle. Wenn du also deine Opfergabe zum Altar bringst und es fällt dir dort ein, dass dein Bruder etwas gegen dich hat, dann lass deine Gabe vor dem Altar liegen; geh und versöhne dich zuerst mit deinem Bruder! Dann komm und bring Gott dein Opfer. Wenn du jemand eine Schuld zu bezahlen hast, einige dich schnell mit deinem Gegner, solange du noch mit ihm auf dem Weg zum Gericht bist. Sonst

---

12 *Jota* ist der kleinste Buchstabe des griechischen Alphabets und entspricht dem Hebräischen Jod.

13 2. Mose 20,13

14 Der *Hohe Rat*, das Synedrium, war zu jener Zeit der oberste Gerichtshof Israels. Er bestand aus dem Hohen Priester und 70 Personen, die zu drei Gruppen gehörten: den ehemaligen Hohen Priestern (und Angehörigen der Tempelhierarchie), den Ältesten (geachtete Männer aus den führenden Familien) und den Gesetzeslehrern (hauptsächlich Pharisäer).

wird er dich dem Richter ausliefern, und der wird dich dem Gerichtsdiener übergeben, und du kommst ins Gefängnis. Ich versichere dir, du kommst erst dann wieder heraus, wenn du den letzten Cent[15] bezahlt hast.

Wo Ehebruch beginnt

Ihr wisst, dass es heißt: ‚Du sollst nicht Ehebruch begehen!‘[16] Ich aber sage euch: Wer die Frau eines anderen begehrlich ansieht, hat in seinem Herzen schon Ehebruch mit ihr begangen. Wenn du durch dein rechtes Auge verführt wirst, dann reiß es aus und wirf es weg! Es ist besser für dich, du verlierst eins deiner Glieder, als dass du mit unversehrtem Körper in die Hölle kommst. Und wenn dich deine rechte Hand zur Sünde verführt, dann hau sie ab und wirf sie weg. Es ist besser für dich, du verlierst eins deiner Glieder, als dass du mit unversehrtem Körper in die Hölle kommst.

Es heißt: ‚Wer sich von seiner Frau trennen will, muss ihr eine Scheidungsurkunde geben.‘[17] Ich aber sage euch: Jeder, der sich von seiner Frau trennt – es sei denn, sie ist ihm untreu geworden –, treibt sie in den Ehebruch. Und wer eine geschiedene Frau heiratet, begeht auch Ehebruch.

Schwur und Vergeltung

Ihr wisst auch, dass zu den Vorfahren gesagt worden ist: ‚Du sollst keinen Meineid schwören; du sollst alles halten, was du dem Herrn geschworen hast!‘[18] Ich aber sage euch: Schwört überhaupt nicht, weder beim Himmel – er ist ja Gottes Thron –, noch bei der Erde – sie ist der Schemel seiner Füße –, noch bei Jerusalem, denn sie ist die Stadt des großen Königs. Nicht einmal mit deinem Kopf sollst du dich verbürgen, wenn du etwas schwörst, denn du kannst nicht ein einziges Haar weiß oder schwarz werden lassen. Euer Ja sei ein Ja und euer Nein ein Nein! Alles, was darüber hinausgeht, stammt vom Bösen.“

„Ihr wisst, dass es heißt: ‚Auge um Auge, Zahn um Zahn.‘[19] Ich aber sage euch: Verzichtet auf Gegenwehr, wenn euch jemand Böses antut! Mehr noch: Wenn dich jemand auf die rechte Wange schlägt, dann halte ihm auch die

---

15 Wörtlich: Quadrans, die kleinste römische Münze. Der 64. Teil eines Tagesverdienstes.

16 2. Mose 20,14

17 5. Mose 24,1

18 Nach 3. Mose 19,12 und 4. Mose 30,3.   19 2. Mose 21,24

---

linke hin. Und wenn dich einer vor Gericht bringen will, um dir das Hemd wegzunehmen, dem lass auch den Umhang[20]. Und wenn dich jemand zwingt, eine Meile[21] mitzugehen, mit dem geh zwei. Gib dem, der dich bittet, und weise den nicht ab, der etwas von dir borgen will. Und wenn dir etwas weggenommen wird, dann versuche nicht, es wiederzubekommen! Behandelt alle Menschen so, wie ihr von ihnen behandelt sein wollt!

Ihr wisst, dass es heißt: ‚Du sollst deinen Nächsten lieben und deinen Feind hassen!‘[22] Ich aber sage euch, die ihr mir wirklich zuhört: Liebt eure Feinde und tut denen Gutes, die euch hassen! Segnet die, die euch verfluchen! Betet für die, die euch beleidigen und verfolgen! So erweist ihr euch als Kinder eures Vaters im Himmel. Denn er lässt seine Sonne über Bösen und Guten aufgehen und lässt regnen über Gerechte und Ungerechte. Wenn ihr nur die liebt, die euch lieben, welche Anerkennung habt ihr wohl dafür verdient? Denn das machen auch die Zöllner und Sünder. Und wenn ihr nur denen Gutes tut, die euch Gutes tun, welche Anerkennung habt ihr dafür verdient? Denn das tun auch die Sünder. Und wenn ihr nur zu euren Brüdern freundlich seid, was tut ihr damit Besonderes? Das tun auch die, die Gott nicht kennen. Und wenn ihr nur denen etwas leiht, von denen ihr es sicher zurückbekommt, welche Anerkennung verdient ihr dafür? Auch die Sünder leihen Sündern in der Hoffnung, alles wiederzubekommen. Ihr aber sollt gerade eure Feinde lieben! Ihr sollt Gutes tun, ihr sollt leihen und euch keine Sorgen darüber machen, ob ihr es wiederbekommt. Dann wartet eine große Belohnung auf euch, und ihr handelt wie Kinder des Höchsten. Denn er ist auch gütig gegen die Undankbaren und Bösen. Seid barmherzig, wie euer Vater barmherzig ist! Ja, ihr sollt vollkommen sein, wie euer Vater im Himmel vollkommen ist.“

Frömmigkeit ist keine Show

Jesus warnt seine Jünger davor, ihre Frömmigkeit zur Schau zu stellen – weder beim Geben, noch beim Beten oder beim Fasten.

---

20 Oder: Mantel. Großes quadratisches Stück festen Stoffs, das über dem Untergewand (eine Art Hemd, das bis zu den Knien reichte) getragen wurde. Man konnte auch Gegenstände darin tragen, und die Armen, z.B. Hirten, wickelten sich nachts darin ein.

21 Römische Soldaten konnten einen Juden jederzeit zu einer wegkundigen Begleitung oder zum Lastentragen zwingen, allerdings nur für eine Meile = 1478,5 m.

22 Nach 3. Mose 19,18 und 5. Mose 23,6-7.

Quelltext: *Matthäus 6,1-18*

Hütet euch, eure Frömmigkeit vor den Menschen zur Schau zu stellen. Sonst könnt ihr keinen Lohn vom Vater im Himmel erwarten. Wenn du zum Beispiel den Armen etwas gibst, dann lass es nicht vor dir her ausposaunen, wie es die Heuchler in den Synagogen und auf den Gassen tun, um von den Leuten geehrt zu werden. Ich versichere euch: Mit dieser Ehrung haben sie ihren Lohn schon kassiert. Wenn du den Armen etwas gibst, dann soll deine linke Hand nicht wissen, was die rechte tut, damit deine Mildtätigkeit im Verborgenen bleibt. Dann wird dein Vater, der ins Verborgene sieht, dich belohnen.

Wenn ihr betet, macht es nicht so wie die Heuchler, die sich dazu gern in die Synagogen und an die Straßenecken stellen, damit sie von den Leuten gesehen werden. Ich versichere euch: Mit dieser Ehrung haben sie ihren Lohn schon kassiert. Wenn du betest, geh in dein Zimmer, schließ die Tür und bete zu deinem Vater, der im Verborgenen ist. Dann wird dein Vater, der ins Verborgene sieht, dich belohnen. Beim Beten sollt ihr nicht plappern wie die Menschen, die Gott nicht kennen. Sie denken, dass sie erhört werden, wenn sie viele Worte machen. Macht es nicht wie sie! Denn euer Vater weiß ja, was ihr braucht, noch bevor ihr ihn bittet. Ihr sollt vielmehr so beten:

Unser Vater im Himmel! / Dein heiliger Name werde geehrt! / Deine Herrschaft komme! / Dein Wille geschehe auf der Erde wie im Himmel! / Gib uns, was wir heute brauchen! / Und vergib uns unsere ganze Schuld! / Auch wir haben denen vergeben, die an uns schuldig geworden sind. / Und führe uns nicht in Versuchung, / sondern rette uns vor dem Bösen!"[23]

Vertrauen statt Sorgen

Jesus spricht vom Umgang mit Geld und vom falschen Sorgen.

Quelltext: *Matthäus 6,19-34*

Sammelt euch keine Reichtümer hier auf der Erde, wo Motten und Rost sie zerfressen oder Diebe einbrechen und stehlen. Sammelt euch lieber Schätze im Himmel, wo sie weder von

---

23 Spätere Handschriften haben hier noch einen Lobpreis wie 1. Chronik 29,11-13 eingefügt: „Denn dein ist das Reich und die Kraft und die Herrlichkeit in Ewigkeit. Amen."

| letzte Monate | letzte Tage | Passion | nach Ostern |

Motten noch von Rost zerfressen werden können und auch vor Dieben sicher sind. Denn wo dein Schatz ist, da wird auch dein Herz sein. Dein Auge vermittelt dir das Licht. Wenn dein Auge klar ist, kannst du dich im Licht bewegen. Ist es schlecht, dann steht dein Körper im Finstern. Wenn nun das Licht in dir Dunkelheit ist, welch eine Finsternis wird das sein!

Niemand kann gleichzeitig zwei Herren unterworfen sein. Entweder wird er den einen bevorzugen und den anderen vernachlässigen oder dem einen treu sein und den anderen hintergehen. Ihr könnt nicht Gott und dem Mammon[24] gleichzeitig dienen. Deshalb sage ich euch: Sorgt euch nicht um Essen und Trinken zum Leben und um die Kleidung für den Körper. Das Leben ist doch wichtiger als die Nahrung und der Körper wichtiger als die Kleidung. Schaut euch die Vögel an! Sie säen nicht, sie ernten nicht und haben auch keine Vorratsräume, und euer himmlischer Vater ernährt sie doch. Und ihr? Ihr seid doch viel mehr wert als diese Vögel! Wer von euch kann sich denn durch Sorgen das Leben auch nur um einen Tag[25] verlängern? Und warum macht ihr euch Sorgen um die Kleidung? Seht euch an, wie die Lilien wachsen. Sie strengen sich dabei nicht an und nähen sich auch nichts. Doch ich sage euch: Selbst Salomo war in all seiner Pracht nicht so schön gekleidet wie eine von ihnen. Wenn Gott sogar die Feldblumen, die heute blühen und morgen ins Feuer geworfen werden, so schön kleidet, wie viel mehr wird er sich dann um euch kümmern, ihr Kleingläubigen! Macht euch also keine Sorgen! Fragt nicht: Was sollen wir essen? Was sollen wir trinken? Was sollen wir anziehen? Denn damit plagen sich die Menschen dieser Welt herum. Euer Vater weiß doch, dass ihr das alles braucht! Euch soll es zuerst um Gottes Reich und um seine Gerechtigkeit gehen, dann wird er euch alles übrige dazugeben. Sorgt euch also nicht um das, was morgen ist! Denn der Tag morgen wird für sich selbst sorgen. Die Plagen von heute sind für heute genug!"

Das richtige Maß

Der Rabbi warnt seine Jünger vor selbstgerechtem Urteil über andere Menschen.

---

24 Aramäischer Begriff für Besitz oder Vermögen.
25 Wörtlich: eine Elle. Der Ausdruck ist hier im übertragenen Sinn gebraucht.

| vor Christus | Geburt/Jugend | 1. Dienstjahr | 2. Dienstjahr |

Quelltext: *Matthäus 7,1-6; Lukas 6,37-42*

„Richtet nicht, dann werdet auch ihr nicht gerichtet werden! Verurteilt niemand, dann werdet auch ihr nicht verurteilt! Denn so wie ihr über andere urteilt, wird man auch euch beurteilen. Sprecht frei, dann werdet auch ihr freigesprochen werden! Gebt, und es wird euch gegeben: Ein volles, gedrücktes, gerütteltes und überlaufendes Maß wird man euch in den Schoß schütten. Denn das Maß, mit dem ihr bei anderen messt, wird auch für euch verwendet werden.

Er machte es noch an einigen Vergleichen deutlich: „Kann denn ein Blinder einen Blinden führen? Werden nicht beide in die nächste Grube fallen? Ein Jünger ist doch nicht besser als sein Lehrer. Erst wenn er alles von ihm gelernt hat, wird er so weit sein wie dieser.

Was kümmerst du dich um den Splitter im Auge deines Bruders, bemerkst aber den Balken in deinem eigenen Auge nicht? Wie kannst du zu deinem Bruder sagen: ‚Halt still, ich will dir den Splitter aus dem Auge ziehen!' – siehst aber den Balken in deinem eigenen Auge nicht? Du Heuchler! Zieh zuerst den Balken aus deinem Auge! Dann wirst du klar sehen und den Splitter aus dem Auge deines Bruders ziehen können.

Gebt das Heilige nicht den Hunden und werft eure Perlen nicht vor die Schweine. Diese trampeln doch nur auf ihnen herum, und jene drehen sich um und reißen euch in Stücke."

Der richtige Weg

Dann spricht der Sohn Gottes vom Bitten und Empfangen, vom Umgang der Menschen miteinander und empfiehlt seinen Zuhörern durch das enge Tor, das zum Leben führt, einzutreten.

Quelltext: *Matthäus 7,7-14*

„Bittet, und ihr werdet bekommen, was ihr braucht; sucht, und ihr werdet finden; klopft an, und es wird euch geöffnet! Denn wer bittet, empfängt; wer sucht, findet; und wer anklopft, dem wird geöffnet. Würde jemand unter euch denn seinem Kind einen Stein geben, wenn es ihn um ein Stück Brot bittet? Würde er ihm denn eine Schlange geben, wenn es ihn um einen Fisch bittet? So schlecht wie ihr seid, wisst ihr doch, was gute Gaben für eure Kinder sind, und gebt sie ihnen auch. Wie viel mehr wird der Vater im Himmel denen Gutes geben, die ihn darum bitten.

letzte Monate	letzte Tage	Passion	nach Ostern

Alles, was ihr von anderen erwartet, das tut auch für sie! Das ist es, was Gesetz und Propheten fordern.

Geht durch das enge Tor! Denn das weite Tor und der breite Weg führen ins Verderben, und viele sind dorthin unterwegs. Wie eng ist das Tor und wie schmal der Weg, der ins Leben führt, und nur wenige sind es, die ihn finden!"

Durchblick

Ausdrücklich warnt er seine Nachfolger vor der Täuschung durch falsche Propheten und vor Selbsttäuschung.

Quelltext: *Matthäus 7,15-23; Lukas 6,43-46*

„Hütet euch vor den falschen Propheten! Sie sehen aus wie sanfte Schafe, in Wirklichkeit aber sind sie reißende Wölfe. An ihren Früchten werdet ihr sie erkennen. Von Dornen erntet man keine Weintrauben, und von Disteln kann man keine Feigen lesen. So trägt jeder gute Baum gute Früchte und ein schlechter Baum schlechte. Ein guter Baum trägt keine schlechten Früchte und ein schlechter Baum keine guten. Jeder Baum, der keine guten Früchte bringt, wird abgehauen und ins Feuer geworfen. Deshalb sage ich: An ihren Früchten werden sie erkannt. Ein guter Mensch bringt Gutes hervor, weil er in seinem Herzen gut ist. Ein böser Mensch bringt Böses hervor, weil sein Herz mit Bösem erfüllt ist. Dein Reden ist von dem bestimmt, was in deinem Herzen ist.

Was nennt ihr mich immerzu ‚Herr', wenn ihr doch nicht tut, was ich sage? Nicht jeder, der dauernd ‚Herr' zu mir sagt, wird ins Himmelreich kommen, sondern nur der, der den Willen meines Vaters im Himmel tut. An jenem Tag des Gerichts werden viele zu mir sagen: ‚Herr, haben wir nicht in deinem Namen geweissagt? Herr, haben wir nicht in deinem Namen Dämonen ausgetrieben und in deinem Namen Wunder getan?' Doch dann werde ich ihnen unmissverständlich erklären: ‚Ich habe euch nie gekannt! Macht euch fort, ihr Schufte!'"

Wer klug ist

Am Schluss seiner Rede vergleicht Jesus seine Zuhörer mit einem Haus, dessen Festigkeit sich erst im Sturm erweist. Wer tut, was Jesus sagt, hat ein festes Fundament.

vor Christus	Geburt/Jugend	1. Dienstjahr	2. Dienstjahr

Quelltext: *Matthäus 7,24-29; Lukas 6,47-49*

„**D**arum gleicht jeder, der zu mir kommt, auf meine Worte hört und tut, was ich sage, einem klugen Mann, der ein Haus baut und dabei so tief ausschachtet, dass er das Fundament auf Felsengrund legen kann. Wenn dann ein Wolkenbruch niedergeht und die Wassermassen heranfluten und die Flut gegen das Haus drückt, wenn dann der Sturm tobt und an dem Haus rüttelt, stürzt es nicht ein, denn es ist auf Felsen gegründet.

Doch wer meine Worte hört und sich nicht danach richtet, gleicht einem unvernünftigen Mann, der sein Haus ohne Fundament einfach auf den Sand setzt. Wenn dann ein Wolkenbruch niedergeht und die Wassermassen heranfluten und die Flut gegen das Haus drückt, wenn dann der Sturm tobt und an dem Haus rüttelt, bricht es zusammen und wird völlig zerstört."

Als Jesus seine Rede beendet hatte, war die Menge überwältigt von seiner Lehre, denn er sprach mit Vollmacht – ganz anders als ihre Gesetzeslehrer.

Großer Glaube

Herbst/Winter 28 n.Chr. *Das Zollamt von Kafarnaum war durch einen kleinen Truppenverband von 60-80 Soldaten geschützt, der von einem Hauptmann[26] befehligt wurde. Ein junger Sklave[27] dieses Hauptmanns war schwer erkrankt und dem Tod nahe. Weil sein Herr ihn sehr schätzt, bittet er Jesus durch Älteste der jüdischen Gemeinde um Hilfe, und weil er weiß, dass Juden nur sehr ungern das Haus eines Nichtjuden betreten, schickt er einige Freunde hinterher[28] und spricht voller Glauben die sehr ungewöhnliche Bitte aus, Jesus möge ihn durch einen einfachen Befehl von fern gesund machen.*

---

26 Ein Zenturio, ein Hauptmann, befehligte eine „Hundertschaft", die in der Praxis aber nur aus 60-80 Soldaten bestand. Diese Hundertschaften bildeten das Rückgrat des römischen Heers.

27 Lukas schreibt Sklave, Matthäus nennt ihn „pais" = Junge, wahrscheinlich ein sehr junger Sklave.

28 Matthäus beschränkt sich auf das Wesentliche und berichtet die Begebenheit, als ob der Hauptmann persönlich mit Jesus gesprochen hätte. Lukas hingegen geht es um die historische Glaubwürdigkeit, und er berichtet deshalb auch die Details der Geschichte, dass der Hauptmann nämlich durch autorisierte Boten zu Jesus sprach. Die Einzelheiten beider Berichte stimmen so sehr überein, dass es nicht sinnvoll ist, hier zwei verschiedene Begebenheiten anzunehmen.

---

letzte Monate	letzte Tage	Passion	nach Ostern

Quelltext: *Matthäus 8,1; Matthäus 8,5-13; Lukas 7,1-10*

Nachdem Jesus das alles vor dem Volk gesagt hatte und vom Berg heruntergestiegen war, zog er weiter. Eine große Menschenmenge folgte ihm. In Kafarnaum war ein Hauptmann stationiert, der einen Sklaven besaß, der ihm viel bedeutete; dieser war schwer krank und lag im Sterben. Als der Hauptmann von Jesus hörte, schickte er einige von den jüdischen Ältesten zu ihm. Sie sollten ihn bitten, zu kommen und seinem Sklaven das Leben zu retten. „Herr", ließ er ihm ausrichten, „mein Diener liegt gelähmt zu Hause und hat furchtbare Schmerzen." Die Männer kamen zu Jesus und baten ihn inständig. „Er verdient es, dass du ihm diese Bitte erfüllst", sagten sie. „Er liebt unser Volk und hat uns sogar die Synagoge gebaut." Jesus erwiderte: „Ich will kommen und ihn heilen", und ging mit ihnen. Als er nicht mehr weit vom Haus entfernt war, schickte der Hauptmann einige seiner Freunde zu ihm und ließ ihm sagen: „Herr, bemühe dich nicht! Ich bin es nicht wert, dass du unter mein Dach kommst. Deshalb bin ich auch nicht persönlich zu dir gekommen. Sprich nur ein Wort und mein Sklave wird gesund! Ich unterstehe ja auch dem Befehl von Vorgesetzten und habe meinerseits Soldaten unter mir. Sage ich zu einem von ihnen: ‚Geh!', dann geht er, und zu einem anderen: ‚Komm!', dann kommt er. Und wenn ich zu meinem Sklaven sage: ‚Tu das!', dann tut er es." Jesus war sehr erstaunt, das zu hören. Er drehte sich um und sagte zu der Menschenmenge, die ihm folgte: „Ich versichere euch: Solch einen Glauben habe ich in ganz Israel bei niemand gefunden. Und ich sage euch: Aus allen Himmelsrichtungen werden Menschen kommen und zusammen mit Abraham, Isaak und Jakob ihre Plätze im Reich Gottes einnehmen. Aber die Bürger des Reiches werden in die Finsternis hinausgeworfen, wo dann das große Weinen und Zähneknirschen anfangen wird." Darauf wandte sich Jesus den Männern zu, die der Hauptmann geschickt hatte, und sagte: „Geht nach Hause! Was er mir zugetraut hat, soll geschehen!" Zur gleichen Zeit wurde der Diener gesund. Als die Freunde des Hauptmanns in dessen Haus zurückkamen, war der Sklave gesund.

Unterbrochene Beerdigung

Von Kafarnaum aus wandert Jesus eine Strecke von etwa 40 Kilometern in das südliche Galiläa. In Nain, das nur acht Kilometer von seinem alten Heimatort Nazaret entfernt ist, trifft er auf einen Trauerzug. Normalerweise ließen die Menschen dann alles stehen und liegen und schlossen sich dem Zug an. Niemand durfte ein Begräbnis unterbrechen. Doch Jesus

vor Christus	Geburt/Jugend	1. Dienstjahr	2. Dienstjahr

berührt die Bahre, wodurch er nach dem Gesetz von 4. Mose 19,21-22 für einen Tag unrein wird, hält den Zug an und erweckt den jungen Mann von den Toten.

Quelltext: *Lukas 7,11-17*

Einige Zeit später ging er, begleitet von seinen Jüngern und einer großen Menschenmenge, nach Nain. Als er sich dem Stadttor näherte, kam ihm ein Trauerzug entgegen. Der Tote war der einzige Sohn einer Witwe gewesen. Viele Menschen aus der Stadt begleiteten die Mutter. Als der Herr die Witwe sah, wurde er von tiefem Mitgefühl ergriffen. „Weine nicht!", sagte er zu ihr. Dann trat er an die Bahre und berührte sie. Die Träger blieben stehen. „Junger Mann, ich befehle dir, steh auf!", sagte er zu dem Toten. Da setzte sich der Tote auf und fing an zu reden, und Jesus gab ihn seiner Mutter zurück. Alle wurden von Angst und Ehrfurcht gepackt. Sie priesen Gott und sagten: „Ein großer Prophet ist unter uns aufgetreten. Heute hat Gott sein Volk besucht." Die Kunde von dem, was Jesus getan hatte, verbreitete sich im ganzen jüdischen Land und darüber hinaus.

Jesus über Johannes

Um diese Zeit erfährt auch Johannes im Gefängnis von diesen Dingen. Offenbar ist er beunruhigt, weil Jesus sich durch seinen Umgang mit Nichtjuden und durch seine Heilungen immer wieder ritueller Unreinheit aussetzt. Jedenfalls kommt er nicht mehr mit dem klar, was ihm da berichtet wird, und schickt deshalb zwei seiner Jünger zu Jesus.

Quelltext: *Matthäus 11,2-19; Lukas 7,18-35*

Durch seine Jünger erfuhr auch Johannes der Täufer im Gefängnis von diesen Dingen. Er rief zwei von ihnen zu sich, schickte sie zum Herrn und ließ ihn fragen: „Bist du wirklich der, der kommen soll, oder müssen wir auf einen anderen warten?" Während sie bei ihm waren, heilte Jesus gerade viele Kranke und Leidende und von bösen Geistern Geplagte, und vielen Blinden schenkte er das Augenlicht. Jesus gab ihnen zur Antwort: „Geht zu Johannes und berichtet ihm, was ihr gesehen und gehört habt: Blinde sehen, Lahme gehen, Aussätzige werden rein, Taube hören, Tote werden auferweckt, Armen wird gute Botschaft verkündigt. Und glücklich ist der zu nennen, der nicht an mir irre wird."

| letzte Monate | letzte Tage | Passion | nach Ostern |

Als die Boten gegangen waren, wandte sich Jesus an die Menge und fing an, über Johannes zu sprechen: „Was wolltet ihr eigentlich sehen, als ihr in die Wüste hinausgezogen seid? Ein Schilfrohr vielleicht, das vom Wind hin- und herbewegt wird? Oder was wolltet ihr sonst dort draußen sehen? Einen fein angezogenen Mann? Nein, Leute mit teuren Kleidern und Luxus findet man in den Königspalästen. Aber was wolltet ihr dann dort draußen sehen? Einen Propheten? Ja, ich versichere euch: Ihr habt mehr als einen Propheten gesehen. Johannes ist der, von dem es in der Heiligen Schrift heißt: ‚Ich sende meinen Boten vor dir her. Er wird dein Wegbereiter sein.‘[29] Ich versichere euch: Unter allen Menschen, die je geboren wurden, gibt es keinen Größeren als Johannes den Täufer. Von der Zeit Johannes des Täufers bis heute bricht sich das Himmelreich mit Gewalt Bahn und die Menschen drängen sich mit aller Gewalt hinein. Denn alle Propheten und das Gesetz haben diese Zeit angekündigt, bis Johannes kam. Und wenn ihr es sehen wollt: Er ist Elija, dessen Kommen vorausgesagt ist.[30] Wer hören kann, der höre zu! Und doch ist der Kleinste im Reich Gottes größer als er. Alle, die ihm zugehört haben – selbst die Zöllner – unterwarfen sich dem Urteil Gottes und ließen sich von Johannes taufen. Doch die Pharisäer und Gesetzeslehrer lehnten Gottes Plan zu ihrer Rettung hochmütig ab und ließen sich nicht taufen.

Mit wem soll ich die Menschen dieser Generation nur vergleichen? Welches Bild trifft auf sie zu? Sie sind wie Kinder, die auf dem Markt herumsitzen und sich gegenseitig zurufen: ‚Wir haben euch auf der Flöte Hochzeitslieder gespielt, aber ihr habt nicht getanzt; wir haben euch Klagelieder gesungen, aber ihr habt nicht geweint.‘

Als Johannes der Täufer kam, der fastete und keinen Wein trank, sagten sie: ‚Er ist von einem Dämon besessen.‘ Als der Menschensohn kam, der ganz normal isst und trinkt, sagtet ihr: ‚Seht, was für ein Schlemmer und Säufer, dieser Freund von Zöllnern und Sündern!‘ Und doch bestätigt sich die Weisheit Gottes im Werk von beiden – jedenfalls für die, die sie annehmen.“

Skandal beim Mahl

Es galt als verdienstvoll, einen fremden Rabbi zum Essen einzuladen. Bei einer festlichen Mahlzeit legte man sich auf Polstern an einen niedrigen Tisch, man stützte sich auf den linken Ellbogen und aß mit der rechten

---

29 Maleachi 3,1   30 Maleachi 3,23

Hand. Die Füße zeigten vom Tisch weg. Jesus nimmt die Einladung eines wohlhabenden Pharisäers an.

Quelltext: *Lukas 7,36-50*

Ein Pharisäer hatte Jesus zum Essen eingeladen. Jesus war in sein Haus gekommen und hatte sich zu Tisch gelegt. In dieser Stadt lebte auch eine Frau, die für ihren unmoralischen Lebenswandel bekannt war. Als sie erfahren hatte, dass Jesus im Haus des Pharisäers zu Gast war, nahm sie ein Alabastergefäß[31] voll Salböl und ging dorthin. Sie trat an das Fußende des Liegepolsters, auf dem Jesus sich ausgestreckt hatte, kniete sich hin und fing so sehr an zu weinen, dass ihre Tränen seine Füße benetzten. Sie trocknete sie dann mit ihren Haaren ab, küsste sie immer wieder und salbte sie mit dem Öl.

Als der Pharisäer, der Jesus eingeladen hatte, das sah, sagte er sich: „Wenn der wirklich ein Prophet wäre, würde er doch merken, was für eine Frau das ist, die ihn da berührt. Er müsste doch wissen, dass das eine Sünderin ist." – „Simon, ich habe dir etwas zu sagen", sprach Jesus da seinen Gastgeber an. „Sprich, Rabbi", sagte dieser. Jesus begann: „Zwei Männer hatten Schulden bei einem Geldverleiher. Der eine schuldete ihm fünfhundert Denare, der andere fünfzig. Doch keiner von ihnen konnte ihm das Geld zurückzahlen. Da erließ er es beiden. Was meinst du, wer von beiden wird wohl dankbarer sein?" – „Ich nehme an, der, dem die größere Schuld erlassen wurde", antwortete Simon. „Richtig!", sagte Jesus zu Simon und drehte sich zu der Frau um. „Siehst du diese Frau? Ich bin in dein Haus gekommen, und du hast mir nicht einmal Wasser angeboten, dass ich den Staub von meinen Füßen waschen konnte. Doch sie hat meine Füße mit ihren Tränen gewaschen und mit ihren Haaren getrocknet. Du hast mir keinen Begrüßungskuss gegeben, aber sie hat gar nicht aufgehört, mir die Füße zu küssen, seit ich hier bin. Du hast mir den Kopf nicht einmal mit gewöhnlichem Öl gesalbt, aber sie hat meine Füße mit teurem Balsam eingerieben. Ich kann dir sagen, woher das kommt: Ihre vielen Sünden sind ihr vergeben worden, darum hat sie mir viel Liebe erwiesen. Wem wenig vergeben wird, der zeigt auch wenig Liebe." Dann sagte er zu der Frau: „Ja, deine Sünden sind dir vergeben!"

---

31 *Alabaster* ist ein marmorähnlicher Gips, der sich leicht bearbeiten und gut polieren ließ. Er wurde deshalb gern zu henkellosen Gefäßen für Salben verarbeitet.

---

letzte Monate	letzte Tage	Passion	nach Ostern

Die anderen Gäste fragten sich: „Für wen hält der sich eigentlich, dass er auch Sünden vergibt?" Doch Jesus sagte zu der Frau: „Dein Glaube hat dich gerettet. Geh in Frieden!"

Frauen um Jesus

Auf dem Rückweg nach Kafarnaum predigt Jesus in verschiedenen Städten und Dörfern am Westufer des Sees Gennesaret die Botschaft vom Reich Gottes.

Quelltext: *Lukas 8,1-3*

In der folgenden Zeit zog Jesus durch viele Städte und Dörfer und verkündigte überall die Botschaft vom Reich Gottes. Begleitet wurde er von den Zwölf und von einigen Frauen, die er von bösen Geistern befreit und von Krankheiten geheilt hatte. Es waren Maria aus Magdala, aus der er sieben Dämonen ausgetrieben hatte, Johanna, die Frau Chuzas, eines hohen Beamten von Herodes Antipas, und Susanna und viele andere. All diese Frauen dienten Jesus und seinen Jüngern mit ihrem Besitz.

Familie will Gewalt anwenden

Januar/Februar 29 n.Chr. *Zu Hause in Kafarnaum wird Jesus sofort wieder von vielen Menschen beansprucht. Doch seine Angehörigen machen sich jetzt große Sorgen um ihn. Sie wollen ihn mit Gewalt zurückholen. Von Nazaret bis in das 210 Meter unter dem Meeresspiegel gelegene Kafarnaum am See Gennesaret brauchen sie etwa zwei Tage.*

Quelltext: *Markus 3,20-21*

Jesus ging nach Hause, und wieder strömten so viele Menschen bei ihm zusammen, dass er mit seinen Jüngern nicht einmal zum Essen kam. Als seine Angehörigen das erfuhren, machten sie sich auf, um ihn mit Gewalt zurückzuholen, denn sie sagten sich: „Er muss den Verstand verloren haben."

Welche Macht steht hinter Jesus?

Inzwischen wird ein von bösen Geistern besessener Mensch zu Jesus gebracht. Seine Befreiung führt zu Diskussionen, ob Jesus seine Vollmacht von Beelzebul[32] bekommen habe. Jesus weist das mit logischen Gründen

---

32 Ein anderer Name für Satan, den Obersten aller Dämonen.

vor Christus	Geburt/Jugend	1. Dienstjahr	2. Dienstjahr

zurück. Auf die Forderung nach einem Wunderzeichen reagiert er mit Hinweisen auf den Propheten Jona (Jona 2,1; 3,5) und den Staatsbesuch der Königin von Saba bei König Salomo (1. Könige 10,1).

Dämonenaustreibungen waren auch bei den Pharisäern nicht ungewöhnlich. Sie wendeten dabei ein bestimmtes Ritual an: Zunächst musste der Exorzist die Kommunikation mit dem Dämon aufnehmen. Dabei benutzte der Dämon die Stimmbänder der Person, von der er Besitz ergriffen hatte. Dann musste der Exorzist den Namen des Dämons herausfinden, um ihn mit diesem Namen austreiben zu können. Weil der Besessene in diesem Fall aber nicht sprechen konnte, waren die Pharisäer hilflos. Sie lehrten aber, dass der Messias, wenn er kommen würde, auch diese Art Dämonen austreiben könne. Als Jesus dann den Besessenenen heilen konnte, dachten viele Menschen, er sei der Messias, der verheißene Sohn Davids. Das wiederum provozierte die Pharisäer zum verbalen Angriff auf Jesus.

Quelltext: *Matthäus 12,22-45; Markus 3,22-30*

Damals brachte man einen Besessenen zu Jesus, der blind und stumm war. Als er ihn geheilt hatte, konnte der Mann wieder reden und sehen. Die Leute waren außer sich vor Staunen und sagten: „Ist das etwa der Sohn Davids?"

Doch als die Pharisäer und die Gesetzeslehrer, die von Jerusalem hergekommen waren, es hörten, sagten sie: „Er ist mit Beelzebul im Bund. Und die Dämonen treibt er nur mit Hilfe des Obersten aller bösen Geister aus."

Jesus wusste genau, was sie dachten, rief sie zu sich und gab ihnen durch einige Vergleiche Antwort: „Wie kann denn ein Satan den anderen austreiben? Ein Königreich, das gegen sich selbst kämpft, ist dem Untergang geweiht. Eine Stadt oder eine Familie, die in sich zerstritten ist, geht zugrunde. Und wenn der Satan den Satan austreibt, wäre er in sich zerstritten. Wie soll sein Reich dann bestehen können? Dann ist es aus mit ihm. Und – wenn ich die Dämonen tatsächlich mit Hilfe von Beelzebul austreibe, wer gibt dann euren Leuten die Macht, Dämonen auszutreiben? Sie selbst werden deshalb das Urteil über euch sprechen. Wenn ich aber die Dämonen durch den Geist Gottes austreibe, dann ist doch das Reich Gottes zu euch gekommen!

| letzte Monate | letzte Tage | Passion | nach Ostern |

Oder wie kann jemand in das Haus eines Starken eindringen und ihm seinen Besitz rauben, wenn er ihn nicht vorher fesselt? Erst wenn der Starke gefesselt ist, kann er sein Haus ausrauben.

Wer nicht auf meiner Seite steht, ist gegen mich, und wer nicht mit mir sammelt, zerstreut. Deshalb versichere ich euch: Alle Sünden können den Menschen vergeben werden, selbst die Gotteslästerungen, die sie aussprechen. Wer aber den Heiligen Geist lästert, wird in Ewigkeit keine Vergebung finden. Mit dieser Sünde hat er ewige Schuld auf sich geladen. Wer etwas gegen den Menschensohn sagt, dem kann vergeben werden. Wer aber gegen den Heiligen Geist redet, dem wird nicht vergeben werden, weder in dieser Welt noch in der kommenden." Das sagte er zu ihnen, weil sie behauptet hatten, er sei von einem bösen Geist besessen.

„Wenn ein Baum gut ist, sind auch seine Früchte gut, ist er schlecht, sind auch seine Früchte schlecht. An den Früchten erkennt man den Baum. Ihr Giftschlangenbrut! Wie könnt ihr Gutes reden, wenn ihr böse seid? Denn aus dem Mund kommt das, was das Herz erfüllt. Ein guter Mensch bringt Gutes hervor, weil er mit Gutem erfüllt ist. Ein böser Mensch bringt Böses hervor, weil er Böses in sich hat. Ich sage euch: Am Tag des Gerichts werden die Menschen Rechenschaft über jedes nutzlose Wort ablegen müssen, das sie gesagt haben. Denn aufgrund deiner eigenen Worte wirst du freigesprochen oder verurteilt werden."

Daraufhin sagten einige der Gesetzeslehrer und Pharisäer zu ihm: „Rabbi, wir wollen ein Zeichen von dir sehen!" – „Diese verdorbene Generation, die von Gott nichts wissen will, verlangt nach einem Zeichen!", antwortete Jesus. „Doch es wird ihnen keins gegeben werden, nur das des Propheten Jona. Denn wie Jona drei Tage und drei Nächte[33] im Bauch des großen Fisches war, so wird der Menschensohn drei Tage und drei Nächte im Schoß der Erde sein. Im Gericht werden die Männer von Ninive auftreten und diese Generation schuldig sprechen. Denn sie haben ihre Einstellung auf Jonas Predigt hin geändert – und hier steht einer, der bedeutender ist als Jona. Die Königin des Südens wird beim Gericht gegen die Männer dieser Generation auftreten und sie verurteilen.

---

33 Altjüdische Redewendung, die drei Zeiteinheiten (*Ona*) meint, wobei eine angebrochene *Ona* immer als Ganze gezählt wurde. Es ist eine ungefähre Zeitangabe und meint nicht exakt 72 Stunden.

vor Christus	Geburt/Jugend	1. Dienstjahr	2. Dienstjahr

Denn sie kam vom Ende der Erde, um die Weisheit Salomos zu hören – und hier steht einer, der mehr bedeutet als Salomo.

Wenn ein böser Geist einen Menschen verlässt, zieht er durch öde Gegenden und sucht nach einem Ruheplatz, findet aber keinen. Dann sagt er sich: ‚Ich werde wieder in die Behausung zurückgehen, die ich verlassen habe.' Er kehrt zurück und findet alles leer, sauber und aufgeräumt. Dann geht er los und holt sieben andere Geister, die noch schlimmer sind als er selbst, und sie ziehen gemeinsam dort ein. So ist dieser Mensch am Ende schlechter dran, als am Anfang. Genauso wird es auch dieser bösen Generation ergehen."

Die Familie hat keine Chance

Jesus erklärt, wer zu seiner eigentlichen Familie gehört.

Quelltext: *Matthäus 12,46-50; Markus 3,31-35; Lukas 8,19-21*

Während Jesus noch zu der Menschenmenge sprach, waren seine Mutter und seine Brüder angekommen. Doch wegen der Menge konnten sie nicht zu ihm durchkommen. Sie blieben vor dem Haus und verlangten, ihn zu sprechen. Die Menschen, die dicht gedrängt um Jesus herumsaßen, gaben ihm die Nachricht weiter: „Deine Mutter und deine Brüder sind draußen und fragen nach dir", sagte ihm einer. „Wer ist meine Mutter, und wer sind meine Brüder?", antwortete ihm Jesus. Dann sah er die Menschen an, die im Kreis um ihn herum saßen, und wies mit der Hand auf seine Jünger und sagte: „Das hier ist meine Mutter, und das sind meine Brüder! Jeder, der nach dem Willen meines Vaters im Himmel lebt, wer das Wort Gottes hört und befolgt, ist mir Bruder, Schwester und Mutter."

Warum Gleichnisse?

Später an jenem Tag verlässt Jesus das Haus und setzt sich ans Ufer des Sees, um die Leute zu lehren. Durch seine Gleichnisreden erfüllt er eine Weissagung von Jesaja.

Das Gleichnis vom Sämann spielt auf die Gewohnheit der jüdischen Bauern an, noch vor dem Pflügen zu säen. Der Boden Israels bringt nur an besonders guten Stellen den hundertfachen Ertrag, gewöhnlich muss man mit dem zehnfachen zufrieden sein.

letzte Monate	letzte Tage	Passion	nach Ostern

Quelltext: *Matthäus 13,1-23; Markus 4,1-20; Lukas 8,4-15*

Noch am selben Tag verließ Jesus das Haus und setzte sich ans Ufer des Sees. Es versammelten sich so viele Menschen um ihn, dass er sich in ein Boot setzen musste, um von dort aus zur Menge am Ufer sprechen zu können. Er redete lange und erklärte vieles in Gleichnissen.

Unter anderem sagte er: „Hört zu! Ein Bauer ging auf seinen Acker, um zu säen. Beim Ausstreuen fiel ein Teil der Körner auf den Weg. Dort wurden sie zertreten und dann kamen die Vögel und pickten sie auf. Andere Körner fielen auf felsigen Boden, der nur von einer dünnen Erdschicht bedeckt war. Weil die Saat dort wenig Erde hatte und die Wurzeln nicht tief in den Boden dringen konnten, ging sie bald auf. Als dann aber die Sonne höher stieg, verbrannten die jungen Pflanzen und vertrockneten, weil sie keine tiefer gehenden Wurzeln hatten und nicht genug Feuchtigkeit bekamen. Wieder ein anderer Teil fiel ins Dornengestrüpp. Die Dornen wuchsen mit der Saat in die Höhe, überwucherten sie bald und erstickten sie, so dass sie keine Frucht brachte. Ein anderer Teil schließlich fiel auf guten Boden. Die Saat ging auf und brachte Frucht: zum Teil hundertfach, zum Teil sechzig- oder dreißigfach." Jesus schloss: „Wer Ohren hat und hören kann, der höre zu!"

Als die Zwölf und die anderen Jünger wieder mit Jesus allein waren, fragten sie ihn nach dem Sinn der Gleichnisse und was er damit sagen wollte. „Warum sprichst du in Gleichnissen zu ihnen?" Er erwiderte: „Euch hat Gott die Geheimnisse des Himmelreichs anvertraut, aber den Außenstehenden wird alles nur in Gleichnissen gesagt. Denn wer hat, dem wird gegeben werden und er wird im Überfluss haben, wer aber nicht hat, dem wird auch das genommen, was er hat. Deshalb verwende ich Gleichnisse, wenn ich zu ihnen rede. Sie sehen und sehen doch nichts, sie hören und hören und verstehen doch nichts. An ihnen erfüllt sich die Prophezeiung Jesajas:

‚Hört nur zu, ihr versteht doch nichts; / seht nur hin, ihr werdet doch nichts erkennen. / Denn das Herz dieses Volkes ist verstockt, / ihre Ohren sind schwerhörig, / und ihre Augen sind verschlossen. / Sie wollen mit ihren Augen nichts sehen, / mit ihren Ohren nichts hören / und mit ihrem Herz nichts verstehen. / Sie wollen nicht umkehren, / dass ich sie heilen könnte.' [34]

---

34 Jesaja 6,9-10

Ihr aber seid glücklich zu preisen! Denn eure Augen sehen, und eure Ohren hören. Denn ich versichere euch: Viele Propheten und Gerechte hätten gern gesehen, was ihr seht, und haben es nicht gesehen; gern hätten sie gehört, was ihr hört, doch sie haben es nicht gehört."

Dann fuhr er fort: „Ihr versteht das Gleichnis nicht? Wie wollt ihr dann die anderen alle verstehen? Doch ich will euch das Gleichnis vom Säen erklären.

Der Bauer mit dem Saatgut sät Gottes Wort. Das, was auf den Weg gefallen ist, meint Menschen, die Gottes Botschaft hören, aber nicht verstehen. Aber dann kommt gleich der Satan und nimmt ihnen das gesäte Wort wieder aus dem Herzen weg, so dass sie nicht glauben und deshalb auch nicht errettet werden. Die Saat auf dem felsigen Boden entspricht Menschen, die das Wort hören und es gleich freudig aufnehmen. Doch weil sie unbeständig sind, kann es bei ihnen keine Wurzeln schlagen. Eine Zeitlang glauben sie, doch wenn eine Zeit der Prüfung kommt, wenn sie wegen der Botschaft in Schwierigkeiten geraten oder gar verfolgt werden, wenden sie sich gleich wieder ab. Andere Menschen entsprechen der Saat, die ins Dornengestrüpp fällt. Sie haben die Botschaft gehört, sie aber im Lauf der Zeit von den Sorgen ihres Alltags, von den Verlockungen des Reichtums und den Genüssen des Lebens ersticken lassen, sodass keine Frucht reifen kann. Die Menschen schließlich, die dem guten Boden gleichen, hören die Botschaft und nehmen sie mit aufrichtigem Herzen bereitwillig auf. Sie halten daran fest, lassen sich nicht entmutigen. Durch ihre Ausdauer bringen sie Frucht, einer hundertfach, einer sechzig- und einer dreißigfach."

Die Lampe

Das nächste Gleichnis knüpft an den Gedanken des ersten an: So wie man ein Licht nicht anzündet, um es zu verstecken, werden einem Jünger die Geheimnisse des Reiches Gottes nicht gegeben, damit er sie geheim halte.

Quelltext: *Markus 4,21-25; Lukas 8,16-18*

Er fuhr fort: „Zündet man denn eine Lampe an und stellt sie dann unter einen Eimer oder unters Bett? Natürlich nicht! Man stellt sie auf den Lampenständer, damit die Hereinkommenden Licht haben. So wird auch alles, was jetzt noch verborgen ist, ans Licht kommen, was jetzt noch geheim ist, soll bekannt gemacht werden. Wer Ohren hat und hören kann, der höre zu!" Und weiter sagte er: „Passt auf, was ihr jetzt

| letzte Monate | letzte Tage | Passion | nach Ostern |

hört! Nach dem Maß, mit dem ihr messt, wird euch zugeteilt werden, und ihr werdet noch mehr bekommen. Denn wer hat, dem wird gegeben, wer aber nicht hat, dem wird auch das genommen, was er hat."

Bilder für das Reich Gottes

Jesus erzählt die Gleichnisse vom Wachsen der Saat, vom Unkraut im Weizenfeld, vom Senfkorn und vom Sauerteig.

Quelltext: *Matthäus 13,24-33; Markus 4,26-32*

„Mit dem Reich Gottes", erklärte er, „verhält es sich wie mit einem Bauern, der seinen Acker besät hat. Er legt sich schlafen, steht wieder auf, ein Tag folgt dem anderen. Währenddessen geht die Saat auf und wächst – wie, das weiß er selber nicht. Die Erde bringt von selbst die Frucht hervor: zuerst den Halm, dann die Ähre und zuletzt das volle Korn in der Ähre. Und sobald das Korn reif ist, lässt er es schneiden. Die Ernte ist gekommen."

Jesus erzählte noch ein anderes Gleichnis: „Mit dem Reich, das der Himmel regiert, verhält es sich wie mit einem Mann, der guten Samen auf seinen Acker säte. Eines Nachts, als alles schlief, kam sein Feind und säte Unkraut[35] zwischen den Weizen und machte sich davon. Als die Saat aufging und Ähren ansetzte, kam auch das Unkraut zum Vorschein. Da kamen die Sklaven des Mannes herbei und fragten: ,Herr, hast du nicht guten Samen auf deinen Acker gesät? Woher kommt dann das Unkraut?' ,Das hat einer getan, der mir schaden will', erwiderte er. Die Sklaven fragten: ,Sollen wir hingehen und das Unkraut ausreißen?' ,Nein', entgegnete er, ,ihr würdet mit dem Unkraut auch den Weizen ausreißen. Lasst beides wachsen bis zur Ernte. Wenn es dann soweit ist, werde ich den Erntearbeitern sagen: Reißt zuerst das Unkraut aus und bindet es zum Verbrennen in Bündel. Und dann bringt den Weizen in meine Scheune.'"

„Womit sollen wir die Herrschaft Gottes noch vergleichen?", fragte Jesus. „Mit welchem Gleichnis sollen wir sie darstellen? Es ist wie bei einem Senfkorn[36], das ein Mann auf seinen Acker sät. Es ist zwar das klein-

---

35 Wahrscheinlich ist damit Taumellolch gemeint (*lolium temulentum*), eine 70 cm hohe weizenähnliche Grasart, deren Körner das Mehl verderben.

36 Gemeint ist wahrscheinlich der „Schwarze Senf" (*Brassica nigra*), dessen 1 mm großes Samenkorn in Israel für seine Kleinheit sprichwörtlich war.

ste aller Samenkörner, die man in die Erde sät. Aber wenn es gesät ist, geht es auf und wird größer als alle anderen Gartenpflanzen. Es wird ein richtiger Baum daraus, es treibt so große Zweige, dass Vögel in seinem Schatten nisten können."

Jesus erzählte noch ein Gleichnis: „Mit dem Reich, das der Himmel regiert, ist es wie mit dem Sauerteig, den eine Frau nimmt und unter einen halben Sack[37] Mehl mischt. Am Ende ist die ganze Masse durchsäuert."

Warum Gleichnisse?

Ein prophetisches Wort aus einem etwa 1000 Jahre vorher verfassten Psalm von Asaf soll sich durch die Gleichnisreden von Jesus erfüllen..

Quelltext: *Matthäus 13,34-35; Markus 4,33-34*

Jesus gebrauchte viele solcher Gleichnisse, um den Menschen die Botschaft Gottes verständlich zu machen. Er verwendete immer Gleichnisse, wenn er zu den Leuten sprach. So erfüllte sich, was durch den Propheten angekündigt ist: „Ich will in Gleichnissen reden und auf diese Weise verkünden, was seit Erschaffung der Welt verborgen war."[38] Aber seinen Jüngern erklärte er alles, wenn er mit ihnen allein war.

Schwer von Begriff

Wieder zu Hause erklärt Jesus seinen Jüngern zwei Gleichnisse, die sie nicht verstanden hatten, und fügt für sie noch drei andere hinzu.

Im Roten Meer wurde damals nach Perlen getaucht. Einige besaßen einen Wert von umgerechnet mehr als einer Million Euro.

Mit dem Netz im dritten Gleichnis ist ein Schleppnetz gemeint. Eine Seite des Netzes wurde mit Schwimmern über Wasser gehalten, während die andere durch Senkblei unter die Oberfläche gedrückt und von den Fischern durchs Wasser gezogen wurde.

---

37 Wörtlich: drei Sata. Ein Saton war ein Hohlmaß und fasste etwa 13 Liter. – Das Brot, das man aus der erwähnten Menge Mehl backen kann, würde für ungefähr 100 Personen reichen.

38 Psalm 78,2

Quelltext: *Matthäus 13,36-53*

D ann schickte Jesus die Leute weg und ging ins Haus. Dort wandten sich die Jünger an ihn: „Erkläre uns das Gleichnis vom Unkraut auf dem Acker!", baten sie. Jesus antwortete: „Der Mann, der den guten Samen aussät, ist der Menschensohn. Der Acker ist die Welt. Der gute Same sind die Menschen, die zur Herrschaft Gottcs gehören. Das Unkraut sind die Menschen, die dem Bösen gehören. Der Feind, der das Unkraut gesät hat, ist der Teufel. Die Ernte ist das Ende der Welt, und die Erntearbeiter sind die Engel. So wie das Unkraut ausgerissen und verbrannt wird, so wird es auch am Ende der Welt sein: Der Menschensohn wird seine Engel ausschicken, und sie werden aus seinem Reich alle entfernen, die ein gesetzloses Leben geführt und andere zur Sünde verleitet haben, und werden sie in den glühenden Ofen werfen. Dann wird das große Weinen und Zähneknirschen anfangen. Und dann werden die Gerechten im Reich ihres Vaters leuchten wie die Sonne. Wer Ohren hat, der höre zu!

Mit dem Reich, das der Himmel regiert, verhält es sich wie mit einem im Acker vergrabenen Schatz, der von einem Mann entdeckt wird. Voller Freude geht er los, verkauft alles, was er hat, und kauft jenen Acker. Mit diesem Reich ist es auch wie mit einem Kaufmann, der schöne Perlen sucht. Als er eine besonders wertvolle entdeckt, geht er los, verkauft alles, was er hat, und kauft sie.

Mit dem Reich, das der Himmel regiert, ist es auch wie mit einem Schleppnetz, das im See ausgebracht wird. Mit ihm fängt man Fische jeder Art. Wenn es voll ist, ziehen die Männer es ans Ufer. Dann setzen sie sich hin und sortieren die Fische aus. Die guten lesen sie in Körbe und die ungenießbaren werfen sie weg. So wird es auch am Ende der Welt sein. Die Engel werden die Menschen, die Böses getan haben, von den Gerechten trennen und in den glühenden Ofen werfen. Dann wird das große Weinen und Zähneknirschen anfangen."

„Habt ihr alles verstanden?", fragte Jesus seine Jünger. „Ja!", erwiderten sie. Da sagte er zu ihnen: „Also ist jeder Gesetzeslehrer, der ein Jünger des Reiches geworden ist, das der Himmel regiert, einem Hausherrn gleich, der aus seinem Schatz Neues und Altes hervorholt."

Im Anschluss an diese Gleichnisreden zog Jesus weiter.

Macht über den Sturm

Am Abend des Tages ist er, von einer großen Menschenmenge umgeben, wieder am See. Schließlich befiehlt er seinen Jüngern, die Leute heimzuschicken und auf die andere Seite des Sees Gennesaret zu fahren.

Der gefährliche Sturm war typisch für diese Jahreszeit. Das Verb „verstumme" wurde typischerweise bei Dämonenaustreibungen verwendet. Von daher liegt die Annahme nahe, dass Jesus hinter dem Sturm das Wirken dämonischer Kräfte sah.

Quelltext: *Matthäus 8,18; Matthäus 8,23-27; Markus 4,35-41; Lukas 8,22-25*

Als Jesus die vielen Menschen sah, die sich am Abend jenes Tages um ihn drängten, befahl er seinen Jüngern, mit ihm an die andere Seite des Sees zu fahren. Sie schickten die Leute nach Hause, stiegen in das Boot, in dem er noch saß und fuhren los. Einige andere Boote fuhren ihm nach. Während der Fahrt schlief Jesus im Heck auf einem Kissen. Als sie auf dem See waren, kam plötzlich ein schwerer Sturm auf, ein Fallwind von den Bergen, so dass die Wellen das Boot zu begraben drohten. Die Jünger stürzten zu Jesus und weckten ihn auf: „Herr", schrien sie, „wir gehen unter! Rette uns! Rabbi[39], Rabbi, wir sind verloren! Macht es dir denn nichts aus, dass wir umkommen?" Aber Jesus sagte zu ihnen: „Warum habt ihr solche Angst, ihr Kleingläubigen?" Dann stand er auf und bedrohte den Wind und das wogende Wasser. „Schweig! Sei still!", befahl er dem Sturm und dem See. Da hörten sie auf zu toben, und es wurde ganz still. „Warum habt ihr solche Angst?", fragte Jesus seine Jünger. „Habt ihr immer noch keinen Glauben?" Da wurden sie erst recht von Furcht gepackt und flüsterten einander zu: „Wer ist das nur, dass ihm sogar Wind und Wellen gehorchen?"

Macht über teuflische Mächte

Auf der Südostseite des Sees im Gebiet von Gadara[40] gehen sie an Land und begegnen zwei[41] Besessenen, von denen einer sehr gewalttätig ist.

---

39 Hebräische Anrede: mein Herr (mein Lehrer, mein Meister)!

40 Südöstlicher Uferstreifen des Sees Gennesaret mit Hafen. Das Gebiet gehörte zu Gadara, die als mächtigste Stadt im heidnischen Zehnstädtegebiet (Dekapolis) selbst Kriegsschiffe auf dem See unterhielt.

41 Matthäus, der als Augenzeuge dabei war, berichtet genauer von zwei Besessen ▶

| letzte Monate | letzte Tage | Passion | nach Ostern |

Letzterer wird nach seiner Heilung ein im ganzen Zehnstädtegebiet bekannter Zeuge von Jesus. Jesus zwingt den Dämon, sich zu demaskieren und seinen Namen preiszugeben. Dadurch wird sofort klar, dass es sich um viele Dämonen handelt (Legion bezeichnet die größte römische Heereseinheit von etwa 6000 Mann). Durch die Austreibung der Dämonen gerät eine in der Nähe weidende Herde von 2000 Schweinen[42] in Panik und ertrinkt im See. Die Leute jener Gegend aber bekommen solche Angst, dass sie Jesus bitten, ihr Gebiet zu verlassen.

Quelltext: *Matthäus 8,28-34; Markus 5,1-20; Lukas 8,26-39*

So kamen sie in das Gebiet der Gadarener auf der anderen Seite des Sees, gegenüber von Galiläa. Als er aus dem Boot stieg, rannten ihm zwei Besessene entgegen. Sie kamen von den Grabhöhlen und waren so gefährlich, dass niemand es wagte, auf diesem Weg vorbei zu gehen. Der eine trug schon lange keine Kleidung mehr und hauste abseits von den Häusern in Grabhöhlen. Niemand konnte ihn mehr bändigen, nicht einmal mit Ketten. Schon oft hatte man ihn an Händen und Füßen gefesselt, doch jedes Mal hatte er die Ketten zerrissen und die Fußfesseln zerrieben. Keiner wurde mit ihm fertig. Der Dämon trieb ihn in menschenleere Gegenden. Tag und Nacht war er in den Grabhöhlen oder auf den Bergen, und immer schrie er und schlug sich mit Steinen. Schon von weitem hatte er Jesus erblickt, rannte auf ihn zu, warf sich vor ihm hin und schrie mit lauter Stimme: „Was willst du von mir, Jesus, Sohn Gottes, du Sohn des Allerhöchsten? Bist du hergekommen, um mich schon vor der Zeit zu quälen? Ich beschwöre dich bei Gott, quäle mich nicht!" Jesus hatte dem bösen Geist nämlich befohlen, den Mann zu verlassen, den er schon so lange in seiner Gewalt hatte.

Dann fragte ihn Jesus: „Wie heißt du?" – „Ich heiße Legion", antwortete der; denn es waren viele Dämonen in ihn gefahren. Diese flehten Jesus an, sie nicht aus der Gegend fort in den Abgrund zu schicken. Nun weide-

---

(wie auch von zwei Blinden und zwei Eseln, vgl. Mt 20,30; 21,2). Markus und Lukas berichten nur von dem einen, der wegen seiner Wildheit, seiner Nacktheit und erstaunlichen physischen Kraft sehr viel mehr Aufsehen erregt hatte.

42 Das ist erstens ein Indiz dafür, dass das Gebiet hauptsächlich von Nichtjuden bewohnt war und zweitens ein Indiz dafür, dass dieses Geschehen tatächlich im Februar spielte, denn eine Schweineherde findet an den Abhängen des Sees nur zwischen Februar und April Weide.

te dort in der Nähe eine große Herde Schweine an einem Berghang. Die Dämonen baten ihn: „Wenn du uns austreibst, lass uns doch in die Schweine fahren!" – „Geht!", sagte Jesus. Da verließen sie die Männer und fuhren in die Schweine. Daraufhin raste die ganze Herde den Abhang hinunter in den See, und die Tiere ertranken in den Fluten. Es waren immerhin 2000 Tiere.

Als die Schweinehirten das sahen, liefen sie davon und erzählten in der Stadt und auf den Dörfern alles, was geschehen war, auch das mit den Besessenen. Die Leute wollten das mit eigenen Augen sehen und machten sich gleich auf den Weg.

Als sie zu Jesus kamen, sahen sie den Mann, aus dem die Legion böser Geister ausgefahren war, bekleidet und vernünftig bei ihm sitzen. Da bekamen sie es mit der Angst zu tun. Die Augenzeugen berichten ihnen, was mit dem Besessenen und den Schweinen passiert war. Daraufhin drängte die ganze Menge Jesus, ihr Gebiet zu verlassen, so sehr hatte die Angst sie gepackt. Als Jesus dann ins Boot stieg, bat ihn der Geheilte, bei ihm bleiben zu dürfen. Doch er gestattete es nicht, sondern sagte: „Geh nach Hause zu deinen Angehörigen und berichte ihnen, wie viel der Herr in seinem Erbarmen an dir getan hat." Der Mann gehorchte und verkündete in der Stadt und im ganzen Zehnstädtegebiet, was Jesus an ihm getan hatte. Und alle wunderten sich.

Macht über Krankheit und Tod

Am Westufer des Sees aber wird Jesus schon von den Leuten erwartet. Da kommt der Synagogenvorsteher Jairus und wirft sich mit einer dringenden Bitte vor Jesus nieder.[43] Kurz darauf berührt ihn eine Frau, die seit zwölf Jahren an schweren Blutungen leidet.

Nach 3. Mose 15,19-33 war sie dadurch unrein und praktisch ausgestoßen. Jeder, der von ihr berührt wurde, musste sich besonderen Reinigungszeremonien unterwerfen und konnte in dieser Zeit nicht am Gottesdienst teilnehmen. Das Gleiche galt, wenn jemand einen Toten berührte wie Jesus, als er kurze Zeit später das tote Mädchen an der Hand fasste. Das Trauerzeremoniell mit Klagefrauen und Flötenspielern setzte sofort beim Tod eines Menschen ein – hier sogar noch, bevor Jairus wieder sein Haus betrat.

---

43 Das tat man nur vor Höhergestellten oder vor Gott.

letzte Monate	letzte Tage	Passion	nach Ostern

Quelltext: *Matthäus 9,18-26; Markus 5,21-43; Lukas 8,40-56*

Jesus fuhr mit dem Boot wieder ans andere Ufer, wo sich bald eine große Menschenmenge um ihn versammelte, denn sie hatten auf ihn gewartet. Er war noch am See, als ein Synagogenvorsteher kam und sich vor ihm niederwarf. Er hieß Jairus und bat ihn, in sein Haus zu kommen, weil seine einzige Tochter, ein Mädchen von zwölf Jahren, im Sterben lag. „Komm und leg ihr die Hände auf", bat er dringend, „damit sie gesund wird und am Leben bleibt."

Jesus stand auf und folgte ihm. Auch seine Jünger kamen mit, und viele Leute folgten und drängten sich um ihn. In der Menge war auch eine Frau, die seit zwölf Jahren an starken Blutungen litt. Sie war schon bei vielen Ärzten gewesen und dabei sehr geplagt worden. Ihr ganzes Vermögen hatte sie aufgewendet und es hatte ihr nichts geholfen, im Gegenteil: Es war noch schlimmer geworden. Diese Frau hatte von Jesus gehört und drängte sich nun durch die Menge von hinten heran. Sie berührte einen Zipfel seines Gewandes, denn sie dachte: „Wenn ich nur sein Gewand anfasse, werde ich geheilt." Sofort hörte die Blutung auf, und sie spürte, dass sie ihre Plage los war.

Im selben Augenblick spürte auch Jesus, dass eine Kraft von ihm ausgegangen war. Er drehte sich in der Menge um und fragte: „Wer hat mein Gewand berührt?" Doch niemand wollte es gewesen sein. Petrus und die anderen Jünger sagten: „Rabbi, die Menge drängt und drückt dich von allen Seiten, und da fragst du, wer dich berührt hat?" Doch Jesus bestand darauf: „Es hat mich jemand angerührt, denn ich habe gespürt, dass eine Kraft von mir ausgegangen ist." Jesus blickte umher, um zu sehen, wer es gewesen war, und sah die Frau an. Zitternd vor Angst trat die Frau vor, die ja wusste, was mit ihr vorgegangen war und sah, dass sie nicht verborgen bleiben konnte. Sie warf sich vor ihm nieder und erzählte ihm alles. Vor allen Leuten erklärte sie, warum sie ihn berührt hatte und dass sie im selben Augenblick geheilt worden war. „Du musst keine Angst haben, meine Tochter", sagte Jesus da zu ihr, „dein Glaube hat dich gerettet. Geh in Frieden! Du bist gesund!"

Während Jesus noch mit ihr sprach, kamen Leute aus dem Haus des Synagogenvorstehers und sagten zu Jairus: „Deine Tochter ist gestorben. Du musst den Rabbi nicht weiter bemühen." Doch Jesus schenkte diesen

---

44 Das gehörte zum Trauerzeremoniell.

Worten keine Beachtung. „Hab keine Angst! Vertrau mir, dann wird sie gerettet werden!", sagte er zu dem Vorsteher.

Dann ging er weiter, erlaubte aber niemand, ihn zu begleiten, außer Petrus, Jakobus und dessen Bruder Johannes. Als sie zum Haus des Vorstehers kamen und Jesus die Aufregung sah, die Flötenspieler[44] und die laut weinenden und klagenden Menschen, ging er hinein und sagte: „Was soll der Lärm? Warum weint ihr? Das Kind ist nicht tot, es schläft nur. Hinaus mit euch!" Da lachten sie ihn aus, denn sie wussten, dass es gestorben war. Er aber warf sie alle hinaus und ging nur mit dem Vater und der Mutter des Kindes und mit den Jüngern, die bei ihm waren, zu dem Mädchen hinein. Er fasste es bei der Hand und sagte: „Talita kum!" – Das heißt übersetzt: „Mädchen, steh auf!" Da kehrte Leben in das Mädchen zurück und es stand gleich auf. Mit fassungslosem Erstaunen sahen alle, wie das Mädchen sich erhob und anfing, umherzugehen. Jesus ordnete an, ihr etwas zu essen zu geben. Die Eltern konnten kaum fassen, was da geschehen war, aber Jesus verbot ihnen nachdrücklich, anderen davon zu erzählen. Die Nachricht davon verbreitete sich in der ganzen Gegend.

Falsche Reaktionen in Kafarnaum

Jesus verlässt die Familie des Jairus und geht wieder nach Hause. Da heften sich zwei Blinde an seine Fersen. Er lässt sie in sein Haus und heilt sie dort, genau wie den Besessenen, der anschließend gebracht wird. Die Pharisäer behaupten daraufhin erneut, er treibe die Dämonen durch den Teufel aus.

Quelltext: *Matthäus 9,27-34*

Als Jesus von dort weiterging, folgten ihm zwei Blinde und schrien: „Sohn Davids, hab Erbarmen mit uns!" Sie folgten ihm bis in das Haus, wo er wohnte. Er fragte sie: „Glaubt ihr, dass ich euch helfen kann?" – „Ja, Herr", sagten sie. Da berührte er ihre Augen und sagte: „Weil ihr glaubt, soll es geschehen." Sofort konnten sie sehen. Doch Jesus verbot ihnen streng, jemand davon zu erzählen. Aber kaum waren sie aus dem Haus, machten sie Jesus in der ganzen Gegend bekannt.

Als die beiden gegangen waren, brachten die Leute einen Stummen zu ihm, der von einem Dämon besessen war. Als der böse Geist von dem Mann ausgefahren war, konnte der Stumme reden. Die Leute staunten und sagten: „So etwas hat man in Israel noch nie gesehen!" Die Pharisäer aber behaupteten: „Kein Wunder, er treibt die Dämonen ja durch den Oberdämon aus."

Falsche Reaktionen in Nazaret

Vor knapp einem Jahr war Jesus aus seiner Vaterstadt Nazaret verjagt worden. Jetzt kommt er als Rabbi, von Schülern umgeben, wieder und lehrt in der Synagoge. Doch trotz seiner beeindruckenden Taten und Worte lehnen sie ihn auch diesmal wieder verächtlich ab.

Dass einige ihn als Marias Sohn bezeichneten, war eine bewusste Diffamierung, denn ein Mann wurde in Israel auch dann nicht als Sohn seiner Mutter bezeichnet, wenn diese bereits Witwe war, es sei denn, man wollte ihn beleidigen.

Quelltext: *Matthäus 13, 54-58; Markus 6,1-6*

Jesus brach von dort auf und kam wieder in seinen Heimatort. Seine Jünger begleiteten ihn. Am Sabbat lehrte er in der Synagoge. Viele seiner Zuhörer fragten sich erstaunt: „Wo hat er das nur her? Was ist das für eine Weisheit, die ihm da gegeben ist? Und erst die Wunder, die durch ihn geschehen! Woher hat er nur die Kraft, solche Wunder zu tun? Ist das denn nicht der Bauhandwerker, der Sohn von Maria, und ein Bruder von Jakobus, Joses, Judas und Simon? Und seine Schwestern leben doch auch alle bei uns! Wo hat er das alles nur her?" Und sie ärgerten sich über ihn. Da sagte Jesus zu ihnen: „Überall wird ein Prophet geehrt, nur nicht in seiner Heimatstadt, seiner Verwandtschaft und seiner Familie." Wegen ihres Unglaubens konnte er dort überhaupt kein Wunder tun; nur einigen Kranken legte er die Hände auf und heilte sie. Er wunderte sich über ihren Unglauben und zog weiter durch die umliegenden Dörfer und lehrte dort.

Instruktion für zwölf Missionare

Jesus wundert sich zwar über den Unglauben in Nazaret, doch als er danach die Scharen von Menschen sieht, die überall zusammenlaufen, wenn er in die anderen Ortschaften kommt, ergreift ihn tiefes Mitgefühl. Er sendet seine Jünger aus, ihnen zu helfen. Doch die Jünger sollen bewusst von der Gastfreundschaft der Menschen abhängig bleiben und nichts zusätzlich mit auf den Weg nehmen.

vor Christus	Geburt/Jugend	1. Dienstjahr	2. Dienstjahr

Sodom und Gomorra sind zwei Städte an der Stelle des heutigen Toten Meeres, die wegen ihrer schweren Sünde durch ein Gottesgericht vernichtet wurden.[45]

Quelltext: *Matthäus 9,35 – 10,1; Matthäus 10,5-15; Markus 6,7-11; Lukas 9,1-5*

Jesus zog durch alle Städte und Dörfer in dieser Gegend. Er lehrte in den Synagogen, verkündigte die Botschaft vom Reich Gottes und heilte alle Kranken und Leidenden. Als er die vielen Menschen sah, ergriff ihn tiefes Mitgefühl, denn sie waren hilflos und erschöpft, wie Schafe ohne Hirten. Er sagte zu ihnen: „Die Ernte ist groß, aber es gibt nur wenig Arbeiter. Bittet deshalb den Herrn der Ernte, mehr Arbeiter auf seine Felder zu schicken!"

Dann rief er die Zwölf zu sich und gab ihnen Vollmacht, die bösen Geister auszutreiben und jede Krankheit und jedes Leiden zu heilen. Er sandte sie zu zweit aus und beauftragte sie, die Botschaft von Gottes Herrschaft zu verkündigen und die Kranken gesund zu machen. „Meidet die Orte, wo Nichtjuden wohnen", sagte er, „und geht auch nicht in die Städte der Samariter, sondern geht zu den verlorenen Schafen des Volkes Israel! Geht und verkündigt ihnen: ‚Die Herrschaft des Himmels steht bevor!' Heilt Kranke, weckt Tote auf, macht Aussätzige rein, treibt Dämonen aus! Was ihr kostenlos bekommen habt, das gebt kostenlos weiter. Nehmt nichts mit auf den Weg, kein Brot und keine Vorratstasche. Besorgt euch kein Reisegeld, weder Gold noch Silberstücke oder Kupfermünzen, auch kein zweites Hemd, keine Sandalen und keinen Wanderstab. Denn wer arbeitet, hat Anspruch auf seinen Lebensunterhalt.

Wenn ihr in eine Stadt oder ein Dorf kommt, findet heraus, wer es wert ist, euch aufzunehmen. Wenn ihr das Haus betretet, grüßt seine Bewohner und wünscht ihnen Frieden. Wenn sie es wert sind, wird der Frieden, den ihr bringt, bei ihnen einziehen. Wenn sie es nicht wert sind, wird euer Gruß wirkungslos sein. Wenn ihr in ein Haus aufgenommen werdet, dann bleibt dort, bis ihr den Ort wieder verlasst. Und wenn die Leute euch nicht aufnehmen oder anhören wollen, dann geht aus jenem Haus oder jenem Ort und schüttelt den Staub von euren Füßen ab, um ihnen deutlich zu machen, dass das Gericht auf sie wartet. Ich versichere euch: Sodom und Gomorra wird es am Tag des Gerichts erträglicher ergehen als solch einer Stadt."

---

45 1. Mose 18,20; 19,24-25

---

letzte Monate   letzte Tage   Passion   nach Ostern

Mission kann gefährlich werden

Jesus instruiert seine Jünger weiter über die Gefahren und Anforderungen des Auftrags.

Beelzebub war einer der Namen des Teufels, des Obersten der Dämonen, der vielleicht von Baal-Sebub, dem Gott der philistinischen Stadt Ekron[46] abgeleitet ist; er bedeutet so viel wie „Herr der Fliegen". *„Beelzebul"[47] dagegen heißt „Herr der Höhe" (des Tempels). Im Zusammenhang des neuen Testaments meint das „Herr der bösen Geister".*

Quelltext: *Matthäus 10,16-33*

„Seht, ich sende euch wie Schafe mitten unter Wölfe. Seid deshalb klug wie die Schlangen und aufrichtig wie die Tauben. Nehmt euch in Acht vor den Menschen! Sie werden euch in ihren Synagogen vor Gericht stellen und auspeitschen. Und weil ihr zu mir gehört, werdet ihr vor Machthaber und Könige geführt werden. Doch auch sie und alle Völker müssen ein Zeugnis von mir hören. Und wenn sie euch vor Gericht stellen, dann macht euch keine Sorgen, wie ihr reden oder was ihr sagen sollt. Sagt einfach das, was euch in jener Stunde eingegeben wird. Denn nicht ihr seid dann die Redenden, sondern der Geist eures Vaters redet durch euch. Brüder werden einander dem Tod ausliefern und Väter ihre Kinder. Kinder werden sich gegen ihre Eltern stellen und sie in den Tod schicken. Und weil ihr euch zu mir bekennt, werdet ihr von allen gehasst werden. Aber wer bis zum Ende standhaft bleibt, wird gerettet. Wenn sie euch in der einen Stadt verfolgen, dann flieht in eine andere! Ich versichere euch: Noch bevor ihr mit den Städten Israels zu Ende seid, wird der Menschensohn kommen. Ein Jünger ist doch nicht besser als sein Lehrer, und ein Sklave steht doch nicht über seinem Herrn. Der Jünger muss sich damit begnügen, dass es ihm so geht, wie seinem Lehrer, und der Sklave, dass es ihm so geht, wie seinem Herrn. Wenn sie schon den Hausherrn Beelzebul genannt haben, wie viel mehr dann seine Leute? Doch fürchtet euch nicht vor denen, die euch bedrohen. Es kommt die Zeit, da wird alles offenbar werden. Alles, was jetzt noch geheim ist, wird öffentlich bekannt gemacht werden. Was ich euch im Dunkeln sage, gebt am hellen Tag weiter, und was ihr ins Ohr geflüstert hört, ruft von den

---

46 2. Könige 1,2

47 Das ist wahrscheinlich die richtigere Schreibweise. „Beelzebub" ist die Schreibweise der Vulgata, der alten lateinischen Bibelübersetzung.

Dachterrassen herunter. Habt keine Angst vor denen, die nur den Leib töten, der Seele aber nichts anhaben können. Fürchtet aber den, der Seele und Leib dem Verderben in der Hölle preisgeben kann. Ihr wisst doch, dass zwei Spatzen für ein paar Cent[48] verkauft werden. Doch nicht einer von ihnen fällt auf die Erde, ohne dass euer Vater das zulässt. Und bei euch sind selbst die Haare auf dem Kopf alle gezählt. Habt also keine Angst! Ihr seid doch mehr wert als noch so viele Spatzen. Wer sich vor den Menschen zu mir bekennt, zu dem werde auch ich mich vor meinem Vater im Himmel bekennen. Wer mich aber vor den Menschen nicht kennen will, den werde auch ich vor meinem Vater im Himmel nicht kennen."

Mission fordert alles
Quelltext: *Matthäus 10,34-39*

„Denkt nicht, dass ich gekommen bin, Frieden auf die Erde zu bringen. Ich bin nicht gekommen, Frieden zu bringen, sondern das Schwert. Ich bin gekommen, den Sohn mit seinem Vater zu entzweien, die Tochter mit ihrer Mutter und die Schwiegertochter mit ihrer Schwiegermutter; die eigenen Angehörigen werden zu Feinden. Wer Vater oder Mutter mehr liebt als mich, ist es nicht wert, mein Jünger zu sein. Wer Sohn oder Tochter mehr liebt als mich, ist es nicht wert, mein Jünger zu sein. Und wer nicht sein Kreuz aufnimmt und mir nachfolgt, ist es nicht wert, mein Jünger zu sein. Wer sein Leben festhalten will, wird es verlieren. Wer sein Leben aber wegen mir verliert, der wird es finden."

Sechs Teams unterwegs
Quelltext: *Matthäus 10,40-11,1; Markus 6,12-13; Lukas 9,6*

„Wer euch aufnimmt, nimmt mich auf, und wer mich aufnimmt, nimmt den auf, der mich gesandt hat. Wer einen Propheten aufnimmt, weil er ein Prophet ist, wird den Lohn eines Propheten erhalten. Wer einen Gerechten aufnimmt, weil er ein Gerechter ist, wird den Lohn eines Gerechten erhalten. Und wer einem von diesen Geringgeachteten hier auch nur einen Becher kalten Wassers zu trinken gibt, weil er mein Jünger ist – ich versichere euch: Er wird gewiss nicht ohne Lohn bleiben."

---

48 Wörtlich: ein Assarion. Die Kupfermünze Assarion war 1/16 Denar wert, d.h. 1/16 Tageslohn eines Arbeiters.

| letzte Monate | letzte Tage | Passion | nach Ostern |

Als Jesus den zwölf Jüngern seine Anweisungen gegeben hatte, zog er weiter, um in den Städten des Landes zu lehren und zu predigen. Die Zwölf machten sich auf den Weg und verkündigten die gute Botschaft. Überall predigten sie, dass die Leute ihre Einstellung ändern sollten. Sie trieben viele Dämonen aus, heilten viele Kranke und rieben sie mit Öl ein.

Wahrheit kann tödlich sein

März 29 n.Chr. *Herodes Antipas feiert auf der Festung Machärus seinen Geburtstag.[49] Bei dieser Gelegenheit lässt er Johannes den Täufer hinrichten.*

Nach Josephus war das der Grund dafür, dass das ganze Heer des Herodes bei der Schlacht gegen seinen ehemaligen Schwiegervater Aretas aufgerieben wurde.

Quelltext: *Matthäus 14,6-12; Markus 6,21-29*

Eines Tages ergab sich für Herodias die Gelegenheit, Johannes den Täufer umbringen zu lassen. Herodes hatte Geburtstag und gab dazu ein Festessen für seine hohen Regierungsbeamten, die Offiziere und die angesehensten Bürger von Galiläa. Dabei trat die Tochter der Herodias als Tänzerin auf. Sie gefiel dem Herodes und den Gästen so gut, dass der König zu dem Mädchen sagte: „Wünsche dir, was du willst; ich werde es dir geben!" Er schwor ihr sogar: „Ich werde dir alles geben, was du willst, und wenn es die Hälfte meines Reiches wäre." Sie ging hinaus und fragte ihre Mutter: „Was soll ich mir wünschen?" – „Den Kopf von Johannes dem Täufer", erwiderte diese. Schnell ging das Mädchen wieder zum König hinein und sagte: „Ich will, dass du mir hier sofort auf einer Schale den Kopf von Johannes dem Täufers überreichst." Der König war bestürzt, aber weil er vor allen Gästen einen Eid abgelegt hatte, wollte er sie nicht zurückweisen. Er schickte den Henker los und befahl ihm, den Kopf des Täufers zu bringen. Der ging ins Gefängnis und enthauptete Johannes. Dann brachte er den Kopf auf einer Schale herein und überreichte ihn dem Mädchen. Und das Mädchen gab ihn an seine Mutter weiter. Als die Jünger des Johannes davon hörten, holten sie den

---

49 Das war bei den Juden nicht üblich, wohl aber bei der vom Hellenismus geprägten Oberschicht.

Toten und legten ihn in ein Grab. Anschließend gingen sie zu Jesus und berichteten ihm, was geschehen war.

Herodes hört von Jesus und denkt an den Täufer

Quelltext: *Matthäus 14,1-2; Markus 6,14-16; Lukas 9,7-9*

König Herodes Antipas, der Fürst von Galiläa, hörte bald darauf, was man über Jesus erzählte, denn überall sprach man von ihm. Er wusste nicht, was er davon halten sollte. Denn die einen sagten: „Johannes der Täufer ist von den Toten auferweckt worden, deshalb kann er solche Wunder tun." Andere meinten: „Elija ist wieder erschienen." Wieder andere sagten: „Einer der früheren Propheten ist wieder auferstanden." Herodes meinte: „Johannes habe ich enthaupten lassen. Aber wer ist das, von dem ich solche Dinge höre?" Doch dann sagte er: „Das ist Johannes, den ich enthaupten ließ. Er ist von den Toten auferstanden, deshalb gehen solche Kräfte von ihm aus." Und er wollte ihn unbedingt sehen.

Keine Ruhe nach Einsatz

April 29 n.Chr. *Betsaida lag am Nordostufer des Sees Gennesaret. Heute befindet sich die Stelle (et Tell) durch Verlagerung des Ufers 2,5 km im Landesinneren.*

Quelltext: *Matthäus 14,13-21; Markus 6,30-44; Lukas 9,10-17; Johannes 6,1-14*

Die Apostel versammelten sich dann wieder bei Jesus und berichteten ihm alles, was sie in seinem Auftrag gelehrt und getan hatten. Inzwischen hatte Jesus das (von Herodes) gehört. Da sagte er zu seinen Jüngern: „Kommt mit an einen einsamen Platz, wo wir allein sind, und ruht ein wenig aus." Denn es war ein ständiges Kommen und Gehen, so dass sie nicht einmal Zeit zum Essen fanden. Er nahm sie mit und zog sich mit ihnen in die Nähe der Stadt Betsaida[50] zurück. Das war am Ostufer des Sees von Galiläa, den man auch See von Tiberias[51] nennt. Sie fuhren also mit dem Boot an eine einsame Stelle dort, um allein zu sein.

Doch viele sahen sie wegfahren und hatten ihre Absicht bemerkt. Auch die Leute in den umliegenden Städten hörten davon und gingen ihm auf

---

50 Fischerdorf an der Mündung des Jordan in den See Gennesaret. Heute wahrscheinlich El-Aradsch.

51 Neue Landeshauptstadt des Herodes Antipas am See von Galiläa, 18 n.Chr. gegründet.

| letzte Monate | letzte Tage | Passion | nach Ostern |

dem Landweg nach. Denn sie hatten die Wunder Gottes an den geheilten Kranken gesehen. So kam es, dass die Menschen in großen Scharen aus allen am See liegenden Orten angelaufen kamen und noch vor ihnen dort waren.

Jesus wies die Menschen nicht ab, sondern als er aus dem Boot stieg und die vielen Menschen sah, ergriff ihn tiefes Mitgefühl. Sie waren ja wie Schafe ohne Hirten. Da nahm er sich viel Zeit und belehrte sie über Gott und sein Reich. Und alle, die Heilung brauchten, machte er gesund.

Am Abend kamen seine Jünger zu ihm und sagten: „Wir sind hier an einem einsamen Fleck, und es ist schon spät. Schick die Leute weg, damit sie sich in den umliegenden Bauernhöfen und Dörfern etwas zu essen kaufen und dort übernachten können." Jesus war auf einen Berg gestiegen und hatte sich dort mit seinen Jüngern gesetzt. Es war kurz vor dem Passafest, das die Juden jährlich feiern. Aber Jesus erwiderte: „Sie brauchen nicht wegzugehen. Gebt ihr ihnen doch zu essen!" – „Sollen wir wirklich losgehen und für dieses ganze Volk Essen kaufen?", entgegneten sie.

Als Jesus aufblickte und die Menschenmenge auf sich zukommen sah, fragte er Philippus: „Wo können wir Brot kaufen, dass all diese Leute zu essen bekommen?" Er sagte das aber nur, um ihn auf die Probe zu stellen, denn er wusste schon, was er tun wollte. Philippus entgegnete: „Es würde mehr als zweihundert Denare[52] kosten, um jedem auch nur ein kleines Stück Brot zu geben." – „Wie viel Brote habt ihr?", fragte er zurück. „Geht und seht nach!" Ein anderer Jünger namens Andreas, es war der Bruder von Simon Petrus, sagte zu Jesus: „Hier ist ein Junge, der fünf Gerstenbrote und zwei Fische mithat. Aber was ist das schon für so viele." – „Bringt sie mir her!", sagte Jesus. Dann befahl er seinen Jüngern, dafür zu sorgen, dass die Leute sich in Tischgemeinschaften auf dem grünen Gras lagerten, denn dort, wo sie sich niederließen, gab es viel Gras. Das taten die Jünger.

Als sich die Menge in Gruppen zu hundert und zu fünfzig gelagert hatte, nahm Jesus die fünf Brote und die zwei Fische in die Hand. Er blickte zum Himmel auf und dankte Gott. Dann brach er die Brote in Stücke und gab sie den Jüngern, damit sie diese an die Leute austeilten. Ebenso machte er es mit den zwei Fischen und ließ sie unter alle verteilen. Jeder durfte so viel essen, wie er wollte, und aß sich satt.

Als die Leute satt waren, sagte er zu seinen Jüngern: „Sammelt auf, was übrig geblieben ist, damit nichts umkommt!" Die Jünger füllten zwölf

---

52 Ein Denar entsprach einem vollen Tageslohn.

Tragkörbe mit den Resten, die von den Brotstücken und Fischen übrig geblieben waren. Etwa fünftausend Männer hatten an dem Essen teilgenommen, Frauen und Kinder nicht gerechnet.

Als die Leute begriffen, was für ein Wunder Gottes Jesus getan hatte, sagten sie: „Das ist wirklich der Prophet, auf den wir schon so lange warten!"

Verwirrung auf dem Wasser

Nach der Speisung sieht Jesus, dass die Leute ihn mit Gewalt zum König machen wollen. Darauf schickt er seine Jünger mit dem Boot nach Betsaida voraus und zieht sich dann zum Gebet auf den Berg zurück. In Betsaida warten die Jünger bis spät in die Nacht auf die Ankunft Jesu und fahren, als er nicht kommt, mit dem Boot weiter nach Kafarnaum. Sie haben aber mit einem starken Ostwind zu kämpfen, bis Jesus gegen Ende der Nacht auf dem See zu ihnen kommt. Sie landen dann etwas südlich der Stadt in dem Gebiet Gennesaret.[53]

Quelltext: *Matthäus 14,22-36; Markus 6,45-56; Johannes 6,15-21*

Jesus merkte, dass sie als Nächstes kommen und ihn mit Gewalt zu ihrem König machen wollten. Deshalb nötigte er seine Jünger, ins Boot zu steigen und an das gegenüberliegende Ufer Richtung Betsaida vorauszufahren. Er wollte inzwischen die Leute nach Hause schicken. Nachdem er sich von der Menge verabschiedet hatte, stieg er auf den Berg, um ungestört beten zu können.

Seine Jünger (waren inzwischen in Betsaida und)[54] gingen am Abend zum See hinunter. Sie stiegen ins Boot und fuhren Richtung Kafarnaum los, denn es war finster geworden, und Jesus war immer noch nicht zu ihnen gekommen. Beim Einbruch der Dunkelheit war das Boot mitten auf dem See und Jesus allein am Land. Er sah, wie sich seine Jünger beim Rudern abmühten, weil sie gegen Wind und Wellen ankämpfen mussten. Es war ein starker Gegenwind aufgekommen, und der See wurde aufgewühlt.

Zwischen drei und sechs Uhr in der Nacht kam er dann zu ihnen. Sie waren eine Strecke von etwa fünf Kilometern[55] gerudert. Er ging über den

---

53 Die unterschiedlichen Ortsangaben in den Evangelien bereiten einige Probleme. Ich folge dem Erklärungsversuch von Zarley.

54 Um die verschiedenen Angaben in den Evangelien zu vereinbaren, ist es am sinnvollsten, anzunehmen, dass die Jünger zunächst nach dem nahen Betsaida fuhren und dort auf Jesus warteten.

| letzte Monate | letzte Tage | Passion | nach Ostern |

See, und es schien, als wollte er an ihnen vorüberlaufen. Als die Jünger ihn auf dem Wasser gehen sahen, meinten sie, es sei ein Gespenst, und schrieen von Furcht gepackt auf. Sofort rief er sie an: „Erschreckt nicht! Ich bin's! Habt keine Angst!"

Da sagte Petrus: „Herr, wenn du es bist, dann befiehl mir, auf dem Wasser zu dir zu kommen!" – „Komm!", sagte Jesus. Da stieg Petrus aus dem Boot und ging auf dem Wasser auf Jesus zu. Doch als er merkte, wie stark der Wind war, bekam er es mit der Angst zu tun. Er fing an zu sinken und schrie: „Herr, rette mich!" Sofort streckte Jesus ihm die Hand hin und hielt ihn fest. „Du Kleingläubiger", sagte er, „warum hast du gezweifelt?"

Als sie ins Boot gestiegen waren, legte sich der Wind. Da gerieten die Jünger vor Entsetzen ganz außer sich, denn selbst nach dem Wunder mit den Broten hatten sie noch nichts begriffen, weil ihre Herzen immer noch verschlossen waren. Und alle, die im Boot waren, warfen sich vor ihm nieder. „Du bist wirklich Gottes Sohn!", sagten sie. Und da waren sie auch schon an dem Ufer, das sie erreichen wollten.

Sie fuhren hinüber ans Land und legten in der Nähe von Gennesaret[56] an. Als sie aus dem Boot stiegen, wurde Jesus von den Leuten dort gleich erkannt. Sofort liefen sie los, um die Kranken aus der ganzen Gegend zu holen. Sie brachten sie auf Tragbahren immer an den Ort, von dem sie erfuhren, dass Jesus dort sei. In allen Dörfern, Städten oder Einzelhöfen, in die er kam, legten sie die Kranken ins Freie und baten ihn, sie nur den Saum seines Gewandes berühren zu lassen. Und alle, die ihn berührten, wurden geheilt.

Verwirrung in Tiberias

Einige Boote aus Tiberias, der neu erbauten Residenz von Herodes Antipas, hatten inzwischen am anderen Ufer nach Jesus gesucht. Die Leute finden ihn schließlich in Kafarnaum.
Quelltext: *Johannes 6,22-24*

---

55 Wörtlich: 25 oder 30 Stadien. Stadion ist ein griechisches Längenmaß, das nach der Länge des Stadions in Olympia benannt ist und 600 griechische Fuß = rund 185 m betrug.

56 Das Gebiet zwischen den Orten Kafarnaum und Gennesaret heißt Land Gennesaret.

A m nächsten Tag warteten die Menschen auf der anderen Seite des Sees wieder auf Jesus, denn sie hatten gesehen, dass die Jünger allein losfuhren, ohne dass Jesus zu ihnen in das Boot gestiegen war, das als Einziges am Ufer gelegen hatte. Inzwischen legten mehrere Boote aus Tiberias an der Stelle an, wo die Menge das Brot nach dem Dankgebet des Herrn gegessen hatte. Als die Leute nun merkten, dass Jesus nicht mehr da war, stiegen sie in diese Boote, setzten nach Kafarnaum über und suchten dort nach ihm.

Schockierende Vorstellungen

Als Jesus dann zu den Leuten spricht, gebraucht er ein schockierendes Gleichnis, das viele abstößt: Er spricht vom Essen seines Fleisches und Trinken seines Bluts, was er jedoch niemals wörtlich verstanden hat. Trotzdem bringt die Radikalität seines Anspruchs selbst einige aus dem großen Jüngerkreis dazu, ihn zu verlassen.

Quelltext: *Johannes 6,25-71*

A ls sie ihn endlich gefunden hatten, fragten sie ihn: „Rabbi, wie bist du hierher gekommen?" Jesus erwiderte: „Ich kann euch mit Sicherheit sagen, warum ihr mich sucht. Ihr sucht mich nur, weil ihr von den Broten gegessen und satt geworden seid. Was Gott euch mit diesem Wunder sagen wollte, interessiert euch nicht. Ihr solltet euch nicht so viel Mühe um die vergängliche Speise machen, sondern euch um die bemühen, die für das ewige Leben vorhält. Diese Nahrung wird der Menschensohn euch geben, denn dazu hat Gott, der Vater, ihn als seinen Gesandten beglaubigt." Da fragten sie ihn: „Was müssen wir denn tun, um Gottes Willen zu erfüllen?" Jesus antwortete ihnen: „Gottes Wille wird dadurch erfüllt, dass ihr den anerkennt, den er gesandt hat." Doch da sagten sie zu ihm: „Wenn wir dir glauben sollen, dann musst du uns ein Wunder sehen lassen. Was wirst du tun? Unsere Vorfahren haben immerhin das Manna in der Wüste gegessen, wie es ja auch in der Schrift heißt: ‚Brot vom Himmel gab er ihnen zu essen.'" [57] Jesus erwiderte: „Ich versichere euch nachdrücklich, es war nicht Mose, der euch das Brot aus dem Himmel gegeben hat, sondern es ist mein Vater, der euch das wahre Brot

---

57 Psalm 78,24

aus dem Himmel gibt. Denn das Brot, das Gott schenkt, ist der, der vom Himmel herabkommt und der Welt das Leben gibt." – „Herr", sagten sie da zu ihm, „gib uns immer von diesem Brot!" Jesus entgegnete: „Ich bin das Brot des Lebens. Wer zu mir kommt, wird nie mehr hungrig sein, und wer an mich glaubt, wird nie wieder Durst haben. Aber ich habe es euch ja schon gesagt: Trotz allem, was ihr an mir gesehen habt, glaubt ihr nicht. Alle, die der Vater mir gibt, werden zu mir kommen, und ich werde sie nicht zurückweisen. Denn ich bin nicht vom Himmel herabgekommen, um meinen Willen durchzusetzen, sondern um zu tun, was der will, der mich geschickt hat. Und er will, dass ich keinen von denen verliere, die er mir gegeben hat, sondern sie an jenem letzten Tag von den Toten auferwecke. Denn mein Vater will, dass jeder, der den Sohn sieht und an ihn glaubt, das ewige Leben hat. Und an jenem letzten Tag werde ich ihn von den Toten auferwecken."

Seine jüdischen Zuhörer waren empört darüber, dass er gesagt hatte: „Ich bin das Brot, das vom Himmel herabgekommen ist." – „Ist das nicht Jesus, der Sohn Josefs?", murrten sie. „Wir kennen doch seinen Vater und seine Mutter! Wie kann er da behaupten, aus dem Himmel gekommen zu sein?" – „Ihr müsst euch darüber nicht beschweren", sagte Jesus. „Es kann sowieso niemand zu mir kommen, ohne dass der Vater, der mich gesandt hat, ihn zu mir zieht. Und wer zu mir kommt, den werde ich an jenem letzten Tag von den Toten auferwecken. In den Prophetenschriften heißt es ja: ‚Sie werden alle von Gott unterwiesen sein.'[58] Wer also auf den Vater hört und von ihm lernt, kommt zu mir. Das heißt natürlich nicht, dass jemand den Vater gesehen hat. Nur der Eine, der von Gott gekommen ist, hat den Vater gesehen. Ja, ich versichere euch: Wer mir vertraut, hat das ewige Leben. Ich bin das Brot des Lebens. Eure Vorfahren haben das Manna in der Wüste gegessen und sind dann doch gestorben. Aber hier ist das wahre Brot, das vom Himmel kommt, damit man davon essen kann und nicht sterben muss. Ich bin das lebendige Brot, das vom Himmel gekommen ist. Wenn jemand von diesem Brot isst, wird er ewig leben. Und das Brot, das ich ihm gebe, ist mein Fleisch hier. Ich gebe es für das Leben der Welt."

Das löste einen heftigen Streit unter den Juden aus. „Wie kann der uns sein Fleisch zu essen geben?", schimpften sie. Aber Jesus fuhr fort: „Ich versichere euch mit allem Nachdruck: Wenn ihr das Fleisch des Menschen-

---

58 Jesaja 54,13

sohnes nicht esst und sein Blut nicht trinkt, könnt ihr das ewige Leben nicht in euch haben. Wer mein Fleisch isst und mein Blut trinkt, hat das ewige Leben, und ich werde ihn an jenem letzten Tag von den Toten auferwecken. Denn mein Fleisch ist wirkliche Speise und mein Blut wirklicher Trank. Wer mein Fleisch isst und mein Blut trinkt, bleibt innerlich mit mir verbunden und ich mit ihm. Genauso wie ich durch den lebendigen Vater lebe, der mich gesandt hat, so wird auch der, der mich isst, durch mich leben. So verhält es sich mit dem Brot, das vom Himmel gekommen ist. Wer von diesem Brot isst, wird ewig leben und nicht wie eure Vorfahren sterben, obwohl sie doch das Manna gegessen hatten."

Das alles sagte Jesus in seinem Lehrgespräch in der Synagoge von Kafarnaum. Darüber ärgerten sich selbst viele seiner Jünger: „Was er da sagt, geht zu weit! Das kann man ja nicht anhören!" Jesus wusste gleich, dass seine Jünger sich über seine Worte beschwerten, und sagte zu ihnen: „Daran nehmt ihr Anstoß? Wartet doch, bis ihr den Menschensohn in den Himmel zurückkehren seht! Der Geist macht lebendig, ihr selber könnt das nicht. Aber die Worte, die ich euch gesagt habe, sind von diesem Geist erfüllt und bringen das Leben. Allerdings gibt es einige unter euch, die glauben trotzdem nicht." Jesus wusste nämlich von Anfang an, wer die waren, die nicht glaubten. Und er wusste auch, wer ihn später seinen Verfolgern ausliefern würde. Er schloss: „Deshalb habe ich zu euch gesagt: Niemand kann von sich aus zu mir kommen. Das kann nur mein Vater bewirken." Von da an zogen sich viele seiner Jünger zurück und folgten ihm nicht mehr.

Da fragte Jesus die Zwölf: „Und ihr, wollt ihr mich etwa auch verlassen?" – „Herr, zu wem sollen wir denn gehen?", antwortete Simon Petrus. „Du hast Worte, die zum ewigen Leben führen. Und wir glauben und wissen, dass du der Heilige bist, der das Wesen Gottes in sich trägt." Daraufhin sagte Jesus zu ihnen: „Euch Zwölf habe ich doch selber ausgewählt. Und doch ist einer von euch ein Teufel." Damit meinte er Judas Ben-Simon, den Sikarier. Denn Judas, einer der Zwölf, war es, der ihn später verriet.

Verkehrte Welt

Die Reinigungsvorschriften, auf die sich Jesus in seiner Diskussion mit den von Jerusalem gekommenen Pharisäern und Schriftgelehrten bezog, galten weniger der Hygiene als vielmehr der rituellen Verunreinigung durch Berühren unreiner Dinge, z.B. Geld. Diese Vorschriften waren von großen

| letzte Monate | letzte Tage | Passion | nach Ostern |

jüdischen Gesetzeslehrern mündlich überliefert worden und galten neben dem alttestamentlichen Gesetz als verbindliche Norm.

Quelltext: *Matthäus 15,1-20; Markus 7,1-23; Johannes 7,1*

Jesus blieb dann noch eine Zeitlang in Galiläa und zog von Ort zu Ort. Er mied Judäa, weil die führenden Männer des jüdischen Volkes seinen Tod beschlossen hatten.

Damals kamen Pharisäer und Gesetzeslehrer aus Jerusalem gemeinsam zu Jesus. Sie hatten gesehen, dass seine Jünger mit unreinen, das heißt mit ungewaschenen Händen aßen. Denn die Pharisäer und alle Juden essen nichts, wenn sie sich nicht vorher in der vorgeschriebenen Weise die Hände gewaschen haben. So halten sie sich an die Überlieferungen ihrer Vorväter. Auch wenn sie vom Markt kommen, essen sie nichts, ohne sich vorher einer Reinigung zu unterziehen. So befolgen sie noch eine Reihe anderer überlieferter Vorschriften über das Reinigen von Bechern, Krügen, Kupfergefäßen und Sitzpolstern. Die Pharisäer und die Gesetzeslehrer fragten ihn also: „Warum richten deine Jünger sich nicht nach den Vorschriften,[59] die uns von den Alten überliefert wurden, und essen mit unreinen Händen?"

Jesus entgegnete: „Und ihr, warum haltet ihr euch mit euren Überlieferungen nicht an Gottes Gebote? Gott hat doch zum Beispiel durch Mose gesagt: ‚Ehre Vater und Mutter!'[60] und ‚Wer Vater oder Mutter verflucht, wird mit dem Tod bestraft!'[61] Ihr aber lehrt, dass man zu seinem Vater oder seiner Mutter sagen kann: ‚Was du von mir bekommen müsstest, habe ich als Opfer für Gott bestimmt.' Dann brauche man seine Eltern nicht mehr zu unterstützen. So setzt ihr Gottes Wort durch eure Vorschriften außer Kraft. Ihr Heuchler! Auf euch trifft genau zu, was Jesaja geweissagt hat: ‚Dieses Volk ehrt mich mit den Lippen, aber sein Herz ist weit von mir fort. Ihr Dienst an mir ist ohne Wert, denn sie lehren, was Menschen erdachten.'[62] Ja, ihr gebt Gottes Gebot preis und haltet dafür die Vorschriften, die sich Menschen ausgedacht haben."

---

59 Mündlich überlieferte Vorschriften der großen jüdischen Gesetzeslehrer regelten das Leben gesetzestreuer Juden bis ins Einzelne. Sie gingen weit über das alttestamentliche Gesetz hinaus und galten als verbindliche Norm.

60 2. Mose 20,12; 5. Mose 5,16

61 2. Mose 21,17; 3. Mose 20,9

62 Jesaja 29,13

Dann rief Jesus die Menge wieder zu sich und sagte: „Hört mir zu und versteht, was ich euch sage! Nicht das, was der Mensch durch den Mund aufnimmt, macht ihn vor Gott unrein, sondern das, was aus seinem Mund herauskommt, verunreinigt ihn." Als er sich von der Menge zurückgezogen hatte und ins Haus gegangen war, kamen die Jünger zu ihm und sagten: „Weißt du, dass die Pharisäer sich sehr über deine Worte geärgert haben?" Jesus entgegnete: „Jede Pflanze, die nicht mein himmlischer Vater gepflanzt hat, wird ausgerissen werden. Lasst sie! Sie sind blinde Blindenführer. Und wenn ein Blinder einen Blinden führt, werden beide in die nächste Grube fallen."

Da bat ihn Petrus: „Erkläre uns doch, was du mit deinem Bild vorhin meintest!" – „Habt ihr das auch nicht begriffen?", erwiderte Jesus. „Versteht ihr nicht, dass alles, was von außen in den Menschen kommt, ihn nicht unrein machen kann? Denn es kommt ja nicht in sein Herz, sondern geht in den Magen und wird im Abort wieder ausgeschieden." – Damit erklärte Jesus alle Speisen für rein. – „Doch was aus dem Mund herauskommt, kommt aus dem Herzen. Das macht den Menschen unrein. Denn von innen, aus dem Herzen des Menschen, kommen die bösen Gedanken und mit ihnen alle Arten von sexueller Unmoral, Diebstahl, Mord, Ehebruch, Habgier und Bosheit. Dazu Betrug, Ausschweifung, Neid, Verleumdung, Überheblichkeit und Unvernunft. All dieses Böse kommt von innen heraus und macht den Menschen vor Gott unrein; aber wenn er mit ungewaschenen Händen isst, wird er nicht unrein."

Jesus im Ausland

Anschließend besucht Jesus mit seinen Jüngern das nördlich von Israel gelegene Phönizien und dann das Zehnstädtegebiet südöstlich vom See Gennesaret. In diesen Landschaften außerhalb von Galiläa wohnten heidnische Volksgruppen.

Quelltext: *Matthäus 15,21-31; Markus 7,24-37*

Jesus brach von dort auf und zog sich in die Gegend von Tyrus und Sidon zurück. Weil er nicht wollte, dass jemand von seiner Anwesenheit erfuhr, zog er sich in ein Haus zurück. Doch es ließ sich nicht verbergen, dass er da war. Schon hatte eine Frau von ihm gehört, deren kleine Tochter von einem bösen Geist besessen war. Sie kam und warf sich Jesus zu Füßen. Die Frau war eine Griechin und stammte aus die-

| letzte Monate | letzte Tage | Passion | nach Ostern |

ser Gegend des alten Kanaan, dem syrischen Phönizien[63]. „Herr, du Sohn Davids", rief sie, „hab Erbarmen mit mir! Meine Tochter wird von einem bösen Geist furchtbar gequält." Aber Jesus gab ihr keine Antwort. Schließlich drängten ihn seine Jünger: „Fertige sie doch ab, denn sie schreit dauernd hinter uns her!" Er entgegnete: „Ich bin nur zu den verlorenen Schafen des Hauses Israel gesandt." Da kam die Frau näher und warf sich vor Jesus nieder. „Herr", sagte sie, „hilf mir!" Er entgegnete: „Zuerst müssen die Kinder satt werden. Es ist nicht recht, ihnen das Brot wegzunehmen und es den Haushunden vorzuwerfen." – „Das ist wahr, Herr", erwiderte sie, „aber die Hündchen unter dem Tisch dürfen doch die Brotkrumen fressen, die die Kinder fallen lassen." – „Da hast du Recht", sagte Jesus zu ihr. „Frau, dein Vertrauen ist groß! Was du willst, soll geschehen! Wegen dieser Antwort kannst du getrost nach Hause gehen. Der Dämon hat deine Tochter verlassen." Von diesem Augenblick an war ihre Tochter gesund. Als die Frau nach Hause kam, lag das Mädchen ruhig im Bett und der Dämon war fort.

Jesus verließ die Gegend von Tyrus und ging über Sidon zum See von Galiläa, mitten in das Zehnstädtegebiet[64]. Dort stieg er auf einen Berg und setzte sich. Da strömten Scharen von Menschen herbei und brachten Gelähmte, Blinde, Krüppel, Stumme und viele andere Kranke zu ihm und legten sie vor seinen Füßen nieder. Er heilte sie alle, sodass die Leute nicht aus dem Staunen herauskamen. Stumme konnten wieder sprechen, Krüppel wurden wiederhergestellt, Gelähmte konnten wieder gehen und Blinde wieder sehen. Und sie priesen den Gott Israels.

Dort brachte man auch einen tauben Mann zu ihm, der nur mühsam reden konnte, und bat Jesus, ihm die Hand aufzulegen. Jesus führte ihn beiseite, weg von der Menge. Er legte seine Finger in die Ohren des Kranken und berührte dann dessen Zunge mit Speichel. Schließlich blickte er zum Himmel auf, seufzte und sagte zu dem Mann: „Effata!" – „Öffne dich!" Im selben Augenblick konnte der Mann hören und normal sprechen. Jesus verbot den Leuten, etwas davon weiterzusagen. Doch je mehr er es ihnen verbot, desto mehr machten sie es bekannt, weil sie vor Staunen völlig außer

---

63 Landstrich am Mittelmeer nördlich von Israel mit den Städten Tyrus und Sidon im Gebiet des heutigen Libanon. Phönizien gehörte zur römischen Provinz Syrien.

64 Er ging zunächst 40 km nach Norden und dann wieder 120 km in südliche Richtung.

sich waren. Immer wieder sagten sie: „Wie wunderbar ist alles, was er macht! Tauben gibt er das Gehör und Stummen die Sprache."

Nichtjuden werden gespeist

Sommer 29 n.Chr. *Im Zehnstädtegebiet kommt es dann zu einer zweiten Speisung von mehr als 4000 Menschen, vorwiegend Nichtjuden. Weil es inzwischen Sommer geworden und das Gras verdorrt ist, müssen sich die Leute auf die Erde oder auf Steine setzen.*

Quelltext: *Matthäus 15,32-39; Markus 8,1-10*

Damals war wieder eine große Menschenmenge bei Jesus, die nichts zu essen hatte. Da rief Jesus die Jünger zu sich und sagte: „Diese Leute tun mir leid. Seit drei Tagen sind sie hier bei mir und haben nichts zu essen. Ich will sie nicht hungrig nach Hause schicken, damit sie nicht unterwegs zusammenbrechen." – „Wo sollen wir denn in der Einöde hier so viel Brot hernehmen, um diese Menschen alle satt zu machen?", fragten die Jünger. Doch Jesus fragte zurück: „Wie viele Brote habt ihr?" – „Sieben", antworteten sie, „und ein paar kleine Fische". Da forderte er die Leute auf, sich auf die Erde zu setzen. Er nahm die sieben Brote, dankte Gott dafür, brach sie in Stücke und gab sie seinen Jüngern zum Austeilen. Die Jünger verteilten sie an die Menge. Die Fische ließ Jesus sie ebenfalls austeilen, nachdem er Gott dafür gedankt hatte. Die Leute aßen, bis sie satt waren, und füllten sogar noch sieben große Körbe mit den übrig gebliebenen Brocken. Viertausend Männer hatten an der Mahlzeit teilgenommen, Frauen und Kinder nicht gerechnet. Als Jesus die Leute dann nach Hause geschickt hatte, stieg er ins Boot und fuhr in die Gegend von Magadan-Dalmanuta.[65]

Vorsicht vor Pharisäern!

Nachdem sie in der Bucht von Tabgha gelandet sind, kommen Pharisäer und Sadduzäer aus Kafarnaum und beginnen ein Streitgespräch mit Jesus.

---

65 Das ist wohl eine aramäische Wendung, die den Jüngern bekannt war, und bedeutet „sein Zufluchtsort". Der Begriff *Magadan*, den Matthäus 15,39 für die gleiche Stelle verwendet, bedeutet „die (glücklichen) Wasser des Gad". Beides deutet auf Tabgha hin, das damals zu Kafarnaum gehörte. Der Platz, zwei Kilometer südlich von Kafarnaum in der Nähe von sieben Quellen, war der Ort, an den Jesus sich gern zurückzog.

Auf der anschließenden Überfahrt nach Betsaida warnt der Herr seine Jünger vor ihrer Lehre.

Quelltext: *Matthäus 16,1-12; Markus 8,11-21*

D a kamen die Pharisäer und Sadduzäer zu Jesus. Sie wollten ihn auf die Probe stellen und verlangten ein Zeichen vom Himmel. Da seufzte er tief und sagte: „Was verlangt diese Generation ständig nach einem Zeichen? Wenn sich der Himmel am Abend rot färbt, sagt ihr: ‚Es gibt schönes Wetter.' Doch wenn er sich am Morgen rot färbt und trübe ist, sagt ihr: ‚Heute gibt es Sturm.' Das Aussehen des Himmels könnt ihr richtig einschätzen. Wieso könnt ihr dann die Zeichen dieser Zeit nicht beurteilen? Eine verdorbene Generation, die von Gott nichts wissen will, verlangt nach einem Zeichen! Ich versichere euch: Dieses Geschlecht wird niemals ein Zeichen bekommen, nur das des Propheten Jona." Damit ließ er sie stehen, stieg wieder ins Boot und fuhr ans gegenüberliegende Ufer.

Bei der Fahrt auf die andere Seite des Sees hatten die Jünger vergessen, Brot mitzunehmen. Als Jesus nun warnend sagte: „Hütet euch vor dem Sauerteig der Pharisäer und Sadduzäer!", dachten sie, er sage das, weil sie kein Brot mitgenommen hatten. Als Jesus merkte, was sie beschäftigte, sagte er: „Was macht ihr euch Gedanken darüber, dass ihr kein Brot habt? Ihr Kleingläubigen! Begreift ihr es immer noch nicht? Erinnert ihr euch nicht daran, wie viel Körbe voll Brotstücke ihr eingesammelt habt, als ich die fünf Brote für die Fünftausend austeilte? Und bei den sieben Broten für die Viertausend, wie viel Körbe voll Brocken habt ihr da eingesammelt? Begreift ihr denn immer noch nicht, dass ich nicht vom Brot zu euch geredet habe, als ich euch vor dem Sauerteig der Pharisäer und Sadduzäer warnte?" Da endlich verstanden sie, dass er die Lehre der Pharisäer und Sadduzäer gemeint hatte und nicht den Sauerteig, der zum Brotbacken verwendet wird.

Der Blinde bei Betsaida

Quelltext: *Markus 8,22-26*

A ls sie nach Betsaida kamen, brachten die Leute einen Blinden zu Jesus und baten ihn, den Mann anzurühren. Jesus fasste ihn an der Hand und führte ihn aus dem Dorf hinaus. Dort benetzte er die Augen des Blinden mit Speichel, legte ihm die Hände auf und fragte dann: „Siehst du etwas?" Der Mann blickte auf und sagte: „Ja, ich sehe Menschen, aber sie sehen aus wie umhergehende Bäume." Da legte Jesus ihm noch einmal die Hände auf die Augen. Nun war er geheilt und konnte alles genau und deutlich erkennen. Jesus schickte ihn nach Hause und sagte: „Geh aber nicht durchs Dorf!"

Zwischen Gott und Teufel

Nach der Heilung des Blinden bei Betsaida wandert Jesus mit seinen Jüngern auf der östlichen Seite des Jordan nach Norden auf den schneebedeckten Hermon zu. In der Gegend von Cäsarea Philippi[66] fragt er seine Jünger, was sie von ihm halten, und kündigt ihnen danach an, dass er umgebracht werden, danach aber auferstehen würde.

Quelltext: *Matthäus 16,13-28; Markus 8,27 – 9,1; Lukas 9,18-27*

Jesus kam mit seinen Jüngern in die Dörfer von Cäsarea Philippi. Unterwegs hatte Jesus sich zum Gebet zurückgezogen, und nur seine Jünger waren bei ihm. Da fragte er sie: „Für wen halten die Leute mich, den Menschensohn?" – „Einige halten dich für Johannes den Täufer", antworteten sie, „andere für Elija und wieder andere für Jeremia oder einen der alten Propheten." – „Und ihr", fragte er weiter, „für wen haltet ihr mich?" – „Du bist der Messias", erwiderte Petrus, „der Sohn des lebendigen Gottes."

Darauf sagte Jesus zu ihm: „Wie glücklich bist du, Simon Ben-Jona; denn das hat dir mein Vater im Himmel offenbart. Von einem Menschen konntest du das nicht haben. Deshalb sage ich dir jetzt: Du bist Petrus[67], und auf diesen Felsen[68] werde ich meine Gemeinde bauen und alle Mächte des Totenreiches können ihr nichts anhaben. Ich werde dir die Schlüssel zu dem Reich geben, das der Himmel regiert. Was du auf der Erde bindest, wird im Himmel gebunden sein, und was du auf der Erde löst, das wird im Himmel gelöst sein." Aber Jesus schärfte den Jüngern ein, mit niemand darüber zu reden und niemand zu sagen, dass er der Messias sei.

Dann begann er ihnen klarzumachen, dass der Menschensohn nach Jerusalem gehen und dort vieles erleiden müsse. Er müsse von den

---

66 Philippus II. hatte die Stadt Paneas am südwestlichen Abhang des Hermon im Quellgebiet des Jordan zur Hauptstadt seines Herrschaftsgebietes gemacht und zu Ehren des Kaisers Cäsarea genannt. Die Stadt, die aus einer Anhäufung kleinerer Siedlungseinheiten bestand, lag etwa 45 km nördlich von Betsaida.

67 Das heißt Stein oder Felsbrocken.

68 Griechisch: *petra* = Felsmassiv.

| letzte Monate | letzte Tage | Passion | nach Ostern |

Ratsältesten, den Hohen Priestern[69] und Gesetzeslehrern verworfen und getötet werden und nach drei Tagen[70] auferstehen.

Als er ihnen das so offen sagte, nahm Petrus ihn beiseite und machte ihm Vorwürfe. „Niemals, Herr!", fuhr er ihn an. „Das darf auf keinen Fall mit dir geschehen!" Doch Jesus drehte sich um, sah die anderen Jünger an und wies Petrus scharf zurecht: „Geh mir aus den Augen, du Satan! Du willst mich zu Fall bringen. Was du denkst, kommt nicht von Gott sondern von Menschen."

Dann rief Jesus seine Jünger und die Menge zu sich und sagte: „Wenn jemand mir folgen will, dann muss er sich selbst verleugnen, er muss täglich sein Kreuz aufnehmen und hinter mir her gehen. Denn wer sein Leben[71] unbedingt bewahren will, wird es verlieren. Wer aber sein Leben wegen mir und der guten Botschaft verliert, der wird es retten. Denn was hat ein Mensch davon, wenn er die ganze Welt gewinnt, dabei aber sich selbst verliert oder unheilbaren Schaden nimmt? Was könnte er schon als Gegenwert für sein Leben geben? Denn wer in dieser von Gott abgefallenen sündigen Welt nicht zu mir und meiner Botschaft steht, zu dem wird auch der Menschensohn nicht stehen, wenn er in seiner Herrlichkeit und der Herrlichkeit seines Vaters mit den heiligen Engeln kommt und jedem nach seinem Tun vergelten wird.

Ich versichere euch: Einige von denen, die hier stehen, werden noch zu ihren Lebzeiten sehen, wie Gottes Herrschaft machtvoll sichtbar wird; sie werden nicht sterben, bis sie den Menschensohn in seiner königlichen Macht kommen sehen."

Zwischen Jesus und Elia

Ungefähr eine Woche später nimmt Jesus drei seiner Jünger auf einen hohen Berg mit. Traditionell wird darunter der Berg Tabor in Galiläa verstanden, doch zur Zeit Jesu befand sich auf dessen runder Kuppe eine

---

69 In neutestamentlicher Zeit bestimmten die Römer, wer in Israel Hoher Priester werden konnte. Wenn im Neuen Testament eine Mehrzahl von Hohen Priestern erwähnt wird, sind sowohl der amtierende als auch die inzwischen abgesetzten Hohen Priester gemeint sowie weitere Mitglieder der hohenpriesterlichen Familien, die hohe Positionen in der Tempelverwaltung inne hatten.

70 Nach jüdischer Zählweise bedeutet das nicht drei Tage später, weil die angebrochenen Tage gewöhnlich als volle Tage gerechnet wurden. Am ersten Tag würde er sterben, am dritten Tag auferstehen.

71 Wörtlich: psyche = Leben und Seele bzw. das wahre Selbst, die Persönlichkeit.

befestigte Burg – kein Ort, wo man allein sein konnte. Die vorherige Erwähnung von Cäsarea Philippi verweist eher auf den Berg Hermon nordöstlich dieses Ortes, und wir sollten uns das Geschehen an einem der Hänge jenes majestätischen Berges vorstellen. Dort werden die Jünger Zeugen der Herrlichkeit ihres Herrn.[72]

Quelltext: *Matthäus 17,1-13; Markus 9,2-13; Lukas 9,28-36*

Sechs Tage später nahm Jesus Petrus, Jakobus und dessen Bruder Johannes mit und führte sie auf einen hohen Berg, wo sie allein waren. Dort wollte er beten. Und als er betete, veränderte sich vor ihren Augen plötzlich sein Aussehen. Sein Gesicht begann zu leuchten wie die Sonne, und seine Kleider wurden blendend weiß wie das Licht, so weiß, wie sie kein Walker[73] auf der ganzen Erde hätte machen können.

Auf einmal standen zwei Männer dort und sprachen mit ihm. Es waren Mose und Elija. Auch sie waren von himmlischem Glanz umgeben und redeten mit ihm über das Ende, das er nach Gottes Plan in Jerusalem nehmen sollte. Doch Petrus und die zwei anderen Jünger waren vom Schlaf überwältigt worden. Als sie wieder wach wurden, sahen sie Jesus in seiner Herrlichkeit und die zwei Männer bei ihm. Als diese gerade weggehen wollten, sagte Petrus zu Jesus: „Rabbi, wie gut, dass wir hier sind. Wenn du willst, werde ich hier drei Hütten bauen: eine für dich, eine für Mose und eine für Elija." Doch Petrus wusste selbst nicht, was er da sagte, denn er und die beiden anderen Jünger waren vor Schreck ganz verstört.

Während er noch redete, fiel der Schatten einer lichten Wolke auf sie. Als die Wolke sie dann ganz einhüllte, bekamen sie Angst. Und aus der Wolke sagte eine Stimme: „Das ist mein lieber Sohn, an dem ich meine Freude habe. Hört auf ihn!" Diese Stimme versetzte die Jünger in solchen Schrecken, dass sie sich zu Boden warfen, mit dem Gesicht zur Erde. Da trat Jesus zu ihnen, rührte sie an und sagte: „Steht auf! Ihr müsst keine Angst haben." Als sie sich umschauten, sahen sie auf einmal niemand mehr. Nur Jesus war noch bei ihnen. Während sie den Berg hinabstiegen, sagte Jesus den drei Jüngern mit Nachdruck: „Sprecht mit niemand über

---

72 Vielleicht spielte Jesus auf dieses Ereignis an, als er sagte, dass einige seiner Jünger das Reich Gottes in seiner Macht erleben würden. Eine andere Möglichkeit ist, dass er Pfingsten meinte.

73 Ein Walker im Altertum reinigte, bleichte und verfilzte Stoffe.

---

letzte Monate   **letzte Tage**   **Passion**   **nach Ostern**

das, was ihr gesehen habt, bis der Menschensohn von den Toten auferstanden ist!" Diese letzte Bemerkung ließ die Jünger nicht los, und sie überlegten miteinander, was er wohl mit der Auferstehung aus den Toten gemeint habe. Schließlich fragten sie: „Warum behaupten die Gesetzeslehrer, dass Elija zuerst kommen muss?" – „Das stimmt schon, Elija kommt zuerst", erwiderte Jesus, „und er wird alles wiederherstellen. Und doch heißt es in der Schrift, dass der Menschensohn vieles leiden muss und verachtet sein wird. Aber ich sage euch, Elija ist schon gekommen, doch sie haben ihn nicht erkannt, sondern mit ihm gemacht, was sie wollten, so wie es geschrieben steht. Genauso wird auch der Menschensohn durch sie zu leiden haben." Da verstanden die Jünger, dass er von Johannes dem Täufer sprach.

Die Jünger schwiegen über das, was sie erlebt hatten und erzählten damals niemand etwas davon.

Streit wegen eines kranken Jungen

Als sie am nächsten Tag zu den anderen Jüngern herunterkommen, finden sie diese im Streit mit Schriftgelehrten.

Quelltext: *Matthäus 17,14-20; Markus 9,14-29; Lukas 9,37-43*

Als sie am folgenden Tag den Berg hinabstiegen und zu den anderen Jüngern kamen, fanden sie diese von einer großen Menge umringt und im Streit mit einigen Gesetzeslehrern. Als die Leute Jesus sahen, wurden sie ganz aufgeregt; sie liefen auf ihn zu und begrüßten ihn. „Worüber streitet ihr euch denn?", fragte er sie. Einer aus der Menge warf sich vor ihm auf die Knie und rief: „Rabbi, ich bin mit meinem Sohn hergekommen und wollte ihn zu dir bringen. Er kann nicht sprechen, weil er von einem bösen Geist besessen ist. Ich bitte dich, sieh nach meinem Sohn und erbarme dich über ihn. Er ist doch mein einziges Kind! Er hat schwere Anfälle und leidet furchtbar. Immer wieder wird er von dem bösen Geist gepackt. Dann schreit er plötzlich auf, wird von dem Geist hin und her gezerrt und hat Schaum vor dem Mund. Oft fällt er sogar ins Feuer oder ins Wasser. Der Geist lässt ihn kaum wieder los und richtet ihn noch ganz zugrunde. Ich habe deine Jünger gebeten, ihn zu heilen und den Geist auszutreiben, doch sie konnten es nicht."

„Was seid ihr nur für ein ungläubiges Geschlecht!", sagte Jesus zu ihnen. „Wie lange muss ich denn noch bei euch sein! Wie lange muss ich euch bloß noch ertragen! Bringt den Jungen zu mir!" Als der Junge in die

Nähe von Jesus kam, warf der Dämon ihn zu Boden und schüttelte ihn mit so heftigen Krämpfen, dass er hinfiel und sich mit Schaum vor dem Mund auf der Erde wälzte. „Wie lange hat er das schon?", fragte Jesus den Vater. „Von klein auf", antwortete dieser, „und oft hat der Geist ihn schon ins Feuer oder ins Wasser geworfen, weil er ihn umbringen wollte. Aber wenn du etwas kannst, dann hab Erbarmen mit uns und hilf uns!" – „Wenn du etwas kannst?", erwiderte Jesus. „Was soll das heißen? Für den, der Gott vertraut, ist alles möglich!" Da schrie der Vater des Jungen: „Ich glaube ja! Hilf mir bitte aus dem Unglauben!" Als Jesus sah, dass immer mehr Leute zusammenliefen, bedrohte er den bösen Geist: „Du stummer und tauber Geist", sagte er, „ich befehle dir, aus diesem Jungen auszufahren und nie wieder zurückzukommen!" Da schrie der Geist anhaltend auf, zerrte den Jungen wie wild hin und her und verließ ihn schließlich. Der Junge lag regungslos da, so dass die meisten dachten, er sei gestorben. Doch Jesus fasste ihn bei der Hand und richtete ihn auf. Da stand der Junge auf und war von diesem Augenblick an gesund. Alle waren überwältigt von der herrlichen Macht Gottes.

Als Jesus später im Haus mit seinen Jüngern allein war, fragten sie ihn: „Warum konnten wir den Dämon nicht austreiben?" – „Wegen eures Kleinglaubens", antwortete er. „Solche Geister können nur durch Gebet ausgetrieben werden. Ich versichere euch: Wenn euer Vertrauen nur so groß wäre wie ein Senfkorn[74], könntet ihr zu diesem Berg sagen: ‚Rück weg von hier nach dort!' Und er wird wegrücken. Nichts wird euch unmöglich sein."

Schwer zu begreifen!

Anschließend ziehen sie durch Galiläa in Richtung Kafarnaum. Unterwegs informiert der Herr seine Jünger zum zweiten Mal, dass sie auf seinen gewaltsamen Tod gefasst sein müssen, aber auch auf seine Auferstehung.

Quelltext: *Matthäus 17,22-27; Markus 9,30-33; Lukas 9,43-45*

Sie gingen von dort weiter und zogen durch Galiläa. Jesus wollte aber nicht, dass jemand davon erfuhr, denn er hatte vor, seine Jünger zu unterrichten. Er sagte ihnen: „Der Menschensohn wird den Menschen ausgeliefert werden, und die werden ihn töten. Doch drei Tage nach

74 Gemeint ist wahrscheinlich der „Schwarze Senf" (Brassica nigra), dessen ein Millimeter großes Samenkorn in Israel für seine Kleinheit sprichwörtlich war.

letzte Monate   letzte Tage   Passion   nach Ostern

seinem Tod wird er auferstehen." Da wurden die Jünger sehr traurig. Sie konnten den Sinn seiner Worte nicht verstehen, er blieb ihnen verborgen. Sie wussten nicht, was er damit sagen wollte, wagten aber auch nicht, ihn danach zu fragen.

Als sie nach Kafarnaum kamen, traten die Beauftragten für die Tempelsteuer[75] zu Petrus und fragten: „Zahlt euer Rabbi eigentlich keine Tempelsteuer?" – „Natürlich!", sagte Petrus. Doch als er dann ins Haus kam, sprach Jesus ihn gleich an: „Was meinst du Simon, von wem erheben die Könige der Erde Zölle oder Steuern? Von ihren eigenen Söhnen oder von den anderen Leuten?" – „Von den anderen Leuten", sagte Petrus. Da sagte Jesus zu ihm: „Also sind die Söhne davon befreit. Damit wir sie aber nicht vor den Kopf stoßen, geh an den See und wirf die Angel aus. Öffne dem ersten Fisch, den du fängst, das Maul. Dort wirst du einen Stater[76] finden. Nimm ihn und bezahle damit die Tempelsteuer für mich und für dich."

Wer ist der Erste?

Zu Hause in Kafarnaum fragen die Jünger ihren Rabbi, wer unter ihnen der Größte sei und was sie mit solchen machen sollen, die ihnen nicht folgen, aber im Namen Jesu auftreten.

Quelltext: *Matthäus 18,1-5; Markus 9,33-41; Lukas 9,46-50*

Zu Hause in Kafarnaum kamen die Jünger zu Jesus und fragten: „Wer ist eigentlich der Größte in dem Reich, das der Himmel regiert?" Jesus wusste, was sie dachten. Deshalb fragte er sie: „Worüber habt ihr unterwegs gesprochen?" Sie schwiegen, denn sie hatten sich auf dem Weg gestritten, wer von ihnen der Größte wäre. Da setzte er sich, rief die Zwölf herbei und sagte: „Wenn jemand der Erste sein will, muss er den letzten Platz einnehmen und der Diener von allen sein." Dann winkte er ein Kind heran, stellte es in ihre Mitte, nahm es in seine Arme und sagte: „Wer solch ein Kind in meinem Namen aufnimmt, nimmt mich auf; und wer mich aufnimmt, nimmt nicht nur mich auf, sondern auch den, der mich gesandt hat. Ich versichere euch: Wenn ihr nicht umkehrt und wie die

---

75 Wörtlich: Doppeldrachme, das ist der Betrag, den jeder männliche Jude jedes Jahr für den Tempel zu zahlen hatte. Er entsprach dem Wert von zwei Tagelöhnen eines Arbeiters.

76 Der *Stater* war eine Silbermünze im Wert von vier Drachmen, was dem Wert von vier Tagelöhnen entsprach.

Kinder werdet, könnt ihr nicht in dieses Reich kommen. Darum ist einer, der es auf sich nimmt, vor den Menschen so gering dazustehen wie dieses Kind, der Größte in dem Reich, das der Himmel regiert. Und wer einen solchen Menschen in meinem Namen aufnimmt, nimmt mich auf. Wer also der Geringste unter euch ist, der ist wirklich groß."

Johannes sagte zu ihm: „Rabbi, wir haben gesehen, wie jemand in deinem Namen Dämonen ausgetrieben hat, und haben versucht, ihn daran zu hindern, weil er sich nicht zu uns hält." – „Lasst ihn doch!", sagte Jesus. „Denn wer meinen Namen gebraucht, um Wunder zu tun, kann nicht gleichzeitig schlecht von mir reden. Wer nicht gegen uns ist, ist für uns. Selbst wenn jemand euch nur einen Becher Wasser zu trinken gibt, weil ihr zum Messias gehört, wird er ganz gewiss – das versichere ich euch – nicht ohne Lohn bleiben.

Wehe, wer Kleine verführt!
Quelltext: *Matthäus 18,6-14; Markus 9,42-50*

Wer aber einen von diesen Geringgeachteten, die an mich glauben, zu Fall bringt, für den wäre es besser, wenn er mit einem Mühlstein um den Hals ins tiefe Meer geworfen würde. Weh der Welt wegen all der Dinge, durch die Menschen zu Fall kommen! Es ist zwar unausweichlich, dass solche Dinge geschehen, doch weh dem Menschen, der daran schuld ist!

Und wenn deine Hand dich zum Bösen verführt, dann hack sie ab! Es ist besser, du gehst verstümmelt ins Leben ein, als mit beiden Händen in die Hölle zu kommen, in das nie erlöschende Feuer. Und wenn dein Fuß dir Anlass zur Sünde wird, dann hack ihn ab! Es ist besser, du gehst als Krüppel ins Leben ein, als mit zwei Füßen in die Hölle geworfen zu werden, in das ewige Feuer. Und wenn es dein Auge ist, das dich verführt, so reiß es heraus und wirf es weg! Es ist besser für dich, einäugig in das Reich Gottes zu kommen, als dass du beide Augen behältst und in die Hölle geworfen wirst, wo die Qual nicht endet und das Feuer nicht erlischt.

Jeder muss mit Feuer gesalzen werden, und jedes Schlachtopfer mit Salz. Salz ist etwas Gutes. Wenn es aber seinen Geschmack verliert, womit soll es wieder gewürzt werden? Ihr müsst die Eigenschaft des Salzes in euch haben und Frieden untereinander halten."

Hütet euch davor, einen dieser Geringgeachteten überheblich zu behandeln! Denn ich sage euch: Ihre Engel im Himmel haben jederzeit Zugang zu meinem himmlischen Vater. Was meint ihr? Wenn jemand hundert Schafe hat und eins davon verirrt sich, lässt er dann nicht die neunundneunzig in den Bergen zurück und zieht los, um das verirrte Schaf zu suchen? Und wenn er es dann findet – ich versichere euch: Er wird sich über das eine Schaf mehr freuen als über die neunundneunzig, die sich nicht verlaufen haben. Genauso ist es bei eurem Vater im Himmel: Er will nicht, dass auch nur einer von diesen Geringgeachteten verloren geht."

Seid barmherzig zueinander!
Quelltext: *Matthäus 18,15-35*

„Wenn dein Bruder sündigt, dann geh zu ihm und stell ihn unter vier Augen zur Rede. Wenn er mit sich reden lässt, hast du deinen Bruder zurückgewonnen. Wenn er nicht auf dich hört, dann nimm einen oder zwei andere mit und geht noch einmal zu ihm, damit alles von zwei oder drei Zeugen bestätigt wird. Wenn er auch dann nicht hören will, bring die Angelegenheit vor die Gemeinde. Wenn er nicht einmal auf die Gemeinde hört, dann behandelt ihn wie einen Gottlosen oder einen Betrüger.

Ich versichere euch: Alles, was ihr hier auf der Erde binden werdet, wird im Himmel gebunden sein und was ihr auf der Erde lösen werdet, wird im Himmel gelöst sein.[77] Und auch das versichere ich euch: Wenn zwei von euch hier auf der Erde sich einig werden, irgendeine Sache zu erbitten, dann wird sie ihnen von meinem Vater im Himmel gegeben werden. Denn wo zwei oder drei in meinem Namen zusammenkommen, da bin ich in ihrer Mitte."

Dann kam Petrus zu Jesus und fragte: „Herr, wie oft darf mein Bruder gegen mich sündigen und ich muss ihm vergeben? Siebenmal?" – „Nein", antwortete Jesus, „nicht siebenmal, sondern siebzig mal siebenmal.

Deshalb ist es mit dem Reich, das vom Himmel regiert wird, wie mit einem König, der von seinen Dienern Rechenschaft verlangte. Gleich am Anfang brachte man einen zu ihm, der ihm 10.000 Talente[78] schuldete.

---

77 Die Bedeutung der Ausdrücke binden und lösen ist umstritten. Manche deuten sie auf die Lehrautorität – verbieten und erlauben –, andere auf die Gemeinde – ausschließen und aufnehmen –, und wieder andere auf vergeben und die Vergebung verweigern (evtl. durch Verkündigung oder Nichtverkündigung des Evangeliums).

78 Größte damalige Geldeinheit. 1 Talent = 6000 Denare = Arbeitslohn für 20 Jahre Arbeit.

Und weil er nicht zahlen konnte, befahl der Herr, ihn mit seiner Frau, den Kindern und seinem ganzen Besitz zu verkaufen, um die Schuld zu begleichen. Der Mann warf sich vor ihm nieder und bat ihn auf Knien: ‚Herr, hab Geduld mit mir! Ich will ja alles bezahlen.' Da bekam der Herr Mitleid. Er gab ihn frei und erließ ihm auch noch die ganze Schuld. Doch kaum war der Diener zur Tür hinaus, traf er einen anderen Diener, der ihm hundert Denare schuldete. Er packte ihn an der Kehle, würgte ihn und sagte: ‚Bezahle jetzt endlich deine Schulden!' Da warf sich der Mann vor ihm nieder und bat ihn: ‚Hab Geduld mit mir! Ich will ja alles bezahlen.' Er aber wollte nicht, sondern ließ ihn auf der Stelle ins Gefängnis werfen, bis er ihm die Schulden bezahlt hätte. Als die anderen Diener das sahen, waren sie entsetzt. Sie gingen zu ihrem Herrn und berichteten ihm alles. Da ließ sein Herr ihn rufen und sagte zu ihm: ‚Was bist du für ein böser Mensch! Deine ganze Schuld habe ich dir erlassen, weil du mich angefleht hast. Hättest du nicht auch mit diesem anderen Diener Erbarmen haben müssen, so wie ich es mit dir gehabt habe?' Der König war so zornig, dass er ihn den Folterknechten übergab, bis er alle seine Schulden zurückgezahlt haben würde. So wird auch mein Vater im Himmel jeden von euch behandeln, der seinem Bruder nicht von Herzen vergibt."

letzte Monate   letzte Tage   Passion   nach Ostern

Entschluss: Jerusalem

Ungläubige Brüder

Oktober 29 n.Chr. *Kurz vor dem Laubhüttenfest trifft Jesus noch einmal seine Brüder, die nach wie vor nicht an ihn glauben. Er lässt sich von ihnen nicht zu vorzeitigem Handeln drängen.*

Quelltext: *Johannes 7,2-9*

Kurz bevor die Juden ihr Laubhüttenfest feierten, sagten seine Brüder zu ihm: „Geh nach Judäa, damit deine Jünger auch dort sehen können was für Wunder du tust. Wer bekannt werden möchte, versteckt seine Taten doch nicht. Falls du wirklich so wunderbare Dinge tust, dann zeige dich auch vor aller Welt." Denn nicht einmal seine Brüder glaubten an ihn.

Doch Jesus erwiderte: „Für mich ist die richtige Zeit noch nicht gekommen, aber ihr könnt jederzeit gehen. Euch kann die Welt nicht hassen, aber mich hasst sie, weil ich ihr immer wieder bezeuge, dass ihre Taten böse sind. Ihr könnt ruhig zu dem Fest gehen. Ich komme jetzt nicht. Für mich ist die Zeit noch nicht da." Mit dieser Antwort ließ er sie gehen und blieb in Galiläa.

Entschluss, nach Jerusalem zu gehen

Ein paar Tage später wird ihm klar, dass er zum Fest gehen soll, und er macht sich entschlossen mit seinen Jüngern auf den Weg. Von diesem Zeitpunkt an bereitet er sich konsequent auf das vor, was ihn letztendlich in Jerusalem erwarten würde, nämlich Folter und Tod.

Die Samariter waren dafür bekannt, vom Norden kommende Jerusalempilger zu belästigen, was manchmal sogar in Gewalt ausarten konnte.

Quelltext: *Lukas 9,51-56; Johannes 7,10*

Als die Zeit näherrückte, in der Jesus in den Himmel zurückkehren sollte, machte er sich entschlossen auf den Weg nach Jerusalem. Das war kurz nachdem seine Brüder zum Fest gezogen waren. Er schickte Boten voraus. Diese kamen in ein Dorf in Samarien und wollten eine Unterkunft für ihn vorbereiten. Doch die Samariter nahmen ihn nicht auf, weil er nach Jerusalem ziehen wollte. Als die beiden Jünger Jakobus

| letzte Monate | letzte Tage | Passion | nach Ostern |

und Johannes das hörten, sagten sie zu Jesus: „Herr, sollen wir befehlen, dass Feuer vom Himmel fällt und sie vernichtet?" Doch Jesus drehte sich zu ihnen um und wies sie streng zurecht. Sie übernachteten dann in einem anderen Dorf.

Der Preis

Unterwegs wird Jesus von Menschen angesprochen, die ihm folgen wollen. Er aber gibt ihnen die Kosten der Nachfolge zu bedenken.

Quelltext: *Matthäus 8,19-22; Lukas 9,57-62*

Als sie weitergingen, wurde Jesus von einem Mann angesprochen, einem Gesetzeslehrer. „Rabbi", sagte dieser, „ich will dir folgen, wohin du auch gehst." Doch Jesus entgegnete ihm: „Die Füchse haben ihren Bau, und die Vögel haben ihre Nester, aber der Menschensohn hat keinen Platz, wo er sich ausruhen kann."

Zu einem anderen sagte Jesus: „Komm, folge mir nach!" Doch der – es war einer von seinen Jüngern – antwortete: „Herr, erlaube mir, zuerst nach Hause zu gehen und meinen Vater zu begraben." – „Lass die Toten ihre Toten begraben!", entgegnete ihm Jesus. „Folge du mir nach! Deine Aufgabe ist es, die Botschaft vom Reich Gottes zu verkündigen."

Wieder ein anderer sagte: „Herr, ich will ja gerne mit dir gehen, aber erlaube mir doch, erst noch von meiner Familie Abschied zu nehmen." Doch Jesus sagte: „Wer seine Hand an den Pflug legt und dann nach hinten sieht, der ist für das Reich Gottes nicht brauchbar."

Die Lehre

Ohne Aufsehen zu erregen, kommt Jesus zum Fest. Erst in der zweiten Hälfte der Festwoche beginnt er, im Tempel zu lehren. In dieser Lehrdiskussion spielt er auf die Heilung des Gelähmten am Teich Bethesda an, die vor anderthalb Jahren am Sabbat geschehen war, und erklärt den Juden, dass die Beschneidung[1] ja auch am Sabbat vollzogen wird.

Das fröhliche Laubhüttenfest wurde zur Erinnerung an die Treue Gottes während der Wüstenwanderung Israels gefeiert und dauerte acht Tage.

---

1 Bei der *Beschneidung* wird einem männlichen Säugling am achten Tag nach der Geburt die Vorhaut am Glied entfernt, wie es in 1. Mose 17,10-13 und 3. Mose 12,3 vorgeschrieben war.

| vor Christus | Geburt/Jugend | 1. Dienstjahr | 2. Dienstjahr |

Vor allem die Männer übernachteten in dieser Woche in selbst aufgebauten Laubhütten.

Quelltext: *Johannes 7,11-24*

Während des Festes suchten ihn die führenden Juden. „Wo ist er nur?", fragten sie. Überall tuschelten die Leute über ihn. „Er ist ein guter Mensch", meinten die einen. „Nein", widersprachen die anderen, „er verführt das Volk!" Doch keiner sagte seine Meinung öffentlich, denn sie hatten Angst vor den führenden Juden.

In der Mitte der Festwoche ging Jesus zum Tempel hinauf und begann dort das Volk zu unterrichten. Da wunderten sich die Juden: „Wie kommt es, dass er die Schrift so gut kennt? Er hat doch keinen Lehrer gehabt!" Jesus ging gleich darauf ein und sagte: „Meine Lehre stammt nicht von mir. Ich habe sie von dem, der mich gesandt hat. Wer bereit ist, das zu tun, was Gott will, wird erkennen, ob meine Lehre von Gott ist oder ob ich sie mir selbst ausgedacht habe. Wer seine eigenen Anschauungen vorträgt, dem geht es um seine eigene Ehre. Glaubwürdig ist jemand, dem es um die Ehre eines anderen geht, um die Ehre von dem, der ihn gesandt hat. Der hat keine falschen Absichten. Mose hat euch doch das Gesetz gegeben. Aber keiner von euch lebt danach, und mich wollt ihr sogar töten."

„Du bist ja besessen!", riefen die Zuhörer. „Wer will dich denn töten?" Jesus gab ihnen zur Antwort: „Ich habe nur eine einzige Sache am Sabbat getan, und ihr alle wundert euch immer noch darüber. Ihr beschneidet eure Söhne doch auch am Sabbat, wenn es sein muss, denn Mose hat euch die Beschneidung vorgeschrieben, und eigentlich geht sie sogar auf unsere Stammväter zurück. Wenn ein Mensch also auch am Sabbat beschnitten wird, um das Gesetz des Mose nicht zu brechen, warum seid ihr dann so aufgebracht, weil ich einen ganzen Menschen am Sabbat gesund gemacht habe? Urteilt nicht nach dem äußeren Eindruck, sondern so, wie es wirklich dem Gesetz entspricht."

Haftbefehl

Das Auftreten von Jesus sorgt für große Diskussionen.

Quelltext: *Johannes 7,25-36*

Einige Jerusalemer sagten zueinander: „Ist das nicht der, den sie umbringen wollten? Da lehrt er hier in aller Öffentlichkeit und sie sagen kein Wort. Sollten unsere Oberen wirklich erkannt haben,

letzte Monate	letzte Tage	Passion	nach Ostern

dass er der Messias ist? Doch den hier kennen wir ja und wissen, woher er ist. Wenn der Messias kommt, weiß aber niemand, woher er stammt." Da rief Jesus, während er das Volk im Tempel unterwies: „Ja, ihr denkt, ihr kennt mich und wisst, woher ich komme. Aber ich bin nicht in meinem eigenen Auftrag gekommen. Der wahrhaftige Gott hat mich gesandt, und den kennt ihr nicht! Ich aber kenne ihn, weil ich von ihm komme. Und er ist es, der mich geschickt hat." Da wollten sie ihn festnehmen lassen. Doch keiner wagte es, Hand an ihn zu legen, weil seine Stunde noch nicht gekommen war.

Viele in der Menge glaubten an ihn. Sie sagten zueinander: „Wird der Messias, wenn er kommt, wohl mehr Wunder tun, als dieser Mann sie getan hat?" Als die Pharisäer dieses Gerede im Volk mitbekamen, sorgten sie dafür, dass die obersten Priester einige Männer von der Tempelwache losschickten, um Jesus verhaften zu lassen.

Währenddessen sagte Jesus zu der Menschenmenge: „Ich werde nur noch kurze Zeit hier bei euch sein, dann gehe ich zu dem zurück, der mich gesandt hat. Ihr werdet mich suchen, aber nicht finden. Und wo ich dann bin, da könnt ihr nicht hinkommen." – „Wo will er denn hin?", fragten sich die Juden verständnislos. „Wo sollen wir ihn nicht finden können? Will er etwa ins Ausland gehen und den fremden Völkern seine Lehre bringen? Was soll das heißen, wenn er sagt: ‚Ihr werdet mich suchen, aber nicht finden'? und ‚Wo ich bin, da könnt ihr nicht hinkommen'?"

Provokation

Das größte Aufsehen erregt er am letzten Tag, dem höchsten Festtag, als er während der feierlichen Prozession im Priestervorhof der Menge zuruft, dass die Durstigen zu ihm kommen und an ihn glauben sollten.

Am letzten Tag des Laubhüttenfestes war es den Juden das einzige Mal im Jahr gestattet, den Priestervorhof zwischen Tempelhaus und Altar zu betreten. In feierlicher Prozession umzogen die Männer sieben Mal den mit Weiden umstellten Altar und baten Gott um Regen für das Land. Während dieser Prozession goss der Hohe Priester das Wasser, dass er bei Sonnenaufgang aus dem Teich Schiloach geschöpft hatte, aus dem goldenen Krug mit hoch erhobener Hand auf den Altar. Vermutlich hatte Jesus genau diese Zeremonie mit seinem Ruf unterbrochen.

| vor Christus | Geburt/Jugend | 1. Dienstjahr | 2. Dienstjahr |

Quelltext: *Johannes 7,37-39*

A m letzten Tag, dem Höhepunkt des Festes, stellte sich Jesus vor die Menge hin und rief: „Wenn jemand Durst hat, soll er zu mir kommen und trinken! Wenn jemand an mich glaubt, werden Ströme von lebendigem Wasser aus seinem Inneren fließen, so wie es die Schrift sagt".[2] Er meinte damit den Heiligen Geist, den die erhalten sollten, die an ihn glauben würden. Der Geist war zu diesem Zeitpunkt noch nicht gekommen, weil Jesus noch nicht in Gottes Herrlichkeit zurückgekehrt war.

Verhaftungsversuch

Der Hohe Priester schickt daraufhin sofort ein Kommando der Tempelpolizei los, um ihn zu verhaften. Doch die Polizisten sind von seinem Reden so fasziniert, dass sie ihn nicht zu fassen wagen.

Quelltext: *Johannes 7,40-8,1*

A ls sie das gehört hatten, sagten einige aus der Menge: „Das ist wirklich der Prophet, der kommen soll." Manche sagten sogar: „Er ist der Messias!" – „Der Messais kommt doch nicht aus Galiläa!", entgegneten andere. „Hat die Schrift nicht gesagt, dass der Messias ein Nachkomme Davids sein und aus Bethlehem[3], der Stadt Davids, kommen wird? So kam es wegen Jesus zu einer Spaltung in der Menge. Einige wollten ihn verhaften lassen, aber keiner wagte es, ihn anzufassen.

Als die Männer der Tempelwache zu den obersten Priestern und den Pharisäern zurückkamen, fragten diese: „Warum habt ihr ihn nicht hergebracht?" – „Noch nie haben wir einen Menschen so reden hören", erwiderten die Männer. „Hat er euch denn auch verführt?", herrschten die Pharisäer sie an. „Glaubt denn ein einziger von den oberen Priestern oder den Pharisäern an ihn? Das macht doch nur dieses verfluchte Volk, das keine Ahnung vom Gesetz hat!"

Da sagte Nikodemus, der selbst ein Pharisäer war und Jesus einmal aufgesucht hatte: „Verurteilt unser Gesetz denn einen Menschen, ohne dass man ihn vorher verhört und seine Schuld festgestellt hat?" – „Bist du etwa auch aus Galiläa?", gaben sie zurück. „Untersuch doch die Schriften, dann

---

2   Jesus bezieht sich hier offenbar auf mehrere Stellen im Alten Testament, wie z.B. Jesaja 58,11 und Sacharja 14,8.

3   *Bethlehem* liegt 7 km südlich von Jerusalem.

| letzte Monate | letzte Tage | Passion | nach Ostern |

wirst du sehen, dass kein Prophet aus Galiläa kommen kann!" Dann gingen sie alle nach Hause.[4] Jesus aber ging zum Ölberg.

Die Falle mit der Frau

Am nächsten Tag wollen die Pharisäer Jesus mit einer anderen Methode fangen und bringen deshalb eine auf frischer Tat ertappte Ehebrecherin her und zwingen ihm eine Diskussion zu diesem Fall auf. Sie wollen ihn dazu bringen, entweder gegen das jüdische Gesetz oder die römischen Vorschriften zu verstoßen. Doch zu einem Ehebruch gehören zwei. Nach dem jüdischen Gesetz (3. Mose 20,10; 5. Mose 22,22) hätten unbedingt beide, der Mann und die Frau, gesteinigt werden müssen.

Quelltext: *Johannes 8,2-11*

Doch schon früh am nächsten Morgen war er wieder im Tempel. Als dann das ganze Volk zu ihm kam, setzte er sich und begann sie zu unterweisen. Da führten die Gesetzeslehrer und die Pharisäer eine Frau herbei, die beim Ehebruch ertappt worden war. Sie stellten sie in die Mitte und sagten zu ihm: „Rabbi, diese Frau wurde beim Ehebruch auf frischer Tat ertappt. Im Gesetz schreibt Mose vor, solche Frauen zu steinigen. Was sagst du nun dazu?" Mit dieser Frage wollten sie ihm eine Falle stellen, um ihn dann anklagen zu können. Aber Jesus beugte sich vor und schrieb mit dem Finger[5] auf die Erde. Doch sie ließen nicht locker und wiederholten ihre Frage. Schließlich richtete er sich auf und sagte: „Wer von euch ohne Sünde ist, soll den ersten Stein auf sie werfen!" Dann beugte er sich wieder vor und schrieb auf die Erde. Von seinen Worten getroffen zog sich einer nach dem anderen zurück, die Ältesten zuerst. Schließlich war Jesus mit der Frau allein. Sie stand immer noch an der gleichen Stelle. Er richtete sich wieder auf und sagte: „Frau, wo sind sie hin? Hat keiner dich verurteilt?" – „Keiner, Herr", erwiderte sie. Da sagte Jesus:

---

4   Der Abschnitt von Johannes 7,53 bis 8,11 fehlt in den ältesten uns erhaltenen Handschriften. Der Text ist jedoch mit großer Wahrscheinlichkeit authentisch, da er schon von den frühen Christen als apostolisch anerkannt wurde. Er wurde zunächst wohl unabhängig vom übrigen neutestamentlichen Text überliefert und erst später hier eingefügt (von manchen Handschriften auch an anderer Stelle: nach V. 36, 44 oder 52 bzw. nach Kapitel 21,25 oder sogar in Lukas 21,38).

5   Dass Jesus hier mit dem Finger auf die Erde schrieb, erinnert an die 10 Gebote, die Gott mit seinem Finger auf zwei Steintafeln geschrieben und Mose übergeben hatte (2. Mose 31,18).

„Ich verurteile dich auch nicht. Du kannst gehen. Doch hör auf zu sündigen."

Der Zeuge des Lichts

Auch in den nächsten Tagen kann Jesus ungehindert im Tempel lehren. Dabei spielt er auf eine andere Zeremonie des Laubhüttenfestes an.

Am Abend des ersten Festtags wurden im Tempelvorhof, der für die Frauen bestimmt war, vier riesige bronzene Leuchter aufgestellt, deren Licht die Tempelgebäude und einen Teil der Stadt erleuchteten.

Quelltext: *Johannes 8,12-30*

Bei einer anderen Gelegenheit sagte Jesus zu den Leuten: „Ich bin das Licht der Welt! Wer mir folgt, wird nicht mehr in der Finsternis umherirren, sondern wird das Licht haben, das zum Leben führt." Da sagten die Pharisäer zu ihm: „Jetzt bist du unglaubwürdig, denn du trittst als Zeuge für dich selbst auf." Jesus erwiderte: „Auch wenn ich als Zeuge für mich selbst spreche, ist meine Aussage dennoch wahr. Denn ich weiß, woher ich gekommen bin und wohin ich gehe. Aber ihr wisst nicht, woher ich komme und wohin ich gehe. Ihr urteilt nach menschlichen Maßstäben, ich verurteile niemand. Und selbst wenn ich ein Urteil ausspreche, so ist es doch richtig, weil ich nicht allein dastehe, sondern in Übereinstimmung mit dem Vater bin, der mich gesandt hat. Auch in eurem Gesetz steht ja geschrieben, dass die übereinstimmende Aussage von zwei Zeugen gültig ist. Der eine Zeuge bin ich und der andere ist der Vater, der mich gesandt hat." – „Wo ist denn dein Vater?", fragten sie. Jesus erwiderte: „Weil ihr nicht wisst, wer ich bin, wisst ihr auch nicht, wer mein Vater ist. Würdet ihr mich kennen, dann würdet ihr auch meinen Vater kennen." Diese Worte sagte Jesus, als er im Tempel lehrte. Das geschah in der Nähe der Stelle, wo die Kästen für die Geldspenden aufgestellt waren. Aber niemand nahm ihn fest, denn seine Stunde war noch nicht gekommen.

Jesus wandte sich wieder an seine Zuhörer. „Ich werde fortgehen", sagte er. „Ihr werdet mich suchen, aber ihr werdet in eurer Sünde sterben, denn ihr könnt nicht dorthin kommen, wo ich hingehe." – „Will er sich etwa das Leben nehmen?", fragten sich die Juden. „Warum sagt er sonst: ‚Da wo ich hingehe, da könnt ihr nicht hinkommen'?" Doch Jesus fuhr fort: „Ihr seid von hier unten, aber ich komme von oben. Ihr seid von dieser Welt, aber ich bin nicht von dieser Welt. Aus diesem Grund sagte ich, dass ihr in eurer Sünde sterben werdet. Denn wenn ihr nicht glaubt, dass ich der bin, auf den es

| letzte Monate | letzte Tage | Passion | nach Ostern |

ankommt, werdet ihr in eurer Sünde sterben!" – „Wer bist du denn?", fragten sie. „Ich bin der, als den ich mich immer bezeichnet habe", erwiderte Jesus. „Ich hätte noch viel über euch zu sagen und allen Grund, euch zu verurteilen, aber ich sage der Welt nur das, was ich von dem gehört habe, der mich gesandt hat; und was er sagt, ist wahr." Aber sie verstanden immer noch nicht, dass er von Gott, dem Vater, zu ihnen sprach. Deshalb sagte er zu ihnen: „Wenn ihr den Menschensohn erhöht habt, werdet ihr begreifen, dass ich der bin, auf den es ankommt, und werdet erkennen, dass ich nichts von mir selbst aus tue, sondern nur das sage, was der Vater mich gelehrt hat. Und er, der mich gesandt hat, steht mir bei und lässt mich nicht allein. Denn ich tue immer, was ihm gefällt." Als Jesus das sagte, glaubten viele an ihn.

Sprösslinge des Teufels

Viele hatten sich von diesen Worten überzeugen lassen und wollen Jesus nun folgen. Doch am darauffolgenden Sabbat macht Jesus diesen Leuten klar, dass es auf mehr ankommt, auf wirkliche Freiheit, die man nur dadurch bekommt, dass man in seinem Wort bleibt. Daraufhin nimmt die Diskussion eine solche Schärfe an, dass die gleichen Leute, die vorher an ihn glaubten und von ihm überzeugt waren, ihn jetzt noch im Tempelvorhof steinigen wollen.

Quelltext: *Johannes 8,31-59*

Zu den Juden, die an ihn geglaubt hatten, sagte Jesus nun: „Wenn ihr bei dem bleibt, was ich euch gesagt habe, seid ihr wirklich meine Jünger. Dann werdet ihr die Wahrheit erkennen und die Wahrheit wird euch frei machen." – „Aber wir sind doch Nachkommen Abrahams!", entgegneten sie. „Wir sind nie Sklaven von irgendjemand gewesen. Wie kannst du da sagen: Ihr müsst frei werden?" – „Ich versichere euch nachdrücklich", erwiderte Jesus: „Jeder, der sündigt, ist Sklave der Sünde. Ein Sklave gehört nicht für immer zur Familie, nur der Sohn gehört immer dazu. Wenn euch also der Sohn frei macht, seid ihr wirklich frei.

Ich weiß, dass ihr Nachkommen Abrahams seid. Trotzdem wollt mich umbringen, und zwar deshalb, weil meine Worte keinen Raum in euch finden. Ich rede von dem, was ich bei meinem Vater gesehen habe. Auch ihr tut, was ihr von eurem Vater gehört habt." – „Unser Vater ist Abraham!", protestieren sie. „Nein", erwiderte Jesus, „wenn ihr wirklich Kinder von Abraham wärt, würdet ihr auch so handeln wie er. Statt dessen versucht ihr, mich zu töten – mich, der ich euch die Wahrheit von Gott gesagt habe. So etwas hätte Abraham nicht getan. Nein, ihr handelt so wie euer wirklicher Vater!" – „Wir stammen doch nicht aus einem Ehebruch!", protestierten sie. „Wir haben nur einen einzigen Vater, und das ist Gott!" – „Wenn Gott euer Vater wäre", hielt Jesus ihnen entgegen, „dann würdet ihr mich lieben. Denn ich bin von Gott zu euch gekommen, in seinem Auftrag und nicht aus eigenem Entschluss. Warum versteht ihr denn nicht, was ich sage? Weil ihr gar nicht fähig seid, mein Wort zu hören! Euer Vater ist nämlich der Teufel, und ihr wollt das tun, was euer Vater will. Er war von Anfang an ein Mörder und hat die Wahrheit immer gehasst, weil keine Wahrheit in ihm ist. Wenn er lügt, entspricht das seinem ureigensten Wesen. Er ist der Lügner schlechthin und der Vater jeder Lüge. Und ihr glaubt mir nicht, gerade weil ich die Wahrheit sage. Wer von euch kann mir auch nur eine Sünde nachweisen? Wenn ich aber die Wahrheit sage, warum glaubt ihr mir dann nicht? Wer Gott zum Vater hat, hört auf das, was Gott sagt. Aber ihr hört es nicht, weil ihr nicht von Gott stammt."

„Haben wir nicht recht?", empörten sich die Juden. „Du bist ein samaritanischer Teufel, ein Dämon hat dich in seiner Gewalt!" – „Nein", sagte Jesus, „ich bin nicht von einem Dämon besessen, sondern ich ehre meinen Vater. Aber ihr beleidigt mich! Doch ich suche keine Ehre für mich selbst. Das tut ein anderer für mich – und das ist der Richter! Ja, ich versichere euch: Wer sich nach meinen Worten richtet, wird niemals sterben."

Da sagten die Juden: „Jetzt sind wir sicher, dass du von einem Dämon besessen bist. Abraham ist gestorben und die Propheten auch, aber du sagst: ‚Wer sich nach meinen Worten richtet, wird niemals sterben.' Bist du etwa größer als unser Vater Abraham und die Propheten, die alle gestorben sind? Für wen hältst du dich eigentlich?" Jesus erwiderte: „Wenn ich mich selbst ehren würde, wäre meine Ehre nichts wert. Doch es ist mein Vater, der mich ehrt; es ist der, von dem ihr behauptet, er sei euer Gott. Und dabei habt ihr ihn nie gekannt. Doch ich kenne ihn. Wenn ich sagen würde, dass ich ihn nicht kenne, wäre ich ein Lügner wie ihr. Aber ich kenne ihn und richte mich nach seinem Wort. Euer Vater Abraham sah dem Tag meines Kommens mit Jubel entgegen." – „Du bist noch keine fünfzig Jahre alt und willst Abraham gesehen haben?", hielten ihm die Juden entgegen. „Ja, ich versichere euch", sagte Jesus: „Ich war schon da, bevor Abraham überhaupt geboren wurde." Da hoben sie Steine auf, um ihn damit zu töten. Doch Jesus entzog sich ihren Blicken und verließ den Tempel.

| letzte Monate | letzte Tage | Passion | nach Ostern |

Krank, damit die Heilung Gott ehrt

Auf dem Weg, sich in Sicherheit zu bringen, trifft Jesus einen Mann, der von Geburt an blind ist. Er nimmt sich ausdrücklich Zeit für ihn, rührt aus Spucke und Dreck einen Brei zusammen und schmiert ihn dem Blinden auf die Augen.

Sowohl die Anwendung von Speichel als auch das Anrühren eines Breis waren am Sabbat als Arbeit streng verboten.

Der Teich Schiloach war mehr als 700 Jahre vorher vom König Hiskia angelegt und durch einen 350 m langen unterirdischen Kanal mit Wasser von der Sihon-Quelle versorgt worden. Der Kanal ist heute noch begehbar und enthielt eine Inschrift[6], die unter anderem den Durchbruch beschrieb, denn der Tunnel war von zwei Seiten aus vorangetrieben worden.

Quelltext: *Johannes 9,1-34*

Im Vorbeigehen sah Jesus einen Mann, der von Geburt an blind war. „Rabbi", fragten ihn seine Jünger neugierig, „wie kommt es, dass er blind geboren wurde? Hat er selbst gesündigt oder seine Eltern?" – „Es ist weder seine Schuld noch die seiner Eltern", erwiderte Jesus. „Er ist blind, damit Gottes Macht an ihm sichtbar wird. Wir müssen den Auftrag von dem, der mich gesandt hat, ausführen, solange es noch Tag ist. Es kommt die Nacht, in der niemand mehr wirken kann. Doch solange ich noch in der Welt bin, bin ich das Licht der Welt."

Dann spuckte er auf den Boden, machte einen Brei aus seinem Speichel und strich ihn auf die Augen des Blinden. „Geh zum Teich Schiloach", befahl er ihm, „und wasch dir das Gesicht!" – Schiloach bedeutet „Gesandter". Der Mann ging hin, wusch sich und kam sehend zurück.

Seine Nachbarn und andere, die ihn bisher nur als Bettler gekannt hatten, fragten sich verwundert: „Ist das nicht der, der hier immer bettelte?" Einige meinten: „Er ist es!", andere sagten: „Nein, er sieht ihm nur ähnlich." – „Doch, ich bin es!", erklärte der Blindgeborene. „Aber wieso kannst du auf einmal sehen?", fragten sie ihn. „Der Mann, der Jesus heißt", erwiderte er, „machte einen Brei, strich ihn auf meine Augen und sagte: ‚Geh zum Schiloach und wasch dir dort das Gesicht!' Das tat ich und konn-

---

6   Die Inschrift befindet sich heute in Istanbul (Türkei).

te auf einmal sehen." – „Und wo ist er jetzt?", fragten sie. „Ich weiß es nicht", erwiderte er.

Daraufhin brachten sie den ehemaligen Blinden zu den Pharisäern. Es war nämlich ein Sabbat gewesen, als Jesus den Brei gemacht und den Blinden geheilt hatte. Nun fragten auch die Pharisäer den Mann, wie es kam, dass er nun sehen könne. „Er strich einen Brei auf meine Augen, ich wusch mich und konnte wieder sehen." Da sagten einige der Pharisäer: „Dieser Mensch kann nicht von Gott sein, denn er hält den Sabbat nicht ein." – „Aber wie kann ein sündiger Mensch solche Wunder vollbringen?", hielten andere entgegen. Ihre Meinungen waren geteilt. Da fragten sie den Blindgeborenen noch einmal: „Was sagst du von ihm? Dich hat er ja sehend gemacht." – „Er ist ein Prophet", gab dieser zur Antwort.

Aber die führenden Juden wollten dem Geheilten nun nicht glauben, dass er blind gewesen war. Deshalb ließen sie seine Eltern holen und fragten: „Ist das euer Sohn? Stimmt es, dass er blind geboren wurde? Wie kommt es, dass er jetzt sehen kann?" Seine Eltern antworteten: „Das ist unser Sohn und wir wissen, dass er blind geboren wurde. Wie es kommt, dass er jetzt sehen kann, wissen wir nicht. Wir haben auch keine Ahnung, wer ihn geheilt hat. Fragt ihn doch selbst! Er ist alt genug und kann am besten Auskunft darüber geben." Sie sagten das aus Angst vor den führenden Juden, denn die hatten bereits beschlossen, jeden aus der Synagoge auszuschließen, der sich zu ihm als dem Messias bekennen würde. Aus diesem Grund hatten die Eltern gesagt: „Er ist alt genug, fragt ihn doch selbst."

Da riefen sie den Blindgeborenen zum zweiten Mal herein. „Gib Gott die Ehre und sag die Wahrheit!", forderten sie ihn auf. „Wir wissen, dass dieser Mensch ein Sünder ist." – „Ob er ein Sünder ist, weiß ich nicht", entgegnete der Geheilte. „Ich weiß nur, dass ich blind war und jetzt wieder sehen kann." – „Was hat er mit dir gemacht?", fragten sie. „Wie hat er dich von deiner Blindheit geheilt?" – „Das habe ich euch doch schon gesagt", entgegnete er. „Habt ihr denn nicht zugehört? Warum wollt ihr es noch einmal hören? Wollt ihr vielleicht auch seine Jünger werden?"

Da beschimpften sie ihn. „Du bist ein Jünger von diesem Menschen! Wir sind Jünger von Mose! Wir wissen, dass Gott zu Mose geredet hat. Aber bei diesem Menschen wissen wir nicht, woher er kommt." Der Geheilte entgegnete: „Das ist aber erstaunlich! Er hat mich von meiner Blindheit geheilt und ihr wisst nicht, woher er kommt? Wir wissen doch alle, dass Gott nicht auf Sünder hört. Er hört nur auf Menschen, die gottes-

| letzte Monate | letzte Tage | Passion | nach Ostern |

fürchtig leben und tun, was er will. Und noch nie hat man davon gehört, dass jemand einen blind geborenen Menschen von seiner Blindheit geheilt hat. Wenn dieser Mann nicht von Gott käme, könnte er so etwas nicht tun." – „Du Sünder, du willst uns belehren?", herrschten sie ihn an. „Du bist ja schon in Sünde geboren!" Dann warfen sie ihn hinaus.

Der Sehende und die Blinden

Jesus trifft den ehemals Blinden wieder, nachdem dieser aus der jüdischen Glaubensgemeinschaft ausgeschlossen worden war. Einige Pharisäer hören dem kurzen Gespräch zu, das Jesus zum Anlass nimmt, ihre eigene Blindheit anzusprechen.

Quelltext: *Johannes 9,35-41*

Jesus hörte von seinem Hinauswurf und suchte ihn auf. „Glaubst du an den Menschensohn[7]?", fragte er. „Herr, wenn du mir sagst, wer es ist, will ich an ihn glauben." – „Er steht vor dir und spricht mit dir", sagte Jesus. „Herr, ich glaube an dich!", rief da der Geheilte und warf sich vor ihm nieder.

„An mir müssen sich die Geister scheiden!", sagte Jesus: „Ich bin in die Welt gekommen, um solche, die nicht sehen können, zum Sehen zu bringen, und denen, die sich für sehend halten, zu zeigen, dass sie blind sind." Einige Pharisäer, die in der Nähe standen, hörten das. „Sind wir etwa auch blind?", sagten sie zu Jesus. „Wenn ihr blind wärt", entgegnete Jesus, „dann wärt ihr ohne Schuld. Weil ihr aber behauptet, Sehende zu sein, bleibt eure Schuld bestehen."

Der gute Hirt entzweit

Gleich darauf verwendet Jesus ein Bildwort, das sie aber nicht verstehen. Deswegen erklärt er ihnen das Bild vom guten Hirten. Doch wegen dieser Worte kommt es erneut zu einer Spaltung unter seinen Zuhörern.

In den relativ kalten Wintermonaten wurden die Schafe über Nacht auf einen Hof getrieben, der aus Feldsteinmauern bestand, die mit dornigem Gestrüpp abgedeckt waren.

---

7   Nach anderen Handschriften: *Sohn Gottes.*

Quelltext: *Johannes 10,1-21*

„Ich versichere euch mit allem Nachdruck: Wer nicht durch das Tor in den Pferch für die Schafe hineingeht, sondern anderswo über die Mauer klettert, ist ein Dieb und ein Räuber. Der Hirt geht durch das Tor zu den Schafen hinein. Ihm öffnet der Wächter am Eingang, und auf seine Stimme hören auch die Schafe. Er ruft seine Schafe mit Namen einzeln aus der Herde heraus und führt sie ins Freie. Wenn er sie dann draußen hat, geht er vor ihnen her. Und sie folgen ihm, weil sie seine Stimme kennen. Einem Fremden würden sie nicht folgen, sondern weglaufen, weil sie seine Stimme nicht kennen."

Die Zuhörer verstanden nicht, was Jesus mit diesem Bild meinte. Jesus begann noch einmal: „Ja, ich versichere euch: Ich bin das Tor zu den Schafen. Alle, die vor mir gekommen sind, sind Diebe und Räuber. Aber die Schafe haben nicht auf sie gehört. Ich bin das Tor. Wenn jemand durch mich hineinkommt, wird er gerettet. Er wird ein- und ausgehen und gute Weide finden. Ein Dieb kommt nur, um Schafe zu stehlen und zu schlachten und Verderben zu bringen. Ich bin gekommen, um ihnen Leben zu bringen und alles reichlich dazu. Ich bin der gute Hirt. Ein guter Hirt ist bereit, sein Leben für die Schafe einzusetzen. Ein bezahlter Hirt, dem die Schafe nicht selbst gehören, läuft davon, wenn er den Wolf kommen sieht. Dann fällt der Wolf über die Schafe her und jagt die Herde auseinander. Einem bezahlten Hirten geht es nur um die Bezahlung. Die Schafe sind ihm gleichgültig. Ich bin der gute Hirt; ich kenne meine Schafe, und meine Schafe kennen mich – so wie der Vater mich kennt und ich den Vater kenne. Und ich lasse mein Leben für die Schafe. Ich habe auch noch andere Schafe, die nicht aus diesem Pferch sind. Auch sie muss ich herführen. Sie werden auf meine Stimme hören, und alle werden eine einzige Herde unter einem Hirten sein.

Und weil ich mein Leben hergebe, liebt mich mein Vater. Ich gebe es her, um es wiederzunehmen. Niemand nimmt es mir, sondern ich gebe es freiwillig her. Ich habe die Macht, es zu geben, und die Macht, es wieder an mich zu nehmen. So lautet der Auftrag, den ich von meinem Vater erhalten habe."

Wegen dieser Worte entstand wieder ein Zwiespalt unter den Juden. Viele von ihnen sagten: „Er ist von einem bösen Geist besessen! Er ist verrückt! Warum hört ihr ihm überhaupt zu?" Aber andere meinten: „Nein, so redet kein Besessener. Kann etwa ein Dämon Blinden das Augenlicht wiedergeben?"

letzte Monate	letzte Tage	Passion	nach Ostern

Der Voraustrupp

Einige Zeit später schickt Jesus noch einmal 70 Jünger aus. Sie sollen sein Kommen in all den Ortschaften vorbereiten, sich aber auch darüber im Klaren sein, dass sie auf Schwierigkeiten stoßen werden.

Wenn jedes Jüngerpaar nur an einem Ort das Kommen des Herrn vorbereitet hätte, dann wollte Jesus vor seinem Einzug in Jerusalem noch wenigstens 35 Städte und Dörfer besuchen.

Quelltext: *Lukas 10,1-12*

Danach wählte der Herr siebzig andere Jünger aus und schickte sie zu zweit voraus in alle Städte und Dörfer, die er später selbst aufsuchen wollte. Er sagte zu ihnen: „Die Ernte ist groß, aber es gibt nur wenig Arbeiter. Bittet deshalb den Herrn der Ernte, mehr Arbeiter auf seine Felder zu schicken. Geht! Ich sende euch wie Lämmer unter Wölfe. Nehmt keinen Geldbeutel mit, keine Vorratstasche und keine Sandalen. Und haltet euch unterwegs nicht auf, um Leute zu begrüßen. Wenn ihr in ein Haus kommt, sagt zuerst: ‚Friede sei mit diesem Haus!' Wenn dort jemand bereit ist, den Frieden zu empfangen, wird euer Friede auf ihm ruhen, andernfalls wird er zu euch zurückkehren. Bleibt in diesem Haus, esst und trinkt, was sie euch vorsetzen; denn wer arbeitet, hat Anspruch auf Lohn. Geht aber nicht von Haus zu Haus! Wenn ihr in eine Stadt kommt und sie euch dort aufnehmen, dann esst, was man euch anbietet, heilt die Kranken, die da sind, und sagt den Leuten: ‚Jetzt beginnt Gottes Herrschaft bei euch!'

Wenn ihr in eine Stadt kommt, wo euch niemand aufnehmen will, dann geht durch ihre Straßen und sagt: ‚Selbst den Staub eurer Stadt schütteln wir von unseren Füßen, damit ihr gewarnt seid. Doch das eine sollt ihr wissen: Gottes Herrschaft bricht an.' Ich sage euch, es wird Sodom[8] am Tag des Gerichts erträglicher ergehen, als solch einer Stadt."

Wer nicht hören will, muss fühlen

Chorazin gehörte mit Kafarnaum und Betsaida zu den Städten am Nordwest- bzw. Nordostufer des Sees Gennesaret, die Jesus oft besucht

---

8 *Sodom.* Stadt im Tal Siddim, die wegen der Sünde ihrer Bewohner von Gott vernichtet wurde (1. Mose 13,10-13; 19). Heute liegt sie vermutlich unter dem Toten Meer.

| vor Christus | Geburt/Jugend | 1. Dienstjahr | 2. Dienstjahr |

hatte. Kafarnaum war sogar sein Hauptwohnsitz, nachdem er sich von Nazaret getrennt hatte. Tyrus und Sidon waren Städte an der phönizischen Mittelmeerküste, die von den Nachkommen der ehemaligen Kanaaniter bewohnt wurden, also von Nichtisraeliten.

Quelltext: *Matthäus 11,20-24; Lukas 10,13-16*

Dann begann Jesus den Städten, in denen er die meisten Wunder getan hatte, vorzuwerfen, dass sie ihre Einstellung nicht geändert hatten: „Weh dir, Chorazin! Weh dir, Betsaida! Wenn in Tyrus und Sidon die Wunder geschehen wären, die unter euch geschehen sind, sie hätten längst ihre Einstellung geändert, einen Trauersack angezogen und sich Asche auf den Kopf gestreut. Doch Tyrus und Sidon wird es im Gericht erträglicher ergehen als euch. Und du, Kafarnaum, meinst du etwa, du wirst zum Himmel erhoben werden? Nein, in die Hölle[9] musst du hinunter. Wenn in Sodom die Wunder geschehen wären, die in dir geschehen sind, es würde heute noch stehen. Ich sage euch, es wird Sodom am Tag des Gerichts erträglicher ergehen als dir."

Wer auf euch hört, hört auf mich; und wer euch ablehnt, lehnt mich ab. Doch wer mich ablehnt, lehnt auch den ab, der mich gesandt hat."

Jesus jubelt

Die Jünger waren überrascht, wie schnell und gewaltig der Name Jesus wirkte. Jüdische Exorzisten pflegten zahllose Zaubersprüche aufzusagen bevor sich überhaupt eine Wirkung zeigte. Gewiss haben die Boten des Herrn auf dem Rückweg zu Jesus Gott gelobt.

Quelltext: *Matthäus 11,25-30; Lukas 10,17-24*

Die Siebzig kehrten voller Freude zurück. „Herr", sagten sie, „selbst die Dämonen müssen uns gehorchen, wenn wir sie in deinem Namen ansprechen!" Jesus sagte ihnen: „Ich sah den Satan wie einen Blitz vom Himmel fallen. Ja, ich habe euch Vollmacht gegeben, auf Schlangen und Skorpione zu treten und die ganze Macht des Feindes zunichte zu machen. Nichts wird euch schaden können. Aber nicht darüber

---

9   *Hölle.* Griechisch: Hades. Das Neue Testament meint damit aber kein neutrales Totenreich, sondern den Todeszustand, der für Ungläubige schon vor dem Endgericht eine schreckliche Qual bedeutet (Lukas 16,23).

---

sollt ihr euch freuen, dass euch die Geister gehorchen. Freut euch viel mehr, dass eure Namen im Himmel aufgeschrieben sind."

In derselben Stunde wurde Jesus von der Freude des Heiligen Geistes erfüllt und rief: „Vater, du Herr über Himmel und Erde, ich preise dich, dass du das alles den Klugen und Gelehrten verborgen, aber den Unmündigen offenbar gemacht hast. Ja, Vater, so hast du es gewollt." Dann sagte er: „Alles ist mir von meinem Vater übergeben worden. Niemand außer dem Vater kennt den Sohn wirklich, und niemand kennt den Vater außer dem Sohn und denen, welchen der Sohn es offenbaren will."

Zu seinen Jüngern sagte Jesus dann: „Glücklich zu preisen sind die, die sehen, was ihr seht. Denn ich sage euch: Viele Könige und Propheten hätten gern gesehen, was ihr seht, und haben es nicht gesehen; gern hätten sie gehört, was ihr hört, doch sie haben es nicht gehört.

Kommt alle zu mir, die ihr euch plagt und unter Lasten stöhnt! Ich werde euch ausruhen lassen. Nehmt mein Joch auf euch und lernt von mir! Dann findet euer Leben Erfüllung, denn ich quäle euch nicht und habe ein demütiges Herz. Und mein Joch drückt nicht, meine Last ist leicht."

Wem bist du Mitmensch?

Dann kommt ein Gesetzeslehrer auf Jesus zu und fragt ihn nach dem ewigen Leben. Jesus bringt ihn mit einer Gegenfrage so in Bedrängnis, dass er sich verteidigen muss und fragt, wer denn sein Nächster sei. Jesus antwortet mit einer Geschichte.

Quelltext: *Lukas 10,25-37*

Ein Gesetzeslehrer wollte Jesus auf die Probe stellen. „Rabbi", fragte er, „was muss ich getan haben, um das ewige Leben zu bekommen?" Jesus fragte zurück: „Was steht denn im Gesetz? Was liest du dort?" Er erwiderte: „Du sollst den Herrn, deinen Gott, lieben von ganzem Herzen, mit ganzer Hingabe, mit all deiner Kraft und mit deinem ganzen Verstand. Und deinen Nächsten sollst du lieben wie dich selbst."[10] „Du hast richtig geantwortet", sagte Jesus. „Tu das, dann wirst du leben!" Doch der Gesetzeslehrer wollte sich rechtfertigen. Deshalb fragte er Jesus: „Und wer ist mein Nächster?"

---

10 3. Mose 19,18

Jesus nahm die Frage auf und erzählte die folgende Geschichte: „Ein Mann ging von Jerusalem nach Jericho hinunter.[11] Unterwegs wurde er von Räubern überfallen. Sie nahmen ihm alles weg, schlugen ihn zusammen und ließen ihn halbtot liegen. Zufällig ging ein Priester den gleichen Weg hinunter. Er sah den Mann liegen und machte einen Bogen um ihn. Genauso verhielt sich ein Levit. Auch er machte einen großen Bogen um den Überfallenen. Schließlich näherte sich ein Samariter. Als er den Mann sah, empfand er tiefes Mitleid. Er ging zu ihm hin, behandelte seine Wunden mit Öl und Wein und verband sie. Dann setzte er ihn auf sein eigenes Reittier, brachte ihn in ein Gasthaus und versorgte ihn dort. Am nächsten Morgen zog er zwei Denare aus seinem Geldbeutel, gab sie dem Wirt und sagte: ‚Kümmere dich um ihn! Wenn du noch mehr brauchst, will ich es dir bezahlen, wenn ich zurückkomme.' – Was meinst du?", fragte Jesus den Gesetzeslehrer. „Wer von den dreien hat als Mitmensch an dem Überfallenen gehandelt?" – „Der, der barmherzig war und ihm geholfen hat", erwiderte er. „Dann geh und mach es genauso!", sagte Jesus.

Zuhören statt dienen

Einer Frau stand es damals nicht zu, von einem Rabbi belehrt zu werden. Die positive Wertung der Maria, die sich wie ein Jünger einfach zu Jesu Füßen setzt, ist überraschend.

Quelltext: *Lukas 10,38-42*

Auf ihrer Weiterreise kam Jesus in ein Dorf, wo ihn eine Frau mit Namen Martha in ihr Haus einlud. Sie hatte eine Schwester, die Maria hieß. Maria setzte sich dem Herrn zu Füßen und hörte ihm zu. Martha dagegen war sehr mit der Vorbereitung des Essens beschäftigt. Schließlich stellte sie sich vor Jesus hin. „Herr", sagte sie, „findest du es richtig, dass meine Schwester mich die ganze Arbeit allein tun lässt? Sag ihr doch, sie soll mir helfen!" – „Aber Martha", entgegnete ihr Jesus, „Martha, du bist beunruhigt und machst dir Sorgen um so viele Dinge! Notwendig ist aber nur eins. Maria hat das Bessere gewählt, und das soll ihr nicht genommen werden."

---

11 Die Palmenstadt Jericho liegt 10 km nördlich des Toten Meeres und 8 km westlich des Jordans, eine Oase in öder Landschaft. Sie ist mit 259 m unter dem Meeresspiegel die tiefstgelegene Stadt der Welt und ca. 25 km von Jerusalem (750 m ü. NN) entfernt.

---

letzte Monate	letzte Tage	Passion	nach Ostern

Wie man beten soll

Ein Jünger, der wahrscheinlich nicht zum Zwölferkreis gehörte, bittet Jesus, sie beten zu lehren. Jesus gibt seinen Nachfolgern ein Mustergebet weiter und erzählt zwei Gleichnis-Geschichten dazu.

Die ganze Familie schlief damals auf einer großen Matte in einem Raum. Das Zurückschieben des schweren Riegels an der Tür erforderte einen gewissen Kraftaufwand und verursachte Lärm, durch den alle Bewohner des Raumes geweckt wurden, wenn sie nicht schon durch das unverschämte Klopfen des Freundes wach waren.

Quelltext: *Lukas 11,1-13*

Einmal hatte Jesus sich irgendwo zum Gebet zurückgezogen. Als er damit fertig war, sagte einer seiner Jünger zu ihm: „Herr, lehre uns beten. Johannes hat seine Jünger auch beten gelehrt." Jesus sagte zu ihnen: „Wenn ihr betet, dann sprecht:

Vater, dein heiliger Name werde geehrt! Deine Herrschaft komme! Gib uns jeden Tag, was wir zum Leben brauchen! Und vergib uns unsere Sünden! Auch wir vergeben jedem, der an uns schuldig geworden ist. Und führe uns nicht in Versuchung!"

Dann sagte er zu seinen Jüngern: „Angenommen, einer von euch geht mitten in der Nacht zu seinem Freund und sagt: ‚Bitte leih mir doch drei Brote! Ein Freund von mir ist unerwartet auf Besuch gekommen, und ich habe nichts zu essen im Haus.' Und stellt euch vor, jener würde von innen rufen: ‚Lass mich in Ruhe! Die Tür ist schon abgeschlossen, und meine Kinder liegen bei mir im Bett. Ich kann jetzt nicht aufstehen und dir etwas geben.' Ich sage euch, er wird es ihm schließlich doch geben – wenn auch nicht gerade aus Freundschaft. Aber schon wegen seiner Unverschämtheit wird er aufstehen und ihm geben, was er braucht.

Und ich sage euch: Bittet, und ihr werdet bekommen, was ihr braucht; sucht, und ihr werdet finden; klopft an, und es wird euch geöffnet! Denn wer bittet, empfängt; wer sucht, findet; und wer anklopft, dem wird geöffnet. Welcher Vater würde seinem Kind denn eine Schlange geben, wenn es ihn um einen Fisch bittet? Oder einen Skorpion, wenn es ihn um ein Ei bittet? So schlecht wie ihr seid, wisst ihr doch, was gute Gaben für eure Kinder sind, und gebt sie ihnen auch. Wie viel eher wird dann der Vater im Himmel denen den Heiligen Geist geben, die ihn darum bitten."

Diskurs über Dämonenaustreibung

Bald ist Jesus wieder von einer Menschenmenge umgeben. Bei dieser Gelegenheit treibt er einen stummen Dämon aus, was erneut zu einer Diskussion mit den Leuten über Beelzebul führt.

Quelltext: *Lukas 11,14-26*

Einmal trieb Jesus einen stummen Dämon aus. Als der böse Geist von dem Mann ausgefahren war, konnte der Stumme reden. Die Leute staunten, aber einige sagten: „Kein Wunder, er treibt die Dämonen ja durch Beelzebul, den Oberdämon, aus." Andere wollten ihn auf die Probe stellen und forderten ein Zeichen aus dem Himmel von ihm. Jesus wusste genau, was sie dachten, und sagte zu ihnen: „Ein Königreich, das gegen sich selbst kämpft, ist dem Untergang geweiht, und seine Familien richten sich gegenseitig zugrunde. Wenn also der Satan gegen sich selbst kämpft und mir erlaubt, seine Dämonen auszutreiben, wie soll sein Reich dann bestehen können? Und wenn ich die Dämonen tatsächlich mit Hilfe von Beelzebul austreibe, wer gibt dann euren Leuten die Macht, Dämonen auszutreiben? Sie selbst werden deshalb über euch das Urteil sprechen. Wenn ich aber die Dämonen mit dem Finger Gottes austreibe, dann ist doch das Reich Gottes zu euch gekommen!

Solange ein starker Mann gut bewaffnet sein Gehöft bewacht, ist sein Besitz in Sicherheit. Wenn ihn jedoch ein Stärkerer angreift und besiegt, nimmt er ihm die Waffen weg, auf die er sich verlassen hat, und verteilt die Beute.

Wer nicht auf meiner Seite steht, ist gegen mich, und wer nicht mit mir sammelt, zerstreut. Wenn ein böser Geist einen Menschen verlässt, zieht er durch öde Gegenden und sucht nach einer Bleibe. Weil er aber keine findet, sagt er: ,Ich werde wieder in meine alte Behausung zurückgehen.' Er kehrt zurück und findet alles sauber und aufgeräumt. Dann geht er los und holt sieben andere Geister, die noch schlimmer sind als er selbst, und sie ziehen gemeinsam dort ein. So ist dieser Mensch am Ende schlechter dran, als am Anfang."

Wer glücklich ist

Plötzlich unterbricht eine Frau aus der Zuhörermenge die Erklärungen von Jesus.

letzte Monate	letzte Tage	Passion	nach Ostern

Quelltext: *Lukas 11,27-28*

Als Jesus das sagte, rief eine Frau aus der Menge: „Wie glücklich ist die Frau, die dich geboren hat und stillen durfte!" – „Ja", sagte Jesus, „doch wirklich glücklich sind die Menschen, die das Wort Gottes hören und befolgen."

Eine böse Generation

Die Menge wird immer größer, doch Jesus muss sie tadeln und spricht erneut vom Zeichen Jonas.

Quelltext: *Lukas 11,29-36*

Als immer mehr Leute sich herandrängten, sagte er: „Diese verdorbene Generation verlangt dauernd nach einem Zeichen. Doch es wird ihnen keins gegeben werden – nur das des Propheten Jona. Denn wie Jona für die Menschen von Ninive ein Zeichen war, so wird es der Menschensohn für diese Generation sein. Die Königin des Südens wird beim Gericht gegen die Männer dieser Generation auftreten und sie verurteilen. Denn sie kam vom Ende der Erde, um die Weisheit Salomos zu hören – und hier steht einer, der mehr bedeutet als Salomo. Im Gericht werden auch die Männer von Ninive auftreten und diese Generation schuldig sprechen. Denn sie haben ihre Einstellung auf Jonas Predigt hin geändert – und hier steht einer, der mehr bedeutet als Jona.

Niemand zündet eine Lampe an und versteckt sie dann irgendwo oder stellt sie unter einen Eimer, sondern er stellt sie auf den Lampenständer, damit die Hereinkommenden Licht haben. Dein Auge vermittelt dir das Licht. Wenn dein Auge klar ist, kannst du dich im Licht bewegen. Ist es schlecht, dann steht dein Körper im Finstern. Pass auf, dass das Licht, das du hast, nicht Dunkelheit ist! Wenn du ganz vom Licht durchdrungen bist und nichts mehr finster in dir ist, dann ist es so, als ob dich eine Lampe mit ihrem hellen Schein anstrahlt: Alles steht im Licht."

Weh euch Pharisäern!

Damals lud man gern einen berühmten Rabbi ein, um ihn dann zu bitten, seine Ansichten zu einem bestimmten Thema bei Tisch zu äußern.

vor Christus   Geburt/Jugend   1. Dienstjahr   2. Dienstjahr

Quelltext: *Lukas 11,37-52*

K aum hatte Jesus aufgehört zu reden, bat ihn ein Pharisäer, zu ihm zum Essen zu kommen. Jesus ging mit ins Haus und legte sich zu Tisch. Der Pharisäer war überrascht, dass Jesus vor dem Essen nicht die übliche Waschung vorgenommen hatte. Da sagte der Herr zu ihm: „So seid ihr Pharisäer! Das Äußere von Bechern und Schüsseln haltet ihr sauber, was ihr aber drin habt, ist voller Habgier und Bosheit. Wie dumm von euch! Hat Gott, der das Äußere schuf, nicht auch das Innere gemacht? Gebt einmal den Armen, was ihr in den Bechern und Schüsseln habt, dann werdet ihr sehen, wie schnell es euch rein wird.

Doch weh euch, ihr Pharisäer! Von den kleinsten Küchenkräutern gebt ihr noch den Zehnten ab und lasst doch die Forderungen der Gerechtigkeit und Liebe Gottes außer Acht. Das eine hättet ihr tun und das andere nicht lassen sollen. Weh euch Pharisäer! Ihr liebt die Ehrenplätze in den Synagogen und die Grüße auf den Märkten. Weh euch! Ihr seid wie unkenntlich gemachte Gräber. Die Menschen laufen darüber hinweg und merken nicht, wie sie verunreinigt werden."

„Rabbi", sagte einer der Gesetzeslehrer, „damit greifst du auch uns an!" Jesus erwiderte: „Ja, weh auch euch Gesetzeslehrern! Ihr ladet den Menschen kaum tragbare Lasten auf und macht selbst keinen Finger krumm dafür. Weh euch! Ihr baut Grabmäler für die Propheten, die doch von euren Vorfahren umgebracht wurden. Damit bestätigt ihr die Schandtaten eurer Vorfahren und heißt sie auch noch gut, denn sie haben die Propheten getötet, und ihr errichtet die Grabmäler. Deshalb hat die Weisheit Gottes auch gesagt: ‚Ich werde Propheten und Apostel zu ihnen schicken; einige von ihnen werden sie umbringen, andere verfolgen.' Darum wird diese Generation zur Rechenschaft gezogen werden für die Ermordung aller Propheten seit Erschaffung der Welt, angefangen bei Abel bis hin zu Secharja, der zwischen dem Brandopferaltar und dem Haus Gottes umgebracht wurde.[11] Weh euch, ihr Gesetzeslehrer! Ihr habt den

---

11 Vergleiche 1. Mose 4,8.10 und 2. Chronik 24,20-21! Gemeint sind wohl alle Gerechten seit Erschaffung der Menschen bis in die Zeit von Jesus Christus. Damit bestätigt der Herr die Gültigkeit des gesamten Alten Testaments, weil er ein Ereignis aus dem ersten und eins aus dem letzten Buch der hebräischen Bibel aufgreift.

---

letzte Monate   **letzte Tage**   **Passion**   **nach Ostern**

Schlüssel zur Erkenntnis beiseite geschafft. Selbst seid ihr nicht hineingegangen, und die hineingehen wollten, habt ihr daran gehindert."

Hütet euch vor der Heuchelei der Pharisäer!

Draußen wächst indessen die Menschenmenge auf mehrere Tausend an.
Jesus tritt aus der Tür und wird sofort wieder von Schriftgelehrten und
Pharisäern attackiert. Darum warnt er mitten in der Menge seine Jünger
mit aller Deutlichkeit vor der Heuchelei der Pharisäer.

Quelltext: *Lukas 11,53 – 12,12*

Als Jesus das Haus wieder verließ, setzten ihm die Gesetzeslehrer und die Pharisäer mit vielen Fragen hart zu. Sie lauerten darauf, ihn bei einer verfänglichen Äußerung zu ertappen.

Inzwischen waren Tausende von Menschen herbeigeströmt, so dass sie im Gedränge einander auf die Füße traten. Da wandte sich Jesus an seine Jünger. „Hütet euch vor dem Sauerteig der Pharisäer!", sagte er. „Ich meine, lasst euch nicht von der Heuchelei anstecken! Es kommt die Zeit, da wird alles offenbar werden. Alles, was jetzt noch geheim ist, wird öffentlich bekannt gemacht werden. Deshalb lasst euch warnen: Alles, was ihr im Dunkeln sagt, wird am hellen Tag zu hören sein; und was ihr hinter verschlossenen Türen flüstert, wird man von den Dachterassen rufen. Meine Freunde, ich sage euch: Habt keine Angst vor denen, die nur den Leib töten, euch darüber hinaus aber nichts anhaben können. Ich will euch sagen, wen ihr fürchten müsst: Fürchtet den, der euch nach dem Töten auch noch in die Hölle werfen kann. Den müsst ihr fürchten! Ihr wisst doch, dass fünf Spatzen für ein paar Cent[12] verkauft werden. Doch nicht einer wird von Gott vergessen. Und selbst die Haare auf eurem Kopf sind alle gezählt. Habt also keine Angst! Ihr seid doch mehr wert als noch so viele Spatzen.

Ich sage euch: Wer sich vor den Menschen zu mir, dem Menschensohn, bekennt, zu dem werde auch ich mich vor den Engeln Gottes bekennen. Wer mich aber vor den Menschen nicht kennen will, den wird auch niemand vor den Engeln Gottes kennen. Wer etwas gegen den Menschensohn sagt, dem kann vergeben werden. Wer aber den Heiligen Geist lästert, dem wird nicht vergeben werden.

---

12 Wörtlich: zwei Assaria. Die Kupfermünze Assarion war 1/16 Denar wert, d.h.
1/16 Tageslohn eines Arbeiters.

Wenn sie euch vor die Synagogengerichte zerren oder euch bei den Behörden und Machthabern anzeigen, dann macht euch keine Sorgen, wie ihr euch verteidigen oder was ihr sagen sollt. Der Heilige Geist wird euch in jenem Moment eingeben, was ihr sagen könnt."

Hütet euch vor Habsucht!

Einer aus der Menge bittet den berühmten Rabbi, ihm vor Gericht beizustehen, weil er offenbar von seinem Bruder um das Erbe betrogen werden sollte. Doch Jesus gibt eine provozierende Antwort.

Quelltext: *Lukas 12,13-21*

„Rabbi", wandte sich einer aus der Menge an Jesus, „sag meinem Bruder doch, er soll das Erbe mit mir teilen!" – „Lieber Mann", erwiderte Jesus, „wer hat mich denn als Richter für eure Erbstreitigkeiten eingesetzt?" Dann sagte er zu allen: „Passt auf, und nehmt euch vor jeder Art von Habsucht in Acht! Denn auch wenn einer noch so viel besitzt, kann er sich das Leben nicht kaufen."

Dann erzählte er ihnen ein Gleichnis: „Ein reicher Bauer hatte eine gute Ernte zu erwarten. Er überlegte hin und her: ,Was kann ich tun? Ich weiß gar nicht, wo ich das alles unterbringen soll.' Dann sagte er sich: ,Ich werde meine Scheunen niederreißen und größere bauen. Dort werde ich mein ganzes Getreide und alle meine Vorräte unterbringen können. Und dann werde ich mir sagen, so, jetzt hast du es geschafft! Du bist auf viele Jahre versorgt. Ruh dich aus, iss und trink und genieße das Leben!' Da sagte Gott zu ihm: ,Du Narr! Noch in dieser Nacht wird man das Leben von dir fordern! Wem gehört dann alles, was du dir aufgehäuft hast?' – So geht es jedem, der nur auf seinen Gewinn aus ist, aber bei Gott nichts besitzt."

Hütet euch vor dem Sorgen!

Gleich darauf wendet sich Jesus wieder an seine Jünger. Er erklärt ihnen, wie bedeutungslos irdischer Besitz ist und dass man vielmehr auf das Wiederkommen des Herrn vorbereitet sein soll.

Quelltext: *Lukas 12,22-40*

Dann wandte sich Jesus wieder an seine Jünger: „Deshalb sage ich euch: Sorgt euch nicht um das Essen, das ihr zum Leben, und die Kleidung, die ihr für den Körper braucht. Das Leben ist doch

| letzte Monate | letzte Tage | Passion | nach Ostern |

wichtiger als das Essen und der Körper wichtiger als die Kleidung. Schaut euch die Raben an! Sie säen nicht, sie ernten nicht; sie haben weder Vorratskammern noch Scheunen; und Gott ernährt sie doch. Und ihr? Ihr seid doch viel mehr wert als diese Vögel! Wer von euch kann sich denn durch Sorgen das Leben auch nur um einen Tag[13] verlängern? Wenn ihr also nicht einmal solch eine Kleinigkeit zustandebringt, warum macht ihr euch dann Sorgen um all das andere? Seht euch an, wie die Lilien wachsen. Sie strengen sich dabei nicht an und nähen sich auch nichts. Doch ich sage euch: Selbst Salomo war in all seiner Pracht nicht so schön gekleidet wie eine von ihnen. Wenn Gott sogar die Feldblumen, die heute blühen und morgen ins Feuer geworfen werden, so schön kleidet, wie viel mehr wird er sich dann um euch kümmern, ihr Kleingläubigen! Und ihr? Ihr sollt euch nicht von der Sorge um Essen oder Trinken in Unruhe versetzen lassen. Denn damit plagen sich die Menschen dieser Welt herum. Euer Vater weiß doch, dass ihr das alles braucht! Euch soll es vielmehr um das Reich Gottes gehen, dann wird er euch das andere dazugeben. Hab also keine Angst, du kleine Herde! Euer Vater hat Freude daran, euch sein Reich zu geben. Verkauft euren Besitz und gebt das Geld für die Armen. Und macht euch Geldbeutel, die keine Löcher bekommen; legt euch einen unvergänglichen Schatz im Himmel an, wo kein Dieb ihn findet und keine Motte ihn zerfrisst. Denn euer Herz wird immer dort sein, wo ihr euren Schatz habt."

„Haltet euch bereit und sorgt dafür, dass eure Lampen brennen. Ihr müsst wie Sklaven sein, die auf ihren Herrn warten, der auf der Hochzeit ist. Wenn er dann zurückkommt und an die Tür klopft, können sie ihm sofort aufmachen. Sie dürfen sich freuen, wenn der Herr sie bei seiner Ankunft wach und dienstbereit findet. Ich versichere euch: Er wird sich die Schürze umbinden, sie zu Tisch bitten und sie selbst bedienen. Vielleicht kommt er spät in der Nacht oder sogar erst am frühen Morgen. Sie dürfen sich jedenfalls freuen, wenn er sie bereit findet.

Und das ist doch klar: Wenn ein Hausherr wüsste, zu welchem Zeitpunkt der Dieb kommt, würde er wach bleiben und nicht zulassen, dass in sein Haus eingebrochen wird. So solltet auch ihr immer bereit sein, denn der Menschensohn wird dann kommen, wenn ihr es gerade nicht erwartet."

---

13 Wörtlich: eine Elle. Der Ausdruck ist hier im übertragenen Sinn gebraucht.

Leiten ist Verantwortung

Quelltext: *Lukas 12,41-48*

„Herr", fragte Petrus, „meinst du mit diesem Gleichnis uns oder auch alle anderen?" Der Herr aber sagte: „Wer ist denn der treue und kluge Verwalter, dem sein Herr die Verantwortung überträgt, der ganzen Dienerschaft zur rechten Zeit das Essen zuzuteilen? Wenn nun sein Herr kommt und ihn bei dieser Arbeit findet – wie sehr darf sich dieser Sklave freuen! Ich versichere euch: Sein Herr wird ihm die Verantwortung über seine ganze Habe übertragen. Wenn jener Sklave aber denkt: ‚Mein Herr kommt noch lange nicht', und anfängt, die Dienerschaft zu schikanieren, während er sich selbst üppige Mahlzeiten gönnt und sich betrinkt, dann wird sein Herr an einem Tag zurückkommen, an dem er es nicht erwartet, und zu einer Stunde, die er nicht vermutet. Er wird seinem Sklaven dasselbe Los bereiten wie den Treulosen und ihn in Stücke hauen lassen. Jeder Sklave, der den Willen seines Herrn kennt, sich aber nicht darauf einstellt und tut, was sein Herr will, wird hart bestraft werden. Wer ihn dagegen nicht kennt und etwas tut, wofür er Strafe verdient hätte, wird mit einer leichteren Strafe davonkommen. Wem viel gegeben wurde, von dem wird viel gefordert werden, und wem viel anvertraut ist, von dem wird man viel verlangen."

Jesus bringt keinen Frieden

Quelltext: *Lukas 12,49-53*

„Ich bin gekommen, um ein Feuer auf der Erde anzuzünden, und ich wünschte, es würde schon brennen. Aber mir steht eine Taufe bevor, und ich bin sehr bedrückt, bis sie vollzogen ist. Denkt ihr vielleicht, dass ich gekommen bin, Frieden auf die Erde zu bringen? Nein, sage ich euch, sondern Entzweiung. Denn von jetzt an wird es so sein: Wenn fünf Menschen in einem Haus wohnen, werden sich drei gegen zwei stellen und zwei gegen drei. Der Vater wird gegen den Sohn sein und der Sohn gegen den Vater, die Mutter gegen die Tochter und die Tochter gegen die Mutter, die Schwiegermutter wird gegen die Schwiegertochter sein und die Schwiegertochter gegen die Schwiegermutter."

| letzte Monate | letzte Tage | Passion | nach Ostern |

Das Richtige tun

Quelltext: *Lukas 12,54-59*

Jesus wandte sich wieder an die Menschenmenge und sagte: „Wenn ihr im Westen eine Wolke aufsteigen seht, sagt ihr gleich: ‚Es gibt Regen', und dann regnet es auch. Und wenn ihr merkt, dass der Südwind weht, sagt ihr: ‚Es wird Hitze geben', und so kommt es dann auch. Ihr Heuchler! Das Aussehen von Himmel und Erde könnt ihr richtig einschätzen. Wieso könnt ihr dann die Zeichen dieser Zeit nicht beurteilen? Warum könnt ihr nicht selbst entscheiden, was vor Gott recht ist?

Wenn du jemand eine Schuld zu bezahlen hast und mit ihm vor Gericht musst, dann gib dir unterwegs alle Mühe, dich mit ihm zu einigen, damit er dich nicht vor den Richter schleppt. Denn dort wirst du womöglich verurteilt, dem Gerichtsdiener übergeben und ins Gefängnis geworfen. Ich sage dir, du kommst dort erst wieder heraus, wenn du den letzten Cent[14] bezahlt hast."

Waren sie wirklich unschuldig?

Einige aus der Menschenmenge erzählen Jesus von einem schlimmen Verbrechen des Pilatus, der galiläische Festpilger während ihres Gottesdienstes hatte töten lassen. Jesus benutzt dieses Beispiel und das Unglück mit dem Turm von Schiloach, der vor einiger Zeit plötzlich zusammengebrochen und 18 Menschen erschlagen hatte, um seine Zuhörer an die Umkehr zu Gott zu erinnern.

Quelltext: *Lukas 13,1-5*

Um diese Zeit kamen einige Leute zu Jesus und berichteten ihm von den Galiläern, die Pilatus beim Opfern umbringen ließ, so dass sich ihr Blut mit dem ihrer Opfertiere vermischte. Da sagte Jesus zu ihnen: „Meint ihr, diese Leute seien schlimmere Sünder gewesen als die anderen Galiläer, weil sie so grausam zu Tode kamen? Nein, sage ich euch; und wenn ihr eure Einstellung nicht ändert, werdet ihr alle ebenso umkommen! Oder denkt an die achtzehn, die beim Einsturz des Schiloach-Turms[15]

---

14 Wörtlich: Lepton, die kleinste damalige Münze. Ein Lepton ist der 128. Teil eines Denars, eines Tagelohns.

15 Turm in der Nähe des Schiloach-Teichs, ganz im Süden Jerusalems.

ums Leben kamen. Meint ihr, dass sie mehr Schuld auf sich geladen hatten als die anderen Einwohner Jerusalems? Nein, sage ich euch; und wenn ihr eure Einstellung nicht ändert, werdet ihr alle ebenso umkommen!"

Der Feigenbaum

Von einem Feigenbaum, der drei Jahre lang keine Frucht getragen hat, wird man wahrscheinlich auch in Zukunft keine mehr ernten.

Quelltext: *Lukas 13,6-9*

Dann erzählte Jesus folgendes Gleichnis: „Ein Mann hatte einen Feigenbaum in seinem Weinberg stehen. Doch wenn er kam, um nach Früchten zu sehen, fand er keine. Schließlich sagte er zu seinem Gärtner: ‚Seit drei Jahren suche ich Frucht an diesem Feigenbaum und finde keine. Hau ihn um! Wozu soll er den Boden aussaugen?' ‚Herr', erwiderte der Gärtner, ‚lass ihn dieses Jahr noch stehen! Ich will den Boden um ihn herum aufgraben und düngen. Vielleicht trägt er dann im nächsten Jahr Frucht – wenn nicht, kannst du ihn umhauen lassen.'"

Winter in Jerusalem

Dezember 29 n.Chr. *Bei seinem kurzen Abstecher vom Ostjordanland aus nach Jerusalem fragen die Juden ungeduldig, ob er nun der Messias sei oder nicht. Aus seiner Antwort entwickelt sich eine scharfe Diskussion, die in einem Steinigungs- und einem Verhaftungsversuch gipfelt.*

Die Säulenhalle an der südlichen äußeren Mauer des Tempelvorhofs war zum Hof hin offen und wurde nach Salomo genannt, weil in ihr Reste des salomonischen Tempels verbaut waren.

Chanukka, das Fest der Tempelweihe im Dezember dauerte acht Tage. Es erinnerte an die Neueinweihung des Tempels durch Judas Makkabäus im Jahr 164 v.Chr. und war verbunden mit der Erwartung eines Propheten, der sagen sollte, was mit den Steinen des damals abgebrochenen Brandopferaltars geschehen sollte. Weil in dieser Woche vor den Häusern und wohl auch im Tempel viele Lichter angezündet wurden, nannte man das Fest auch „Lichterfest".

letzte Monate   letzte Tage   Passion   nach Ostern

Quelltext: *Johannes 10,22-42*

Damals war gerade Winter, und in Jerusalem fand das Fest der Tempelweihe statt. Auch Jesus hielt sich im Tempel auf, in der Säulenhalle Salomos. Da umringten ihn die Juden und fragten: „Wie lange willst du uns noch hinhalten? Wenn du der Messias bist, dann sage es frei heraus!" – „Ich habe es euch doch schon gesagt", erwiderte Jesus, „aber ihr glaubt mir ja nicht. Alles, was ich im Namen meines Vaters tue, beweist, wer ich bin. Aber ihr gehört nicht zu meiner Herde, wie ich euch schon gesagt habe, und darum glaubt ihr nicht. Meine Schafe hören auf meine Stimme. Ich kenne sie, sie folgen mir und ich gebe ihnen das ewige Leben. Sie werden niemals verloren gehen, und niemand wird sie mir entreißen. Denn mein Vater, der sie mir gegeben hat, ist größer als alles, was es gibt; niemand kann sie ihm entreißen. Ich und der Vater sind eins."

Da hoben die Juden wieder Steine auf, um ihn damit zu töten. Jesus sagte ihnen: „Viele gute Werke habe ich im Auftrag meines Vaters unter euch getan. Für welches davon wollt ihr mich steinigen?" – „Wegen eines guten Werkes steinigen wir dich nicht", wüteten die Juden, „sondern wegen Gotteslästerung! Denn du machst dich selbst zu Gott, obwohl du nur ein Mensch bist." Jesus erwiderte: „Steht in eurem Gesetz nicht auch der Satz: ‚Ich habe gesagt, ihr seid Götter!'[16]? Wenn also diejenigen Götter genannt werden, an die das Wort Gottes erging – und die Schrift kann nicht außer Kraft gesetzt werden – wie könnt ihr da behaupten: ‚Du lästerst Gott!', weil ich sagte: ‚Ich bin Gottes Sohn'; ich, der vom Vater gerade dazu erwählt und in die Welt gesandt wurde? Wenn das, was ich tue, nicht die Werke meines Vaters sind, müsst ihr mir nicht glauben. Sind sie es aber, dann lasst euch wenigstens von den Werken überzeugen, wenn ihr schon mir nicht glauben wollt. An ihnen müsstet ihr doch erkennen, dass der Vater in mir ist, und dass ich im Vater bin." Da versuchten sie wieder, ihn festzunehmen. Aber er entzog sich ihren Händen.

Er überquerte den Jordan und ging an die Stelle, an der Johannes getauft hatte. Dort blieb er, und viele Menschen kamen zu ihm. „Johannes hat zwar keine Wunder getan", sagten sie, „aber alles, was er über diesen

---

16 Psalm 82,6

Mann gesagt hat, entspricht der Wahrheit." So kamen dort viele zum Glauben an Jesus.

Empörung in der Synagoge

Am nächsten Sabbat bringt Jesus seine Gegner in einer Synagoge in Verlegenheit, doch das Volk, das er für das Reich Gottes gewinnen will, freut sich über ihn.

Quelltext: *Lukas 13,10-21*

Als Jesus am Sabbat in einer Synagoge lehrte, befand sich eine Frau unter den Zuhörern, die seit achtzehn Jahren krank war. Ein böser Geist hatte sie verkrüppeln lassen. Sie war ganz verkrümmt und konnte sich nicht mehr aufrichten. Als Jesus sie sah, rief er sie zu sich: „Frau", sagte er, und legte ihr die Hände auf, „du bist frei von deinem Leiden!" Sofort konnte sie sich wieder aufrichten, und sie lobte Gott. Der Synagogenvorsteher aber ärgerte sich darüber, dass Jesus am Sabbat heilte, und sagte zu der versammelten Menge: „Es gibt sechs Tage, die zum Arbeiten da sind. Kommt an diesen Tagen, um euch heilen zu lassen, aber nicht am Sabbat." Der Herr entgegnete ihm: „Ihr Heuchler! Jeder von euch bindet am Sabbat seinen Ochsen oder Esel von der Krippe los und führt ihn zur Tränke. Und diese Frau hier, die der Satan achtzehn Jahre lang gebunden hatte, und die doch eine Tochter Abrahams ist, sie sollte an einem Sabbat nicht von ihrer Fessel befreit werden dürfen?" Diese Antwort beschämte seine Widersacher. Aber das ganze Volk freute sich über die wunderbaren Dinge, die durch Jesus geschahen.

Dann sagte Jesus: „Welches Bild kann das Reich Gottes am besten wiedergeben? Womit soll ich es vergleichen? Es gleicht einem Senfkorn[17], das ein Mann in seinen Garten sät. Es geht auf und wächst und wird zu einem Baum, in dessen Zweigen Vögel nisten können." – „Womit soll ich das Reich Gottes noch vergleichen?", sagte Jesus. „Es ist wie mit dem Sauerteig, den eine Frau nimmt und unter einen halben Sack[18] Mehl mischt. Am Ende ist die ganze Masse durchsäuert.

---

17 Gemeint ist wahrscheinlich der „Schwarze Senf" (Brassica nigra), dessen 1 mm großes Samenkorn in Israel für seine Kleinheit sprichwörtlich war.

18 Wörtlich: drei Sata. Ein Saton war ein Hohlmaß und fasst etwa 13 Liter.

| letzte Monate | letzte Tage | Passion | nach Ostern |

Die letzten Monate

Nur eine Tür

Januar 30 n.Chr. *Schon seit Oktober war das Denken von Jesus unausweichlich auf seinen Leidensweg in Jerusalem ausgerichtet. Alle Dörfer und Städte, die er seitdem besuchte, waren für ihn Schritte in diese Richtung, auch wenn sie geografisch gesehen Umwege bedeuteten. Nun macht er seinen Zuhörern deutlich, dass es nur eine Tür ins Reich Gottes gibt und dass es nicht viele sind, die hineingehen.*

Quelltext: *Lukas 13,22-30*

Auf dem Weg nach Jerusalem zog Jesus durch Städte und Dörfer und lehrte überall. Einmal sagte jemand zu ihm: „Herr, sind es nur wenige, die gerettet werden?" Er erwiderte: „Die Tür ist eng. Setzt alles dran, hineinzukommen! Denn ich sage euch: Viele werden es versuchen, aber es wird ihnen nicht gelingen. Wenn der Hausherr aufgestanden ist und die Haustür abgeschlossen hat, werdet ihr draußen stehen, klopfen und bitten: ‚Herr, mach uns auf!' Doch er wird euch antworten: ‚Ich kenne euch nicht und weiß auch nicht, wo ihr her seid!' Dann werdet ihr sagen: ‚Aber wir haben doch mit dir gegessen und getrunken, und auf unseren Straßen hast du gelehrt.' Doch er wird antworten: ‚Ich kenne euch nicht und weiß auch nicht, wo ihr her seid! Macht euch fort, ihr Schufte!' Wenn ihr dann sehen werdet, dass Abraham, Isaak und Jakob zusammen mit allen Propheten im Reich Gottes sind, ihr selbst aber draußen, dann wird das große Weinen und Zähneknirschen anfangen. Doch dann werden Menschen aus allen Himmelsrichtungen kommen und ihre Plätze im Reich Gottes einnehmen. Und denkt daran: Es gibt Letzte, die werden Erste sein und Erste, die werden Letzte sein."

Ein königlicher Fuchs

Dass Jesus seinen Landesfürsten Herodes Antipas als Fuchs bezeichnet, zielt nicht auf dessen Schlauheit, sondern auf seine Mordgier, die er schon an Johannes dem Täufer ausgelassen hatte. Trotz der drohenden Gefahr verlässt Jesus das Herrschaftsgebiet des Herodes nicht, denn er weiß um seinen göttlichen Auftrag.

Quelltext: *Lukas 13,31-35*

D a kamen einige Pharisäer zu Jesus und warnten ihn: „Verlass die Gegend!", sagten sie. „Herodes Antipas will dich töten!" Jesus erwiderte: „Geht und sagt diesem Fuchs: Heute treibe ich Dämonen aus und morgen heile ich Kranke und am dritten Tag bin ich am Ziel. Ja, heute und morgen und auch am folgenden Tag noch muss ich meinen Weg gehen. Denn es kann ja nicht sein, dass ein Prophet außerhalb von Jerusalem umkommt.

Jerusalem, Jerusalem, du tötest die Propheten und steinigst die, die Gott dir schickt. Wie oft wollte ich deine Kinder sammeln, wie eine Henne ihre Küken unter ihre Flügel bringt. Aber ihr habt nicht gewollt. Seht, euer Haus wird verlassen sein! Und ich sage euch: Ihr werdet mich erst wiedersehen, wenn ihr rufen werdet: ‚Gepriesen sei er, der kommt im Namen des Herrn!'"

Beim Oberpharisäer zu Gast

Jesus brüskiert den Hausherrn, der ihn eingeladen hat, durch eine Heilung am heiligen Tag, tadelt die anderen Gäste, die sich die besten Plätze aussuchen, sagt dem Gastgeber, dass er eigentlich die Falschen eingeladen hat und erzählt einem Gast, dass von den Eingeladenen praktisch keiner ins Reich Gottes kommt.

Quelltext: *Lukas 14,1-24*

A n einem Sabbat ging Jesus zum Essen in das Haus eines führenden Pharisäers. Er wurde aufmerksam beobachtet. Da stand auf einmal ein Mann vor ihm, der an Wassersucht[1] litt. Jesus fragte die anwesenden Gesetzeslehrer und Pharisäer: „Ist es erlaubt, am Sabbat zu heilen oder nicht?" Als sie ihm keine Antwort gaben, berührte er den Kranken, heilte ihn und ließ ihn gehen. Dann sagte er zu den Anwesenden: „Wenn einem von euch der eigene Sohn in den Brunnen stürzt oder auch nur ein Rind, zieht er sie dann nicht sofort wieder heraus, auch wenn Sabbat ist?" Sie konnten ihm nichts darauf antworten.

Als er bemerkte, wie die Eingeladenen sich die Ehrenplätze aussuchten, machte er sie mit einem Vergleich auf ihr Verhalten aufmerksam. „Wenn du von jemand zur Hochzeit eingeladen wirst, dann besetze nicht gleich den Ehrenplatz. Es könnte ja sein, dass noch jemand eingeladen ist, der

---

1   Abnorme, krankhafte Ansammlung von Flüssigkeit im Körper.

angesehener ist als du. Der Gastgeber, der euch beide eingeladen hat, müsste dann kommen und dir sagen: ‚Mach ihm bitte Platz!' Dann müsstest du beschämt ganz nach unten rücken. Nimm lieber von vornherein den letzten Platz ein. Wenn dann der Gastgeber kommt und zu dir sagt: ‚Mein Freund, nimm doch weiter oben Platz!', wirst du vor allen Gästen geehrt sein. Denn jeder, der sich selbst erhöht, wird erniedrigt werden, und wer sich selbst erniedrigt, wird erhöht werden."

Dann wandte er sich an seinen Gastgeber: „Wenn du mittags oder abends ein Essen gibst, dann lade nicht deine Freunde, deine Brüder oder deine Verwandten ein, auch nicht deine reichen Nachbarn. Denn sie würden dich wieder einladen und das wäre dann deine Belohnung. Nein, wenn du ein Essen gibst, dann lade Arme, Behinderte, Gelähmte und Blinde ein! Dann wirst du dich freuen können, weil sie nichts haben, um sich zu revanchieren. Gott aber wird es dir bei der Auferstehung der Gerechten vergelten."

Da sagte einer von den anderen Gästen zu Jesus: „Was für ein Glück muss es sein, im Reich Gottes zum Essen eingeladen zu werden!" Ihm antwortete Jesus folgendermaßen:

„Ein Mann plante ein großes Festessen für den Abend und lud viele dazu ein. Als das Fest beginnen sollte, schickte er seinen Sklaven und ließ den Eingeladenen sagen: ‚Kommt, es ist alles bereit!' Doch jetzt begann sich einer nach dem anderen zu entschuldigen. Der Erste erklärte: ‚Ich habe einen Acker gekauft, den ich mir unbedingt ansehen muss. Bitte entschuldige mich.' Ein anderer sagte: ‚Ich habe fünf Ochsengespanne gekauft, die ich gleich prüfen muss. Bitte entschuldige mich.' Und ein Dritter sagte: ‚Ich habe gerade erst geheiratet, darum kann ich nicht kommen.' Als der Sklave zurückkam und das seinem Herrn berichtete, wurde dieser zornig. Er befahl ihm: ‚Lauf schnell auf die Straßen und Gassen der Stadt und hole die Armen, die Behinderten, die Blinden und die Gelähmten herein!' Bald meldete der Sklave: ‚Herr, es ist geschehen, was du befohlen hast, aber es ist noch Platz für weitere Gäste.' Da befahl ihm der Herr: ‚Geh schnell auf die Landstraßen und an die Zäune und dränge alle, die du dort findest, hereinzukommen, damit mein Haus voll wird. Denn das eine sage ich euch: Keiner von denen, die ich zuerst eingeladen hatte, wird an meinen Tisch kommen!'"

Wer wirklich etwas taugt

Jesus hat nie um die Gunst der Massen gebuhlt und stellt jetzt den Scharen von Menschen, die ihm folgen, die harten Bedingungen einer echten Nachfolge vor Augen.

Quelltext: *Lukas 14,25-35*

Als Jesus weiterzog, begleiteten ihn viele Menschen. Er drehte sich zu ihnen um und sagte: „Wenn jemand zu mir kommen will, muss ich ihm wichtiger sein als sein eigener Vater, seine Mutter, seine Frau, seine Kinder, seine Geschwister und selbst sein eigenes Leben; sonst kann er nicht mein Jünger sein. Wer nicht sein Kreuz trägt und mir nachkommt, kann nicht mein Jünger sein.

Wenn jemand von euch ein hohes Haus bauen will, muss er sich doch vorher hinsetzen und die Kosten überschlagen, um zu sehen, ob sein Geld dafür reicht. Sonst hat er vielleicht das Fundament gelegt, kann aber nicht weiterbauen. Und alle, die das sehen, fangen an zu spotten. ‚Das ist der', sagen sie, ‚der ein hohes Haus bauen wollte und es nicht weitergebracht hat.'

Oder stellt euch einen König vor, der gegen einen anderen König Krieg führen muss. Wird er sich nicht vorher hinsetzen und überlegen, ob er mit zehntausend Mann stark genug ist, sich seinem Gegner zu stellen, der mit zwanzigtausend Mann anrückt? Wenn nicht, wird er, solange der andere noch weit weg ist, eine Gesandtschaft schicken und Friedensbedingungen aushandeln.

Darum kann auch keiner von euch mein Jünger sein, der nicht bereit ist, auf alles zu verzichten, was er hat. Salz ist etwas Gutes. Wenn es aber seinen Geschmack verliert, womit soll man es wieder salzig machen? Es ist nicht einmal mehr als Dünger für den Acker tauglich. Man kann es nur noch wegschütten.

Wer Ohren hat und hören kann, der hör zu!"

Wiederfinden macht Freude

Als die Pharisäer sich darüber aufregen, dass Jesus mit Leuten verkehrt, die sie als Sünder betrachten, erzählt er ihnen drei „Verlorenen-Geschichten."

Quelltext: *Lukas 15,1-32*

Immer wieder hielten sich auch Zolleinnehmer und andere Leute mit schlechtem Ruf in der Nähe von Jesus auf; auch sie wollten ihn hören. Die Pharisäer und die Gesetzeslehrer waren darüber empört. „Der nimmt Sünder auf", sagten sie, „und isst sogar mit ihnen!" Da erzählte Jesus ihnen folgendes Gleichnis:

„Wenn jemand von euch hundert Schafe hat und eins davon sich verirrt, lässt er dann nicht die neunundneunzig in der Steppe weitergrasen und geht dem verlorenen nach, bis er es findet? Und wenn er es gefunden hat, trägt er es voller Freude auf seinen Schultern nach Hause. Dann ruft er seine Freunde und Nachbarn zusammen und sagt zu ihnen: ‚Freut euch mit mir! Ich habe mein verlorenes Schaf wiedergefunden!' Ich sage euch: Im Himmel wird man sich genauso freuen. Die Freude über einen Sünder, der seine Einstellung geändert hat, ist größer als über neunundneunzig Gerechte, die es nicht nötig haben, umzukehren.

Oder wenn eine Frau zehn Drachmen[2] hat und eine davon verliert, zündet sie dann nicht eine Lampe an, fegt das ganze Haus und sucht in allen Ecken, bis sie die Münze findet? Und wenn sie sie dann gefunden hat, ruft sie ihre Freundinnen und Nachbarinnen zusammen und sagt zu ihnen: ‚Freut euch mit mir! Ich hab die verlorene Drachme wiedergefunden!' Ich sage euch: Genauso freuen sich die Engel Gottes über einen Sünder, der seine Einstellung geändert hat."

Jesus fuhr fort: „Ein Mann hatte zwei Söhne. Der jüngere sagte zu seinem Vater: ‚Ich möchte schon jetzt den Teil der Erbschaft haben, der mir zusteht.' Da teilte der Vater seinen Besitz unter seine Söhne auf.[3] Wenige Tage später hatte der jüngere seinen ganzen Anteil zu Geld gemacht und reiste in ein fernes Land. Dort lebte er in Saus und Braus und vergeudete sein ganzes Vermögen. Als er alles ausgegeben hatte, brach in jenem Land eine große Hungersnot aus, und es ging ihm schlecht. Da ging er zu einem Bürger jenes Landes und drängte sich ihm auf. Der schickte ihn zum Schweinehüten aufs Feld. Gern hätte er seinen Hunger mit den Schoten[4] für die Schweine gestillt. Aber er bekam nichts davon. Jetzt kam er zur Besinnung. ‚Alle Tagelöhner meines Vaters haben mehr als genug zu essen', sagte er sich, ‚aber ich komme hier vor Hunger um. Ich werde zu meinem Vater gehen und ihm sagen: Vater, ich habe mich gegen den Himmel versündigt und auch gegen dich. Ich bin es nicht mehr wert, dein Sohn genannt zu werden. Mach mich doch zu einem

2 Griechische Silbermünze im Wert von einem Tageslohn

3 Bei zwei Söhnen bekam der älteste Sohn normalerweise zwei Drittel, der jüngere ein Drittel des Erbes.

4 Die Früchte des Johannesbrotbaums wurden wohl auch von armen Menschen verzehrt.

deiner Tagelöhner!' So machte er sich auf den Weg zu seinem Vater. Er war noch weit entfernt, als der Vater ihn kommen sah. Voller Mitleid lief er ihm entgegen, fiel ihm um den Hals und küsste ihn. ‚Vater', sagte der Sohn, ‚ich habe mich gegen den Himmel versündigt und auch gegen dich; ich bin es nicht mehr wert, dein Sohn genannt zu werden.' Doch der Vater befahl seinen Sklaven: ‚Bringt schnell das beste Gewand heraus und zieht es ihm an! Steckt ihm einen Ring an den Finger und bringt ihm ein Paar Sandalen! Holt das Mastkalb und schlachtet es! Wir wollen ein Fest feiern und uns freuen. Denn mein Sohn hier war tot und ist ins Leben zurückgekehrt. Er war verloren und ist wiedergefunden worden.' Dann begannen sie zu feiern.

Der ältere Sohn war noch auf dem Feld. Als er zurückkam, hörte er schon von weitem Musik und Reigentanz. Er rief einen Sklaven her und erkundigte sich, was das sei. ‚Dein Bruder ist zurückgekommen', sagte dieser, ‚und dein Vater hat das gemästete Kalb schlachten lassen, weil er ihn gesund wiederhat.' Da wurde der ältere Sohn zornig und wollte nicht hineingehen. Sein Vater kam heraus und redete ihm zu. Doch er hielt seinem Vater vor: ‚So viele Jahre habe ich wie ein Sklave für dich geschuftet und mich nie deinen Anordnungen widersetzt. Aber mir hast du nie auch nur einen Ziegenbock gegeben, dass ich mit meinen Freunden hätte feiern können. Und nun kommt der da zurück, dein Sohn, der dein Geld mit Huren durchgebracht hat, und du schlachtest ihm gleich das Mastkalb!' ‚Aber Kind', sagte der Vater zu ihm, ‚du bist doch immer bei mir, und alles, was mir gehört, gehört auch dir! Jetzt mussten wir doch feiern und uns freuen! Denn dein Bruder war tot und ist ins Leben zurückgekommen, er war verloren und ist nun wiedergefunden.'"

Unehrlich, aber klug

Dann redet Jesus mit seinen Jüngern in aller Öffentlichkeit über Geld (Mammon). Er nennt in seiner Geschichte nicht unerhebliche Werte: Es handelt sich um 100 Bat Olivenöl, etwa 3800 Liter. Das war der Ertrag von 450 Bäumen. 100 Kor Weizen sind etwa 52 Kubikmeter, der Ertrag von 40 Hektar Ackerfläche. Klug ist, wer nicht nur an die irdische, sondern an die ewige Zukunft denkt.

Quelltext: *Lukas 16,1-13*

Dann wandte sich Jesus seinen Jüngern zu: „Ein reicher Mann hatte einen Verwalter. Der wurde bei ihm angeklagt, er würde sein Vermögen veruntreuen. Sein Herr stellte ihn zur Rede: ‚Was muss ich von dir hören? Leg die Abrechnung über deine Arbeit vor! Du wirst nicht länger mein Verwalter sein.' Der Verwalter sagte sich: ‚Was soll ich machen, wenn mein Herr mir die Verwaltung abnimmt? Für schwere Arbeit tauge ich nicht, und zu betteln schäme ich mich. Doch jetzt weiß ich, was ich tun muss, damit sie mich in ihre Häuser aufnehmen, wenn ich entlassen werde.' Er rief nacheinander alle zu sich, die bei seinem Herrn Schulden hatten. ‚Wie viel schuldest du meinem Herrn?', fragte er den Ersten. ‚Hundert Fass Olivenöl', sagte dieser. ‚Hier ist dein Schuldschein', sagte der Verwalter, ‚setzt dich hin und schreib fünfzig!' Dann fragte er den Nächsten: ‚Und du, wie viel Schulden hast du?' ‚Fünfhundert Sack Weizen', antwortete der. ‚Hier ist dein Schuldschein', sagte der Verwalter, ‚setzt dich hin und schreib vierhundert[5]!'"

Der Herr Jesus lobte den ungetreuen Verwalter, weil er klug gehandelt hatte. „Denn", sagte er, „die Menschen dieser Welt sind klüger im Umgang miteinander als die Menschen des Lichts. Und ich sage euch: Macht euch Freunde mit dem Mammon[6], an dem so viel Unrecht hängt, damit man euch dann, wenn er zu Ende geht, in die ewigen Wohnungen aufnimmt. Wer in den kleinen Dingen treu ist, ist auch in großen treu; und wer in den kleinsten Dingen unzuverlässig ist, ist es auch in den großen. Wenn ihr also im Umgang mit dem ungerechten Mammon nicht treu seid, wer soll euch dann die wahren Güter anvertrauen? Und wenn ihr mit fremdem Eigentum nicht treu seid, wer soll euch dann das anvertrauen, was euch gehören soll? Kein Haussklave kann gleichzeitig zwei Herren unterworfen sein. Entweder wird er den einen bevorzugen und den anderen vernachlässigen oder dem einen treu sein und den anderen hintergehen. Ihr könnt nicht Gott und dem Mammon gleichzeitig dienen."

Was danach kommt

Weil die Pharisäer, die auch zugehört hatten, sich verächtlich über die Worte von Jesus äußern, spricht der Herr ihre Heuchelei offen an und erzählt ihnen von einem armen Mann namens Lazarus und seinem Ergehen nach dem Tod. Auch in dieser Geschichte spielt Geld eine Rolle.

---

5 Wörtlich: achtzig. Das bezieht sich auf die Einheit „Kor".
6 Aramäischer Begriff für Besitz oder Vermögen.

| letzte Monate | letzte Tage | Passion | nach Ostern |

Quelltext: *Lukas 16,14-31*

Das alles hatten auch die Pharisäer mitgehört, die sehr an ihrem Geld hingen, und sie machten sich über ihn lustig. Da sagte er zu ihnen: „Ihr wollt den Leuten weismachen, dass ihr die Gerechten seid! Aber Gott kennt eure Herzen. Was bei den Menschen Eindruck macht, ist Gott ein Gräuel.

Bis Johannes der Täufer zu predigen begann, hattet ihr nur Mose und die Propheten. Seitdem wird die gute Botschaft vom Reich Gottes verkündigt, und die Menschen drängen sich mit Gewalt hinein. Doch eher vergehen Himmel und Erde, als dass auch nur ein Strichlein vom Gesetz hinfällig wird. Zum Beispiel begeht jeder, der sich von seiner Frau scheiden lässt und eine andere heiratet, Ehebruch. Und wer eine geschiedene Frau heiratet, begeht Ehebruch.

Da war ein reicher Mann, der teure Kleidung trug und jeden Tag im Luxus lebte. Vor dem Tor seines Hauses lag ein Armer namens Lazarus. Sein Körper war voller Geschwüre. Gern hätte er seinen Hunger mit den Küchenabfällen gestillt, doch nur die Hunde kamen und leckten an seinen Geschwüren. Der Arme starb und wurde von den Engeln zu Abraham gebracht. Er erhielt dort den Ehrenplatz an seiner Seite. Auch der Reiche starb und wurde begraben. Als er im Totenreich wieder zu sich kam und Qualen litt, sah er in weiter Ferne Abraham und Lazarus an seiner Seite. Da rief er: ‚Vater Abraham, hab Erbarmen mit mir! Schick mir doch Lazarus! Lass ihn seine Fingerspitze ins Wasser tauchen und meine Zunge kühlen, denn ich werde in der Glut dieser Flammen sehr gequält.‘ Doch Abraham erwiderte: ‚Mein Kind, denk daran, dass du schon in deinem Leben alles Gute bekommen hast, Lazarus aber nur das Schlechte. Jetzt wird er dafür hier getröstet und du hast zu leiden. Außerdem liegt zwischen uns und euch ein tiefer Abgrund, so dass niemand von uns zu euch hinüberkommen kann, selbst wenn er es wollte; und auch von euch kann niemand zu uns herüberkommen.‘ ‚Vater Abraham‘, bat der Reiche, ‚dann schick ihn doch wenigstens in das Haus meines Vaters! Denn ich habe noch fünf Brüder. Er soll sie warnen, damit sie nicht auch an diesen Ort der Qual kommen.‘ Doch Abraham sagte: ‚Sie haben die Weisung von Mose und den Propheten, auf die sollen sie hören.‘ ‚Nein, Vater Abraham‘, wandte er ein, ‚es müsste einer von den Toten zu ihnen kommen, dann würden sie ihre Einstellung ändern.‘ Darauf sagte Abraham zu ihm: ‚Wenn sie nicht auf Mose und die Propheten hören, werden sie sich auch nicht überzeugen lassen, wenn einer von den Toten aufersteht.‘"

Was Jüngern alles klar sein sollte
Quelltext: *Lukas 17,1-10*

Jesus sagte zu seinen Jüngern: „Es wird immer Verführungen geben, doch wehe dem, der daran Schuld ist. Für den wäre es besser, er würde mit einem Mühlstein um den Hals ins Meer geworfen, als dass er einen dieser Geringgeachteten hier zu Fall bringt. Seht euch also vor!

Wenn dein Bruder sündigt, weise ihn zurecht; und wenn er Reue zeigt, vergib ihm. Und wenn er siebenmal am Tag an dir schuldig wird und siebenmal wieder zu dir kommt und sagt: ‚Es tut mir leid!‘, sollst du ihm vergeben!“

Die Apostel baten den Herrn: „Stärke unseren Glauben!“ Da sagte der Herr: „Wenn euer Vertrauen nur so groß wäre wie ein Senfkorn, könntet ihr zu diesem Maulbeerfeigenbaum hier sagen: ‚Zieh deine Wurzeln aus der Erde und pflanze dich ins Meer!‘ Er würde euch gehorchen.“

„Wenn einer von euch einen Sklaven hat und dieser vom Pflügen oder Schafehüten zurückkommt, wird er ihm vielleicht sagen: ‚Komm gleich zum Essen!‘? Vielmehr wird er zu ihm sagen: ‚Mach das Abendessen fertig, binde dir eine Schürze um und bediene mich am Tisch! Wenn ich fertig bin, kannst du auch essen und trinken!‘ Und bedankt er sich vielleicht bei seinem Sklaven, dass er das Befohlene getan hat? So soll es auch bei euch sein. Wenn ihr alles getan habt, was euch aufgetragen war, dann sagt: ‚Wir sind Sklaven, weiter nichts. Wir haben nur unsere Pflicht getan.‘“

Dafür muss er sterben!

März 30 n.Chr. *Betanien liegt östlich vom Ölberg, nur drei Kilometer von Jerusalem entfernt. Als Jesus die Nachricht von der Krankheit des Lazarus erhält, ist er etwa eine Tagereise entfernt auf der anderen Seite des Jordan, in Peräa. Der Sohn Gottes geht aber nicht gleich los, sondern wartet auf einen Wink des Vaters im Himmel. Erst vier Tage nach dem Tod des Lazarus kommt er in Betanien an, wo Lazarus inzwischen in einer mit einem Rollstein verschlossenen Felsenhöhle bestattet worden war.*

Quelltext: *Johannes 11,1-54*

Nun wurde ein Mann in Betanien krank. Er hieß Lazarus. Betanien war das Dorf, in dem auch Maria und ihre Schwester Marta wohnten. Maria war die Frau, die dem Herrn das kostbare Salböl über die Füße gegossen und mit ihren Haaren abgetrocknet hatte. Lazarus war

| letzte Monate | letzte Tage | Passion | nach Ostern |

ihr Bruder. Da schickten die Schwestern eine Botschaft zu Jesus und ließen ihm sagen: „Herr, der, den du lieb hast, ist krank!"

Als Jesus das hörte, sagte er: „Am Ende dieser Krankheit steht nicht der Tod, sondern die Verherrlichung Gottes. Der Sohn Gottes soll durch sie verherrlicht werden." Jesus liebte Marta und ihre Schwester und den Lazarus. Als er nun hörte, dass Lazarus krank sei, blieb er noch zwei Tage an dem Ort, wo er war. Erst dann sagte er zu seinen Jüngern: „Wir gehen wieder nach Judäa zurück!" – „Rabbi", wandten die Jünger ein, „eben noch haben die Juden dort versucht, dich zu steinigen. Und jetzt willst du wieder dahin?" Jesus entgegnete: „Ist es am Tag nicht zwölf Stunden hell? Solange es hell ist, kann ein Mensch sicher seinen Weg gehen, ohne anzustoßen, weil er das Tageslicht hat. Wer aber in der Nacht unterwegs ist, stolpert, weil er kein Licht bei sich hat." Dann sagte er zu seinen Jüngern: „Unser Freund Lazarus ist eingeschlafen. Aber ich gehe jetzt hin, um ihn aufzuwecken." – „Herr, wenn er schläft, wird er gesund werden", sagten die Jünger. Sie dachten, er rede vom natürlichen Schlaf. Jesus hatte aber von seinem Tod gesprochen. Da sagte er es ihnen ganz offen: „Lazarus ist gestorben. Und wegen euch bin ich froh, dass ich nicht dort war, damit ihr glauben lernt. Aber kommt, lasst uns zu ihm gehen!" Thomas, den man auch Zwilling nannte, sagte zu den anderen Jüngern: „Ja, lasst uns mitgehen und mit ihm sterben!"

Als Jesus ankam, erfuhr er, dass Lazarus schon vier Tage in der Grabhöhle lag. Betanien war nur drei Kilometer[7] von Jerusalem entfernt, und viele Leute aus der Stadt waren zu Marta und Maria gekommen, um sie wegen ihres Bruders zu trösten. Als Marta hörte, dass Jesus auf dem Weg zu ihnen war, lief sie ihm entgegen. Maria blieb im Haus. „Herr", sagte Marta zu Jesus, „wenn du hier gewesen wärst, dann wäre mein Bruder nicht gestorben. Aber ich weiß, dass Gott dir auch jetzt keine Bitte abschlagen wird." – „Dein Bruder wird auferstehen!", sagte Jesus zu ihr. „Ich weiß, dass er auferstehen wird", entgegnete Marta, „bei der Auferstehung an jenem letzten Tag." Da sagte Jesus: „Ich bin die Auferstehung und das Leben. Wer an mich glaubt, wird leben, auch wenn er stirbt. Und wer lebt und an mich glaubt, wird niemals sterben. Glaubst du das?" – „Ja,

---

7   Wörtlich: fünfzehn Stadien. Stadion ist ein griechisches Längenmaß, das nach der Länge des Stadions in Olympia benannt ist und 600 griechische Fuß = rund 185 Meter betrug.

Herr!", antwortete sie, „ich glaube, dass du der Messias bist, der Sohn Gottes, der in die Welt kommen soll."

Danach ging sie weg, um ihre Schwester Maria zu holen. „Der Rabbi ist da!", sagte sie unbemerkt zu ihr. „Er will dich sehen!" Da stand Maria sofort auf und lief ihm entgegen. Jesus war noch nicht ins Dorf hineingekommen. Er war immer noch an der Stelle, wo Marta ihn getroffen hatte. Die Juden, die bei Maria im Haus gewesen waren, um sie zu trösten, sahen, wie sie plötzlich aufstand und hinausging. Sie dachten, sie wolle zur Gruft gehen, um dort zu weinen, und folgten ihr.

Als Maria nun an die Stelle kam, wo Jesus war, warf sie sich ihm zu Füßen und sagte: „Herr, wenn du hier gewesen wärst, dann wäre mein Bruder nicht gestorben." Als Jesus die weinende Maria sah und die Leute, die mit ihr gekommen waren, wurde er zornig und war sehr erregt. „Wo habt ihr ihn hingelegt?", fragte er sie. „Komm und sieh selbst", antworteten die Leute. Da brach Jesus in Tränen aus. „Seht einmal, wie lieb er ihn gehabt hat", sagten die Juden. Aber einige von ihnen meinten: „Er hat doch den Blinden geheilt. Hätte er nicht auch Lazarus vor dem Tod bewahren können?" Da wurde Jesus wieder zornig und ging zur Gruft. Das war eine Höhle, deren Eingang mit einem Rollstein verschlossen war. „Wälzt den Stein weg!", sagte Jesus. Doch Marta, die Schwester des Verstorbenen wandte ein: „Herr, der Geruch! Er liegt ja schon vier Tage hier." Jesus erwiderte: „Ich habe dir doch gesagt, dass du die Herrlichkeit Gottes sehen wirst, wenn du mir vertraust!" Da rollten sie den Stein beiseite. Jesus blickte zum Himmel auf und sagte: „Vater, ich danke dir, dass du mich erhört hast. Ich weiß, dass du mich immer erhörst. Aber wegen der Menschenmenge, die hier steht, habe ich es laut gesagt. Sie sollen glauben, dass du mich gesandt hast." Danach rief er mit lauter Stimme: „Lazarus, komm heraus!" Da kam der Tote heraus, Hände und Füße mit Grabbinden umwickelt und das Gesicht mit einem Schweißtuch zugebunden. „Macht ihn frei und lasst ihn gehen!", sagte Jesus.

Als sie das gesehen hatten, glaubten viele der Juden, die zu Maria gekommen waren, an Jesus. Doch einige von ihnen gingen zu den Pharisäern und berichteten, was Jesus getan hatte. Da riefen die Hohen Priester und Pharisäer den Hohen Rat zusammen. „Was sollen wir tun?", fragten sie. „Dieser Mensch tut viele Aufsehen erregende Dinge! Wenn wir ihn so weitermachen lassen, werden schließlich noch alle an ihn glauben. Und dann werden die Römer eingreifen. Sie werden unseren Tempel und das ganze Volk vernichten." Einer von ihnen, Kajaphas, der in jenem Jahr

| letzte Monate | letzte Tage | Passion | nach Ostern |

der amtierende Hohe Priester war, sagte: „Ihr begreift aber auch gar nichts! Versteht ihr denn nicht, dass es viel besser für uns ist, wenn einer für alle stirbt und nicht das ganze Volk umkommt?" Er hatte das nicht von sich aus gesagt, sondern in seiner Eigenschaft als Hoher Priester die Weissagung ausgesprochen, dass Jesus für diese Nation sterben sollte. Jesus starb allerdings nicht nur für das jüdische Volk, sondern auch, um die in aller Welt verstreuten Kinder Gottes zu einem Volk zusammenzuführen. Von diesem Tag an waren sie fest entschlossen, ihn zu töten.

Verachtet, aber fromm

Im Grenzgebiet von Samarien und Galiläa trifft Jesus zehn Männer, die wegen einer abstoßenden Hautkrankheit, evtl. Lepra, von der Gesellschaft isoliert waren. Er schickt sie nach der Vorschrift von 3. Mose 13,45-46; 14,1-32 zu den Priestern.

Quelltext: *Lukas 17,11-19*

Auf dem Weg nach Jerusalem zog Jesus durch das Grenzgebiet von Samarien und Galiläa. Kurz vor einem Dorf kamen ihm zehn Aussätzige entgegen. Sie blieben in einiger Entfernung stehen und riefen: „Jesus, Herr, hab Erbarmen mit uns!" Jesus sah sie an und sagte zu ihnen: „Geht zu den Priestern und stellt euch ihnen vor!" Auf dem Weg dorthin wurden sie gesund. Einer aus der Gruppe kam zurück, als er es merkte, und lobte Gott mit lauter Stimme. Er warf sich vor Jesus nieder und dankte ihm. Und das war ein Samariter.[8] Jesus sagte: „Sind denn nicht alle zehn geheilt worden? Wo sind die anderen neun? Ist es keinem in den Sinn gekommen, Gott die Ehre zu erweisen, als nur diesem Fremden hier?" Dann sagte er zu dem Mann: „Steh auf und geh nach Hause! Dein Glaube hat dich gerettet."

Ein kosmisches Ereignis

Die Frage von einigen Pharisäern nutzt Jesus zur Belehrung seiner Jünger über das Reich Gottes. Die Herrschaft des Messias wird völlig anders beginnen, als sie es sich vorgestellt haben.

---

8   Die Samariter waren ein Mischvolk aus Israeliten und Heiden (siehe 2. Könige 17,24-40). Sie galten als unfromm und wurden von den Juden verachtet.

Quelltext: *Lukas 17,20-37*

Einige Pharisäer fragten Jesus, wann das Reich Gottes komme. Er antwortete: „Das Reich Gottes kommt nicht so, dass man es an äußeren Zeichen erkennen kann. Man wird auch nicht sagen können: ‚Seht, hier ist es!‘, oder: ‚Seht einmal, dort!‘ Nein, das Reich Gottes ist schon jetzt mitten unter euch."

Dann sagte Jesus zu seinen Jüngern: „Es wird eine Zeit kommen, wo ihr euch danach sehnt, auch nur einen Tag des Menschensohnes zu erleben, aber es wird euch nicht vergönnt sein. Sie werden zu euch sagen: ‚Seht einmal, dort ist er!‘, oder: ‚Seht hier!‘ Geht dann nicht hin und lauft auch niemand nach!

Denn wenn der Menschensohn kommt, wird es wie bei einem Blitz den ganzen Horizont erhellen. Vorher muss er aber noch vieles leiden und von der jetzigen Generation verworfen werden.

Und wenn der Menschensohn kommt, wird es so wie in Noahs Zeit sein. Die Menschen aßen und tranken, heirateten und wurden verheiratet – bis zu dem Tag, an dem Noah in die Arche ging. Dann kam die Flut und brachte alle um.

Und es wird so sein wie in Lots Zeit: Die Menschen aßen und tranken, sie kauften und verkauften, sie pflanzten und bauten – bis zu dem Tag, an dem Lot Sodom verließ. Da regnete es Feuer und Schwefel vom Himmel und brachte alle um. Genauso wird es an dem Tag sein, an dem der Menschensohn für alle sichtbar werden wird.

Wer sich dann gerade auf der Dachterrasse seines Hauses aufhält und seine Sachen im Haus hat, soll nicht erst hinuntersteigen, um sie zu holen; und wer auf dem Feld ist, soll nicht erst zurückkehren. Denkt an Lots Frau![9] Wer sein Eigenleben zu retten versucht, wird es verlieren, wer es aber verliert, wird es bewahren.

Ich sage euch: Wenn in jener Nacht zwei in einem Bett liegen, wird der eine angenommen und der andere zurückgelassen. Wenn zwei an derselben Mühle mahlen, wird die eine angenommen und die andere zurückgelassen werden." – „Herr, wo wird das geschehen?", fragten die Jünger. Er erwiderte: „Wo das Aas liegt, da sammeln sich die Geier."

---

9 Lots Frau, die Frau von Abrahams Neffen, erstarrte zur Salzsäule, als sie sich trotz Verbots nach dem brennenden Sodom umschaute (1. Mose 19,24-26).

| letzte Monate | letzte Tage | Passion | nach Ostern |

Wer wirklich gerecht ist

Quelltext: *Lukas 18,1-14*

Durch folgendes Gleichnis machte er ihnen deutlich, dass sie immer beten sollten, ohne sich entmutigen zu lassen: „In einer Stadt lebte ein Richter", sagte er, „der achtete weder Gott noch die Menschen. In der gleichen Stadt lebte auch eine Witwe, die immer wieder zu ihm kam und ihn aufforderte, ihr zum Recht gegen jemand zu verhelfen, der ihr Unrecht getan hatte. Lange Zeit wollte der Richter nicht, doch schließlich sagte er sich: ‚Ich mache mir zwar nichts aus Gott und was die Menschen denken, ist mir egal, doch diese aufdringliche Witwe wird mir lästig. Ich muss ihr zum Recht verhelfen, sonst wird sie am Ende noch handgreiflich.'"

Der Herr fuhr fort: „Habt ihr gehört, was dieser Richter sagt, dem es ja gar nicht um Gerechtigkeit geht? Sollte Gott da nicht erst recht seinen Auserwählten zu ihrem Recht verhelfen, die Tag und Nacht zu ihm rufen? Wird er sie etwa lange warten lassen? Ich sage euch: Er wird dafür sorgen, dass sie schnell zu ihrem Recht kommen. Aber wird der Menschensohn wohl solch einen Glauben auf der Erde finden, wenn er kommt?"

Dann wandte sich Jesus einigen Leuten zu, die voller Selbstvertrauen meinten, in Gottes Augen gerecht zu sein, und deshalb für die anderen nur Verachtung übrig hatten. Er erzählte ihnen folgendes Gleichnis: „Zwei Männer, ein Pharisäer und ein Zolleinnehmer[10], gingen zum Gebet in den Tempel. Der Pharisäer stellte sich hin und betete für sich: ‚Ich danke dir, Gott, dass ich nicht so bin wie die anderen Menschen, all diese Räuber, Betrüger, Ehebrecher oder wie dieser Zolleinnehmer dort. Ich faste zweimal in der Woche und gebe den Zehnten von all meinen Einkünften.' Der Zolleinnehmer jedoch blieb weit entfernt stehen und wagte nicht einmal zum Himmel aufzublicken. Er schlug sich an die Brust und sagte: ‚Gott, sei mir gnädig. Ich bin ein Sünder.' Ich sage euch: Dieser Mann wurde von Gott als gerecht angesehen, der andere nicht. Denn jeder, der sich selbst erhöht, wird von Gott erniedrigt werden; und wer sich selbst erniedrigt, wird von Gott erhöht werden."

---

10 Zöllner oder Steuereinnehmer waren im Judentum so verachtet, dass sie weder Ehrenämter übernehmen noch als Zeugen auftreten durften. Sich an die Brust zu schlagen war normalerweise ein Zeichen großen Kummers.

Scheidungsgründe

Auf dem weiteren Weg nach Jerusalem spricht Jesus zuerst mit den Pharisäern und dann mit seinen Jüngern über Scheidung und Wiederheirat. Er bezieht sich dabei direkt auf den Schöpfungsbericht.

Die pharisäischen Schriftgelehrten der Schule Schammais erlaubten Scheidung nur bei ehelicher Untreue, hielten eine Wiederheirat aber nicht für Ehebruch. Die pharisäischen Schriftgelehrten der Schule Hillels erlaubten eine Scheidung schon, wenn die Frau das Brot anbrennen ließ, und später sogar, wenn der Mann eine andere Frau attraktiver fand. Jüdische Männer nahmen das Recht auf Scheidung ganz selbstverständlich für sich in Anspruch. Auch Frauen konnten sich unter bestimmten Bedingungen scheiden lassen, benötigten dazu aber die Zustimmung eines Gerichts.

Quelltext: *Matthäus 19,1-12; Markus 10,1-12*

Als Jesus diese Rede beendet hatte, zog er weiter. Er verließ Galiläa und kam in das Gebiet von Judäa und das Ostjordanland. Wieder kamen die Menschen in Scharen zu ihm. Er unterrichtete sie nach seiner Gewohnheit und heilte sie. Dann kamen einige Pharisäer und wollten ihm eine Falle stellen. Sie fragten: „Darf ein Mann aus jedem beliebigen Grund seine Frau aus der Ehe entlassen?" – „Was hat Mose über die Scheidung gesagt?", fragte Jesus zurück. „Er hat sie erlaubt", erwiderten sie, „wenn man der Frau eine Scheidungsurkunde ausstellt."

„Habt ihr nie gelesen", erwiderte Jesus, „dass Gott die Menschen von Anfang an als Mann und Frau geschaffen hat? Und dass er dann sagte: ‚Deshalb wird ein Mann seinen Vater und seine Mutter verlassen und sich an seine Frau binden, und die zwei werden eine Einheit sein'? Sie sind also nicht mehr zwei, sondern eine Einheit. Und was Gott zusammengefügt hat, sollen Menschen nicht scheiden!" – „Warum hat Mose dann aber gesagt", entgegneten sie, „dass man der Frau eine Scheidungsurkunde ausstellen soll, bevor man sie wegschickt?" Jesus erwiderte: „Nur, weil ihr so harte Herzen habt, hat Mose euch erlaubt, eure Frauen wegzuschicken. Am Anfang war es jedoch nicht so."

Im Haus wollten die Jünger dann noch mehr darüber wissen. Jesus sagte ihnen: „Wer sich von seiner Frau trennt und eine andere heiratet – es sei denn, sie wäre ihm untreu geworden –, begeht Ehebruch gegenüber seiner ersten Frau. Auch eine Frau begeht Ehebruch, wenn sie sich von ihrem Mann trennt und einen anderen heiratet."

Da sagten die Jünger: „Dann wäre es ja besser, gar nicht zu heiraten!" Jesus erwiderte: „Das ist etwas, was nicht alle fassen können, sondern nur die, denen es von Gott gegeben ist. Manche sind nämlich von Geburt an unfähig zur Ehe, andere – wie zum Beispiel die Eunuchen – sind es durch einen späteren Eingriff geworden, und wieder andere verzichten von sich aus auf die Ehe, weil sie ganz für das Reich, das vom Himmel regiert wird, da sein wollen. Wer es fassen kann, der fasse es!"[11]

Kinder im Reich Gottes

Jesus heißt im Gegensatz zu seinen Jüngern die kleinen Kinder ausdrücklich in seinem Reich willkommen.

Quelltext: *Matthäus 19,13-15; Markus 10,13-16; Lukas 18,15-17*

Eines Tages wollten einige Leute Kinder zu Jesus bringen, damit er ihnen die Hände auflege und für sie bete. Doch die Jünger fuhren die Leute an und wiesen sie unfreundlich ab. Als Jesus das sah, sagte er den Jüngern ärgerlich: „Lasst doch die Kinder zu mir kommen und hindert sie nicht daran! Gottes Reich ist ja gerade für solche wie sie bestimmt. Ich versichere euch: Wer sich Gottes Reich nicht wie ein Kind schenken lässt, wird nie hineinkommen." Dann nahm er die Kinder in die Arme, legte ihnen die Hände auf und segnete sie.

Erste werden Letzte

Ein junger, reicher, angesehener Mann will das ewige Leben bekommen. Jesus sagt seinen Jüngern, dass eher ein Kamel durch das winzige Öhr einer Nadel[12] geführt werden kann, als dass ein Reicher sich der Herrschaft Gottes unterstellt. Aber nicht bloß Reiche haben Probleme mit dem Geld, sondern auch Arme, wenn sie sich ungerecht behandelt fühlen.

---

11 Für einen Juden gab es kaum etwas Schlimmeres, als die Kastration eines Mannes, weil der nach 5. Mose 23,2 aus dem Gottesvolk ausgeschlossen werden musste. Manche Sklaven an orientalischen Fürstenhöfen wurden so zu Eunuchen gemacht.

12 Hiermit ist kein Jerusalemer Stadttor gemeint, wie oft behauptet wird.

| vor Christus | Geburt/Jugend | 1. Dienstjahr | 2. Dienstjahr |

Quelltext: *Matthäus 19,16-20,16; Markus 10,17-31; Lukas 18,18-30*

Als Jesus sich gerade wieder auf den Weg machte, kam ein angesehener Mann angelaufen, warf sich vor ihm auf die Knie und fragte: „Guter Rabbi, was muss ich Gutes tun, um das ewige Leben zu bekommen?" – „Was nennst du mich gut?", entgegnete Jesus. „Gut ist nur Gott, sonst niemand! Was fragst du mich nach dem Guten? Doch wenn du das Leben bekommen willst, dann halte die Gebote!" – „Welche denn?", fragte der Mann. Jesus antwortete: „Du sollst nicht morden, nicht die Ehe brechen, nicht stehlen, du sollst keine Falschaussagen machen. Ehre deinen Vater und deine Mutter und liebe deinen Nächsten wie dich selbst!" – „Rabbi", erwiderte der Mann, „das alles habe ich von Jugend an befolgt." Jesus sah ihn voller Liebe an. „Eins fehlt dir", sagte er, „wenn du vollkommen sein willst, geh und verkaufe alles, was du hast, und gib den Erlös den Armen – du wirst dann einen Schatz im Himmel haben – und komm, folge mir nach!" Der Mann war entsetzt, als er das hörte, und ging traurig weg, denn er hatte ein großes Vermögen.

Als Jesus ihn so traurig sah, sagte er: „Wie schwer ist es doch für Wohlhabende, in Gottes Reich zu kommen!" Die Jünger waren bestürzt. Aber Jesus wiederholte: „Kinder, wie schwer ist es, in das Reich hineinzukommen, das vom Himmel regiert wird! Eher kommt ein Kamel durch ein Nadelöhr als ein Reicher in Gottes Reich." Als die Jünger das hörten, gerieten sie völlig außer sich und fragten einander: „Wer kann dann überhaupt gerettet werden?" Jesus blickte sie an und sagte: „Für Menschen ist das unmöglich, nicht aber für Gott. Für Gott ist alles möglich."

Da sagte Petrus: „Du weißt, wir haben alles verlassen und sind dir gefolgt. Was werden wir dafür bekommen?" – „Ich versichere euch", erwiderte Jesus, „wenn der Menschensohn in der kommenden Welt auf dem Thron seiner Herrlichkeit sitzt, werdet auch ihr, die ihr mir nachgefolgt seid, auf zwölf Thronen sitzen, um die zwölf Stämme Israels zu richten. Und jeder, der wegen mir oder wegen der guten Botschaft Haus, Brüder, Schwestern, Vater, Mutter, Kinder oder Äcker verlassen hat, bekommt es hundertfach zurück – wenn auch unter Verfolgungen – und wird in der kommenden Welt das ewige Leben erhalten. Aber viele, die jetzt die Großen sind, werden dann die Geringsten sein, und die jetzt die Letzten sind, werden dann die Ersten sein.

Denn mit dem Reich, das vom Himmel regiert wird, ist es wie mit einem Gutsherrn, der sich früh am Morgen aufmachte, um Arbeiter für seinen Weinberg einzustellen. Er einigte sich mit ihnen auf den üblichen

| letzte Monate | letzte Tage | Passion | nach Ostern |

Tageslohn von einem Denar und schickte sie in seinen Weinberg. Als er gegen neun Uhr noch einmal auf den Marktplatz ging, sah er dort noch andere arbeitslos herumstehen. ‚Ihr könnt in meinem Weinberg arbeiten‘, sagte er zu ihnen, ‚ich werde euch dafür geben, was recht ist.‘ Da gingen sie an die Arbeit. Genauso machte er es um die Mittagszeit und gegen drei Uhr nachmittags. Als er gegen fünf Uhr das letzte Mal hinausging, fand er immer noch einige herumstehen. ‚Warum tut ihr den ganzen Tag nichts?‘, fragte er sie. ‚Weil uns niemand eingestellt hat‘, gaben sie zur Antwort. ‚Ihr könnt auch noch in meinem Weinberg arbeiten!‘, sagte der Gutsherr. Am Abend sagte er dann zu seinem Verwalter: ‚Ruf die Arbeiter zusammen und zahle ihnen den Lohn aus. Fang bei denen an, die zuletzt gekommen sind, und hör bei den Ersten auf.‘ Die Männer, die erst gegen fünf Uhr angefangen hatten, bekamen je einen Denar. Als nun die ersten an der Reihe waren, dachten sie, sie würden mehr erhalten. Aber auch sie bekamen je einen Denar. Da murrten sie und beschwerten sich beim Gutsherrn. ‚Diese da, die zuletzt gekommen sind‘, sagten sie, ‚haben nur eine Stunde gearbeitet, und du behandelst sie genauso wie uns. Dabei haben wir den ganzen Tag über geschuftet und die Hitze ertragen.‘ Da sagte der Gutsherr zu einem von ihnen: ‚Mein Freund, ich tue dir kein Unrecht. Hatten wir uns nicht auf einen Denar geeinigt? Nimm dein Geld und geh! Ich will nun einmal dem Letzten hier genauso viel geben wie dir. Darf ich denn mit meinem Geld nicht machen, was ich will? Oder bist du neidisch, weil ich so gütig bin?‘ – So wird es kommen, dass die Letzten die Ersten sind und die Ersten die Letzten.“

Angst bei den Jüngern

Die Jünger ahnen, wie gefährlich es jetzt sein müsste, nach Jerusalem zu gehen und sich dort mit der hohenpriesterlichen Aristokratie anzulegen. Doch Jesus geht unbeirrt auf sein Leiden zu.

Quelltext: *Matthäus 20,17-19; Markus 10,32-34; Lukas 18,31-34*

Als sie auf dem Weg nach Jerusalem hinauf waren, ging Jesus voran. Die Leute wunderten sich über ihn, aber die Jünger hatten Angst. Da nahm er die Zwölf noch einmal beiseite und machte ihnen klar, was mit ihm geschehen werde: „Passt auf, wenn wir jetzt nach Jerusalem kommen, wird der Menschensohn an die Hohen Priester und die Gesetzeslehrer ausgeliefert. Die werden ihn zum Tod verurteilen und den

Fremden übergeben, die Gott nicht kennen. Diese werden ihren Spott mit ihm treiben, ihn demütigen, anspucken, auspeitschen und töten. Doch drei Tage später wird er vom Tod auferstehen." Die Jünger verstanden kein Wort. Der Sinn des Gesagten blieb ihnen verborgen; sie verstanden einfach nicht, was damit gemeint war.

Herrschen oder dienen?

Kurz vorher hatte Jesus seinen Jüngern versprochen, dass sie auf Thronen sitzen würden. Nun kommen die Zebedäussöhne zusammmen mit ihrer Mutter, die wohl zu den Frauen zählte, die Jesus mit ihrer Habe unterstützten, und erbitten die ersten Plätze.

Quelltext: *Matthäus 20,20-28; Markus 10,35-45*

Da traten Jakobus und Johannes, die Söhne von Zebedäus, mit ihrer Mutter an Jesus heran und sagten: „Rabbi, wir wollen, dass du uns eine Bitte erfüllst." – „Was wollt ihr?", fragte er. „Was soll ich für euch tun?" Ihre Mutter hatte sich vor Jesus niedergeworfen und antworte-te: „Erlaube doch, dass meine beiden Söhne in der Herrlichkeit deines Reiches links und rechts neben dir sitzen!" Doch Jesus erwiderte: „Ihr wisst nicht, was ihr da verlangt! Könnt ihr den bitteren Becher austrinken, den ich trinken werde, und die Taufe auf euch nehmen, mit der ich getauft werde?" – „Ja, das können wir", erklärten sie. Jesus erwiderte: „Den Becher, den ich trinken muss, werdet ihr zwar auch trinken, und die Taufe, die mir bevorsteht, werdet ihr auch empfangen, doch ich kann nicht bestimmen, wer auf den Plätzen links und rechts von mir sitzen wird. Dort werden die sitzen, die mein Vater dafür vorgesehen hat."

Die anderen zehn hatten das Gespräch mit angehört und ärgerten sich über Jakobus und Johannes. Da rief Jesus sie zu sich und sagte: „Ihr wisst, wie die Herrscher sich als Herren aufspielen und die Großen ihre Macht missbrauchen. Bei euch aber soll es nicht so sein. Wer bei euch groß sein will, soll euer Diener sein, und wer bei euch der Erste sein will, soll der Sklave von allen sein. Auch der Menschensohn ist nicht gekommen, um sich bedienen zu lassen, sondern um zu dienen und sein Leben als Lösegeld für viele zu geben."

Von Blindheit und Geldliebe geheilt

In der Nähe von Jericho, wahrscheinlich zwischen der alttestamentlichen Stadt und der von Herodes dem Großen begonnenen und durch seinen

| letzte Monate | letzte Tage | Passion | nach Ostern |

Sohn Archelaus weiter ausgebauten Neustadt[12], trifft der Herr auf zwei Blinde[13], die ihn um Erbarmen anflehen. Dann in der Neustadt von Jericho, die 1,5 km südlich der Altstadt liegt, ruft Jesus den reichen Zolleinnehmer vom Baum herunter und kehrt in sein Haus ein.

Quelltext: *Matthäus 20,29-34; Markus 10,46-52; Lukas 18,35 – 19,10*

So erreichten sie Alt-Jericho. Als Jesus mit seinen Jüngern und einer großen Menschenmenge die Stadt wieder verließ, saßen da zwei blinde Bettler am Weg. Einer von ihnen war Bartimäus, der Sohn von Timäus. Sie hörten eine große Menschenmenge vorbeiziehen und erkundigten sich, was das zu bedeuten habe. „Jesus von Nazaret kommt vorbei", erklärte man ihnen. Da riefen sie laut: „Herr, Jesus, Sohn Davids, hab Erbarmen mit uns!" Viele ärgerten sich darüber und fuhren sie an, still zu sein. Doch sie schrien nur umso lauter: „Herr, Sohn Davids, hab Erbarmen mit uns!" Jesus blieb stehen und sagte: „Ruft sie her!" Da liefen einige zu den Blinden und sagten: „Nur Mut! Kommt, er ruft euch!" Da warfen sie ihre Umhänge ab, sprangen auf und kamen zu Jesus. „Was möchtet ihr von mir?", fragte er sie. „Herr, Rabbuni[14]", sagten die Blinden, „wir möchten sehen können!" Da hatte Jesus Mitleid mit ihnen und berührte ihre Augen. „Ihr sollt wieder sehen können", sagte Jesus. „Geht nur! Euer Glaube hat euch geheilt!" Im gleichen Augenblick konnten sie sehen, folgten Jesus auf dem Weg und priesen Gott.

Auch die ganze Menge, die dabei war, pries Gott. So kam Jesus nach Neu-Jericho und zog mitten durch die Stadt. Dort gab es einen reichen Mann namens Zachäus. Er war der oberste Zolleinnehmer und wollte unbedingt sehen, wer Jesus war. Aber es gelang ihm nicht, weil er klein war und die vielen Leute ihm die Sicht versperrten. Da lief er voraus und kletterte auf einen Maulbeerfeigenbaum. Er hoffte, ihn dann sehen zu können, denn Jesus sollte dort vorbei kommen. Als Jesus an die Stelle kam, blickte er hoch und sah ihn an und rief: „Zachäus, komm schnell herunter! Ich muss heute noch zu dir kommen!" Schnell stieg Zachäus vom Baum herunter und nahm Jesus voller Freude bei sich auf. Die Leute waren empört,

---

12 Herodes hatte dort unter anderem ein Lustschloss, Theater, Amphitheater und Hippodrom gebaut.

13 Markus und Lukas berichten nur von einem Blinden, dem bekannteren von beiden, von dem Markus sogar den Namen überliefert hat: Bartimäus.

14 Ehrenvolle Anrede für hervorragende Gesetzeslehrer.

als sie das sahen. „Bei einem ausgemachten Sünder ist er eingekehrt!", murrten sie. Zachäus aber trat vor den Herrn und sagte: „Herr, die Hälfte meines Vermögens werde ich den Armen geben, und wenn ich von jemand etwas erpresst habe, werde ich es ihm vierfach zurückerstatten." Da sagte Jesus zu ihm: „Heute hat dieses Haus Rettung erfahren." Und dann fügte er hinzu: „Er ist doch auch ein Sohn Abrahams. Der Menschensohn ist ja gekommen, um zu suchen und zu retten, was verloren ist."

Abrechnung

Weil seine Begleiter denken, dass das Reich Gottes jetzt bald anbrechen müsse, erzählt Jesus ihnen die Geschichte von einem vornehmen Mann, der außer Landes reiste. Er kam als König wieder und verlangte dann von seinen Dienern Rechenschaft. Obwohl das Gleichnis unübersehbare Parallelen zu der Geschichte von Herodes Archelaus hat, verfolgt Jesus damit keinen politischen Zweck. Er will vielmehr seine Nachfolger ermutigen, die Zeit seiner Abwesenheit gut zu nutzen.

Quelltext: *Lukas 19,11-28*

Weil Jesus schon nahe[15] bei Jerusalem war, meinten die Leute, die ihm zuhörten, dass das Reich Gottes nun anbrechen würde. Deshalb fügte Jesus noch folgendes Gleichnis an: „Ein Mann aus fürstlichem Haus wollte in ein fernes Land reisen, um sich dort zum König über sein eigenes Land krönen zu lassen. Er rief zehn seiner Sklaven zu sich und gab jedem ein Pfund Silbergeld.[16] ‚Arbeitet damit, bis ich wiederkomme!', sagte er. Aber seine Landsleute hassten ihn. Sie schickten eine Abordnung hinter ihm her und ließen sagen: ‚Diesen Mann wollen wir nicht als König über uns haben!' Trotzdem wurde er zum König eingesetzt. Als er zurückkam, ließ er die Sklaven, denen er das Geld gegeben hatte, zu sich rufen. Er wollte erfahren, welchen Gewinn jeder bei seinen Geschäften erzielt hatte. Der Erste kam und berichtete: ‚Herr, dein Pfund hat weitere zehn eingebracht.' Da sagte der König zu ihm: ‚Hervorragend, du bist ein guter Mann! Weil du im Kleinsten zuverlässig warst, sollst du

---

15 Von Jericho aus sind es nur noch 25 Kilometer bis Jerusalem. Der Wanderer muss allerdings einen Höhenunterschied von mehr als 1000 Metern bewältigen.

16 Jeder der Sklaven in der Geschichte erhielt eine Mine, das ist der Geldwert für 100 Tage Arbeit. Das Geld einfach nur in ein Tuch zu wickeln, galt als die verantwortungsloseste Art einer Aufbewahrung.

Verwalter von zehn Städten werden.' Der Zweite kam und berichtete: ‚Herr, dein Pfund hat weitere fünf eingebracht.' Auch ihn lobte der König: ‚Du sollst Herr über fünf Städte werden.' Doch der Nächste, der kam, erklärte: ‚Herr, hier ist dein Pfund Silberstücke. Ich habe es in einem Tuch aufbewahrt, denn ich hatte Angst vor dir, weil du ein so strenger Mann bist. Du forderst Gewinn, wo du nichts angelegt hast, und erntest, wo du nicht gesät hast.' ‚Du nichtsnutziger Sklave!', sagte der König. ‚Mit deinen eigenen Worten verurteilst du dich. Du wusstest also, dass ich ein strenger Mann bin, dass ich Gewinn fordere, wo ich nichts angelegt, und ernte, wo ich nichts gesät habe? Warum hast du mein Geld dann nicht auf eine Bank gebracht? Dann hätte ich es wenigstens mit Zinsen zurückbekommen.' Dann wandte er sich zu den Herumstehenden: ‚Nehmt ihm das Pfund weg', sagte er, ‚und gebt es dem, der die zehn Pfund erworben hat!' ‚Aber Herr', sagten sie, ‚er hat doch schon zehn Pfund!' ‚Ja', erwiderte der König, ‚aber denen, die einen Gewinn vorweisen können, wird noch mehr gegeben werden, und denen, die nichts gebracht haben, wird selbst das, was sie hatten, weggenommen.

Und nun zu meinen Feinden, die mich nicht zum König haben wollten: Holt sie her und bringt sie hier vor mir um!'"

Nachdem er das erzählt hatte, setzte Jesus seine Reise nach Jerusalem fort.

Die letzten Tage vor der Passion

In Betanien

Sonntag, 2. April 30 n.Chr. *Der Weg von Jericho nach Jerusalem führt an Betanien vorbei, das nur drei Kilometer vor der Stadt am Osthang des Ölbergs liegt. Sechs Tage vor dem Passafest trifft Jesus mit seinen Jüngern in Betanien ein, zieht aber gleich weiter nach Jerusalem, wo ihn die Menschen begeistert empfangen. Erst am Abend kommt er zurück und verbringt die Nacht in dem Dorf. Die ersten Nächte der Passionswoche verbringt er in Betanien.*

Johannes berichtet in seinem Evangelium summarisch darüber, welches Aufsehen das erregte und was in diesen Tagen in Betanien alles noch passierte.[1]

Quelltext: *Johannes 11,55-57; Johannes 12,1.9-11*

Das jüdische Passafest kam näher und viele Menschen aus dem ganzen Land zogen nach Jerusalem, um sich dort den Reinigungszeremonien für das Fest zu unterziehen. Sie hielten Ausschau nach Jesus. Wenn sie im Tempel zusammenstanden, fragten sie einander: „Was meint ihr? Ob er wohl zum Fest kommen wird?" Die Hohen Priester und die Pharisäer hatten angeordnet, dass jeder es melden müsste, wenn ihm der Aufenthaltsort von Jesus bekannt wäre. Denn sie wollten ihn verhaften.

Sechs Tage vor dem Passafest kam Jesus wieder nach Betanien, wo Lazarus wohnte, den er vom Tod auferweckt hatte. Als es sich herumgesprochen hatte, dass Jesus in Betanien war, strömten die Leute in Scharen dorthin. Sie kamen nicht nur wegen Jesus, sondern auch, weil sie Lazarus sehen wollten, den Jesus vom Tod auferweckt hatte. Da beschlossen die Hohen Priester, auch Lazarus zu töten, weil seinetwegen so viele Juden hingingen und anfingen, an Jesus zu glauben.

---

[1] Wenn man Johannes 12,1-8 liest, könnte man den Eindruck haben, die dort berichtete Salbung hätte schon am Sonntag stattgefunden und nicht wie Lukas und Markus berichten, erst zwei Tage vor dem Passafest. Doch Johannes gibt hier keine Zeit an, sondern berichtet summarisch.

Triumph mit Tränen

Am folgenden Tag, dem Tag nach dem Sabbat, an dem sich die Leute im Tempel gefragt hatten, ob Jesus zum Fest kommen würde, wollen sie ihn als ihren Messias empfangen. Auch Jesus bereitet seinen Einzug in die Stadt vor. Er lässt sich ein Eselsfohlen samt Muttertier holen und steigt, nachdem die Jünger ihre Mäntel auf beide Tiere gelegt hatten, auf das Jungtier. Damit erfüllen sich zwei Weissagungen des Alten Testaments.

Quelltext: *Matthäus 21,1-11; Markus 11,1-11; Lukas 19,29-44;*
Johannes 12,12-19

Am nächsten Tag, als sie in die Nähe von Jerusalem kamen, kurz vor Betfage[2] und Betanien[3] am Ölberg, schickte Jesus zwei Jünger voraus. „Geht in das Dorf", sagte er, „das ihr dort drüben vor euch seht! Gleich, wenn ihr hineingeht, werdet ihr eine Eselin angebunden finden und ein Fohlen bei ihr, auf dem noch niemand geritten ist. Sollte jemand etwas zu euch sagen, dann antwortet einfach: ‚Der Herr braucht sie und wird sie nachher gleich wieder zurückbringen lassen.'"

Die beiden machten sich auf den Weg und fanden das Fohlen in der Gasse. Es war an ein Tor angebunden. Als sie es losmachten, fragten einige, die dort herumstanden: „Was macht ihr da? Warum bindet ihr das Tier los?" – „Der Herr braucht es!", antworteten sie. Dann brachten sie das Jungtier zu Jesus, warfen ihre Umhänge[4] über die Tiere und ließen Jesus aufsteigen. Jesus setzte sich auf das Fohlen. Das geschah, weil sich erfüllen sollte, was der Prophet gesagt hat: „Sagt der Tochter Zion[5]: Fürchte dich nicht! Dein König kommt zu dir. Er ist sanftmütig und reitet auf einem Esel, und zwar auf dem Fohlen, dem Jungen des Lasttiers."[6] Doch das verstanden seine Jünger damals noch nicht. Erst nach-

---

2   „Haus der unreifen Feigen", Dorf am östlichen Abhang des Ölbergs, 1,5 km von Jerusalem entfernt.

3   „Haus des Ananja", 3 km östlich von Jerusalem, einer der drei Orte, in denen nach der Tempelrolle von Qumran Aussätzige wohnen sollten.

4   Oder: Mäntel. Großes quadratisches Stück festen Stoffs, das über dem Untergewand (eine Art Hemd, das bis zu den Knien reichte) getragen wurde. Man konnte auch Gegenstände darin tragen, und die Armen, z.B. Hirten, wickelten sich nachts darin ein.

5   Einer der Hügel von Jerusalem, oft als Bezeichnung für die ganze Stadt gebraucht.

6   Sacharja 9,9

dem Jesus in Gottes Herrlichkeit zurückgekehrt war, erinnerten sie sich, dass man ihn genauso empfangen hatte, wie es in der Schrift vorausgesagt war.

Viele von denen, die zum Passafest gekommen waren, hörten, dass Jesus sich auf den Weg nach Jerusalem gemacht hatte. Die Leute in der Menge, die dabei gewesen waren, als Jesus Lazarus aus dem Grab gerufen und vom Tod auferweckt hatte, hatten überall davon erzählt. Deswegen zogen ihm jetzt so viele Menschen entgegen. Sie hatten alle von dem Wunder gehört. Da nahmen sie Palmzweige in die Hand und zogen ihm entgegen. „Hosianna!"[7], riefen sie. „Gelobt sei Gott! Gepriesen sei der da kommt im Namen des Herrn! Heil dem König von Israel!" Während Jesus so seinen Weg fortsetzte, breiteten viele Menschen ihre Umhänge auf dem Weg aus, andere hieben Zweige von den Bäumen ab und legten sie auf den Weg.

Als Jesus an die Stelle kam, wo der Weg vom Ölberg in die Stadt hinabführte, brach die ganze Menge der Jünger in Freudenrufe aus. Die Leute, die vorausliefen, und auch die, die Jesus folgten, lobten Gott mit lauter Stimme für all die Wunder, die sie miterlebt hatten: „Gepriesen sei Gott! Hosianna dem Sohn Davids! Gepriesen sei der König, der kommt im Namen des Herrn! Gepriesen sei das Reich unseres Vaters David, das nun kommt! Frieden dem Herrn im Himmel und Ehre dem, der in der Höhe wohnt! Hosianna, Gott in der Höhe!"

Da riefen ihm einige Pharisäer aus der Menge zu: „Rabbi, bring deine Jünger doch zur Vernunft!" Doch er erwiderte: „Ich sage euch: Würden sie schweigen, dann würden die Steine schreien." Da sagten die Pharisäer zueinander: „Ihr seht doch, dass wir so nicht weiterkommen. Alle Welt läuft ihm nach."

Als er näher kam und die Stadt vor sich liegen sah, weinte er über sie und sagte: „Wenn du wenigstens heute noch erkennen würdest, was dir den Frieden bringt! Doch du bist blind dafür. Es kommt für dich eine Zeit, da werden deine Feinde einen Wall um dich bauen; sie werden dich belagern und dich von allen Seiten einengen. Sie werden dich und deine Bewohner niederwerfen und in der ganzen Stadt keinen Stein mehr auf dem anderen lassen, weil du die Gelegenheit, in der Gott dich besuchte, verpasst hast."

---

7 Hebräisch: Hilf doch! Aus Psalm 118,25 stammender Hilferuf an Gott, der als feststehende Formel und schließlich auch als Lobpreis verwendet wurde.

| letzte Monate | letzte Tage | Passion | nach Ostern |

Als Jesus in Jerusalem einzog, kam die ganze Stadt in Aufregung und alle fragten: „Wer ist dieser Mann?" Die Menge, die Jesus begleitete, antwortete: „Das ist der Prophet Jesus aus Nazaret in Galiläa."

So zog Jesus in Jerusalem ein. Dann ging er in den Tempel und sah sich alles genau an. Weil es aber schon spät geworden war, ging er mit den zwölf Jüngern nach Betanien zurück.

Keine Frucht sichtbar

Vielleicht schon gegen sechs Uhr morgens macht sich Jesus hungrig wieder auf den Weg in die Stadt.

Quelltext: *Matthäus 21,12-19; Markus 11,12-19; Lukas 19,45-48*

Als sie am Morgen in die Stadt zurückkehrten, hatte Jesus Hunger. Da sah er einen einzelnen Feigenbaum am Weg stehen. Er ging auf ihn zu, fand aber nur Blätter daran.[8] Da sagte Jesus zu dem Baum: „Nie wieder sollst du Früchte tragen!" Und augenblicklich verdorrte der Feigenbaum.

In Jerusalem angekommen, ging Jesus in den Tempel und fing an, die Händler und die Leute, die bei ihnen kauften, hinauszujagen. Die Tische der Geldwechsler und die Sitze der Taubenverkäufer stieß er um. Er duldete auch nicht, dass jemand etwas über den Tempelhof trug. „In der Schrift heißt es:", rief er, „‚Mein Haus soll ein Ort des Gebets sein.' Aber ihr habt eine Räuberhöhle daraus gemacht."[9] Als die Hohen Priester und Gesetzeslehrer davon hörten, suchten sie nach einer Möglichkeit, Jesus zu beseitigen, denn sie fürchteten ihn, weil er das ganze Volk mit seiner Lehre tief beeindruckte. Doch sie wussten nicht, wie sie es anfangen sollten, denn das ganze Volk war dauernd um ihn und ließ sich keins seiner Worte entgehen.

---

8   Jesus suchte nach den kleinen, trockenen „Vorfeigen" (*paggim*), die aus Blütenanlagen des Vorjahres entstehen und schon Anfang April unter den neuen Trieben des Baumes zu finden sind. Sie werden dann abgeworfen, wenn später an der gleichen Stelle die sogenannten „Frühfeigen" (*bikkurah*) wachsen, die Anfang Juni reif sind. Im August sind dann die Feigen reif, die an den neuen Trieben gewachsen sind (*tena*).

9   Jesus kombiniert eine Stelle aus dem Propheten Jesaja (56,7) mit einer aus dem Propheten Jeremia (7,11). Solche Mischzitate sind im Neuen Testament nicht selten.

Jeden Tag lehrte Jesus im Tempel. Einmal kamen Blinde und Gelähmte zu ihm, und er machte sie gesund. Als die Hohen Priester und Gesetzeslehrer die Wunder sahen, die er tat, und den Jubel der Kinder hörten, die im Tempel riefen: „Hosianna dem Sohn Davids!", wurden sie wütend und fragten Jesus: „Hörst du, was die da schreien?" – „Gewiss", erwiderte Jesus, „aber habt ihr denn nie gelesen: ‚Unmündigen und kleinen Kindern hast du dein Lob in den Mund gelegt'?"[10] Er ließ sie stehen und ging aus der Stadt nach Betanien, um dort zu übernachten, denn abends verließ Jesus mit seinen Jüngern immer die Stadt.

Wie man bitten soll

Dienstag, 4. April 30 n.Chr. *Als sie am nächsten Morgen wieder an dem Feigenbaum vorbeikommen, ist er bis zu den Wurzeln verdorrt. Jesus will mit dem Geschehen offenbar sein Urteil über die damalige Generation der Juden verdeutlichen. Zu seinen Jüngern aber spricht er vom Glauben, der das Unmögliche möglich macht.*

Weil man vom Hang des Ölbergs aus sowohl Berge als auch das Tote Meer sehen kann, wird den Jüngern das Bildwort umso eindrücklicher.

Quelltext: *Matthäus 21,20-22; Markus 11,20-26*

Als sie am nächsten Morgen wieder an dem Feigenbaum vorbeikamen, sahen sie, dass er bis zu den Wurzeln verdorrt war. Da erinnerte sich Petrus und rief: „Rabbi, sieh nur, der Feigenbaum, den du verflucht hast, ist verdorrt!" Die Jünger fragten erstaunt: „Wie konnte der Feigenbaum so plötzlich verdorren?"

Jesus sagte zu ihnen: „Ihr müsst Vertrauen zu Gott haben! Ich versichere euch: Wenn ihr Vertrauen zu Gott habt und nicht zweifelt, könnt ihr nicht nur das tun, was ich mit dem Feigenbaum getan habe. Wenn jemand zu diesem Berg hier sagt: ‚Heb dich hoch und stürz dich ins Meer!', und dabei keinen Zweifel in seinem Herzen hat, sondern fest darauf vertraut, dass geschieht, was er sagt, dann wird es geschehen. Darum sage ich euch: Worum ihr im Gebet auch bittet, glaubt, dass ihr es empfangen habt, dann werdet ihr es auch erhalten. Doch wenn ihr betet, müsst ihr zuerst jedem vergeben, gegen den ihr etwas habt, damit euer Vater im Himmel auch euch eure Verfehlungen vergeben kann."

---

10 Psalm 8,3

Mit welchem Recht?

In der letzten Woche seines irdischen Wirkens ist Jesus täglich im Tempelbereich mit seinen Vorhöfen zu finden. Er belehrt das Volk und führt Streitgespräche mit seinen führenden Vertretern – mit Priestern, Pharisäern, Sadduzäern und Schriftgelehrten.

Quelltext: *Matthäus 21,23-27; Markus 11,27-33; Lukas 20,1-8*

Dann gingen sie wieder nach Jerusalem hinein. Als Jesus an einem der Tage wieder im Tempel lehrte und dem Volk die gute Botschaft verkündigte, traten die Hohen Priester und die Gesetzeslehrer in Begleitung der Ältesten zu ihm und fragten: „Mit welchem Recht tust du das alles? Wer hat dir die Vollmacht dazu gegeben?"

„Auch ich will euch eine Frage stellen", erwiderte Jesus, „wenn ihr sie mir beantwortet, werde ich euch sagen, wer mir die Vollmacht gegeben hat, so zu handeln. Taufte Johannes im Auftrag Gottes oder im Auftrag von Menschen? Antwortet mir!"

Sie überlegten miteinander. „Wenn wir sagen, ‚im Auftrag Gottes', wird er fragen: ‚Warum habt ihr ihm dann nicht geglaubt?' Sollen wir also sagen: ‚Von Menschen'?" Doch das wagten sie nicht, weil sie Angst davor hatten, vom Volk gesteinigt zu werden, denn das hielt Johannes wirklich für einen Propheten. So sagten sie zu Jesus: „Wir wissen es nicht." – „Gut", erwiderte Jesus, „dann sage ich euch auch nicht, von wem ich die Vollmacht habe, das alles zu tun."

Das Reich verloren

Mit drei Gleichnissen greift Jesus nun seine Kritiker direkt an, ihren Unglauben, ihre Geldgier, ihre Einbildung, und gibt ihnen dabei die harte Aussage von Psalm 118,22-23 zu bedenken.

Quelltext: *Matthäus 21,28-22,14; Markus 12,1-12; Lukas 20,9-19*

Dann fing Jesus an, ihnen Gleichnisse zu erzählen. „Was haltet ihr von folgender Geschichte? Ein Mann hatte zwei Söhne und sagte zu dem älteren: ‚Mein Sohn, geh heute zum Arbeiten in den Weinberg!' ‚Ich will aber nicht!', erwiderte der. Doch später bereute er seine Antwort und ging doch. Dem zweiten Sohn gab der Vater denselben Auftrag. ‚Ja, Vater!', antwortete dieser, ging aber nicht. – Wer von den beiden hat nun dem Vater gehorcht?" – „Der Erste", antworteten sie.

Da sagte Jesus zu ihnen: „Ich versichere euch, dass die Zöllner und die Huren eher ins Reich Gottes kommen als ihr. Denn Johannes hat euch den Weg der Gerechtigkeit gezeigt, aber ihr habt ihm nicht geglaubt. Die Zöllner und die Huren haben ihm geglaubt. Ihr habt es gesehen und wart nicht einmal dann bereit, eure Haltung zu ändern und ihm Glauben zu schenken.

Hört noch ein anderes Gleichnis: Ein Gutsherr legte einen Weinberg an, zog eine Mauer darum, hob eine Grube aus, um den Wein darin zu keltern, und baute einen Wachtturm. Dann verpachtete er ihn an Winzer und reiste ins Ausland.

Als die Zeit der Weinlese gekommen war, schickte er einen seiner Sklaven zu den Pächtern, um seinen Anteil an der Ernte abzuholen. Doch die Winzer verprügelten den Sklaven und jagten ihn mit leeren Händen fort. Da schickte der Besitzer einen zweiten Sklaven. Dem schlugen sie den Kopf blutig, beschimpften ihn und schickten ihn mit leeren Händen fort. Er schickte noch einen dritten. Aber auch den schlugen sie blutig und warfen ihn aus dem Weinberg hinaus. Einen weiteren töteten sie. Ähnlich ging es vielen anderen; die einen wurden verprügelt, die anderen totgeschlagen und wieder andere gesteinigt.

‚Was soll ich tun?‘, fragte sich der Besitzer des Weinbergs, denn es war ihm nur noch einer geblieben, sein über alles geliebter Sohn. Den schickte er als Letzten zu ihnen, weil er dachte: ‚Meinen Sohn werden sie sicher nicht antasten.‘ Doch als die Winzer den Sohn sahen, sagten sie zueinander: ‚Das ist der Erbe! Kommt, wir bringen ihn um und behalten das Land für uns!‘ So fielen sie über ihn her, stießen ihn zum Weinberg hinaus und brachten ihn um.

Was wird nun der Besitzer des Weinbergs mit diesen Winzern machen, wenn er kommt?“, fragte Jesus. „Er wird diesen bösen Leuten ein böses Ende bereiten und den Weinberg an andere verpachten, die ihm den Ertrag pünktlich abliefern“, antworteten sie. „Ja“, sagte Jesus, „er wird kommen, diese Winzer umbringen und den Weinberg anderen geben.“ – „Das darf nicht geschehen!“, sagten die Zuhörer.

Jesus sah sie an und sagte dann: „Habt ihr denn nie die Stelle in der Schrift gelesen: ‚Der Stein, den die Bauleute als unbrauchbar verworfen haben, ist zum Eckstein geworden. Das hat der Herr getan; es ist ein Wunder für uns‘?[11] Deshalb sage ich euch: Das Reich Gottes wird euch

---

11 Psalm 118,22-23

weggenommen und einem Volk gegeben werden, das die rechten Früchte hervorbringt. Jeder, der auf diesen Stein fällt, wird zerschmettert, und jeder, auf den er fällt, wird zermalmt."

Als die Hohen Priester und die Pharisäer das hörten, war ihnen klar, dass er sie mit diesen Gleichnissen gemeint hatte. Daraufhin hätten sie Jesus am liebsten festgenommen, aber sie fürchteten das Volk, denn das hielt Jesus für einen Propheten. Deshalb ließen sie ihn in Ruhe und gingen weg.

Jesus sagte dem Volk noch ein Gleichnis: „Mit dem Reich, das der Himmel regiert, verhält es sich wie mit einem König, der seinem Sohn die Hochzeit ausrichtete. Als es soweit war, schickte er seine Sklaven los, um die, die er zum Fest eingeladen hatte, rufen zu lassen. Doch sie wollten nicht kommen. Da schickte er noch einmal Sklaven los und ließ den Eingeladenen sagen: ‚Das Festmahl ist angerichtet, Ochsen und Mastkälber geschlachtet, alles ist bereit. Beeilt euch und kommt!' Doch sie kümmerten sich überhaupt nicht darum. Der eine hatte auf dem Feld zu tun, der andere im Geschäft. Einige jedoch packten die Sklaven, misshandelten sie und brachten sie um. Da wurde der König zornig. Er schickte seine Truppen aus, ließ jene Mörder umbringen und ihre Stadt in Brand stecken. Dann sagte er zu seinen Sklaven: ‚Das Hochzeitsfest ist vorbereitet, aber die Gäste, die ich eingeladen hatte, waren es nicht wert. Geht jetzt auf die Straßen und ladet alle ein, die ihr trefft.' Das taten sie und holten alle herein, die sie fanden, Böse und Gute. So füllte sich der Hochzeitssaal mit Gästen. Als der König hereinkam, um zu sehen, wer da gekommen war, fand er einen, der kein Festgewand anhatte. ‚Mein Freund', sagte er zu ihm, ‚wie bist du überhaupt ohne Festgewand hereingekommen?' Der Mann wusste darauf nichts zu antworten. Da befahl der König seinen Dienern: ‚Fesselt ihm Hände und Füße und werft ihn hinaus in die Finsternis.' Da wird das große Weinen und Zähneknirschen anfangen. Denn viele sind gerufen, aber nur wenige sind erwählt."

Gefährliche Fallen

Daraufhin versuchen seine Gegner, Jesus mit Fangfragen mundtot zu machen. Die Opposition gegen Jesus führt die seltsamsten Gruppen zusammen. Doch alle scheitern kläglich.

Die Herodianer waren Anhänger von Herodes Antipas, also römerfreundlich gesonnen. Die Pharisäer tendierten gewöhnlich zum

Nationalismus. Die Sadduzäer waren so etwas wie religiöse Liberale. Zu dieser Partei gehörten die vornehmen Priesterfamilien. Die Idee zu ihrer Geschichte hatten die Sadduzäer vielleicht aus dem apokryphen Buch Tobit (3,7-17) genommen, wo die fromme Sara angeblich sieben Ehemänner nacheinander verliert.

Quelltext: *Matthäus 22,15-40; Markus 12,13-34; Lukas 20,20-40*

Da kamen die Pharisäer zusammen und berieten. Sie wollten ihn nicht mehr aus den Augen lassen und schickten Spitzel zu ihm, die sich den Anschein geben sollten, als meinten sie es ehrlich. Sie hofften, ihn mit seinen eigenen Worten in eine Falle zu locken, damit sie ihn der Gerichtsbarkeit des römischen Statthalters ausliefern könnten. So schickten sie ihre Jünger zusammen mit einigen Anhängern des Herodes zu ihm. „Rabbi", sagten diese, „wir wissen, dass du aufrichtig bist und uns wirklich zeigst, wie man nach Gottes Willen leben soll. Du fragst nicht nach der Meinung der Leute und bevorzugst niemand. Nun sage uns, was du darüber denkst: Ist es richtig, dem Kaiser Steuern zu zahlen, oder nicht? Sollen wir sie ihm geben oder nicht?"

Jesus durchschaute ihre Bosheit sofort und sagte: „Ihr Heuchler, warum wollt ihr mir eine Falle stellen? Zeigt mir die Münze, mit der ihr die Steuern bezahlt!" Sie reichten ihm einen Denar[12]. Da fragte er: „Wessen Bild und Name ist darauf?" – „Das des Kaisers", erwiderten sie. „Nun", sagte Jesus, „dann gebt dem Kaiser, was dem Kaiser gehört, und Gott, was Gott gehört." Über diese Antwort waren sie so verblüfft, dass sie sprachlos weggingen. Sie konnten ihn zu keiner verfänglichen Aussage vor dem Volk verleiten. Im Gegenteil: Sie wussten nichts mehr zu sagen.

An diesem Tag kamen auch noch einige der Sadduzäer zu Jesus. Diese religiöse Gruppe behauptete, es gäbe keine Auferstehung nach dem Tod. Sie fragten: „Rabbi, Mose hat uns vorgeschrieben: Wenn ein verheirateter Mann kinderlos stirbt, dann soll sein Bruder die Frau heiraten und seinem Bruder Nachkommen verschaffen. Nun waren da sieben Brüder. Der älteste von ihnen heiratete und starb kinderlos. Daraufhin nahm der zweite Bruder die Witwe zur Frau. Doch auch er starb bald und hinterließ keine Kinder. Beim dritten war es ebenso. Keiner der sieben hinterließ Nach-

---

12 Römische Silbermünze, die dem Tageslohn eines gut bezahlten Arbeiters entsprach.

kommen. Zuletzt starb auch die Frau. Wessen Frau wird sie nun nach der Auferstehung sein? Denn alle sieben waren ja mit ihr verheiratet."

Jesus erwiderte: „Ihr irrt euch, weil ihr weder die Schrift noch die Kraft Gottes kennt. Heiraten ist eine Sache für die gegenwärtige Welt. Aber die Menschen, die für würdig gehalten werden, in der kommenden Welt leben zu dürfen und von den Toten aufzuerstehen, werden nicht mehr heiraten. Sie können dann auch nicht mehr sterben, sondern sind den Engeln gleich. Als Menschen der Auferstehung sind sie dann Söhne Gottes. Was aber die Auferstehung der Toten überhaupt betrifft: Habt ihr nicht bei Mose gelesen, wie Gott am Dornbusch zu ihm sagte: ‚Ich bin der Gott Abrahams, der Gott Isaaks und der Gott Jakobs.'[13]? Das heißt doch: Er ist nicht ein Gott von Toten, sondern von Lebenden! Denn für ihn sind alle lebendig. Ihr seid schwer im Irrtum!"

Da sagten einige von den Gesetzeslehrern: „Rabbi, das war eine gute Antwort!" Die ganze Menschenmenge, die ihm zugehört hatte, war von seinen Worten tief beeindruckt.

Als die Pharisäer hörten, dass Jesus die Sadduzäer zum Schweigen gebracht hatte, kamen sie zusammen. Einer der Gesetzeslehrer, der dem Streitgespräch zugehört und bemerkt hatte, wie treffend Jesus den Sadduzäern antwortete, trat nun näher und fragte Jesus: „Was ist das wichtigste Gebot von allen?" – „Das wichtigste", erwiderte Jesus, „ist: ‚Höre Israel! Der Herr, unser Gott, ist der alleinige Herr. Und du sollst den Herrn, deinen Gott, lieben von ganzem Herzen, mit ganzer Seele, mit ganzem Verstand und mit all deiner Kraft!'[14] An zweiter Stelle steht: ‚Du sollst deinen Nächsten lieben wie dich selbst!'[15] Kein anderes Gebot ist wichtiger als diese beiden. Mit diesen beiden Geboten ist alles gesagt, was das Gesetz und die Propheten wollen."

Da sagte der Gesetzeslehrer: „Rabbi, das hast du sehr gut gesagt. Es ist wirklich so, wie du sagst: Es gibt nur einen einzigen Gott und außer ihm keinen. Und ihn zu lieben von ganzem Herzen, mit all seinen Gedanken und mit ganzer Kraft, und seinen Nächsten zu lieben wie sich selbst, das ist viel mehr wert, als alle Brandopfer und was wir sonst noch opfern, zusammen."

Als Jesus sah, mit welcher Einsicht der Mann geantwortet hatte, sagte er zu ihm: „Du bist nicht weit weg vom Reich Gottes." Danach wagte niemand mehr, ihm eine Frage zu stellen.

---

13 2. Mose 3,6   14 5. Mose 6,5   15 3. Mose 19,18

Natternbrut!

Nun geht Jesus in die Offensive und stellt seinen Gegnern eine Frage, die sie zum Schweigen bringt. Dabei zitiert er den ersten Vers aus Psalm 110, was beweist, dass er gründlich darüber nachgedacht hat.

Dann warnt Jesus seine Jünger und die anderen Zuhörer vor den Schriftgelehrten und Pharisäern und geht noch einmal mit ihnen ins Gericht.

Quelltext: *Matthäus 22,41-23,39; Markus 12,35-40; Lukas 20,41-47*

Als Jesus später im Tempel lehrte, stellte er eine Frage an die versammelten Pharisäer: „Was denkt ihr über den Messias? Wessen Sohn ist er?" – „Der Sohn Davids", erwiderten sie. Da sagte Jesus: „Warum hat ihn David dann aber – durch den Heiligen Geist geleitet – Herr genannt? Er sagte nämlich im Buch der Psalmen: ‚Der Herr sprach zu meinem Herrn: Setz dich an meine rechte Seite bis ich deine Feinde zum Fußschemel für dich gemacht habe.' Wenn David ihn also Herr nennt, wie kann er dann gleichzeitig sein Sohn sein?" Keiner konnte ihm darauf eine Antwort geben. Und von da an wagte auch niemand mehr, ihm eine Frage zu stellen.

Dann wandte sich Jesus an die Menschenmenge und an seine Jünger: „Die Gesetzeslehrer und die Pharisäer", sagte er, „sitzen heute auf dem Lehrstuhl des Mose. Richtet euch deshalb nach dem, was sie sagen, folgt aber nicht ihrem Tun. Denn sie selbst handeln nicht nach dem, was sie euch sagen. Sie bürden den Menschen schwere, fast unerträgliche Lasten auf, denken aber nicht daran, die gleiche Last auch nur mit einem Finger anzurühren."

Die Menge hörte ihm begierig zu. Er belehrte sie weiter und sagte: „Hütet euch vor den Gesetzeslehrern! Denn was sie tun, machen sie nur, um die Leute zu beeindrucken.

„Hütet euch vor den Gesetzeslehrern! Denn was sie tun, machen sie nur, um die Leute zu beeindrucken. Sie zeigen sich gern in ihren langen Gewändern[16] und machen ihre Gebetsriemen[17] besonders breit und die

---

16 Die jüdischen Lehrer trugen offenbar ein langes weißes Leinengewand, ähnlich wie die Priester. Normalerweise wurden sie mit Ehrentiteln begrüßt.

17 Kapseln, die ein kleines Stück Pergament mit vier Stellen aus dem Gesetz (2. Mose 13,1-10.11-16; 5. Mose 6,4-9; 11,13-21) enthielten, und mit Lederriemen am linken Oberarm und an der Stirn befestigt wurden.

Quasten[18] an ihren Gewändern besonders lang. Sie genießen es, wenn sie auf der Straße ehrfurchtsvoll gegrüßt und Rabbi genannt werden. In der Synagoge sitzen sie in der vordersten Reihe, und bei Gastmählern beanspruchen sie die Ehrenplätze. Gleichzeitig aber verschlingen sie den Besitz schutzloser Witwen und sprechen scheinheilig lange Gebete. – Ein sehr hartes Urteil wird sie erwarten!

Ihr jedoch sollt euch niemals Rabbi nennen lassen, denn nur einer ist euer Rabbi, und ihr alle seid Brüder. Ihr sollt auch niemand von euren Brüdern auf der Erde mit ‚Vater' anreden, denn nur einer ist euer Vater, nämlich der im Himmel. Lasst euch auch nicht Lehrer nennen, denn nur einer ist euer Lehrer: der Messias. Der Größte unter euch soll euer Diener sein. Denn wer sich selbst erhöht, wird von Gott erniedrigt werden, wer sich aber selbst gering achtet, wird von Gott erhöht werden.

Weh euch, ihr Gesetzeslehrer und Pharisäer, ihr Heuchler! Ihr verschließt den Menschen das Reich, das der Himmel regiert, denn ihr selbst geht nicht hinein und die, die hineinwollen, lasst ihr nicht hinein.

Weh euch, ihr Gesetzeslehrer und Pharisäer, ihr Heuchler! Ihr reist über Land und Meer, um einen einzigen Menschen für euren Glauben zu gewinnen; und wenn ihr ihn gewonnen habt, dann macht ihr ihn zu einem Anwärter auf die Hölle, der doppelt so schlimm ist wie ihr.

Weh euch, ihr verblendeten Führer! Ihr sagt: ‚Wenn jemand beim Tempel schwört, muss er seinen Eid nicht halten; wenn er aber beim Gold des Tempels schwört, ist er an den Eid gebunden.' Ihr verblendeten Narren! Was ist denn wichtiger: das Gold oder der Tempel, der das Gold erst heiligt? Ihr sagt auch: ‚Wenn jemand beim Altar schwört, muss er seinen Eid nicht halten; wenn er aber beim Opfer auf dem Altar schwört, ist er an den Eid gebunden.' Wie verblendet seid ihr nur! Was ist denn wichtiger: die Opfergabe oder der Altar, der das Opfer heiligt? Wer beim Altar schwört, schwört doch nicht nur beim Altar, sondern auch bei allem, was darauf liegt. Und wer beim Tempel schwört, schwört nicht nur beim Tempel, sondern auch bei dem, der darin wohnt. Und wer beim Himmel schwört, der schwört bei Gottes Thron und bei dem, der darauf sitzt.

Weh euch, ihr Gesetzeslehrer und Pharisäer, ihr Heuchler! Ihr zahlt den Zehnten von Gartenminze, Dill und Kümmel, lasst aber die wichtigeren Forderungen des Gesetzes außer Acht: Gerechtigkeit, Barmherzigkeit

---

18 Oder: Troddeln. Nach 4. Mose 15,37-41 wurden sie an den vier Ecken des Obergewandes zur Erinnerung an Gottes Gebote getragen.

und Treue! Das hättet ihr tun und das andere nicht lassen sollen! Ihr verblendeten Führer! Die Mücken siebt ihr aus, und die Kamele verschluckt ihr.

Weh euch, ihr Gesetzeslehrer und Pharisäer, ihr Heuchler! Ihr reinigt das Äußere von Becher und Schüssel, aber was ihr drin habt, zeigt eure Gier und Maßlosigkeit. Du blinder Pharisäer! Wasch den Becher doch zuerst von innen aus, dann wird auch das Äußere rein sein.

Weh euch, ihr Gesetzeslehrer und Pharisäer, ihr Heuchler! Ihr seid wie weiß getünchte Gräber:[19] von außen ansehnlich, von innen aber voller Totenknochen und allem möglichen Unrat. Von außen erscheint ihr den Menschen gerecht, von innen aber seid ihr voller Heuchelei und Gesetzlosigkeit.

Weh euch, ihr Gesetzeslehrer und Pharisäer, ihr Heuchler! Ihr baut ja die Grabmäler für die Propheten und schmückt die Gräber der Gerechten. Und dann behauptet ihr noch: ‚Wenn wir zur Zeit unserer Vorfahren gelebt hätten, hätten wir niemals mitgemacht, als sie die Propheten ermordeten.‘ Damit bestätigt ihr allerdings, dass ihr die Nachkommen der Prophetenmörder seid. Ja, macht nur das Maß eurer Vorfahren voll! Ihr Nattern und Giftschlangenbrut! Wie wollt ihr dem Strafgericht der Hölle entkommen? Deshalb hört zu: Ich selbst werde Propheten, Weise und Gesetzeslehrer zu euch schicken. Einige von ihnen werdet ihr töten, ja sogar kreuzigen, andere werdet ihr in euren Synagogen auspeitschen und von einer Stadt zur anderen verfolgen. So werdet ihr schließlich an der Ermordung aller Gerechten mitschuldig, angefangen vom gerechten Abel bis hin zu Secharja Ben-Berechja[20], den ihr zwischen dem Brandopferaltar und dem Haus Gottes umgebracht habt. Ich versichere euch: Diese Generation wird die Strafe für alles das bekommen.

Jerusalem, Jerusalem, du tötest die Propheten und steinigst die Boten, die zu dir geschickt werden. Wie oft wollte ich deine Kinder sammeln, wie die Henne ihre Küken unter die Flügel nimmt. Doch ihr habt nicht gewollt. Seht, euer Haus wird verwüstet und verlassen sein. Denn ich sage euch:

---

19 Gräber (oft in Felsenhöhlen) wurden weiß gekalkt, damit Fremde sich nicht durch Berührung verunreinigten. In Jerusalem und Umgebung musste das spätestens einen Monat vor dem Passafest geschehen, weil dann sehr viele Besucher in die Stadt kamen und zum Teil auch außerhalb übernachteten.

20 Vergleiche 1. Mose 4,8.10 und 2. Chronik 24,20-21! Gemeint ist wohl: alle Gerechten seit Erschaffung der Menschen bis zur Zeit von Jesus.

von jetzt an werdet ihr mich nicht mehr sehen bis ihr ruft: ‚Gepriesen sei er, der kommt im Namen des Herrn!'"

Richtig geben

Vom Vorhof der Heiden aus betritt Jesus nun den Vorhof der Frauen, an dessen innerer Mauer 13 trompetenförmige Kollektenbehälter stehen, um die freiwilligen Gaben der Juden aufzunehmen. Dort erklärt er seinen Jüngern, worauf es beim Geben ankommt.

Quelltext: *Markus 12,41-44; Lukas 21,1-4*

Dann setzte sich Jesus in die Nähe des Opferkastens und sah zu, wie die Leute Geld hineinwarfen. Viele Reiche legten viel ein. Dann kam eine arme Witwe und steckte zwei kleine Kupfermünzen, zwei Lepta[21], hinein. Das entspricht dem Wert von einem Quadrans in römischem Geld. Da rief Jesus seine Jünger herbei und sagte zu ihnen: „Ich versichere euch, diese arme Witwe hat mehr in den Opferkasten gesteckt als alle anderen. Denn die anderen haben nur etwas von ihrem Überfluss gegeben. Aber diese arme Frau, die nur das Nötigste zum Leben hat, hat alles gegeben, was sie besaß, ihren ganzen Lebensunterhalt."

Die Stunde ist da

Zum bevorstehenden Passafest sind auch einige zum Judentum übergetretene Griechen gekommen. Sie wollen gern den berühmten Rabbi kennen lernen und bitten einen Jünger um Vermittlung. Jesus erkennt daraus, dass seine Entscheidungsstunde jetzt unmittelbar bevorsteht und zieht sich aus der Öffentlichkeit zurück.

Quelltext: *Johannes 12,20-50*

Unter den Festbesuchern, die zur Anbetung Gottes nach Jerusalem kamen, waren auch einige Griechen. Sie wandten sich an Philippus, der aus Betsaida in Galiläa stammte, und sagten: „Herr, wir möchten Jesus sehen!" Philippus sprach mit Andreas darüber, dann gingen beide zu Jesus und sagten es ihm. Doch Jesus erwiderte: „Die Zeit ist gekommen, wo die Herrlichkeit des Menschensohnes sichtbar wird. Ja, ich versichere euch: Wenn das Weizenkorn nicht in die Erde kommt und

---

21 Ein Lepton war die kleinste Bronzemünze und die einzige jüdische Münze, die zu jener Zeit umlief. Ein Tageslohn betrug 128 Lepta.

stirbt, bleibt es allein. Wenn es aber stirbt, wird es viele neue Körner hervorbringen. Wer sein Leben liebt, wird es verlieren. Aber wer sein Leben in dieser Welt gering achtet, wird es für das ewige Leben erhalten. Wenn jemand mir dienen will, muss er mir auf meinem Weg folgen. Mein Diener wird dann auch dort sein, wo ich bin, und mein Vater wird ihn ehren.

Ich bin jetzt voller Angst und Unruhe. Soll ich beten: ‚Vater, rette mich vor dem, was auf mich zukommt'? Aber deswegen bin ich ja gerade in diese Zeit hineingekommen. Vater, offenbare die Herrlichkeit deines Namens!" Da sprach eine Stimme vom Himmel: „Das habe ich bis jetzt getan und werde es auch diesmal tun." Von den Menschen, die dort standen und zuhörten, sagten einige: „Es hat gedonnert." Andere meinten: „Ein Engel hat mit ihm geredet." Aber Jesus sagte: „Diese Stimme wollte nicht mir etwas sagen, sondern euch! Für die Welt ist jetzt die Stunde des Gerichts gekommen. Jetzt wird der Herrscher dieser Welt vertrieben werden. Aber ich werde von der Erde erhöht werden und dann alle zu mir ziehen." Mit diesen Worten deutete er an, auf welche Weise er sterben würde.

Die Menge hielt ihm entgegen: „Das Gesetz sagt uns, dass der Messias ewig leben wird. Wie kannst du da behaupten, der Menschensohn müsse erhöht werden? Wer ist überhaupt dieser Menschensohn?" – „Das Licht wird nur noch kurze Zeit für euch leuchten", sagte Jesus. „Nutzt das Licht, solange ihr es habt, damit euch die Dunkelheit nicht überfällt! Wer in der Dunkelheit unterwegs ist, weiß nicht, wohin er geht. Glaubt an das Licht, solange ihr es noch habt, damit ihr Menschen des Lichts werdet!" Nachdem er das gesagt hatte, zog Jesus sich aus der Öffentlichkeit zurück.

Obwohl Jesus so viele Wunderzeichen vor den Menschen getan hatte, glaubten sie ihm nicht. Es sollte nämlich so kommen, wie der Prophet Jesaja vorausgesagt hat: „Herr, wer hat unserer Botschaft geglaubt? Wer erkennt, dass Gott hinter diesen mächtigen Taten steht?"[22] Sie konnten nicht glauben, weil Jesaja auch folgendes vorausgesagt hat: „Er hat ihre Augen geblendet und ihr Herz hart gemacht. So kommt es, dass ihre Augen nichts sehen und ihr Herz nichts versteht und sie nicht umkehren, um sich von mir heilen zu lassen."[23] Jesaja sprach hier von Jesus, denn er hatte seine Herrlichkeit gesehen.

---

22 Jesaja 53,1   23 Jesaja 6,10

Dennoch glaubten sogar von den führenden Männern viele an Jesus. Aber wegen der Pharisäer bekannten sie sich nicht öffentlich dazu, denn sie befürchteten, aus der Synagoge ausgeschlossen zu werden. Ihr Ansehen bei den Menschen war ihnen wichtiger als die Anerkennung von Gott.

Jesus rief laut: „Wer an mich glaubt, der glaubt nicht nur an mich, sondern auch an den, der mich gesandt hat. Und wer mich sieht, sieht den, der mich gesandt hat. Ich bin als Licht in die Welt gekommen, damit jeder, der an mich glaubt, von der Finsternis frei wird. Wer hört, was ich sage, und sich nicht danach richtet, den verurteile nicht ich. Denn ich bin nicht in die Welt gekommen, um die Welt zu richten, sondern um sie zu retten. Wer mich verachtet und nicht annimmt, was ich sage, hat seinen Richter schon gefunden: Das Wort, das ich gesprochen habe, wird ihn an jenem letzten Tag verurteilen. Denn ich habe ja nicht aus eigener Vollmacht gesprochen. Der Vater, der mich gesandt hat, hat mir aufgetragen, was ich sagen und reden soll. Und ich weiß: Seine Weisung führt zum ewigen Leben. Ich gebe euch also genau das weiter, was mir der Vater gesagt hat."

Kein Stein wird auf dem anderen bleiben

Als Jesus den Tempel verlässt, machen ihn seine Jünger auf die Pracht der Tempelbauten aufmerksam. Später sitzen sie auf dem Ölberg und schauen die Gebäude an. In diesem Zusammenhang kündigt Jesus ihnen die Zerstörung des Tempels und die Vorzeichen des Endes der Welt an.

Der Tempel in Jerusalem war eines der schönsten Bauwerke der Antike. Er schien den Juden uneinnehmbar und für die Ewigkeit gebaut zu sein. Aus verschiedenfarbigen Marmorsteinen errichtet, sah er aus „wie Schaum von Meereswellen". Josephus schreibt: „Das äußere Aussehen dieses Tempels versetzt durch Geist und Auge alles in Bewunderung. Denn allerwärts waren dicke Goldplatten angebracht, und bei Sonnenaufgang strahlte er in Feuer ähnlichem Glanz, der die Augen der Beschauer gleich den Sonnenstrahlen blendete. Den ankommenden Fremden schien er in der Ferne einem Schneeberge gleich. Denn wo er nicht mit Gold belegt war, da war er ganz gewiss weiß."

Quelltext: *Matthäus 24,1-28; Markus 13,1-23; Lukas 21,5-24*

Jesus wollte den Tempel verlassen. Als er gerade im Begriff war, wegzugehen, kamen seine Jünger zu ihm und machten ihn auf die Pracht der Tempelbauten aufmerksam. Sie bewunderten die herrlichen Steine, mit denen er gebaut, und die Weihgaben, mit denen er geschmückt war. Einer sagte: „Rabbi, sieh doch! Was für gewaltige Steine und was für herrliche Bauten." – „Ihr bewundert das alles?", erwiderte Jesus. „Doch ich versichere euch: Hier wird kein Stein auf dem anderen bleiben; es wird alles zerstört werden."

Als er später auf dem Ölberg saß und zum Tempel hinüberblickte, kamen Petrus, Jakobus, Johannes und Andreas zu ihm und fragten: „Wann wird das alles geschehen? Gibt es ein Zeichen, an dem wir erkennen können, wann es sich erfüllen wird? Und an welchem Zeichen können wir deine Wiederkehr und das Ende der Welt erkennen?"

„Gebt Acht, dass euch niemand irreführt!", erwiderte Jesus. „Viele werden unter meinem Namen auftreten und von sich sagen: ‚Ich bin der Messias!', und: ‚Die Zeit ist da!' Damit werden sie viele verführen. Lauft ihnen nicht nach! Erschreckt nicht, wenn ihr von Kriegen hört oder wenn Kriegsgefahr droht. Das muss vorher geschehen, aber das Ende kommt nicht gleich danach."

Dann fügte er hinzu: „Ein Volk wird sich gegen das andere erheben, und ein Staat den anderen angreifen. Es wird schwere Erdbeben geben und in vielen Teilen der Welt Hungersnöte und Seuchen. Furchtbare Dinge geschehen, und am Himmel werden gewaltige Zeichen zu sehen sein. Doch das ist erst der Anfang, es ist wie bei den Geburtswehen.

Aber bevor das alles passiert, werden sie gewaltsam gegen euch vorgehen. Macht euch darauf gefasst, vor Gericht gestellt und in Synagogen ausgepeitscht zu werden. Weil ihr zu mir gehört, werdet ihr euch vor Machthabern und Königen verantworten müssen. Doch das wird euch Gelegenheit zum Zeugnis für mich geben.

Und wenn sie euch verhaften und vor Gericht stellen, dann macht euch vorher keine Sorgen, was ihr sagen sollt. Sagt einfach das, was euch in jener Stunde eingegeben wird. Denn nicht ihr seid dann die Redenden, sondern der Heilige Geist. Denn ich selbst werde euch Worte in den Mund legen, denen eure Gegner nichts entgegenzusetzen haben. Ich werde euch eine Weisheit geben, der sie nicht widersprechen können.

Viele werden sich von mir abwenden; sie werden einander verraten und sich hassen. Brüder werden einander dem Tod ausliefern und Väter ihre Kinder. Kinder werden sich gegen ihre Eltern stellen und sie in den Tod schicken. Und weil ihr euch zu mir bekennt, werdet ihr von allen gehasst werden. Sogar eure Eltern und Geschwister, eure Verwandten und Freunde werden euch ausliefern. Und einige von euch wird man töten. Doch nicht ein Haar von eurem Kopf wird verloren gehen. Bleibt also standhaft, dann werdet ihr das Leben gewinnen.

Viele falsche Propheten werden auftreten und viele in die Irre führen. Und weil die Gesetzlosigkeit überhand nehmen wird, wird auch die Liebe bei den meisten erkalten. Wer aber bis zum Ende standhaft bleibt, wird gerettet. Und diese gute Botschaft vom Reich Gottes wird in der ganzen Welt gepredigt werden, damit alle Völker sie hören. Dann erst kommt das Ende.

Wenn ihr aber das ‚Scheusal der Verwüstung‘, von dem der Prophet Daniel geredet hat, am heiligen Ort stehen seht, – Wer das liest, der merke auf! – dann sollen die Einwohner Judäas in die Berge fliehen. Und wenn ihr außerdem seht, dass Jerusalem von feindlichen Heeren eingeschlossen ist, könnt ihr sicher sein, dass seine Zerstörung unmittelbar bevorsteht. Wer in der Stadt ist, soll sie verlassen, und wer auf dem Land ist, soll nicht Schutz in der Stadt suchen. Wer auf seiner Dachterrasse sitzt, soll keine Zeit damit verlieren, noch etwas aus dem Haus zu holen; und wer auf dem Feld ist, soll nicht mehr zurücklaufen, um seinen Umhang zu holen. Denn dann sind die Tage der Bestrafung da, an denen alles in Erfüllung geht, was in der Schrift darüber gesagt ist. Am schlimmsten wird es dann für schwangere Frauen und stillende Mütter sein. Betet darum, dass ihr nicht im Winter oder am Sabbat fliehen müsst! Denn das ganze Land wird in schreckliche Not kommen, weil der Zorn Gottes über dieses Volk hereinbricht. Die Not wird so schrecklich sein, dass sie alles übertrifft, was je seit Erschaffung der Welt geschah. Auch danach wird es eine solche Bedrängnis nie mehr geben. Die Menschen werden mit dem Schwert erschlagen oder als Gefangene in alle Länder verschleppt. Jerusalem wird so lange von fremden Völkern niedergetreten werden, bis auch deren Zeit abgelaufen ist. Würde diese Schreckenszeit nicht verkürzt, würde kein Mensch gerettet werden. Seinen Auserwählten zuliebe aber hat Gott die Zeit verkürzt.

Wenn dann jemand zu euch sagt: ‚Schaut her, da ist der Messias!‘, oder ‚Seht, er ist dort!‘, so glaubt es nicht! Denn mancher falsche Messias und mancher falsche Prophet wird auftreten. Sie werden sich durch große Zeichen und Wundertaten ausweisen und würden sogar die Auserwählten verführen, wenn sie es könnten. Gerade ihr müsst euch also vorsehen! Denkt daran: Ich habe euch alles vorausgesagt. Wenn sie also zu euch sagen: ‚Seht, er ist in der Wüste draußen!‘, dann geht nicht hinaus! Oder: ‚Seht, hier im Haus ist er!‘, dann glaubt es nicht! Denn wenn der

Menschensohn wiederkommt, wird es wie bei einem Blitz den ganzen Horizont erhellen. Wo das Aas liegt, da sammeln sich die Geier."

Vorzeichen

Jesus bereitet seine Jünger weiter auf die Zeit des Endes vor und ermahnt sie zu äußerster Wachsamkeit.

Quelltext: *Matthäus 24,29-51; Markus 13,24-37; Lukas 21,25-36*

„Doch unmittelbar nach jener schrecklichen Zeit werden Zeichen an Sonne, Mond und Sternen erscheinen: Dann wird sich die Sonne verfinstern, und der Mond wird nicht mehr scheinen. Die Sterne werden vom Himmel stürzen, und die Kräfte des Himmels aus dem Gleichgewicht geraten. Und auf der Erde werden die Völker in Angst und Schrecken geraten und nicht mehr aus und ein wissen vor dem tobenden Meer und seinen Wellen. In Erwartung der schrecklichen Dinge, die noch über die Erde kommen, werden die Menschen vor Angst vergehen.

Und dann wird das Zeichen des Menschensohns am Himmel erscheinen. Alle Völker der Erde werden jammern und klagen, und dann werden sie den Menschensohn mit großer Macht und Herrlichkeit von den Wolken her kommen sehen. Wenn das alles anfängt, dann hebt den Kopf und richtet euch auf, denn dann ist eure Erlösung nicht mehr weit. Dann wird er die Engel mit mächtigem Posaunenschall aussenden, um seine Auserwählten aus allen Himmelsrichtungen und von allen Enden der Welt zusammen zu bringen."

Jesus gebrauchte noch einen Vergleich: „Seht euch den Feigenbaum oder irgendeinen anderen Baum an. Wenn seine Knospen weich werden und die Blätter zu sprießen beginnen, wisst ihr, dass es bald Sommer wird. Genauso ist es, wenn ihr seht, dass diese Dinge geschehen. Dann ist das Reich Gottes ganz nahe. Dann steht das Kommen des Menschensohns unmittelbar bevor. Ich versichere euch: Diese Generation wird nicht untergehen, bis das alles geschieht. Himmel und Erde werden vergehen, aber meine Worte gelten allezeit, sie vergehen nie.

Doch Tag und Stunde von diesen Ereignissen weiß niemand, nicht einmal die Engel im Himmel; nur der Vater weiß es. Und wenn der Menschensohn kommt, wird es so wie in Noahs Zeit sein. Damals, vor der großen Flut, aßen und tranken die Menschen, sie heirateten und wurden verheiratet – bis zu dem Tag, an dem Noah in die Arche ging. Sie ahnten nichts davon, bis die Flut hereinbrach und alle umbrachte. So wird es auch bei der Ankunft des Menschensohnes sein.

Wenn dann zwei Männer auf dem Feld arbeiten, wird der eine angenommen und der andere zurückgelassen. Wenn zwei Frauen an derselben Handmühle[24] mahlen, wird die eine angenommen und die andere zurückgelassen werden. Seid also wachsam! Denn ihr wisst nicht, an welchem Tag euer Herr kommt.

Und das ist doch klar: Wenn ein Hausherr wüsste, zu welchem Zeitpunkt der Dieb kommt, würde er wach bleiben und nicht zulassen, dass in sein Haus eingebrochen wird. So solltet auch ihr immer bereit sein, denn der Menschensohn wird dann kommen, wenn ihr es gerade nicht erwartet.

Es ist wie bei einem Mann, der verreist. Er verlässt das Haus und überträgt seinen Sklaven die Verantwortung. Jedem teilt er seine Aufgabe zu. Dem Türhüter schärft er ein, besonders wachsam zu sein. Darum seid auch ihr wachsam! Ihr wisst ja nicht, wann der Herr des Hauses kommt – ob am Abend, mitten in der Nacht, beim ersten Hahnenschrei oder früh am Morgen. Sorgt dafür, dass er euch nicht im Schlaf überrascht. Was ich euch hier sage, das sage ich allen: Seid wachsam!

Seht euch also vor und lasst euch nicht vom Rausch eines ausschweifenden Lebens umnebeln oder von Lebenssorgen gefangen nehmen, damit jener Tag dann nicht plötzlich über euch hereinbricht wie eine Falle, die zuschnappt. Denn er wird über alle Bewohner der Erde kommen. Seid wachsam und hört nicht auf zu beten, damit ihr die Kraft habt, all dem, was geschehen wird, zu entkommen, und damit ihr zuversichtlich vor den Menschensohn treten könnt.

Wer ist denn der treue und kluge Sklave, dem sein Herr aufgetragen hat, der ganzen Dienerschaft zur rechten Zeit das Essen zuzuteilen? Wenn nun sein Herr kommt und ihn bei dieser Arbeit findet – wie sehr darf sich dieser Sklave freuen! Ich versichere euch: Sein Herr wird ihm die Verantwortung über seine ganze Habe übertragen. Wenn jener Sklave aber ein böser Mensch ist und denkt: ‚Mein Herr kommt noch lange nicht', und anfängt, die anderen Diener zu schlagen, während er sich selbst üppige Mahlzeiten gönnt und sich gemeinsam mit anderen Trunkenbolden betrinkt, dann wird sein Herr an einem Tag zurückkommen, an dem er es

---

24 Handmühle, die aus zwei runden Steinscheiben von 50 cm Durchmesser bestand. Der obere Stein wurde mit einem Holzgriff um eine Achse gedreht, die im unteren Stein befestigt war.

nicht erwartet, und zu einer Stunde, die er nicht vermutet. Er wird den Sklaven in Stücke hauen und ihn dorthin bringen lassen, wo die Heuchler sind und wo das große Weinen und Zähneknirschen anfängt.“

Wachsamkeit und Fleiß

Jesus fügt noch zwei Gleichnisse an, mit denen er seine Jünger zur Wachsamkeit und zum Fleiß während seiner Abwesenheit ermahnt.

Die Lampen der Brautjungfern waren nicht die kleinen Öllämpchen, wie man sie vielfach gefunden hat, sondern Fackeln. Auf einem Stab war eine Schale befestigt, in der sich in Öl getränkte Lumpen befanden. Wenn die eine Weile brennen sollten, mussten die Jungfern unbedingt Öl mitnehmen.

Quelltext: *Matthäus 25,1-30*

„In dieser Zeit wird es mit dem Reich, das der Himmel regiert, wie mit zehn Brautjungfern sein, die ihre Fackeln nahmen und dem Bräutigam entgegen gingen. Fünf von ihnen handelten klug und fünf waren gedankenlos. Die Gedankenlosen nahmen zwar ihre Fackeln mit, aber keinen Ölvorrat. Die Klugen dagegen hatten neben ihren Fackeln auch Ölgefäße mit. Als nun der Bräutigam lange nicht kam, wurden sie alle müde und schliefen ein. Um Mitternacht ertönte plötzlich der Ruf: ‚Der Bräutigam kommt! Geht ihm entgegen!‘ Da standen die Brautjungfern auf und richteten ihre Fackeln her. Die Gedankenlosen sagten zu den Klugen: ‚Gebt uns etwas von eurem Öl; unsere Fackeln gehen aus!‘ Doch diese entgegneten: ‚Unser Öl reicht nicht für alle. Geht doch zu einem Kaufmann und holt euch welches!‘ Während sie noch unterwegs waren, um Öl zu kaufen, kam der Bräutigam. Die fünf, die bereit waren, gingen mit in den Hochzeitssaal. Dann wurde die Tür verschlossen. Schließlich kamen die anderen Brautjungfern und riefen: ‚Herr, Herr, mach uns auf!‘ Doch der Bräutigam wies sie ab: ‚Ich kann euch nur sagen, dass ich euch nicht kenne.‘“ – „Seid also wachsam!“, schloss Jesus, „denn ihr kennt weder den Tag noch die Stunde.

Es ist wie bei einem Mann, der vorhatte, ins Ausland zu reisen. Er rief seine Sklaven zusammen und vertraute ihnen sein Vermögen an, so wie es ihren Fähigkeiten entsprach. Einem gab er fünf Talente, einem anderen zwei und noch einem anderen eins. Dann reiste er ab. Der Sklave mit den fünf Talenten[25] begann sofort, damit zu handeln, und konnte das Geld verdoppeln. Der mit den zwei Talenten machte es ebenso und verdoppelte die Summe. Der dritte grub ein Loch und versteckte das Geld seines Herrn. Nach langer Zeit kehrte der Herr zurück und wollte mit ihnen abrechnen. Zuerst kam der, dem die fünf Talente anvertraut worden waren. Er brachte die anderen fünf Talente mit und sagte: ‚Herr, fünf Talente hast du mir gegeben. Hier sind weitere fünf, die ich dazu gewonnen habe.‘ ‚Hervorragend!‘, sagte sein Herr. ‚Du bist ein guter Mann! Du hast das Wenige zuverlässig verwaltet, ich will dir viel anvertrauen. Komm herein zu meinem Freudenfest!‘ Dann kam der, dem die zwei Talente anvertraut worden waren. Er brachte die anderen zwei Talente mit und sagte: ‚Herr, zwei Talente hast du mir gegeben. Hier sind weitere zwei, die ich dazu gewonnen habe.‘ ‚Hervorragend!‘, sagte sein Herr. ‚Du bist ein guter Mann! Du hast das Wenige zuverlässig verwaltet, ich will dir viel anvertrauen. Komm herein zu meinem Freudenfest!‘ Schließlich kam der, dem das eine Talent anvertraut worden war. ‚Herr‘, sagte er, ‚ich wusste, dass du ein strenger Mann bist. Du forderst Gewinn, wo du nichts angelegt hast, und erntest, wo du nicht gesät hast. Da hatte ich Angst und vergrub dein Talent in der Erde. Hier hast du das Deine zurück.‘ ‚Du böser und fauler Sklave!‘, sagte der Herr, ‚du wusstest also, dass ich Gewinn fordere, wo ich nichts angelegt, und ernte, wo ich nichts gesät habe? Warum hast du mein Geld dann nicht auf eine Bank gebracht? Dann hätte ich es wenigstens mit Zinsen zurück bekommen.‘ ‚Nehmt ihm das Talent weg und gebt es dem, der die fünf Talente erworben hat! Denn jedem, der einen Gewinn vorweisen kann, wird noch mehr gegeben werden, und er wird Überfluss haben. Aber von dem, der nichts gebracht hat, wird selbst das, was er hatte, weggenommen. Den nichtsnutzigen Sklaven werft in die Finsternis hinaus, wo dann das große Weinen und Zähneknirschen anfangen wird.‘“

Gericht

Abschließend spricht Jesus vom zukünftigen Gericht über die Völker. Er benutzt dazu einen Vergleich aus dem Hirtenleben.

---

25 Der Geldwert eines Talents betrug 6000 Drachmen = Denare, d.h. der 6000-fache Wert eines damaligen Tagelohns oder der Wert von 20 Jahren Arbeit.

vor Christus	Geburt/Jugend	1. Dienstjahr	2. Dienstjahr

In Israel weideten die Hirten Schafe und Ziegen gemeinsam, trennten sie aber nachts voneinander, weil die Schafe die Kälte besser ertrugen.

Quelltext: *Matthäus 25,31-46*

„**W**enn der Menschensohn in seiner Herrlichkeit kommt und mit ihm alle Engel, wird er auf seinem Thron der Herrlichkeit sitzen. Dann werden alle Völker der Erde vor ihm zusammengebracht, und er wird sie in zwei Gruppen teilen, so wie ein Hirt die Schafe von den Ziegen trennt. Die Schafe wird er rechts von sich aufstellen, die Ziegen links.

Dann wird der König zu denen auf seiner rechten Seite sagen: ‚Kommt her! Euch hat mein Vater gesegnet. Nehmt das Reich in Besitz, das von Anfang der Welt an für euch geschaffen worden ist! Denn als ich Hunger hatte, habt ihr mir zu essen gegeben; als ich Durst hatte, gabt ihr mir zu trinken; als ich fremd war, habt ihr mich aufgenommen; als ich nackt war, habt ihr mir Kleidung gegeben; als ich krank war, habt ihr mich besucht; und als ich im Gefängnis war, kamt ihr zu mir.‘ – ‚Herr‘, werden dann die Gerechten fragen, ‚wann haben wir dich denn hungrig gesehen und dir zu essen gegeben oder durstig und dir zu trinken gegeben? Wann haben wir dich als Fremden bei uns gesehen und aufgenommen? Wann hattest du nichts anzuziehen und wir haben dir Kleidung gegeben? Wann haben wir dich krank gesehen oder im Gefängnis und haben dich besucht?‘ Darauf wird der König erwidern: ‚Ich versichere euch: Was ihr für einen meiner gering geachteten Geschwister getan habt, das habt ihr für mich getan.‘

Dann wird er zu denen auf der linken Seite sagen: ‚Geht mir aus den Augen ihr Verfluchten! Geht in das ewige Feuer, das für den Teufel und seine Engel vorbereitet ist! Denn als ich Hunger hatte, habt ihr mir nichts zu essen gegeben; als ich Durst hatte, gabt ihr mir nichts zu trinken; als ich fremd war, habt ihr mich nicht aufgenommen; als ich nackt war, habt ihr mir nichts zum Anziehen gegeben; als ich krank und im Gefängnis war, habt ihr mich nicht besucht.‘ Dann werden auch sie fragen: ‚Herr, wann haben wir dich denn hungrig gesehen oder durstig oder als Fremden oder nackt oder krank oder im Gefängnis, und haben dir nicht geholfen?‘ Darauf wird er ihnen erwidern: ‚Ich versichere euch: Was ihr für einen meiner gering geachteten Geschwister zu tun versäumt habt, das habt ihr auch an mir versäumt.‘ So werden diese an den Ort der ewigen Strafe gehen, die Gerechten aber in das ewige Leben.“

letzte Monate   **letzte Tage**   Passion   nach Ostern

Die letzten Tage im Tempel

In den vergangenen Tagen hatte Jesus immer vom frühen Morgen an im Tempel gelehrt, doch abends regelmäßig die Stadt verlassen und in Betanien verbracht oder – wie vielleicht diese Nacht – direkt auf dem Ölberg.

Quelltext: *Lukas 21,37-38*

Tagsüber lehrte Jesus im Tempel, doch abends verließ er die Stadt und übernachtete auf dem Ölberg. Und schon frühmorgens kam das ganze Volk, um ihn im Tempel zu hören.

Zwei Tage vor dem Passa

Jesus kündigt seinen Jüngern zum letzten Mal sein unmittelbar bevorstehendes Leiden und Sterben an. Zur gleichen Zeit schmieden Mitglieder des Hohen Rates böse Pläne gegen ihn.

Quelltext: *Matthäus 26,1-5; Markus 14,1-2; Lukas 22,1-2*

Es waren nur noch zwei Tage bis zum Passafest und der darauf folgenden Festwoche der „Ungesäuerten Brote".[26] Jesus hatte seine Reden abgeschlossen und sagte zu den Jüngern: „Ihr wisst, dass in zwei Tagen das Passafest beginnt. Dann wird der Menschensohn ausgeliefert und ans Kreuz genagelt werden."

Die Hohen Priester und die Gesetzeslehrer suchten immer noch nach einer Gelegenheit, Jesus festnehmen zu können. Etwa um diese Zeit kamen sie mit den Ältesten des Volkes im Palast des Hohen Priesters Kajafas zusammen und fassten den Beschluss, ihn heimlich festzunehmen und dann zu töten. „Auf keinen Fall darf es während des Festes geschehen", sagten sie, „sonst gibt es einen Aufruhr im Volk."

Balsamierung zu Tisch

An diesem Tag ist Jesus mit seinen Jüngern bei Simon, einem offenbar früher von ihm geheilten Aussätzigen, in Betanien zu Gast. Während des Festessens kommt eine Frau, die in einem langhalsigen Alabastergefäß etwa einen halben Liter Narde mitbringt. Sie bricht den Hals ab, um das

---

26 Nach 3. Mose 23,4-8 schloss sich das Fest der ungesäuerten Brote direkt an das Passafest an, so dass beide Feste oft in einem Atemzug genannt werden.

Gefäß zu öffnen und salbt zunächst das Haupt und dann die Füße[27] von Jesus mit der äußerst kostbaren Flüssigkeit.

Alabaster war ein marmorähnlicher Gips, der sich leicht bearbeiten und gut polieren ließ. Er wurde deshalb gern zu henkellosen Gefäßen für Salben verarbeitet.

Narde ist eine duftende aromatische Pflanze, die in den Bergen des Himalaja in Höhen zwischen 3500 und 5000 m wächst. Mit dem aus der indischen Narde gewonnenen Öl wurde schon zur Zeit Salomos gehandelt. Die genannte Menge war etwa einen Jahresarbeitslohn wert.

Quelltext: *Matthäus 26,6-13; Markus 14,3-9; Johannes 12,2-8*

Jesus war in Betanien bei Simon dem Aussätzigen zu Gast. Dort wurde Jesus zu Ehren ein Festmahl gegeben. Marta bediente, und Lazarus lag mit den anderen zu Tisch. Während des Essens kam eine Frau herein, die ein Alabastergefäß mit einem Pfund[28] sehr kostbarem Nardenöl mitbrachte. Es war Maria. Sie brach den Hals des Fläschchens ab, goss Jesus das Öl über den Kopf und salbte ihm auch die Füße damit. Dann tupfte sie diese mit ihrem Haar ab. Der Duft des Salböls erfüllte das ganze Haus.

Einige der Jünger am Tisch waren empört. „Was soll diese Verschwendung?", sagten sie zueinander und machten der Frau heftige Vorwürfe. Und einer von den Jüngern sagte ärgerlich – es war Judas, der Jesus später verriet: „Warum hat man dieses Salböl nicht verkauft? Man hätte dreihundert Denare dafür bekommen und das Geld den Armen geben können." Er sagte das nicht etwa, weil er sich um die Armen sorgte, sondern weil er ein Dieb war. Er verwaltete die gemeinsame Kasse und bediente sich daraus.

Jesus merkte es und sagte: „Lass sie in Ruhe! Warum macht ihr es der Frau so schwer? Warum bringt ihr sie in Verlegenheit? Sie hat ein gutes Werk an mir getan. Arme wird es immer bei euch geben, und sooft ihr wollt, könnt ihr ihnen Gutes tun. Aber mich habt ihr nicht mehr lange bei euch. Als sie das Öl über mich goss, hat sie meinen Körper im Voraus zum

---

27 Ich gehe mit Zarley nur von einer Salbung in Bethanien aus. Es war bei einem festlichen Mahl, bei dem man auf Polstern lag, die um einen niedrigen Tisch in der Mitte gruppiert waren. Man stützte sich auf den linken Ellbogen und langte mit der rechten Hand zu. Die Füße waren nach hinten vom Tisch weg ausgestreckt.

28 Das waren damals 327 Gramm.

Begräbnis gesalbt. Und ich versichere euch: Überall in der Welt, wo man die gute Botschaft predigen wird, wird man auch von dem reden, was diese Frau getan hat."

Vom Dieb zum Verräter

Judas geht zu den führenden Priestern und bietet ihnen den Verrat seines Rabbis an.

Quelltext: *Matthäus 26,14-16; Markus 14,10-11; Lukas 22,3-6*

Da fuhr der Satan in Judas, der zu den zwölf Jüngern gehörte und Sikarier genannt wurde. Er ging zu den Hohen Priestern und den Hauptleuten der Tempelwache und sagte: „Was gebt ihr mir, wenn ich euch Jesus ausliefere?" Sie waren hocherfreut, als sie das hörten, und versprachen ihm dreißig Silberstücke als Belohnung. Judas war einverstanden. Dann machte er ihnen einen Vorschlag, wie er ihn an sie ausliefern könnte. Sie zahlten ihm das Geld, und von da an suchte er nach einer günstigen Gelegenheit, Jesus an sie auszuliefern, ohne dass das Volk etwas merkte.

Festvorbereitungen

Der Tradition folgend will Jesus das Passa innerhalb der Stadt Jerusalem feiern. Er schickt deshalb Petrus und Johannes zu einem befreundeten wohlhabenden Mann, der ein Haus mit Obersaal besitzt. Damit Judas den Ort nicht vorzeitig verraten kann, nennt der Herr seinen Jüngern keine Adresse, sondern verweist sie prophetisch auf die Begegnung mit einem Wasser tragenden Mann.

Das Tragen von Wasserkrügen war Aufgabe der Frauen. Männer trugen nur die ledernen Weinschläuche. Deshalb wird der Mann den Jüngern sofort aufgefallen sein.

Größere Gesellschaften trafen sich gewöhnlich in den Obergeschossen der Häuser, weil sich dort die größten Räume befanden. Die Zimmer in den unteren Stockwerken waren kleiner, weil deren Mauern das Gewicht der Decke und des ersten Stocks mit tragen mussten und die

Deckenbalken keinen allzu großen Abstand überbrücken konnten. Auf dem flachen Dach hatte man deshalb oft noch einen Raum aus leichterem Material errichtet, dessen Fußboden die Decke von mehreren der unteren Räume bildete und unter Umständen die ganze Grundfläche des Hauses einnehmen konnte.

Quelltext: *Matthäus 26,17-19; Markus 14,12-16; Lukas 22,7-13*

Am ersten Tag der Festwoche der „Ungesäuerten Brote", an dem die Passalämmer geschlachtet wurden, fragten die Jünger Jesus: „Wo sollen wir das Passamahl für dich vorbereiten?" Jesus sagte zu Petrus und Johannes: „Geht in die Stadt und bereitet das Passamahl für uns vor!" – „Wo sollen wir das tun?", fragten sie. „Hört zu! Wenn ihr in die Stadt kommt, werdet ihr einen Mann sehen, der einen Wasserkrug trägt. Folgt ihm in das Haus, in das er hineingeht und sagt dort zu dem Hausherrn: ‚Unser Rabbi lässt sagen: Meine Zeit ist gekommen. Ich will mit meinen Jüngern bei dir das Passamahl feiern. Wo ist der Raum, in dem ich das tun kann?' Er wird euch einen großen Raum im Obergeschoss zeigen, der für das Festmahl mit Polstern ausgestattet und hergerichtet ist. Dort bereitet alles für uns vor!" Die beiden Jünger machten sich auf den Weg in die Stadt und fanden alles genau so, wie Jesus es ihnen gesagt hatte, und bereiteten das Passa vor.

Dem Verräter die Füße gewaschen

Donnerstag nach 18 Uhr *Jesus betritt den Obersaal und legt sich mit seinen Jüngern auf die um den niedrigen Tisch gruppierten Polster, so dass die Füße nach außen vom Tisch weg zeigen. Dann steht er wieder auf und beginnt, seinen Jüngern wie ein Sklave die Füße zu waschen. Dabei muss er außen um den Kreis herum gehen. Auch dem Verräter Judas Iskariot hat er diesen demütigen Dienst getan.*

Der Beiname Iskariot für Judas diente zur Unterscheidung von einem anderen Jünger, der auch Judas hieß. Er bedeutet vielleicht „Mann aus Kariot". Damit könnte Kirjot-Hezron gemeint sein, das 19 km südlich von Hebron liegt. In diesem Fall wäre Judas der einzige Judäer unter den Zwölf. Andere deuten den Beinamen als Judas, der Sikarier. Dann hätte Judas zu den Dolchmännern gehört (von sika = Dolch), der militantesten Gruppe unter den Zeloten, die römerfreundliche Juden umbrachten (vgl. Apostelgeschichte 21,38).

Quelltext: *Markus 14,17; Johannes 13,1-20*

Am Abend kam Jesus mit den Zwölf. Das Passafest stand jetzt unmittelbar bevor. Jesus wusste, dass die Zeit für ihn gekommen war, diese Welt zu verlassen und zum Vater zu gehen. Nun bewies er den Seinen in dieser Welt das ganze Ausmaß seiner Liebe. Es war beim Abendessen. Der Teufel hatte den Sikarier Judas Ben-Simon schon zu dem Plan verleitet, Jesus zu verraten. Jesus aber wusste, dass der Vater ihm uneingeschränkte Macht über alles gegeben hatte und dass er von Gott gekommen war und bald wieder zu Gott zurückkehren würde. Er stand vom Tisch auf, zog sein Obergewand aus und band sich ein Leinentuch um. Dann goss er Wasser in eine Schüssel und begann, den Jüngern die Füße zu waschen und mit dem Tuch abzutrocknen, das er sich umgebunden hatte. Als er zu Simon Petrus kam, wehrte der ab und sagte: „Herr, du willst mir die Füße waschen?" Jesus erwiderte ihm: „Was ich tue, verstehst du jetzt nicht. Du wirst es aber später begreifen." – „Nie und nimmer wäschst du mir die Füße!", widersetzte sich Petrus. Doch Jesus antwortete: „Wenn ich sie dir nicht wasche, hast du keine Gemeinschaft mit mir!" – „Dann, Herr, wasch mir nicht nur die Füße, sondern auch die Hände und den Kopf!", sagte Simon Petrus. Jesus entgegnete: „Wer gebadet hat, ist ganz rein, er muss sich später nur noch die Füße waschen. Ihr seid rein, allerdings nicht alle." Jesus wusste nämlich, wer ihn verraten würde. Darum hatte er gesagt: „Nicht alle von euch sind rein."

Nachdem Jesus ihnen die Füße gewaschen hatte, zog er sich das Obergewand wieder an und legte sich an seinen Platz am Tisch. „Versteht ihr, was ich eben gemacht habe? Ihr nennt mich Rabbi und Herr. Das ist auch in Ordnung so, denn ich bin es ja. Wenn nun ich, der Herr und der Rabbi, euch die Füße gewaschen habe, dann seid auch ihr verpflichtet, euch gegenseitig die Füße zu waschen. Ich habe euch ein Beispiel gegeben, damit ihr genau so handelt. Ja, ich versichere euch: Ein Sklave ist nicht größer als sein Herr und ein Gesandter nicht größer als sein Auftraggeber. Das wisst ihr jetzt. Nun handelt auch danach, denn das ist der Weg zum wahren Glück.

Doch ich rede nicht von euch allen. Ich kenne alle, die ich erwählt habe, aber was die Schrift sagt, muss sich erfüllen: ‚Der, der mein Brot isst, tritt nach mir.' Ich sage euch das schon jetzt, bevor es eintrifft, damit ihr dann,

| vor Christus | Geburt/Jugend | 1. Dienstjahr | 2. Dienstjahr |

wenn es geschieht, nicht daran irre werdet, dass ich wirklich der bin, der ich bin.[29] Ich versichere euch und verbürge mich dafür: Wer einen Menschen aufnimmt, den ich gesandt habe, nimmt mich auf. Und wer mich aufnimmt, nimmt den auf, der mich gesandt hat."

Entlarvung des Verräters

Jesus eröffnet als Gastgeber das Passamahl. Er spricht das Dankgebet über dem ersten der vier mit verdünntem Wein gefüllten Becher. Dann reicht er ihn an seine Gäste weiter. Links neben ihm, auf dem Ehrenplatz, liegt Judas, der Kassenführer der Jünger. Rechts von ihm, auf dem anderen Ehrenplatz, hat es sich Johannes bequem gemacht, wie alle anderen auf den linken Ellbogen gestützt. Petrus liegt auf der gegenüberliegenden Seite des Tisches, in Blickrichtung des Johannes. Bevor sie mit der Vorspeise beginnen, teilt Jesus seinen Jüngern tief erschüttert mit, dass einer von ihnen ihn verraten würde. Das löst eine Bestürzung unter den Jüngern aus, und jeder fragt sich erschrocken, ob etwa er es sei. Keiner kommt auf den Gedanken, dass Judas gemeint sein könnte, zumal der anscheinend genauso bestürzt fragt. Auf einen Wink des Petrus lehnt Johannes sich zurück an die Brust von Jesus und fragt im Flüsterton: „Herr, wer ist es?" Da nimmt Jesus ein Stück Brot, wickelt es um die Beilage der Mahlzeit,taucht es in eine Schüssel mit Soße und überreicht es dem „Ehrengast" Judas. Der nimmt es und verlässt danach sofort den Raum.[30]

Quelltext: *Matthäus 26,20-25; Markus 14,18-21; Lukas 22,14-18.21-23; Johannes 13,21-30*

Als es dann soweit war, legte sich Jesus mit den Aposteln zu Tisch. „Ich habe mich sehr danach gesehnt, dieses Passa mit euch zu feiern, bevor ich leiden muss. Denn ich sage euch: Ich

---

29 Das Zitat stammt aus Psalm 41,10.

30 Nach Lukas 22,21-22 scheint Judas bei der Einsetzung des Abendmahls noch dabei gewesen zu sein. Bei Mtatthäus 26,24; Markus 14,21 wird die von Lukas erwähnte Begebenheit jedoch vor Einsetzung des Mahls berichtet. Von daher ist anzunehmen, dass Lukas hier nicht die chronologische Abfolge berichtet, sondern thematische Gründe für seine Anordnung des Stoffes hat. Er will sagen: Jeder der Jünger könnte Jesus verraten, und jeder von ihnen wollte der Größte sein.

werde dieses Fest nicht mehr feiern, bis es im Reich Gottes seine volle Erfüllung findet." Dann nahm er einen Becher mit Wein, sprach das Dankgebet und sagte: „Nehmt ihn und teilt ihn unter euch! Denn ich sage euch: Bis zu dem Tag, an dem Gott seine Herrschaft aufrichtet, werde ich vom Saft der Reben nichts mehr trinken."

Während der Mahlzeit sagte Jesus im Innersten erschüttert: „Ich versichere euch: Einer von euch wird mich verraten, einer, der hier mit mir isst." Die Jünger blickten sich ratlos an und konnten sich nicht denken, wen er meinte. Sie fingen an, sich gegenseitig zu fragen, wer von ihnen es wohl sei, der so etwas tun könnte. Sie waren so bestürzt, dass einer nach dem anderen ihn fragte: „Das bin doch nicht ich, Herr?" – „Es ist einer von euch zwölf", sagte Jesus, „einer, der mit mir das Brot in die Schüssel taucht. Der Menschensohn geht zwar den Weg, der ihm in der Schrift vorausgesagt ist; doch für seinen Verräter wird es furchtbar sein.

Ein jüdisches Passamahl

Nach (späteren) jüdischen Überlieferungen verlief ein Passamahl zur Zeit des Neuen Testaments wahrscheinlich so ab:
▸ Dankgebet
▸ Erster Becher Wein
▸ Essen der bitteren Kräuter (ein Salat)
▸ Frage des Sohnes (2Mo 12,26; 13,14)
▸ Erklärung des Passa
▸ Singen der Hallel-Psalmen 113-114
▸ Zweiter Becher Wein
▸ Gebet
▸ Essen von Brot, Lamm mit Kräutern
▸ Gebet
▸ Dritter Becher Wein (Segensbecher)
▸ Singen der Psalmen 115-118
▸ Gebet (Liedsegnung)
▸ Vierter Becher Wein

Für diesen Menschen wäre es besser, er wäre nie geboren. Da sagte auch Judas, der Verräter, zu ihm: „Ich bin es doch nicht etwa, Rabbi?" – „Doch", antwortete Jesus, „du bist es."

Der Jünger, den Jesus besonders lieb hatte, lag direkt neben ihm zu Tisch. Diesem Jünger gab Petrus einen Wink, er solle fragen, von wem er reden würde. Da lehnte sich der Jünger etwas zurück an die Brust[31] von Jesus und fragte: „Herr, wer ist es?" – „Ich werde ein Stück Brot in die Schüssel tauchen", erwiderte Jesus, „und es dem geben, der es ist." Er

---

31 Das erklärt sich von der damaligen Tischsitte her. Johannes lag praktisch „vor" Jesus.

nahm ein Stück Brot, tauchte es in die Schüssel und gab es Judas Ben-Simon, dem Sikarier.

Als Judas das Brotstück genommen hatte, fuhr der Satan in ihn und nahm ihn in Besitz. Jesus sagte zu ihm: „Beeile dich und tue, was du tun willst!" Keiner von denen, die mit zu Tisch lagen, verstand, weshalb er das zu ihm gesagt hatte. Weil Judas die Kasse verwaltete, dachten einige, Jesus habe ihn aufgefordert, noch einige Einkäufe für das Fest zu machen, oder ihn beauftragt, den Armen etwas zu bringen. Als Judas den Bissen gegessen hatte, ging er sofort hinaus in die Nacht.

Das Abendmahl

Zwischen dem zweiten und dem dritten Becher isst Jesus mit seinen Jüngern.[32] Gegen Ende der Feier füllt er den dritten Becher, den Segensbecher (1. Korinther 10,16). Dann setzt er das Mahl ein, das die Christen heute noch regelmäßig feiern.

Quelltext: *Matthäus 26,26-29; Markus 14,22-25; Lukas 22,19-20;*
Johannes 13,31-32; 1. Korinther 11,23-25

Nachdem Judas den Raum verlassen hatte, sagte Jesus: „Jetzt wird der Menschensohn in seiner Herrlichkeit sichtbar, und auch die Herrlichkeit Gottes wird durch ihn offenbar. Und wenn der Menschensohn die Herrlichkeit Gottes sichtbar gemacht hat, dann wird auch Gott die Herrlichkeit des Menschensohnes offenbar machen. Das wird bald geschehen.

Noch während sie aßen, nahm Jesus ein Fladenbrot, dankte Gott dafür, brach es in Stücke und gab es seinen Jüngern mit den Worten: „Nehmt und esst, das ist mein Leib für euch. Tut das immer wieder, um euch an mich zu erinnern!"

Nachdem sie gegessen hatten, nahm er in gleicher Weise den Becher, sprach das Dankgebet, gab ihn den Jüngern und sagte: „Trinkt alle daraus! Dieser Becher steht für den neuen Bund, der mit meinem Blut besiegelt wird, dem Blut, das für viele zur Vergebung der Sünden vergossen wird. Sooft ihr trinkt, tut es zu meinem Gedächtnis!" Sie tranken alle daraus.

---

32 Es fällt auf, dass keiner der Evangelisten das Passalamm erwähnt, das doch sonst die Hauptsache ist. War es vielleicht ein neues, messianisches Passa, das Jesus mit seinen Jüngern feierte, bei dem man kein Lamm benötigte, weil er selbst das Lamm darstellt (Johannes 1,29)?

letzte Monate	letzte Tage	Passion	nach Ostern

Dann fuhr er fort: „Ich versichere euch, dass ich bis zu dem Tag, an dem Gott seine Herrschaft aufrichtet, keinen Wein mehr trinken werde. Dann allerdings, im Reich meines Vaters, werde ich neuen Wein mit euch trinken."

Wer ist der Größte?

Noch einmal kommt es zum Streit unter den Jüngern, wer von ihnen der Größte wäre. Daraufhin gibt Jesus ihnen das neue Gebot der Liebe.

Quelltext: *Lukas 22,24-30; Johannes 13,33-35*

Es kam auch zu einem Streit unter ihnen über die Frage, wer von ihnen wohl der Größte sei. Da sagte Jesus: „In der Welt herrschen die Könige über ihre Völker, und die Mächtigen lassen sich Wohltäter nennen. Doch bei euch soll es nicht so sein. Im Gegenteil: Der Größte unter euch soll sich auf eine Stufe mit dem Geringsten stellen und der Führer sei wie ein Diener. Wer ist denn größer: der, der zu Tisch liegt, oder der, der ihn bedient? Natürlich der am Tisch! Aber ich bin unter euch wie ein Diener. Doch ihr seid in allem, was ich durchmachen musste, treu bei mir geblieben. Dafür werde ich euch an der Herrschaft beteiligen, die mir mein Vater übertragen hat. Ihr werdet in meinem Reich an meinem Tisch essen und trinken und auf Thronen sitzen, um die zwölf Stämme Israels zu richten."

Ich bin nicht mehr lange bei euch, meine Kinder. Ihr werdet mich suchen, aber was ich schon den Juden sagte, muss ich auch euch sagen: Da, wo ich hingehe, könnt ihr nicht mitkommen. Ich gebe euch jetzt ein neues Gebot: Liebt einander! Genauso wie ich euch geliebt habe, sollt ihr einander lieben! An eurer Liebe zueinander werden alle erkennen, dass ihr meine Jünger seid."

Erfüllte Weissagungen

Den Jüngern ist immer noch nicht klar, was jetzt auf ihren Herrn zukommen wird. Jesus weist sie erneut auf seinen Tod hin. Er durchschaut ihre Selbstüberschätzung und sagt, dass ihre Treue zu ihm bald ins Wanken gebracht wird. Doch er ist sich bewusst, dass sich damit ein Wort des Propheten Sacharja erfüllt. Dass er sie anschließend nach Waffen fragt, hat seinen Grund ebenfalls in einer Weissagung, nämlich des Propheten Jesaja, die Jesus bewusst erfüllen will.

vor Christus	Geburt/Jugend	1. Dienstjahr	2. Dienstjahr

Quelltext: *Matthäus 26,31-35; Markus 14,27-31; Lukas 22,31-38;*
Johannes 13,36-38

„Herr", sagte Simon Petrus, „wo gehst du hin?" – „Wo ich hingehe", erwiderte Jesus, „dahin kannst du jetzt nicht mitkommen. Aber später wirst du mir dorthin nachfolgen." – „Herr", entgegnete Petrus, „warum kann ich dir jetzt nicht folgen? Ich bin auch bereit, für dich zu sterben."

„In dieser Nacht werdet ihr mich alle verlassen", sagte Jesus zu ihnen, „denn es steht geschrieben: ‚Ich werde den Hirten erschlagen und die Schafe werden sich zerstreuen.'[33] Aber nach meiner Auferstehung werde ich euch nach Galiläa vorausgehen."

Da sagte Petrus zu ihm: „Und wenn alle an dir irre werden – ich werde dich nie verlassen!" Dann sagte der Herr: „Simon, Simon, der Satan hat euch haben wollen, um euch durchsieben zu können wie den Weizen. Doch ich habe für dich gebetet, dass du deinen Glauben nicht verlierst. Wenn du also später umgekehrt und zurechtgekommen bist, stärke den Glauben deiner Brüder!"

„Herr", sagte Petrus, „ich bin bereit mit dir ins Gefängnis und sogar in den Tod zu gehen." – „Dein Leben willst du für mich lassen?", erwiderte Jesus. „Amen, ich versichere dir: Noch heute Nacht, bevor der Hahn kräht, wirst du dreimal geleugnet haben, mich überhaupt zu kennen." – „Nein!", erklärte Petrus mit aller Entschiedenheit. „Und wenn ich mit dir sterben müsste! Niemals werde ich dich verleugnen!" Das Gleiche beteuerten auch alle anderen.

Dann fragte Jesus die Jünger: „Als ich euch ohne Geldbeutel, Vorratstasche und Sandalen aussandte, habt ihr da etwas entbehren müssen?" – „Nein, gar nichts", antworteten sie. „Aber jetzt", sagte er, „nehmt Geldbeutel und Vorratstasche mit, wenn ihr sie habt. Und wer nichts davon hat, soll seinen Mantel verkaufen und sich ein Schwert kaufen. Denn auch das folgende Schriftwort muss sich noch an mir erfüllen: ‚Er wurde zu den Aufrührern gerechnet.'[34] Doch alles, was mich betrifft, ist jetzt bald vollendet." Die Jünger sagten: „Herr, hier sind zwei Schwerter." – „Das genügt", sagte er.

Vertrauen!

Jesus ermutigt seine Jünger, Gott und ihm selbst zu vertrauen.

---

33 Sacharja 13,7   34 Jesaja 53,12

| letzte Monate | letzte Tage | Passion | nach Ostern |

Quelltext: *Johannes 14,1-14*

„Lasst euch nicht in Verwirrung bringen. Glaubt an Gott und glaubt auch an mich! Im Haus meines Vaters gibt es viele Wohnungen. Wenn es nicht so wäre, hätte ich dann etwa gesagt: ‚Ich gehe jetzt hin, um den Platz für euch vorzubereiten.'? Und wenn ich hingegangen bin und euch den Platz vorbereitet habe, werde ich wiederkommen und euch zu mir holen, damit auch ihr da seid, wo ich bin. Den Weg dorthin kennt ihr ja." – „Herr", sagte Thomas, „wir wissen nicht einmal, wo du hingehst. Wie sollen wir da den Weg dorthin kennen?" – „Ich bin der Weg!", antwortete Jesus. „Ich bin die Wahrheit und das Leben! Zum Vater kommt man ausschließlich durch mich. Wenn ihr erkannt habt, wer ich bin, dann habt ihr auch meinen Vater erkannt. Schon jetzt erkennt ihr ihn und habt ihn bereits gesehen." – „Herr, zeige uns den Vater", sagte Philippus, „das genügt uns." – „So lange

Einer der Hallel-Psalmen (115)

Nicht uns, Jahwe[35], nicht uns, / deinen Namen bringe zu Ehren / wegen deiner Güte und Treue! / Warum dürfen Heidenvölker sagen: / „Wo ist er denn, ihr Gott?"? / Unser Gott ist im Himmel, / und was er will, das macht er auch.
Ihre Götzen sind ja nur Silber und Gold, / Werke, von Menschen gemacht. / Sie haben Münder, die nicht reden, / Augen, die nicht sehen, / Ohren, die nicht hören, / und Nasen, die nicht riechen. / Sie haben Hände, die nicht greifen, / und Füße, die nicht gehen. / Aus ihren Kehlen kommt kein Laut. / Wer solches macht, / auf sie vertraut, / wird ihnen gleich.
Du, Haus Israel, vertraue auf Jahwe! / Er ist deine Hilfe und dein Schild. / Du, Haus Aaron, vertraue auf Jahwe! / Er ist deine Hilfe und dein Schild. / Du, der Jahwe fürchtet, vertraue auf Jahwe! / Er ist deine Hilfe und dein Schild. / Jahwe denkt an uns und segnet uns. / Er wird segnen das Haus Israel / und segnen das Haus Aaron. / Er wird segnen die, die Jahwe fürchten, / die Kleinen und die Großen. / Jahwe möge euch mit Nachwuchs segnen, / euch und alle eure Kinder. / Ihr seid gesegnet von Jahwe, / der Himmel und Erde gemacht hat. / Der Himmel gehört Jahwe, / aber die Erde hat er den Menschen gegeben. / Die Toten, die können Jahwe nicht loben, / keiner von denen, die ins Schweigen hingehen. / Doch wir, wir wollen Jah preisen / von jetzt an bis in Ewigkeit: Halleluja!

bin ich schon bei euch, Philippus, und du kennst mich immer noch nicht?",
tadelte Jesus ihn. „Wer mich gesehen hat, hat den Vater gesehen! Wie
kannst du da sagen: ‚Zeige uns den Vater!'? Glaubst du denn nicht, dass ich
im Vater bin und der Vater in mir ist? Was ich zu euch gesprochen habe,
stammt doch nicht von mir. Der Vater, der in mir ist, handelt durch mich.
Es ist sein Werk! Glaubt mir, dass ich im Vater bin und der Vater in mir ist!
Wenn aber nicht, dann glaubt wenigstens aufgrund dessen, was ich getan
habe! Ja, ich versichere euch: Wer mir vertraut und glaubt, wird auch solche Dinge tun, ja sogar noch größere Taten vollbringen. Denn ich gehe zum
Vater, und alles, worum ihr dann in meinem Namen bittet, werde ich tun.
Denn so wird der Vater im Sohn geehrt. Was ihr also in meinem Namen
erbittet, werde ich tun."

Der Stellvertreter

*Nun füllt Jesus den vierten Kelch und singt mit seinen Jüngern den zwei-
ten Teil des Hallel (Psalm 115-118). Dann erklärt er ihnen, dass er auch in
Zukunft immer bei ihnen sein wird und zwar durch den Heiligen Geist, seinen Stellvertreter, den er ihnen senden wird. Anschließend singen sie vielleicht noch Psalm 136 und machen sich langsam auf den Weg zum Ölberg.*

Quelltext: *Matthäus 26,30; Markus 14,26; Johannes 14,15-31*

„Wenn ihr mich liebt, werdet ihr meine Gebote befolgen. Und
ich werde den Vater bitten, dass er euch an meiner Stelle
einen anderen Beistand gibt, der für immer bei euch bleibt.
Das ist der Geist der Wahrheit, den die Welt nicht bekommen kann, weil
sie ihn nicht sieht und ihn nicht kennt. Aber ihr kennt ihn, denn er bleibt
bei euch und wird in euch sein. Ich werde euch nicht allein und verwaist
zurücklassen. Ich komme zu euch! Es dauert nur noch eine kurze Zeit,
dann wird die Welt mich nicht mehr sehen. Ihr aber werdet mich sehen.
Und weil ich lebe, werdet auch ihr leben. Wenn dieser Tag kommt, werdet

---

35 *JHWH* ist der Name Gottes, der seine persönliche Nähe zum Menschen aus-
drückt. Ausgesprochen wird er wahrscheinlich „Jahwe" (die hebräische Schrift
hat keine Vokalzeichen), auf keinen Fall aber „Jehova" (weil bei dieser Ausspra-
che die Vokale des Wortes „Adonai" = „Herr" mit den Konsonanten von Jahwe
zusammen gelesen wurden, was aber nie ein Jude getan hat). In neutestamentlicher Zeit sprach man aus Furcht vor Versündigung den Namen Jahwes überhaupt nicht mehr aus, sondern sagte statt dessen immer „Adonai". Auch der Herr
selbst hat sich offenbar an diese Regel gehalten.

letzte Monate	letzte Tage	Passion	nach Ostern

ihr erkennen, dass ich in meinem Vater bin und ihr in mir seid und ich in euch. Wer meine Gebote kennt und sie befolgt, der liebt mich wirklich. Und wer mich liebt, wird von meinem Vater geliebt werden. Und ich werde ihn lieben und mich ihm zu erkennen geben."

Da fragte ihn Judas (nicht der Sikarier): „Herr, wie kommt es, dass du dich nur uns zu erkennen geben willst und nicht der Welt?" – „Wenn jemand mich liebt", gab Jesus ihm zur Antwort, „wird er sich nach meinem Wort richten. Mein Vater wird ihn lieben, und wir werden kommen und bei ihm wohnen. Wer mich nicht liebt, wird sich nicht nach meinen Worten richten – und dabei kommen die Worte, die ihr gehört habt, nicht von mir, sondern vom Vater, der mich gesandt hat.

Ich habe euch das gesagt, solange ich noch bei euch bin. Aber der Beistand, den der Vater in meinem Namen senden wird, der Heilige Geist, wird euch alles weitere lehren und euch an alles erinnern, was ich euch gesagt habe. Was ich euch hinterlasse, ist mein Frieden. Ich gebe euch einen Frieden, wie die Welt ihn nicht geben kann. Lasst euch nicht in Verwirrung bringen, habt keine Angst. Denkt an das, was ich euch gesagt habe: Ich gehe weg und komme wieder zu euch. Wenn ihr mich wirklich liebt, dann werdet ihr euch für mich freuen, weil ich jetzt zum Vater gehe, denn der Vater ist größer als ich. Ich habe euch das alles im Voraus gesagt damit ihr dann, wenn es geschieht, im Glauben fest bleibt. Viel werde ich nicht mehr mit euch reden können, denn der Herrscher dieser Welt ist schon gegen mich unterwegs. Er wird zwar nichts an mir finden, aber die Welt soll erkennen, dass ich den Vater liebe und das tue, was er mir aufgetragen hat. Steht auf, wir wollen gehen!" Als sie dann ein Loblied gesungen hatten, gingen sie zum Ölberg hinaus.

Im Hof

Wahrscheinlich verweilt Jesus mit seinen Jüngern noch eine Weile im Vorhof[36], der zum Haus gehört. Dort erklärt er im Bild vom Weinstock seine Verbundenheit mit ihnen.

---

36 Es ist schwer denkbar, dass sich alles, was Johannes 15-17 berichtet, in den belebten nächtlichen Gassen oder im Tempel abgespielt hat. Auf jeden Fall geschah es nach Johannes 17,1 im Freien und nach Johannes 18,1 noch innerhalb der Stadt.

Gewöhnlich besaßen die Vorhöfe Gärten, in denen auch Weinstöcke gepflanzt waren. Das könnte Jesus als Anschauungsmaterial für seine Jünger gedient haben.

Quelltext: *Johannes 15,1-8*

„Ich bin der wahre Weinstock und mein Vater ist der Weingärtner. Jede Rebe an mir, die keine Frucht bringt, schneidet er weg, und jede, die Frucht bringt, schneidet er zurück und reinigt sie so, damit sie noch mehr Frucht bringt. Ihr allerdings seid durch das Wort, das ich euch verkündigt habe, schon rein. Bleibt in mir, und ich bleibe in euch! Eine Rebe kann nicht aus sich selbst heraus Frucht bringen; sie muss am Weinstock bleiben. Auch ihr könnt keine Frucht bringen, wenn ihr nicht mit mir verbunden bleibt. Ich, ich bin der Weinstock; ihr seid die Reben. Wer in mir bleibt und ich dann auch in ihm, trägt viel Frucht. Denn getrennt von mir könnt ihr nichts ausrichten. Wenn jemand nicht mit mir verbunden bleibt, wird es ihm ergehen wie den unfruchtbaren Reben, die man auf einen Haufen wirft und verbrennt. Er wird weggeworfen und verdorrt. Wenn ihr in mir bleibt und wenn meine Worte in euch bleiben, dann könnt ihr bitten, um was ihr wollt: Ihr werdet es bekommen. Die Herrlichkeit meines Vaters wird ja dadurch sichtbar, dass ihr viel Frucht bringt und euch so als meine Jünger erweist."

Liebe und Hass

Jesus ermahnt seine Jünger, einander zu lieben, und bereitet sie auf den Hass der Welt vor.

Quelltext: *Johannes 15,9 – 16,4*

„Ich habe euch genauso geliebt, wie der Vater mich geliebt hat. Bleibt in meiner Liebe! Ihr bleibt darin, wenn ihr meine Gebote haltet. Auch ich habe immer die Gebote meines Vaters gehalten und bin so in seiner Liebe geblieben. Ich habe euch das gesagt, damit auch ihr von meiner Freude erfüllt werdet. Ja, eure Freude soll vollkommen sein! Mein Gebot an euch lautet: ‚Liebt einander so, wie ich euch geliebt habe!' Die größte Liebe beweist der, der sein Leben für seine Freunde hingibt.

Und ihr seid meine Freunde – falls ihr meine Gebote befolgt. Ich nenne euch Freunde und nicht mehr Sklaven. Denn ein Sklave weiß nicht, was sein Herr tut. Aber ich habe euch alles mitgeteilt, was ich von meinem

Vater gehört habe. Nicht ihr habt mich erwählt, sondern ich habe euch erwählt. Ich habe euch dazu bestimmt, hinzugehen und Frucht zu tragen – Frucht, die Bestand hat. Wenn ihr dann den Vater in meinem Namen um etwas bittet, wird er es euch geben. ‚Liebt euch gegenseitig!‘, das ist mein Gebot.

Wenn die Welt euch hasst, denkt daran, dass sie mich vor euch gehasst hat. Wenn ihr zur Welt gehören würdet, würde sie euch als ihre Kinder lieben. Doch ihr gehört nicht zur Welt, denn ich habe euch ja aus der Welt heraus erwählt. Das ist der Grund, warum sie euch hasst. Denkt an das, was ich euch gesagt habe: ‚Ein Sklave ist nicht größer als sein Herr.‘ Wenn sie mich verfolgt haben, werden sie auch euch verfolgen. Wenn sie auf mein Wort gehört haben, werden sie auch auf das eure hören.

Aber alles, was sie euch antun, ist gegen meinen Namen gerichtet; denn sie kennen den nicht, der mich gesandt hat. Sie hätten keine Schuld, wenn ich nicht gekommen wäre und zu ihnen gesprochen hätte. Doch so haben sie keine Entschuldigung mehr für ihre Sünde. Wer mich hasst, hasst auch meinen Vater. Sie hätten keine Schuld, wenn ich nicht die Wunder unter ihnen getan hätte, die noch kein Mensch getan hat. Doch jetzt haben sie diese Dinge gesehen und hassen mich trotzdem, mich und meinen Vater. Aber das musste so kommen, damit sich erfüllen würde, was in ihrem Gesetz steht: ‚Sie haben mich ohne Grund gehasst.‘[37]

Wenn dann der Beistand gekommen ist, wird er mein Zeuge sein. Es ist der Geist der Wahrheit, der vom Vater ausgeht. Ich werde ihn zu euch senden, wenn ich beim Vater bin. Aber auch ihr seid meine Zeugen, weil ihr von Anfang an bei mir gewesen seid.

Ich habe euch das gesagt, damit ihr nicht an mir irre werdet. Man wird euch aus den Synagogen ausschließen. Ja es kommt sogar eine Zeit, in der die, die euch töten, meinen, Gott einen Dienst damit zu tun. Sie werden euch das antun, weil sie weder den Vater noch mich kennen. Ich habe euch das gesagt, damit ihr euch, wenn die Zeit dafür gekommen ist, an meine Worte erinnert."

Traurigkeit wird zur Freude

Jesus spricht von der Notwendigkeit, dass der Heilige Geist zu ihnen kommen muss. Dann würde sich ihre Traurigkeit auch in Freude verwandeln. Zum Schluss spricht er von seinem Sieg über die Welt.

---

37 Psalm 35,19; 69,5

Quelltext: *Johannes 16,5-33*

„Bisher habe ich nicht mit euch darüber gesprochen, weil ich ja bei euch war. Aber jetzt gehe ich zu dem zurück, der mich gesandt hat. Doch keiner von euch fragt mich, wohin ich gehe. Stattdessen hat Traurigkeit euer Herz erfüllt. Doch glaubt mir: Es ist das Beste für euch, wenn ich fortgehe. Denn wenn ich nicht wegginge, käme der Beistand nicht zu euch. Wenn ich jedoch fortgehe, wird er kommen, denn ich werde ihn zu euch senden. Und wenn er gekommen ist, wird er die Welt überführen. Er wird den Menschen die Augen öffnen über Sünde, Gerechtigkeit und Gericht. Ihre Sünde besteht darin, dass sie nicht an mich glauben. Die Gerechtigkeit erweist sich dadurch, dass ich zum Vater gehe, und ihr mich nicht mehr sehen werdet. Und das Gericht werden sie daran erkennen, dass der Fürst dieser Welt schon verurteilt ist.

Ich hätte euch noch so viel zu sagen, aber ihr könnt es jetzt noch nicht tragen. Wenn dann jedoch der Geist der Wahrheit gekommen ist, wird er euch zum vollen Verständnis der Wahrheit führen. Denn er wird nicht seine eigenen Anschauungen vertreten, sondern euch nur sagen, was er gehört hat, und euch verkündigen, was die Zukunft bringt. Er wird meine Herrlichkeit sichtbar machen, denn was er euch verkündigt, hat er von mir empfangen. Alles, was der Vater hat, gehört ja auch mir. Deshalb habe ich gesagt: Was er euch verkündigen wird, hat er von mir.

Es dauert nur noch ein wenig, dann werdet ihr mich nicht mehr sehen. Doch eine Weile danach werdet ihr mich wieder sehen." – „Wie sollen wir das verstehen?", sagten einige seiner Jünger zueinander. ‚Es dauert nur noch ein wenig, dann werdet ihr mich nicht mehr sehen. Doch eine Weile danach werdet ihr mich wieder sehen.' Und was bedeutet: ‚Ich gehe zum Vater'?" Sie überlegten hin und her: „Was ist das für eine ‚kleine Weile', von der er gesprochen hat? Wir verstehen nicht, was er damit meint." Jesus merkte, dass sie ihn fragen wollten, und sagte: „Überlegt ihr miteinander, was ich damit meinte: ‚Es dauert nur noch ein wenig, dann werdet ihr mich nicht mehr sehen. Doch eine Weile danach werdet ihr mich wieder sehen'? Ja, ich versichere euch: Ihr werdet weinen und klagen, aber die Welt wird sich freuen. Ihr werdet traurig sein, doch eure Trauer wird sich in Freude verwandeln. Wenn eine Frau ein Kind bekommt, macht sie bei der Geburt Schweres durch. Wenn das Kind jedoch geboren ist, werden vor der Freude, dass ein Mensch zur Welt gekommen ist, alle Schmerzen verges-

letzte Monate	letzte Tage	Passion	nach Ostern

sen. Auch ihr seid jetzt traurig, aber ich werde euch wiedersehen. Dann wird euer Herz voller Freude sein, die euch niemand wegnehmen kann. Wenn es soweit ist, werdet ihr mich nichts mehr fragen müssen. Ja, ich versichere euch: Wenn ihr dann den Vater in meinem Namen um etwas bittet, wird er es euch geben. Bis jetzt habt ihr noch nichts in meinem Namen erbeten. Bittet nur – ihr werdet es bekommen. Und dann wird eure Freude vollkommen sein.

Ich habe euch das alles in Bildern gesagt. Aber es kommt eine Zeit, in der ich nicht mehr in Rätseln zu euch rede, sondern offen über den Vater sprechen werde. Dann werdet ihr ihn in meinem Namen bitten. Ich sage nicht, dass ich dann den Vater für euch bitten werde, denn der Vater selbst hat euch lieb. Denn ihr liebt mich ja und glaubt, dass ich von Gott gekommen bin. Ja, ich bin vom Vater aus in die Welt gekommen; und ich werde die Welt verlassen und zum Vater zurückkehren."

Da sagten seine Jünger: „Endlich sprichst du offen und nicht mehr in Rätselworten. Jetzt verstehen wir, dass du alles weißt und unsere Fragen kennst, bevor wir sie stellen. Darum glauben wir, dass du von Gott gekommen bist." – „Jetzt glaubt ihr?", sagte Jesus. „Passt auf, es kommt die Zeit – sie ist sogar schon da – wo ihr auseinanderlaufen werdet, jeder auf einem anderen Weg. Und ihr werdet mich allein lassen. Aber ich bin nicht allein; der Vater ist ja bei mir. Ich habe euch das gesagt, damit ihr in meinem Frieden geborgen seid. In der Welt wird man Druck auf euch ausüben. Aber verliert nicht den Mut! Ich habe die Welt besiegt!"

Jesus betet

Schließlich spricht er ein wunderbares Gebet – für sich, für seine Jünger und für alle, die später an ihn glauben würden.

Quelltext: *Johannes 17*

Nachdem Jesus das gesagt hatte, blickte er zum Himmel auf und betete: „Vater, die Stunde ist gekommen. Offenbare die Herrlichkeit deines Sohnes, damit auch der Sohn deine Herrlichkeit offenbar machen kann. Du hast ihm die Macht über alle Menschen anvertraut, damit er denen, die du ihm gegeben hast, ewiges Leben schenkt. Das ewige Leben bedeutet ja, dich zu erkennen, den einzigen wahren Gott, und Jesus Christus, den du in die Welt gesandt hast. Ich habe deine Herrlichkeit hier auf der Erde sichtbar gemacht. Ich habe das Werk vollendet, das du mir aufgetragen hast. Vater, gib mir erneut die Herrlichkeit, die ich schon vor Erschaffung der Welt bei dir hatte.

Ich habe dich den Menschen bekannt gemacht, die du mir aus der Welt gegeben hast. Sie gehörten schon immer dir, und du hast sie mir gegeben. Sie haben sich nach deinem Wort gerichtet. Sie wissen jetzt, dass alles, was du mir gegeben hast, von dir kommt. Denn ich habe ihnen das weitergegeben, was du mir gesagt hast. Und sie haben es angenommen und erkannt, dass ich wirklich von dir gekommen bin. Sie glauben auch daran, dass du mich gesandt hast.

Für sie bete ich. Ich bitte nicht für die Welt, sondern für die, die du mir gegeben hast, denn sie gehören dir. Alles, was mir gehört, gehört auch dir, und was dir gehört, gehört auch mir. Durch sie wird meine Herrlichkeit offenbar. Bald bin ich nicht mehr in der Welt, ich komme ja zu dir, Vater, du heiliger Gott. Sie aber sind noch in der Welt. Bewahre sie durch die Macht, die du mir gegeben hast, die Macht deines Namens, damit sie eins sind so wie wir. Solange ich bei ihnen war, habe ich sie durch die Macht deines Namens bewahrt. Ich habe über sie gewacht, dass nicht einer von ihnen verloren ging – außer dem, der den Weg des Verderbens gegangen ist, so wie es die Schrift vorausgesagt hat.

Doch jetzt komme ich zu dir. Aber dies alles wollte ich sagen, solange ich noch hier in der Welt bin, damit sie ganz von meiner Freude erfüllt sind. Ich habe ihnen dein Wort weitergegeben, und nun hasst sie die Welt. Denn sie gehören nicht zu ihr, so wenig wie ich zur Welt gehöre. Ich bitte dich nicht darum, sie aus der Welt wegzunehmen, aber ich bitte dich, sie vor dem Bösen zu bewahren. Sie gehören genau so wenig zur Welt wie ich. Führe sie durch die Wahrheit ganz auf deine Seite! Dein Wort ist Wahrheit. So wie du mich in die Welt gesandt hast, habe auch ich sie in die Welt gesandt. Und für sie gebe ich mich dir hin, damit auch sie durch die Wahrheit dir hingegeben sind.

Ich bitte aber nicht nur für sie, sondern auch für die Menschen, die durch ihr Wort an mich glauben werden. Ich bete, dass sie alle eins sind, und zwar so wie du, Vater, in mir bist und ich in dir, so sollen sie in uns eins sein. Dann wird die Welt glauben, dass du mich gesandt hast. Ich habe ihnen die Herrlichkeit geschenkt, die du mir gegeben hast, damit sie eins sind, so wie wir eins sind – ich in ihnen und du in mir, damit die Welt erkennt, dass du mich gesandt und sie geliebt hast, so wie ich von dir geliebt bin. Vater, ich möchte, dass alle, die du mir gegeben hast, dort bei mir sind, wo ich bin. Sie sollen nämlich meine Herrlichkeit sehen können,

letzte Monate	letzte Tage	Passion	nach Ostern

die du mir gegeben hast, weil du mich liebtest – schon vor Erschaffung der Welt.

Gerechter Vater, die Welt kennt dich nicht, aber ich kenne dich; und diese hier haben erkannt, dass du mich gesandt hast. Ich habe ihnen deinen Namen bekannt gemacht und werde das auch weiterhin tun. Ich tue das, damit die Liebe, die du zu mir hast, auch sie erfüllt und ich selbst in ihnen bin.

Die Passion, das Leiden des Christus

Getsemane

Donnerstag, 6. April 30 n.Chr., spätabends *Die letzten Stunden vor seiner Gefangennahme verbringt Jesus mit seinen Jüngern in einem Olivenhain gegenüber vom Tempel. Während er in einiger Entfernung intensiv betet, können die Jünger sich nicht wach halten.*

Das Kidrontal, das heutige Wadi en Nahr, ist ein trockenes Bachbett, das vom Norden Jerusalems zwischen Tempelberg und Ölberg zum Toten Meer verläuft. Nur in der Winterzeit fließt dort der Kidronbach.

Getsemane heißt „Ölpresse". Solche Ölpressen standen in Olivenhainen und wurden zur Gewinnung des Öls aus den Früchten der Ölbäume benutzt.

Quelltext: *Matthäus 26,36-46; Markus 14,32-42; Lukas 22,39-46; Johannes 18,1*

Nach diesem Gebet verließ Jesus mit seinen Jüngern die Stadt und ging wie gewohnt zum Ölberg. Sie überquerten den Kidronbach und gingen in einen Olivenhain namens Getsemani, der sich auf der anderen Seite des Tals befand.

Als er dort war, sagte er zu seinen Jüngern: „Setzt euch hierher und wartet, bis ich gebetet habe! Betet darum, dass ihr nicht in Versuchung geratet."

Petrus, Jakobus und Johannes jedoch nahm er mit. Auf einmal wurde er von schrecklicher Angst und von Grauen gepackt und sagte zu ihnen: „Die Qualen meiner Seele bringen mich fast um. Bleibt hier und wacht!" Er ging noch ein paar Schritte weiter, um zu beten. Ungefähr einen Steinwurf weit zog er sich von den Jüngern zurück. Er kniete sich hin, warf sich nieder, mit dem Gesicht zur Erde und bat Gott, ihm diese Leidensstunde zu ersparen, wenn es möglich wäre. „Abba[1], Vater", sagte er, „dir ist alles möglich.

---

1 *Abba* ist aramäisch und heißt (lieber) Vater. Es wurde als Anrede im Familienkreis gebraucht.

Lass diesen bitteren Leidenskelch an mir vorübergehen! Aber nicht, wie ich will, sondern wie du willst."

Als er zurückkam, fand er die Jünger schlafend. „Simon", sagte er zu Petrus, „du schläfst? Konntest du nicht eine einzige Stunde mit mir wachen? Seid wachsam und betet, damit ihr nicht in Versuchung kommt! Der Geist ist willig, aber der Körper ist schwach."

Danach ging er ein zweites Mal weg und betete: „Mein Vater, wenn es nicht anders sein kann und ich diesen Kelch trinken muss, dann geschehe dein Wille!" Da erschien ihm ein Engel vom Himmel und stärkte ihn. Jesus betete mit solcher Anspannung, dass sein Schweiß wie Blut auf den Erdboden tropfte.[2]

Als er vom Gebet aufstand und wieder zu den Jüngern kam, fand er sie vor Kummer eingeschlafen. Sie konnten ihre Augen vor Müdigkeit nicht offen halten und wussten nicht, was sie ihm antworten sollten. „Wie könnt ihr nur schlafen?", sagte er. „Steht auf und betet, dass ihr nicht in Versuchung geratet!"

Er ließ sie schlafen, ging wieder weg und betete zum dritten Mal dasselbe. Dann kehrte er zu den Jüngern zurück und sagte zu ihnen: „Schlaft ihr denn immer noch? Ruht ihr euch immer noch aus? Genug damit, es ist soweit! Die Stunde ist gekommen. Jetzt wird der Menschensohn den Sündern in die Hände gegeben. Steht auf, lasst uns gehen! Der Verräter ist schon da."

Jesus wird verhaftet

Mit einem großen Aufgebot an Soldaten der römischen Besatzungstruppe und Männern der Tempelwache, die von führenden Priestern und Ältesten begleitet werden, kommt Judas, um seinen Rabbi verhaften zu lassen.[3]

Quelltext: *Matthäus 26,47-56; Markus 14,43-52; Lukas 22,47-53; Johannes 18,2-11*

Kaum hatte er das gesagt, tauchte eine große Schar von Männern auf, an ihrer Spitze Judas, einer der Zwölf. Weil Jesus oft mit seinen Jüngern dort gewesen war, kannte auch der Verräter Judas den Platz. Er kam jetzt dorthin und wurde von einem Trupp Soldaten begleitet, die im Dienst der Römer standen, und von Männern der Tempelwache, die

---

2   Die letzten beiden Sätze fehlen zwar in mehreren alten Handschriften, werden aber schon sehr früh von Kirchenvätern zitiert.

3   Die Verhaftung war illegal, weil Bestechung eine Rolle spielte (2Mo 23,8).

ihm die Hohen Priester, die Ältesten, die Gesetzeslehrer und Pharisäer zur Verfügung gestellt hatten. Sie waren bewaffnet und trugen Schwerter und Knüppel, Laternen und Fackeln.

Jesus wusste, was nun mit ihm geschehen würde, und ging ihnen bis vor den Eingang des Gartens entgegen. „Wen sucht ihr?", fragte er sie. „Jesus von Nazaret", gaben sie ihm zur Antwort. „Ich bin es", sagte er. Der Verräter Judas stand bei ihnen. Als nun Jesus zu ihnen sagte: „Ich bin es", wichen sie zurück und fielen zu Boden. Da fragte er sie noch einmal: „Wen sucht ihr?" – „Jesus von Nazaret", antworteten sie wieder. „Ich habe euch doch gesagt, dass ich es bin", entgegnete Jesus. „Wenn ihr also mich sucht, dann lasst diese hier gehen." So sollte sich das Wort erfüllen, das Jesus selbst gesagt hatte: „Von denen, die du mir gegeben hast, habe ich keinen verloren."

Der Verräter hatte ein Zeichen mit ihnen verabredet: „Der, den ich zur Begrüßung küssen werde, der ist es. Den müsst ihr festnehmen und gut bewacht abführen." Sobald sie angekommen waren, ging Judas auf Jesus zu und wollte ihn mit einem Kuss begrüßen. „Judas", sagte Jesus zu ihm, „mit einem Kuss verrätst du den Menschensohn?" Doch er rief: „Sei gegrüßt, Rabbi!", und küsste ihn. Jesus entgegnete ihm: „Dazu bist du gekommen, Freund?"

Da traten die Männer heran, packten Jesus und nahmen ihn fest. Als die, die bei Jesus waren, merkten, in welcher Absicht die Männer gekommen waren, fragten sie: „Herr, sollen wir kämpfen? Wir haben die Schwerter mitgebracht." Plötzlich zog Simon Petrus das Schwert, das er bei sich hatte, und hieb damit auf den Sklaven des Hohen Priesters ein, der Malchus hieß. Dabei schlug er ihm das rechte Ohr ab. Aber Jesus rief: „Hört auf damit! Steck das Schwert weg! Soll ich den Kelch etwa nicht austrinken, den mir der Vater gegeben hat? Denn alle, die zum Schwert greifen, werden durchs Schwert umkommen. Meinst du nicht, dass ich meinen Vater um Hilfe bitten könnte und er mir sofort mehr als zwölf Legionen[4] Engel stellen würde? Wie könnten sich dann aber die Aussagen der Schrift erfüllen, nach denen es so geschehen muss?" Und er berührte das Ohr und heilte den Mann.

Dann wandte sich Jesus an die Hohen Priester, die Offiziere der Tempelwache, die Ältesten und die Bewaffneten, die gegen ihn angerückt waren, und sagte: „Bin ich denn ein Verbrecher, dass ihr mit Schwertern

---

4 *Legion* war die größte römische Heereseinheit von etwa 6000 Mann.

und Knüppeln auszieht, um mich zu verhaften? Ich war doch täglich bei euch im Tempel und lehrte dort. Da habt ihr mich nicht festgenommen. Aber es muss sich natürlich erfüllen, was in den Prophetenschriften über mich vorausgesagt ist. Das ist eure Stunde und die Zeit der Finsternismächte."

Da ließen ihn alle Jünger im Stich und flohen. Ein junger Mann allerdings folgte Jesus. Er hatte nur einen Leinenkittel über den bloßen Leib geworfen, und als man ihn packte, ließ er den Kittel fahren und rannte nackt davon.

Jesus vor Hannas, dem ehemaligen Hohen Priester

Nach seiner Verhaftung wird Jesus zuerst zu Hannas, dem Schwiegervater des Hohen Priesters Kajafas gebracht. In der Zwischenzeit versammeln sich die Mitglieder des Hohen Rates[5] bei Kajafas.

Quelltext: *Matthäus 26,57; Markus 14,53; Lukas 22,54; Johannes 18,12-14.24*

Die Soldaten, ihr Befehlshaber und die Männer der jüdischen Tempelwache nahmen Jesus fest. Sie packten ihn, fesselten ihn, führten ihn ab und brachten ihn zuerst zu Hannas. Hannas war der Schwiegervater von Kajaphas, der in jenem Jahr als Hoher Priester amtierte. Kajaphas war es gewesen, der den Juden klargemacht hatte, dass es besser sei, wenn ein Einzelner für das Volk stirbt.

Inzwischen hatten sich im Palast des Hohen Priesters Kajafas die Ratsältesten und die Gesetzeslehrer versammelt und Hannas ließ Jesus gefesselt zu Kajaphas bringen.

Petrus lügt

Johannes, der hier als „der andere Jünger" bezeichnet wird, hat Beziehungen zum Haushalt des Hohen Priesters (vielleicht über das Fischereigeschäft seiner Eltern). Durch ihn kommt auch Petrus in den Hof des Palastes von Kajafas. Die Pförtnerin, die durch

---

5   *Der Hohe Rat* (Synedrium) war die höchste Behörde der Juden. Er bestand aus 70 Mitgliedern und dem jeweils amtierenden Hohenpriester, der den Vorsitz führte. Mitglieder waren die ehemaligen Hohen Priester, Älteste und Schriftgelehrte. Die Machthabenden zählten sich meist zu den Sadduzäern, ein großer Teil waren aber auch Pharisäer.

die Fürsprache des Johannes aufmerksam geworden ist, kommt später nach, sieht Petrus am Feuer scharf an und bringt ihn durch ihre Frage in große Verlegenheit.[6] Als dieser nach seiner ersten Lüge in den Vorhof hinausgeht, ist es eine halbe Stunde nach Mitternacht. Der Hahn kräht das erste Mal.[7]

Quelltext: *Matthäus 26,58.69-70; Markus 14,54.66-68; Lukas 22,54-57; Johannes 18,15-18*

Petrus folgte ihnen in weitem Abstand. Er wollte sehen, wie alles ausgehen würde. Auch noch ein anderer Jünger folgte Jesus. Dieser war mit dem Hohen Priester bekannt und konnte deshalb mit Jesus in den Palasthof hineingehen. Petrus musste draußen vor dem Tor stehen bleiben. Da kam der andere Jünger, der Bekannte des Hohen Priesters, wieder zurück, verhandelte mit der Pförtnerin, und nahm Petrus dann mit in den Innenhof des Palastes hinein. Dort war ein Feuer angezündet worden, und viele saßen darum herum. Petrus setzte sich zu den Dienern und wärmte sich am Feuer.

Während sich Petrus noch unten[8] im Hof aufhielt, kam eine von den Dienerinnen des Hohen Priesters, es war die Pförtnerin, vorbei. Als sie Petrus im Schein des Feuers wahrnahm, blickte sie ihn scharf an und sagte: „Du warst doch auch mit dem aus Galiläa zusammen, mit dem Jesus aus Nazareth! Bist du nicht auch einer von den Jüngern dieses Mannes?" – „Nein", sagte Petrus, „das bin ich nicht." Doch sie sagte zu den anderen, die um das Kohlenfeuer herumstanden und sich wärmten: „Der war auch

---

6   Die Verleugnung des Petrus gehört zu den am schwierigsten zu harmonisierenden Texten des Neuen Testaments. Ich schließe mich dem Harmonisierungsversuch von Thomas Jettel (siehe Literaturverzeichnis) an. Manche Ausleger nehmen mehrere verschiedene Voraussagen des Herrn und sechs und mehr Verleugnungen des Petrus an, um die Berichte der Evangelien in eine raum-zeitliche Reihenfolge zu bringen. Dagegen spricht vor allem, dass jedes Evangelium nur drei Verleugnungen erwähnt und auch der Herr nur drei Verleugnungen vorausgesagt hat.

7   Man hat in einer zwölfjährigen Studie festgestellt, dass die Hähne in der Gegend von Jerusalem in schöner Regelmäßigkeit dreimal zwischen Mitternacht und drei Uhr früh krähen, zum ersten Mal eine halbe Stunde nach Mitternacht, zum zweiten Mal eine Stunde später und zum dritten Mal gegen 2.30 Uhr. Jeder Schrei dauert drei bis fünf Minuten und danach ist wieder alles still. Die dritte Nachtwache wurde deshalb auch als „Hahnenschrei" bezeichnet. (Zarley)

8   Der Gerichtsraum war etwas höher gelegen, offenbar mit freiem Blick auf den Hof.

---

mit ihm zusammen!" Aber Petrus stritt es vor allen ab. „Ich weiß nicht, wovon du redest, ich kenne den Mann gar nicht! Ich verstehe überhaupt nicht, was du willst!", sagte er und stand auf, um in den Vorhof, zum Torgebäude, zu gehen. Da krähte ein Hahn.

Jesus wird verhört

Während Petrus seinen Herrn draußen im Hof verleugnet, wird dieser im Palast vom Hohen Priester selbst verhört, was wiederum illegal war, weil keine Gerichtsverhandlung nach Sonnenuntergang[9] durchgeführt werden durfte.

Quelltext: *Johannes 18,19-23*

Inzwischen begann der Hohe Priester, Jesus über seine Lehre und seine Jünger zu befragen. Jesus erklärte: „Ich habe immer offen vor aller Welt geredet und nie im Geheimen gelehrt, sondern immer in den Synagogen und im Tempel, wo alle Juden zusammenkommen. Warum fragst du dann mich? Frag doch die, die mich gehört haben; sie wissen, was ich gesagt habe." Empört über diese Worte schlug ihn einer der dabeistehenden Wächter ins Gesicht und sagte: „Wie kannst du so mit dem Hohen Priester reden?" Jesus entgegnete: „Wenn ich etwas Unrechtes gesagt habe, dann beweise es mir! Bin ich aber im Recht, warum schlägst du mich dann?"

Petrus flucht und schwört

Die Fragen der Umstehenden machen Petrus solche Angst, dass er flucht und schwört, diesen Jesus nicht zu kennen.

Quelltext: *Matthäus 26,71-75; Markus 14,69-72; Lukas 22,58-62; Johannes 18,25-27*

Als die Dienerin Petrus am Feuer[10] stehen sah, fing sie wieder an und sagte zu denen, die herumstanden: „Das ist einer von ihnen!" Eine andere Dienerin sagte ebenfalls: „Der war auch mit dem Jesus aus Nazaret zusammen." Wieder stritt Petrus das ab und schwor: „Ich

---

9   Als offizieller Sonnenuntergang galt der Zeitpunkt, an dem drei Sterne sichtbar waren.
10 Nach der ersten Verleugnung war eine gewisse Zeit verstrichen und Petrus war offenbar aus der Torhalle wieder zum Feuer zurückgekehrt.

kenne den Mann überhaupt nicht!" Kurz danach schaute ihn jemand anderes an und sagte: „Du musst auch einer von seinen Jüngern sein." – „Nein!", log Petrus. „Das stimmt nicht."

Etwa eine Stunde später behauptete einer der Umstehenden: „Sicher gehörst du zu ihnen, dein Dialekt[11] verrät dich ja." Andere sagten: „Natürlich war der mit ihm zusammen, er ist ja auch ein Galiläer!" Und einer der Sklaven des Hohen Priesters, ein Verwandter von dem, dem Petrus das Ohr abgehauen hatte, hielt ihm entgegen: „Habe ich dich nicht dort im Garten bei ihm gesehen?" Wieder stritt Petrus es ab: „Ich weiß gar nicht, wovon du redest, Mensch!" Dann begann er zu fluchen und schwor: „Ich kenne den Mann überhaupt nicht, von dem ihr redet!" In diesem Augenblick, noch während Petrus redete, krähte der Hahn zum zweiten Mal. Der Herr wandte sich um und blickte Petrus an. Da erinnerte sich Petrus an das, was Jesus zu ihm gesagt hatte: „Bevor der Hahn heute zweimal kräht, wirst du mich dreimal verleugnen." Und er ging hinaus und fing an, bitterlich zu weinen.

Vor dem Hohen Rat

Nun versucht der Hohe Rat, den (illegalen) Prozess gegen Jesus zu führen.[12]

Quelltext: *Matthäus 26,59-68; Markus 14,55-65; Lukas 22,63-65*

Währenddessen suchten die Hohen Priester und der ganze Hohe Rat nach einer Zeugenaussage gegen Jesus, die es rechtfertigen würde, ihn zum Tod zu verurteilen. Doch ihre Bemühungen waren vergeblich. Es sagten zwar viele falsche Zeugen[13] gegen Jesus aus, aber ihre Aussagen stimmten nicht überein. Schließlich standen zwei falsche Zeugen auf und sagten: „Der da hat behauptet: ‚Ich kann den Tempel Gottes niederreißen und in drei Tagen einen anderen aufrichten, der nicht von Menschenhand erbaut ist.'" Doch auch ihre Aussagen stimmten nicht überein.

---

11 Einen Galiläer erkannte man an seinem unverwechselbaren Dialekt.

12 Die Verhandlungen durften nur in der Halle des Gerichts auf dem Tempelgelände stattfinden und nicht vor dem morgendlichen Opfer im Tempel beginnen.

13 Die nicht übereinstimmenden Aussagen der Zeugen hätten zu einem Urteil nach 5. Mose 19,15-20 gegen die Zeugen führen müssen und nicht gegen Jesus.

Da erhob sich der Hohe Priester, trat in die Mitte und fragte Jesus: „Hast du nichts zu diesen Anklagen zu sagen? Wie stellst du dich dazu?" Aber Jesus schwieg und sagte kein Wort. Darauf fragte ihn der Hohe Priester noch einmal: „Ich beschwöre dich bei dem lebendigen Gott: Bist du der Messias, der Sohn des Hochgelobten, oder nicht?"

„Ich bin es!", erwiderte Jesus. „Doch ich sage euch: In Zukunft werdet ihr den Menschensohn sehen, wie er an der rechten Seite des Allmächtigen sitzt und mit den Wolken des Himmels kommt."

Da riss der Hohe Priester sein Gewand am Halssaum ein[14] und rief: „Er hat gelästert![15] Was brauchen wir noch Zeugen? Jetzt habt ihr die Gotteslästerung[16] gehört! Was ist eure Meinung?" – „Schuldig!", riefen sie. „Er muss sterben!"

Dann begannen einige, Jesus anzuspucken[17]; sie verbanden ihm die Augen, schlugen ihn mit Fäusten[18] und sagten: „Na, wer war es, du Prophet? Sag uns doch, wer dich geschlagen hat!" Und noch viele andere Entwürdigungen musste er ertragen. Auch die Wachen trieben ihren Spott mit ihm und gaben ihm Ohrfeigen[19].

Die offizielle Verhandlung.

Um wenigstens den Schein des Rechts zu wahren, trat der Hohe Rat noch einmal in der Halle des Gerichts zusammen, um das Urteil über Jesus auszusprechen. Sie stellten ihm nur noch zwei Fragen.

---

14 Er griff in seinen Halsausschnitt und riss den Stoff mit einem heftigen Ruck eine Handlänge ein, sodass ein Teil der Brust bloß lag. Ein frommer Mann durfte eine Gotteslästerung nicht ohne diese Gebärde des Entsetzens anhören. Nach 3. Mose 10,6; 21,10 war es dem Hohen Priester verboten, sein Gewand einzureißen.

15 Diese Anklage durfte nicht von dem Richter kommen. Die Richter durften lediglich die Anklagen untersuchen, die zu ihnen gebracht wurden.

16 Die Anklage auf Gotteslästerung war nur gültig, wenn der Angeklagte den Namen Gottes buchstäblich aussprach. Das aber hatte Jesus während des Prozesses nicht getan.

17 Das Anspucken war eine schwere Beleidigung und konnte mit einer Geldbuße von bis zu 400 Denaren (=Tagessätzen) bestraft werden.

18 Eine Misshandlung durch Faustschläge konnte mit einer Geldstrafe von vier Tagessätzen bestraft werden.

19 Das Schlagen mit der offenen Hand galt als Beleidigung und konnte mit bis zu 200 Tagessätzen bestraft werden (vgl. Fruchtenbaum).

Quelltext: *Matthäus 27,1-2; Markus 15,1; Lukas 22,66 – 23,1*

Früh am nächsten Morgen traten die Hohen Priester mit den Ratsältesten und den Gesetzeslehrern – also der ganze Hohe Rat – zu einer Sitzung zusammen. Sie ließen Jesus vorführen und forderten ihn auf: „Wenn du der Messias bist, dann sag es uns!" Jesus erwiderte: „Wenn ich es euch sage, so würdet ihr mir doch nicht glauben, und wenn ich euch frage, antwortet ihr ja nicht. Doch von jetzt an wird der Menschensohn an der rechten Seite des allmächtigen Gottes sitzen." Da riefen sie alle: „Dann bist du also der Sohn Gottes?" – „Ihr sagt es", erwiderte er, „ich bin es." Da riefen sie: „Was brauchen wir noch Zeugen? Wir haben es ja selbst aus seinem Mund gehört!"

So fassten sie den offiziellen Beschluss, Jesus hinrichten zu lassen. Dann erhoben sie sich, ließen ihn fesseln, führten ihn ab und übergaben ihn dem Pilatus[20].

Das Ende eines Verräters

Als Judas sieht, wohin sein Verrat geführt hat, versucht er das Geld zurück zu geben und begeht Selbstmord.

Quelltext: *Matthäus 27,3-10; Apostelgeschichte 1,18-19*

Als Judas nun klar wurde, dass sein Verrat zur Verurteilung von Jesus geführt hatte, bereute er seine Tat und brachte den Hohen Priestern und Ältesten die dreißig Silberstücke zurück. „Ich habe gesündigt", sagte er. „Ich habe einen Unschuldigen verraten." – „Was geht uns das an?", erwiderten sie, „das ist deine Sache." Da nahm Judas das Geld und warf es in den Tempel. Dann ging er weg und erhängte sich. Die Hohen Priester nahmen die Silberstücke an sich und sagten: „Das Geld darf man nicht zum Tempelschatz tun, weil Blut daran klebt." Sie beschlossen, in seinem Namen den sogenannten „Töpferacker" dafür zu kaufen, als Friedhof für die Ausländer. Deshalb heißt dieses Stück Land heute noch Hakeldamach, Blutacker. So erfüllte sich die Voraussage des Propheten Jeremia: „Sie nahmen die dreißig Silberstücke[21] – die Summe, die er den

---

20 Vom Kaiser in Rom eingesetzter Statthalter über Judäa und Samaria. Er war von 26-36 n.Chr. im Amt.

21 Das war der Preis, den man zahlen musste, wenn ein fremder Sklave oder eine Sklavin durch das eigene Rind tödlich verletzt wurde. Im Lauf der Geschichte wurde diese Summe der symbolische Preis für Verachtung.

Israeliten wert war – und kauften davon den Töpferacker, wie mir der Herr befohlen hatte."[22]

Der Leichnam des Judas wurde kopfüber (ins Hinnomtal)[23] hinabgestürzt, sodass sein Leib zerbarst und alle seine Eingeweide heraustraten. Alle Einwohner Jerusalems erfuhren davon.

Erste Verhandlung vor Pilatus

Noch am frühen Morgen führen Mitglieder des Hohen Rates Jesus zu dem römischen Statthalter, der das Urteil bestätigen muss. Weil die jüdischen Führer sich jedoch nicht kultisch verunreinigen wollen, betreten sie den Palast des Pilatus (das Prätorium) nicht, sondern verlangen, dass er zu ihnen herauskommt. Wenn sie das Haus eines Heiden betreten hätten, wären sie bis zum Abend unrein gewesen und hätten auf die Teilnahme am Passafest verzichten müssen.

„Vierzig Jahre vor der Zerstörung des Tempels wurde Israel die Rechtsprechung in allen Fällen, wo es um Leben und Tod ging, entzogen", sagt der Talmud, die Sammlung der Gesetze und religiösen Überlieferungen des nachbiblischem Judentums. Jerusalem und der Tempel wurden im Jahr 70 n.Chr. zerstört. Demnach weist das Zitat genau auf das Jahr 30. Wäre Jesus nur ein halbes Jahr früher verhaftet worden, hätte man ihn nicht zu Pilatus bringen müssen, sondern in einfach als falschen Propheten gesteinigt.

Quelltext: *Matthäus 27,11-14; Markus 15,2-5; Lukas 23,2-7; Johannes 18,28-38*

Frühmorgens führten sie Jesus von Kajaphas zum Prätorium, dem Amtssitz des römischen Statthalters. Sie selbst betraten das Amtsgebäude nicht, um sich nicht zu verunreinigen[24], denn sonst

---

22 Sacharja 11,12-13; Jeremia 19,1-13; 32,6-15. Der Wortlaut findet sich bei Sacharja. Doch es finden sich Parallelen zwischen den Gedanken des Matthäus und Jeremias. Es handelt sich um ein Mischzitat, bei dem nur der Bekannteste der zitierten Autoren genannt wird.

23 Nach jüdischem Gesetz war die ganze Stadt unrein, wenn zwischen der ersten Nacht und dem Tag des Passa ein Leichnam in Jerusalem war. Deshalb nahmen sie nach einem weiteren Gesetz den Körper und warfen ihn über die Stadtmauer ins Hinnomtal. So wurde die Stadt ihrer Meinung nach wieder zeremoniell rein (Fruchtenbaum).

24 Die Wohnungen von Nichtjuden in Israel wurden grundsätzlich als unrein be- ▶

hätten sie nicht am Passamahl[25] teilnehmen dürfen. Deshalb kam Pilatus zu ihnen heraus und fragte: „Was habt ihr gegen diesen Mann vorzubringen?" – „Wir hätten ihn nicht vorgeführt, wenn er kein Verbrecher wäre", gaben sie zurück. „Dann nehmt ihn doch und richtet ihn nach eurem Gesetz!", sagte Pilatus. „Wir dürfen ja niemand hinrichten", erwiderten sie. So sollte sich die Voraussage erfüllen, mit der Jesus die Art seines Todes angedeutet hatte.

Dann trugen sie ihre Anklage vor: „Wir haben festgestellt, dass dieser Mann unser Volk verführt. Er hält die Leute davon ab, dem Kaiser Steuern zu zahlen, und behauptet, der Messias, also ein König, zu sein."

Pilatus ging ins Prätorium zurück und ließ Jesus vorführen. „Bist du der König der Juden?", fragte er. „Bist du selbst auf diesen Gedanken gekommen oder haben andere dir das gesagt?", fragte Jesus zurück. „Bin ich etwa ein Jude?", entgegnete Pilatus. „Dein eigenes Volk und die Hohen Priester haben dich mir ausgeliefert. Was hast du getan?" – „Mein Reich ist nicht von dieser Welt", antwortete Jesus. „Wenn es so wäre, hätten meine Diener gekämpft, damit ich den Juden nicht in die Hände gefallen wäre. Aber wie gesagt, mein Königreich ist nicht von hier." – „Also bist du doch ein König", sagte Pilatus. „Du hast Recht", erwiderte Jesus, „ich bin ein König, ich bin dazu geboren. Und ich bin in die Welt gekommen, um für die Wahrheit einzustehen. Wem es um die Wahrheit geht, der hört auf mich." – „Wahrheit?", meinte Pilatus, „was ist das schon?"

Dann ging er wieder zu den Juden hinaus und erklärte: „Ich kann keine Schuld an ihm finden. Daraufhin brachten die Hohenpriester und Ältesten schwere Beschuldigungen gegen ihn vor. Doch Jesus gab keine Antwort. Pilatus fragte ihn: „Hast du nichts dazu zu sagen? Siehst du nicht, was sie

---

trachtet, weil die Juden befürchteten, in Haus oder Hof könnte eine Fehlgeburt vergraben sein. Dann hätten sie sich beim Betreten dieser Stelle für sieben Tage unrein gemacht.

25 Der Hohe Priester und seine Anhänger hatten im Gegensatz zu den anderen Juden ihr Passamahl also noch vor sich (siehe auch Johannes 19,14). Das hatte seinen Grund vermutlich in den Kalenderstreitigkeiten zwischen den Pharisäern und den Sadduzäern, die erst mit der Zerstörung des Tempels endeten. Wenn das stimmt, dann wären die Passalämmer im Tempel gerade zu der Zeit geschlachtet worden, als Jesus außerhalb der Stadt am Kreuz hing und starb.

Manche beziehen diese Bemerkung im Bibeltext allerdings auf die Darbietung des Passaopfers, die sogenannte *Chagiga*, und die damit verbundenen Mahlzeiten, die an diesem Tag noch bevorstanden.

alles gegen dich vorbringen?" Aber zu seinem Erstaunen gab Jesus auch ihm keine einzige Antwort.

Doch die Juden bestanden auf ihren Anschuldigungen und erklärten: „Er wiegelt das Volk auf und verbreitet seine Lehre in ganz Judäa. Angefangen hat er damit in Galiläa und jetzt ist er bis hierher gekommen."

Als Pilatus das hörte, fragte er, ob der Mann aus Galiläa sei. Man bestätigte ihm, dass Jesus aus dem Herrschaftsbereich des Herodes Antipas stamme. Da ließ er ihn zu Herodes führen, der sich in diesen Tagen ebenfalls in Jerusalem aufhielt.

Vor Herodes Antipas

Für Herodes Antipas, der sich zur Festzeit ebenfalls in Jerusalem aufhält, ist Jesus nichts weiter als eine Sehenswürdigkeit und ein Anlass zum Spott. Für schuldig hält er ihn trotz der Enttäuschung über sein Schweigen nicht.

Quelltext: *Lukas 23,8-12*

Herodes freute sich sehr, als er Jesus sah, denn er wollte ihn schon lange einmal kennenlernen. Er hatte viel von ihm gehört und hoffte nun, eines seiner Wunder mitzuerleben. Er stellte ihm viele Fragen, aber Jesus gab ihm nicht eine Antwort. Dann standen die Hohen Priester und Gesetzeslehrer auf und klagten ihn scharf an. Schließlich begannen Herodes und seine Soldaten, Jesus zu verhöhnen. Sie trieben ihren Spott mit ihm und schickten ihn schließlich zu Pilatus zurück, nachdem sie ihm ein Prachtgewand umgehängt hatten. Pilatus und Herodes Antipas, die bisher verfeindet gewesen waren, wurden an diesem Tag Freunde.

Unschuldig verurteilt

Pilatus ist ebenfalls von der Unschuld des Angeklagten überzeugt. Doch das schreiend vorgebrachte Argument, er sei dann nicht mehr „Freund des Kaisers", lässt ihn umkippen. Was es bedeuten würde, diesen Titel „amicus caesaris" zu verlieren, wusste Pilatus von Gaius Cornelius Gallus (69-27 v.Chr.), dem ersten Statthalter Roms in Ägypten. Der damalige Kaiser Augustus hatte diesem den Ehrentitel entzogen. Daraufhin wurde Gallus aus dem Staatsdienst entlassen. Nun war eine Flut von Beschuldigungen und hinterhältigen Anklagen über ihn hereingebrochen. Im Jahr 26 v.Chr. wurde ihm der Prozess gemacht, der nur noch einen Ausweg ließ: Selbstmord. Deshalb gibt Pilatus schließlich klein bei.

vor Christus	Geburt/Jugend	1. Dienstjahr	2. Dienstjahr

Quelltext: *Matthäus 27,15-31; Markus 15,6-20; Lukas 23,13-25; Johannes 18,39-19,16*

Pilatus ließ die Hohen Priester, die anderen Ratsmitglieder und das Volk zusammenrufen und erklärte ihnen: „Ihr habt diesen Mann vor mich gebracht und behauptet, er würde das Volk aufhetzen. Nun, ich habe ihn in eurem Beisein verhört und keine einzige von euren Anklagen bestätigt gefunden. Auch Herodes hat nichts herausgefunden, sonst hätte er ihn nicht zu uns zurückgeschickt. Ihr seht also: Der Mann hat nichts getan, wofür er den Tod verdient hätte. Darum werde ich ihn jetzt auspeitschen lassen und dann freigeben."

Nun war es üblich, dass der Statthalter jedes Jahr zum Passafest einen Gefangenen freiließ, den das Volk selbst bestimmen durfte. Damals saß gerade ein berüchtigter Aufrührer namens Jesus Barabbas[26] im Gefängnis, der bei einem Aufstand zusammen mit anderen einen Mord begangen hatte. Eine große Menschenmenge bedrängte nun Pilatus und bat ihn, wie üblich einen Gefangenen zu begnadigen. „Soll ich euch den König der Juden losgeben?", fragte Pilatus die Menge. Er wusste, dass die Hohen Priester ihm Jesus nur aus Neid ausgeliefert hatten. Da ging ein Aufschrei durch die Menge: „Weg mit ihm! Gib uns Barabbas frei!" Die Hohen Priester und Ratsältesten hatten die Menge aufgehetzt, lieber die Freilassung des Barabbas und die Hinrichtung von Jesus zu fordern. Doch Pilatus wollte Jesus freilassen und redete der Menge zu: „Wen soll ich euch losgeben – Jesus Barabbas oder Jesus, den man den Messias nennt?" – „Nein, den nicht!", schrieen sie. „Wir wollen Barabbas!" – „Was soll ich dann mit Jesus tun, der Messias genannt wird?" – „Kreuzigen!", schrien sie alle.

Da machte Pilatus noch einen dritten Versuch. „Was hat er denn verbrochen?", fragte er sie. „Ich habe keinen Grund für ein Todesurteil gefunden. Darum werde ich ihn auspeitschen lassen und anschließend freigeben." Doch sie schrien nur noch lauter: „Kreuzige ihn!" Pilatus wollte die Menge zufrieden stellen und gab ihnen den Barabbas frei. Jesus aber ließ er mit der schweren Lederpeitsche[27] geißeln.

---

26 Barabbas heißt: Sohn des Vaters. Mehrere Handschriften haben tatsächlich auch den Vornamen des Barabbas verzeichnet: Jesus.

27 Die Peitsche der Römer hatte an einem Stock schmale Lederriemen, in die Bleistücke oder scharfe Knochensplitter eingeflochten waren. Die Zahl der Schläge war, anders als bei den Juden, unbegrenzt. Die Geißelung endete oft mit dem ▶

Die Soldaten führten ihn in den Palast des Statthalters, das sogenannte Prätorium, und riefen die ganze Mannschaft zusammen. Sie zogen ihn aus und hängten ihm ein scharlachrotes Gewand um. Dann flochten sie eine Krone aus Dornenzweigen und setzten sie ihm auf. Schließlich drückten sie einen Stock in seine rechte Hand, salutierten und riefen: „Hoch lebe der Judenkönig!" Sie spuckten ihn an, nahmen ihm den Stock aus der Hand und schlugen ihn damit auf den Kopf und ins Gesicht.

Dann ging Pilatus noch einmal zu den Juden hinaus und sagte: „Seht her, ich bringe ihn jetzt zu euch, denn ihr sollt wissen, dass ich keine Schuld an ihm finde." Als Jesus herauskam, trug er die Dornenkrone und das Purpurgewand. „Da, seht den Menschen", sagte Pilatus zu ihnen. Als die Hohenpriester und ihre Leute Jesus erblickten, schrieen sie: „Kreuzigen! Kreuzigen!" – „Nehmt ihn doch selbst und kreuzigt ihn!", rief Pilatus. „Ich jedenfalls finde keine Schuld an ihm!" – „Nach unserem Gesetz muss er sterben", hielten ihm die Juden entgegen, „denn er hat sich selbst zu Gottes Sohn gemacht."

Als Pilatus das hörte, geriet er erst recht in Panik. Er ging ins Prätorium zurück und fragte Jesus: „Woher kommst du?" Aber Jesus gab ihm keine Antwort. „Willst du denn nicht mit mir reden?", sagte Pilatus zu ihm. „Weißt du nicht, dass ich die Macht habe, dich freizulassen? Ich kann dich aber auch ans Kreuz bringen!" – „Du hättest keine Macht über mich", erwiderte Jesus, „wenn sie dir nicht von oben gegeben wäre. Deshalb hat der, der mich dir ausgeliefert hat, größere Schuld."

Daraufhin versuchte Pilatus noch einmal, ihn freizulassen. Doch die Juden schrieen: „Wenn du den freilässt, bist du kein ‚Freund des Kaisers'! Wer sich als König ausgibt, stellt sich gegen den Kaiser!"

Auf diese Worte hin ließ Pilatus Jesus auf den Platz hinausführen, den man „Steinpflaster" nannte, auf Hebräisch: „Gabbata". Dort setzte er sich auf den Richterstuhl. Das war am Freitag der Passawoche gegen zwölf Uhr mittags.[28] Pilatus sagte zu den Juden: „Da, seht euren König!" – „Weg mit ihm, weg!", schrieen sie. „Ans Kreuz mit ihm!" – „Euren König soll ich kreuzigen lassen?", rief Pilatus. Die Hohenpriester entgegneten: „Wir haben keinen König außer dem Kaiser."

Tod des Gequälten. Doch Jesus sollte überleben, denn Pilatus wollte den Gequälten noch einmal den Juden vorstellen, um ihn so freizubekommen.

28 Das ist ausdrücklich nur eine ungefähre Zeitangabe und beschreibt die Zeit zwischen 11 und 12 Uhr. Man vergleiche aber die Anmerkung Nr. 30!

Während Pilatus auf dem Richterstuhl saß, ließ seine Frau ihm ausrichten: „Lass die Hände von diesem Mann, er ist unschuldig! Seinetwegen hatte ich heute Nacht einen schlimmen Traum."

Doch die Hohen Priester hetzten die Menge weiter auf. Sie setzten Pilatus mit lautem Geschrei zu und forderten mit aller Macht, dass Jesus gekreuzigt würde. Als Pilatus sah, dass er nichts erreichte und der Tumult immer schlimmer wurde, ließ er sich Wasser bringen. Vor den Augen der Menge wusch er sich die Hände und sagte: „Ich bin schuldlos am Tod dieses Mannes! Das müsst ihr verantworten!" Da schrie das ganze Volk: „Die Schuld an seinem Tod soll auf uns und unsere Kinder fallen!"

Schließlich beugte sich Pilatus der schreienden Menge und entschied, dass ihre Forderung erfüllt werde. Er befahl, Jesus zu kreuzigen. Den Mann, der wegen Aufruhr und Mord im Gefängnis saß, ließ er auf ihr Verlangen hin frei; Jesus dagegen opferte er ihrem Willen. Die Soldaten nahmen Jesus den Umhang wieder ab, zogen ihm seine eigenen Gewänder an und führten ihn ab, um ihn zu kreuzigen.

Jesus wird gekreuzigt

Noch bevor die römischen Soldaten Jesus an den Querbalken annageln, der zuerst von ihm selbst und dann von Simon von Kyrene zum Richtplatz geschleppt worden war, geben sie ihm einen gallebitteren Trank. Vielleicht wollen sie ihm die Schmerzen etwas erträglicher machen. Doch Jesus weigert sich, davon zu trinken.

Quelltext: *Matthäus 27,32-35; Markus 15,21-25; Lukas 23,26-34; Johannes 19,17-18*

Jesus trug sein Kreuz selbst aus der Stadt hinaus. Unterwegs begegnete ihnen ein Mann, der gerade vom Feld kam. Es war Simon aus Zyrene, der Vater von Alexander und Rufus. Die Soldaten packten diesen und luden ihm das Kreuz auf. Er musste es hinter Jesus hertragen.

Eine große Menschenmenge folgte Jesus, darunter viele Frauen, die laut klagten und jammerten. Jesus drehte sich zu ihnen um und sagte: „Ihr Frauen von Jerusalem, weint nicht über mich! Weint über euch selbst und über eure Kinder! Denn es kommt die Zeit, da wird man sagen: ‚Wie gut sind die Frauen dran, die keine Kinder bekommen konnten, die nie ein Kind geboren und gestillt haben!' Dann wird man zu den Bergen sagen: ‚Fallt auf uns herab!', und zu den Hügeln: ‚Begrabt uns unter euch!' Denn wenn dies hier dem lebendigen Baum geschieht, wie wird es dann erst dem verdorrten ergehen?"

Zusammen mit Jesus wurden auch zwei Verbrecher zur Hinrichtung geführt.

So brachten sie ihn bis zu der Stelle, die Golgota heißt, das bedeutet „Schädelplatz". Dort wollten sie ihm Wein zu trinken geben, der mit Myrrhe[29] vermischt und bitter wie Galle war. Als er gekostet hatte, wollte er aber nicht davon trinken.

Dann nagelten sie ihn und die beiden Verbrecher ans Kreuz, den einen rechts und den anderen links von ihm. Jesus hing in der Mitte. Es war neun Uhr[30] vormittags, als sie ihn kreuzigten. Jesus sagte: „Vater, vergib ihnen, denn sie wissen nicht, was sie tun!"

---

29 Offenbar war das als zusätzliche Quälerei gedacht. Manche denken auch an ein Betäubungsmittel. Es ist außerdem eine Anspielung auf Psalm 69,22.

30 Diese Zeitangabe stammt aus Markus 15,26. Sie verträgt sich aber nicht mit der Aussage von Johannes 19,14, nach der Pilatus sein Urteil erst gegen 12 Uhr gesprochen hat (vgl. Anm. Nr. 28). Es sind verschiedene Vorschläge zur Lösung dieses Problems gemacht worden.

Einer geht davon aus, dass Johannes die römische Zeitrechnung benutzte, die von Mitternacht an rechnet. Dann wäre Jesus allerdings schon um 6 Uhr morgens verurteilt worden, was aber im Licht der Ereignisse als zu knapp erscheint und außerdem die Zeitangabe in Johannes 4,6 unverständlich macht. Denn es ist kaum anzunehmen, dass Jesus mit seinen Jüngern nachts unterwegs gewesen wäre und sich um 6 Uhr morgens, von der Reise ermüdet, an einen Brunnen setzte. Außerdem ist nicht einzusehen, warum Johannes, der sein Evangelium im kleinasiatischen Ephesus verfasste, die römische Zeitrechnung benutzt haben sollte; und Markus, der sein Evangelium doch in Rom für Römer schrieb, aber gerade nicht.

Ein neuerer Vorschlag geht davon aus, dass die drei Stunden Finsternis, von denen die ersten drei Evangelien übereinstimmend berichten, als zusätzliche übernatürliche Nacht anzusehen ist, die den Freitag in zwei Tage teilte, den Rüsttag des Passa und den Rüsttag der Juden. Durch die entsprechende Verkürzung des ersten Tagesteils würde die genannte Stunde bei Johannes mit der von Markus übereinstimmen. (U. Martin Heß in „Bibel und Gemeinde" 1/2008 S. 55-61)

Trotzdem müssen wir zugeben, dass wir aufgrund mangelnder zeitgeschichtlicher Informationen an dieser Stelle bis jetzt keine wirklich befriedigende Lösung anbieten können. Wir gehen in der vorliegenden Arbeit davon aus, dass Jesus nach der Verurteilung durch Pilatus zwischen 11 und 12 Uhr gekreuzigt wurde und anschließend drei Stunden in der Finsternis am Kreuz hing, wie es alle synoptischen Evangelien berichten.

Ein prophetischer Blick auf das Kreuz

Was Jesus am Kreuz erlitt, wird prophetisch schon 1000 Jahre vorher von König David in Psalm 22 ausgedrückt. Jesus benutzte Worte dieses Psalms, um seine Not nach den drei Stunden der Finsternis herauszuschreien.

Quelltext: *Psalm 22,2-21*

Mein Gott, mein Gott! / Warum hast du mich verlassen? / Warum bist du so weit weg? / Du hörst mein Schreien nicht! / Mein Gott, ich rufe am Tag, / doch du antwortest nicht, / ich rufe bei Nacht / und finde keine Ruhe!

O Heiliger du, / der in Israels Lobliedern wohnt! / Unsere Väter vertrauten auf dich, / sie vertrauten, / und du hast sie befreit. / Sie schrieen zu dir, / haben Rettung gefunden; / sie vertrauten auf dich, / wurden niemals enttäuscht.

Aber ich bin ein Wurm und kein Mann, / ein Spott der Leute, / verachtet vom Volk. / Die mich sehen, / die spotten über mich, / verziehen die Lippen, / schütteln den Kopf. / „Er vertraute Jahwe, / der mag ihn jetzt retten, / er hat ja Gefallen an ihm!"

Aus dem Mutterschoß hast du mich gezogen, / an der Brust meiner Mutter mich Vertrauen gelehrt. / Du bist mein Schutz, seit mein Leben begann, / und mein Gott, von meiner Mutter Leib an. / Sei mir nicht fern in meiner Not! / Nur Angst ist bei mir, / kein Retter ist nah.

Gewaltige Stiere kreisen mich ein, / von Büffeln aus Baschan bin ich bedrängt. / Sie reißen die Mäuler gegen mich auf; / raubgierige Löwen brüllen mich an. / Ich zerlaufe wie Wasser auf trockener Erde, / auseinandergerissen scheint all mein Gebein, / mein Herz schmilzt wie Wachs, / zerfließt in meinen Gedärmen. / Meine Kraft ist vertrocknet, / dürr wie ein Scherben. / Meine Zunge klebt, / am Gaumen haftet sie fest.

In den Staub des Todes hast du mich gelegt, / denn mich umlauert die Meute der Hunde. / Übles Gesindel hat mich umringt / und hat mir Hände und Füße durchbohrt. All meine Knochen könnte ich zählen. / Sie stehen dabei und gaffen mich an. Meine Kleider teilen sie unter sich auf, / und mein Gewand verfällt ihrem Los.

O Jahwe, du, / bleib mir nicht fern! / Du, meine Stärke, / hilf mir ganz schnell! Rette mich vor dem Schwert meiner Feinde, / mein Leben aus der Gewalt dieser Hunde.

Jesus am Kreuz

Quelltext: *Matthäus 27,35-44; Markus 15,26-32; Lukas 23,34-43;*
Johannes 19,19-27

Dann teilten die vier Soldaten, die Jesus gekreuzigt hatten, seine Kleider unter sich auf. Auch sein Untergewand nahmen sie an sich. Es war von oben bis unten durchgehend gewebt, ohne Naht. „Das zerreißen wir nicht", sagten sie zueinander, „soll das Los entscheiden, wer es bekommt!" Damit erfüllte sich, was die Schrift vorausgesagt hatte: „Sie haben meine Kleider unter sich verteilt und über mein Gewand das Los geworfen."[30] Und genau das haben die Soldaten getan. Dann setzten sie sich hin und bewachten ihn. Das Volk stand da und sah zu.

Pilatus hatte über dem Kopf von Jesus ein Schild an das Kreuz nageln lassen, auf dem der Grund für seine Hinrichtung stand: „Jesus von Nazaret, König der Juden". Dieses Schild wurde von vielen Juden gelesen, denn der Ort, wo Jesus gekreuzigt wurde, war ganz in der Nähe der Stadt, und der Text war auf Hebräisch, Lateinisch und Griechisch abgefasst. Die Hohen Priester erhoben Einspruch bei Pilatus. „Nicht ‚König der Juden' muss da stehen", sagten sie, „sondern: ‚Er behauptete, König der Juden zu sein.'" Doch Pilatus erwiderte: „Geschrieben bleibt geschrieben."

Die Leute, die vorbeikamen, schüttelten den Kopf und riefen höhnisch: „Du wolltest ja den Tempel abreißen und in drei Tagen wieder aufbauen! Rette dich doch selbst! Wenn du Gottes Sohn bist, steig vom Kreuz herab!"

Auch die Hohen Priester, die Gesetzeslehrer und die Ratsältesten machten sich über ihn lustig. „Andere hat er gerettet", riefen sie, „sich selbst kann er nicht retten! Anderen hat er geholfen, jetzt soll er sich selbst helfen, wenn er wirklich der Auserwählte ist, der von Gott gesandte Messias! Er ist ja der König von Israel. Soll er doch jetzt vom Kreuz herabsteigen, dann werden wir an ihn glauben! Er hat auf Gott vertraut, soll der ihm jetzt helfen, wenn er wirklich Freude an ihm hat. Er hat ja gesagt: ‚Ich bin Gottes Sohn.'"

Auch die Soldaten verspotteten ihn. Sie brachten ihm sauren Wein und sagten: „Wenn du der König der Juden bist, dann hilf dir selbst!"

Genauso beschimpften ihn die Verbrecher, die mit ihm gekreuzigt waren. Einer der beiden höhnte: „Bist du nun der Messias oder nicht? Dann hilf dir selbst und auch uns!" Doch der andere fuhr ihn an: „Nimmst du Gott immer noch nicht ernst? Du bist doch genauso zum Tod verurteilt wie

---

30 Psalm 22,8

er, aber du bist es mit Recht! Wir beide bekommen den Lohn für das, was wir getan haben, aber der da hat nichts Unrechtes getan." Dann sagte er: „Jesus, denk an mich, wenn du deine Herrschaft antrittst!" Jesus erwiderte ihm: „Ich versichere dir: Heute noch wirst du mit mir im Paradies sein."

In der Nähe des Kreuzes, an dem Jesus hing, standen seine Mutter Maria und ihre Schwester. Außerdem Maria, die Frau des Klopas und Maria aus Magdala. Als Jesus seine Mutter neben dem Jünger stehen sah, den er besonders liebte, sagte er zu ihr: „Das ist jetzt dein Sohn!" Und zu dem Jünger sagte er: „Das ist nun deine Mutter!" Der Jünger nahm sie zu sich und sorgte von da an für sie.

Tod am Kreuz

Freitag, 7. April, nach 12 Uhr *Nach der unheimlichen dreistündigen Finsternis schreit Jesus seine Not heraus. Um nicht in einer Bewusstlosigkeit zu sterben und noch einmal alle Kräfte sammeln zu können, bittet er jetzt um etwas zu Trinken. Sein letztes Wort nimmt er aus Psalm 31,6: „In deine Hand gebe ich meinen Geist." Die schreckenerregenden Vorgänge, die mit seinem Tod verbunden sind, bringen selbst die Soldaten zum Nachdenken.*

Quelltext: *Matthäus 27,45-56; Markus 15,33-41; Lukas 23,44-49; Johannes 19,28-37*

Um zwölf Uhr mittags wurde der Himmel über dem ganzen Land plötzlich finster. Das dauerte drei Stunden. Dann, gegen drei Uhr, schrie Jesus laut: „Eli, Eli lema sabachthani?"[31] Das heißt: „Mein Gott, mein Gott, warum hast du mich verlassen?" Einige der Herumstehenden hörten das und sagten: „Seht, er ruft Elija!"

Weil Jesus wusste, dass nun alles vollbracht war, sagte er: „Ich habe Durst!" Denn er wollte auch in diesem Punkt die Voraussagen der Schrift erfüllen.[32] Da tauchten die Soldaten einen Schwamm in das Gefäß mit

---

31 Matthäus hat bei *Eli* den hebräischen Wortlaut aufbewahrt. Deshalb kam es zu dem Missverständnis bei den Zuhörern, er würde Elija rufen. Die anderen Worte *lema sabachtani* sind aramäisch. Markus (15,34) gibt alle Worte aus Psalm 22,2 auf aramäisch wieder.

32 Die eine Voraussage stammt aus Psalm 22,16: *Meine Kraft ist vertrocknet, / dürr wie ein Scherben. / Meine Zunge klebt, / am Gaumen haftet sie fest.* Die andere aus Psalm 69,22: *Ins Essen haben sie mir Galle gegeben / und Essig für meinen Durst.*

Weinessig[33], das dort stand, steckten ihn auf einen Ysopstängel[34] und hielten ihn Jesus an den Mund. „Wartet!", riefen die anderen, „wir wollen doch sehen, ob Elija kommt, um ihn zu retten." Als Jesus von dem Essig genommen hatte, sagte er: „Es ist vollbracht!" Er stieß einen lauten Schrei aus und rief: „Vater, in deine Hände gebe ich meinen Geist." Dann ließ er den Kopf sinken und starb.

In diesem Augenblick riss der Vorhang im Tempel von oben bis unten entzwei. Die Erde fing an zu beben, Felsen zerrissen und Grüfte öffneten sich. Viele verstorbene Heilige wurden auferweckt. Nach der Auferstehung von Jesus kamen sie aus ihren Grüften, gingen in die Heilige Stadt und erschienen vielen Menschen.

Als der Hauptmann ihn so sterben sah, gab er Gott die Ehre und sagte: „Dieser Mann war wirklich ein Gerechter!" – „Ja, dieser Mann war wirklich Gottes Sohn", sagten auch die Soldaten, die mit ihm Jesus bewachten, denn sie waren sehr erschrocken, als sie das Erdbeben erlebten und die anderen Dinge wahrnahmen.

Und die vielen Leute, die zu dem Schauspiel der Kreuzigung gekommen waren und alles miterlebt hatten, schlugen sich an die Brust und kehrten voller Reue in die Stadt zurück.

Aber alle, die mit Jesus bekannt gewesen waren, standen weitab und hatten alles mit angesehen. Unter ihnen waren Maria aus Magdala, Maria, die Mutter von Jakobus und Josef, sowie die Mutter der Zebedäussöhne – Frauen, die ihm seit der Zeit seines Wirkens in Galiläa gefolgt waren und gedient hatten. Und noch viele andere standen dabei, die alle mit Jesus nach Jerusalem hinaufgezogen waren.

Es war der Tag vor dem Sabbat, der diesmal aber ein hoher Festtag sein würde. Deshalb baten die führenden Juden Pilatus, dass den Gekreuzigten die Beine gebrochen[35] würden. Man wollte sie vom Kreuz abnehmen las-

---

33 Oder: saurer Wein, ein beliebter Durstlöscher bei Soldaten.

34 *Ysop*, ein Busch mit stark riechenden Blättern, der bei Reinigungsopfern zum Besprengen verwendet wurde. Seine Stängel werden bis zu 80 Zentimeter lang.

   Die Kreuzigungszenen, die wir von Bildern berühmter Maler kennen, geben ein unrealistisch hohes Kreuz wieder. Die Füße eines Gekreuzigten befanden sich gewöhnlich nicht mehr als 50 cm über dem Erdboden.

35 Manchmal brach man ihnen die Beine, indem man sie mit Keulen zerschlug. Denn dann konnten sich die Gekreuzigten beim Atmen nicht mehr abstützen und starben schnell.

sen, damit sie nicht den Sabbat über dort hängen blieben.[36] Die Soldaten gingen nun zunächst zu dem einen, der mit Jesus gekreuzigt war, und brachen ihm die Beine und dann zu dem anderen. Als sie an Jesus vorbeikamen, merkten sie, dass er schon gestorben war. Deshalb brachen sie ihm die Beine nicht. Einer von den Soldaten stach ihm allerdings mit dem Speer in die Seite. Da kam Blut und Wasser heraus.

Dieser Bericht stammt von einem Augenzeugen. Was er sagt, ist zuverlässig, und er weiß, dass es wahr ist. Er bezeugt es, damit auch ihr zum Glauben findet. Denn das alles geschah, damit die Voraussagen der Schrift erfüllt würden: „Es wird ihm kein Knochen gebrochen werden."[37] Und an einer anderen Stelle: „Sie werden auf den schauen, den sie durchbohrt haben."[38]

Jesus im Grab

Freitag, 7. April, vor 18 Uhr *Josef und Nikodemus nehmen Jesus vom Kreuz ab und wickeln seinen Leichnam nach jüdischer Sitte unter Beigabe von fast 33 kg wohlriechender Öle, Kräuter und Harze in reine Leinenbinden ein und legen ihn in ein Höhlengrab, das sie mit einem schweren Rollstein verschließen.*

Nach römischem Gesetz durfte der Leichnam eines Gekreuzigten erst dann vom Kreuz abgenommen werden, wenn die kaiserlichen Behörden es erlaubten. Das jüdische Gesetz dagegen schrieb für alle Leichen – auch für hingerichtete Verbrecher – ein ordentliches Begräbnis vor und verlangte außerdem, dass die Gehenkten abgenommen und noch vor Sonnenuntergang begraben wurden (vgl. 5. Mose 21,23).

Quelltext: *Matthäus 27,57-61; Markus 15,42-47; Lukas 23,50-55; Johannes 19,38-42*

Es wurde nun schon Abend und es war Rüsttag, der Tag vor dem Sabbat. Da wagte es Josef aus Arimathäa, einer Stadt in Judäa, zu Pilatus zu gehen und ihn um den Leichnam von Jesus zu bitten. Er war ein reicher Mann von edler und gerechter Gesinnung, ein angesehenes

---

36 Sie hätten das Land nach 5. Mose 21,23 kultisch verunreinigt.

37 2. Mose 12,46; 4. Mose 9,12; Psalm 34,21

38 Sacharja 12,10

| letzte Monate | letzte Tage | Passion | nach Ostern |

Mitglied des Hohen Rates und einer von denen, die auf das Kommen des Reiches Gottes warteten. Er hatte den Beschlüssen und dem Vorgehen der anderen Ratsmitglieder nicht zugestimmt, denn er war auch ein Jünger von Jesus – allerdings nur heimlich, weil er sich vor den führenden Juden fürchtete.

Er ging zu Pilatus und bat ihn um den Leichnam von Jesus. Pilatus war erstaunt zu hören, dass Jesus schon tot sein solle. Er ließ den Hauptmann kommen und fragte ihn ob Jesus wirklich schon gestorben sei. Als der das bestätigte, überließ er Josef den Leib. Josef kaufte ein Leinentuch, ging damit zum Hinrichtungsplatz, nahm den Leichnam von Jesus ab und wickelte ihn in das Tuch ein.

Auch Nikodemus, der Jesus einmal in der Nacht aufgesucht hatte, kam dazu. Er brachte eine Mischung von Myrrhe[39] und Aloe[40] mit, ungefähr 33 Kilogramm[41.] Sie wickelten den Leib unter Beigabe der wohlriechenden Öle in Leinenbinden, wie es der jüdischen Begräbnissitte entsprach.

Der Ort der Kreuzigung lag in der Nähe eines Gartens. Dort befand sich eine neu aus dem Felsen ausgehauene Grabhöhle, in der noch niemand gelegen hatte. In dieses Grab legten sie Jesus, weil es ganz in der Nähe war und er dort noch vor dem Ende des Sabbat-Vorbereitungstages begraben werden konnte. Bevor sie gingen, wälzten sie einen großen Stein[42] vor den Eingang.

Die Frauen aus Galiläa waren Josef gefolgt. Sie sahen die Grabhöhle und schauten zu, wie der Leichnam von Jesus hineingelegt wurde. Maria aus Magdala und Maria, die Mutter von Joses, waren dabei. Sie hatten sich dem Grab gegenüber hingesetzt.

Sonnabend, 8. April *Das Grab wird mit dem offiziellen römischen Siegel, mit Schnur und Wachs, versiegelt, damit sich kein Unbefugter daran zu schaffen machen kann, und außerdem mit einer Wache gesichert.*

---

39 Öl aus wohlriechendem Harz arabisch-afrikanischer Herkunft.

40 Öl aus dem Harz eines Baumes, der in Indien wuchs.

41 Wörtlich: hundert Pfund. Das war eine ungeheure Menge und erinnert an das Begräbnis von Königen (vgl. 2. Chronik 16,14).

42 Es gibt keinen Hinweis darauf, dass dieser Stein rund wie ein Mühlstein war und in einer Rinne lief. Wahrscheinlich war er nur grob behauen und musste vor den Eingang gewälzt werden.

Quelltext: *Matthäus 27,62-66*

Am nächsten Tag – es war der Sabbat – kamen die Hohen Priester und Pharisäer bei Pilatus zusammen. „Herr", sagten sie, „uns ist eingefallen, dass dieser Verführer, als er noch lebte, behauptet hat: ‚Nach drei Tagen werde ich wieder auferstehen.' Gib deshalb bitte den Befehl, dass die Gruft bis zum dritten Tag bewacht wird! Sonst könnten seine Jünger kommen und ihn stehlen und dann dem Volk gegenüber behaupten, er sei von den Toten auferstanden. Die zweite Verführung wäre dann noch schlimmer als die erste." – „Ihr sollt eure Wache haben", erwiderte Pilatus. „Geht und sichert die Gruft, so gut ihr könnt!" So zogen sie los, versiegelten den Stein am Eingang und sicherten das Grab mit der Wache.

Der geliebte Tote

Sonnabend, 8. April, nach 18 Uhr *Drei Frauen beschaffen sich weitere Balsamstoffe und bereiten die Öle zu, um den Leichnam Jesu über jedes Maß hinaus nochmals zu salben.*

Quelltext: *Markus 16,1; Lukas 23,56*

Nachdem sie in die Stadt zurückgekehrt waren, bereiteten sie wohlriechende Öle und Salben zu. Doch den Sabbat verbrachten sie in Ruhe, wie es das Gesetz vorschreibt. Am nächsten Abend, als der Sabbat vorüber war, kauften Maria aus Magdala, Salome und Maria, die Mutter von Jakobus, weitere wohlriechende Öle, um zum Grab zu gehen und den Leichnam von Jesus zu salben.

letzte Monate   letzte Tage   **Passion**   nach Ostern

Der Auferstandene

Vor der Gruft

Sonntag, 9. April, frühmorgens *Am Sonntagmorgen, als es noch dunkel ist, verlässt Maria aus Magdala zusammen mit Maria, der Mutter von Jakobus, dem Kleinen, Betanien, wo sie übernachtet hatten. Unterwegs stoßen Salome und einige andere Frauen zu ihnen. Auf dem Weg zum Grab machen sie sich Gedanken darüber, wie sie den Stein wegbekommen sollen, denn sie wissen nichts von der Versiegelung des Grabes und der Wache. Als sie ankommen, finden sie das Grab offen und von der Wache keine Spur. Maria aus Magdala läuft eilig zurück in die Stadt und berichtet Petrus und Johannes davon. Die brechen sofort zum Grab auf. Maria folgt ihnen langsam.*

Quelltext: *Matthäus 28,1-4; Markus 16,2-4; Lukas 23,56 – 24,2; Johannes 20,1-3*

Nach dem Sabbat, in der Dämmerung des ersten Tages der neuen Woche machten sich die Frauen auf den Weg, um nach dem Grab zu sehen. Sie nahmen die wohlriechenden Öle, die sie zubereitet hatten, mit und gingen zur Felsengruft.

Plötzlich gab es ein starkes Erdbeben. Ein Engel des Herrn war vom Himmel gekommen und zum Grab getreten. Er wälzte den Stein weg und setzte sich darauf. Seine Gestalt flammte wie ein Blitz und sein Gewand war weiß wie Schnee. Da zitterten und bebten die Wächter vor Angst und fielen wie tot zu Boden.

Die Sonne war gerade aufgegangen, als die Frauen dort ankamen. Unterwegs hatten sie sich noch gefragt: „Wer wird uns den Stein vom Eingang des Grabes wegwälzen?" Doch als sie jetzt hinblickten, sahen sie, dass der große Stein, der den Eingang zur Grabhöhle verschloss, zur Seite gerollt war. Sie gingen in die Grabhöhle hinein, fanden den Leib von Jesus, ihrem Herrn, aber nicht.

Da lief Maria aus Magdala schnell zu Simon Petrus und dem anderen Jünger, den Jesus besonders lieb hatte, und sagte: „Sie haben den Herrn aus der Gruft weggenommen, und wir wissen nicht, wo sie ihn hingebracht haben." Die beiden Jünger brachen sofort auf und eilten zum Grab.

In der Gruft

Inzwischen haben die anderen Frauen das Grab betreten. Da sehen sie auf der rechten Seite einen jungen Mann in weißem Gewand sitzen. Der Engel steht auf und fordert die Frauen auf, sich die Stelle, wo Jesus gelegen hat, näher anzusehen. Als er aufsteht, erscheint auch der andere stehende Engel. Beide reden die Frauen an und schicken sie mit der Auferstehungsbotschaft zu den Jüngern.

Dann kommt Johannes außer Atem beim Grab an. Er riskiert zunächst nur einen Blick und sieht die Leinentücher. Als der langsamere Petrus ankommt, gehen sie hinein und sehen die Leinenbinden und das Tuch, das man dem Toten um den Kopf gewickelt hatte, extra liegen.[1] Johannes glaubt sofort, dass sein Herr wirklich auferstanden ist. Petrus jedoch kann das noch nicht, geht aber sehr nachdenklich wieder nach Hause.

Quelltext: *Matthäus 28,5-8; Markus 16,5-8; Lukas 24,3-8; Johannes 20,4-9*

Während die anderen Frauen noch ratlos in der Grabhöhle standen, sahen sie plötzlich auf der rechten Seite einen jungen Mann in weißem Gewand sitzen. Zusammen mit einem anderen Mann, der in ein strahlend helles Gewand gekleidet war, trat er auf sie zu. Die Frauen erschraken sehr und blickten zu Boden.

Doch die beiden Männer sagten zu ihnen: „Erschreckt nicht! Wir wissen, ihr sucht Jesus von Nazaret, den Gekreuzigten. Doch was sucht ihr den Lebendigen bei den Toten? Er ist nicht hier, er ist auferstanden, wie er es gesagt hat. Kommt her und seht euch die Stelle an, wo er gelegen hat. Erinnert ihr euch nicht an das, was er euch in Galiläa sagte, dass der Menschensohn in die Hände sündiger Menschen ausgeliefert und gekreuzigt werden muss, und dass er am dritten Tag auferstehen würde?" Da erinnerten sie sich an seine Worte.

„Und nun geht schnell zu seinen Jüngern und sagt ihnen und dem Petrus, dass er von den Toten auferstanden ist. Sagt ihnen: ‚Er geht euch nach Galiläa voraus. Dort werdet ihr ihn sehen, wie er es euch angekündigt hat.' Ihr könnt euch auf unsere Worte verlassen!"

---

1 Die Tücher lagen so, wie sie nur nach einer Auferstehung liegen konnten, bei der der eingewickelte Leib sich plötzlich in Nichts aufgelöst hatte. Niemand hatte den Leichnam ausgewickelt, sondern die Tücher waren unter dem erheblichen Gewicht der Salben zusammengefallen. Das war für Johannes offenbar ein starkes Indiz für die Auferstehung.

Zitternd vor Furcht und Entsetzen stürzten die Frauen aus der Gruft und liefen davon. Sie hatten solche Angst, dass sie mit niemand darüber redeten. Und doch waren sie voller Freude. Sie eilten zu den Jüngern, um ihnen alles zu berichten.

Während dessen war der andere Jünger, den Jesus besonders lieb hatte, an der Grabhöhle angekommen. Er war schneller gelaufen und zuerst angekommen. Er beugte sich vor und sah die Leinenbinden daliegen, ging aber noch nicht hinein. Als Simon Petrus ankam, ging er gleich in die Grabkammer. Er sah die Leinenbinden daliegen und auch das Tuch, das man dem Toten um den Kopf gebunden hatte. Es lag nicht bei dem Leinenzeug, sondern zusammengewickelt an einer anderen Stelle. Jetzt ging auch der andere Jünger, der zuerst angekommen war, hinein. Er sah es sich an und glaubte. Denn bis dahin hatten sie noch nicht verstanden, dass Jesus nach dem Zeugnis der Schrift von den Toten auferstehen musste. Die beiden Jünger gingen wieder nach Hause, und Petrus fragte sich verwundert, was da wohl geschehen war.

Die Wache

Während sie unterwegs sind, ist die Wache in die Stadt gekommen und erstattet Bericht. Die Wächter lassen sich vom Hohen Rat bestechen und erzählen, was nicht geschah.

Quelltext: *Matthäus 28,11-15*

Während die Frauen noch auf dem Weg waren, kamen einige Soldaten von der Wache in die Stadt und berichteten den Hohen Priestern alles, was geschehen war. Sofort versammelten sie sich mit den Ratsältesten und fassten den Beschluss, die Soldaten zu bestechen. Sie gaben ihnen viel Geld und vereinbarten mit ihnen: „Ihr müsst sagen: ‚Seine Jünger kamen in der Nacht, als wir schliefen, und haben den Leichnam gestohlen.' Wenn der Statthalter davon erfährt, werden wir mit ihm reden und ihn beschwichtigen, sodass ihr nichts zu befürchten habt." Die Soldaten nahmen das Geld und taten, wie man ihnen gesagt hatte. So wurde diese Geschichte in Umlauf gebracht, die bei den Juden noch heute verbreitet ist.

Die Frauen

Maria aus Magdala, die den beiden Jüngern langsam gefolgt war, verweilt noch länger an der Grabhöhle und weint, denn sie glaubt immer noch, dass jemand den Leib ihres Herrn weggenommen hat. Als sie dann noch einmal ins Grab hineinschaut, sieht sie zwei Engel in weißen Gewändern auf der Felsenbank sitzen, wo der Leichnam gelegen hatte. Die fragen sie, warum sie weine. Während sie ihnen Auskunft gibt, bemerkt sie hinter sich eine Person und wendet sich kurz nach ihr um, weil sie glaubt, es sei der Gärtner. Erst nachdem Jesus sie mit Namen anspricht, dreht sie sich ganz um und erkennt den Auferstandenen. – Irgendwann am selben Tag begegnet der Auferstandene auch den anderen Frauen. Doch als sie das den Jüngern berichten, glaubt niemand von ihnen.

Quelltext: *Matthäus 28,9-10; Markus 16,9-11; Lukas 24,9-11; Johannes 20,11-18*

Maria stand inzwischen wieder draußen an der Grabhöhle und weinte. Weinend beugte sie sich vor, um in die Gruft hineinzusehen. Auf einmal sah sie zwei weißgekleidete Engel dasitzen, wo Jesus gelegen hatte, einer am Kopfende und der andere am Fußende. „Frau, warum weinst du?", fragten sie. Maria erwiderte: „Sie haben meinen Herrn fortgetragen, und ich weiß nicht, wo sie ihn hingelegt haben." Als sie über die Schulter zurückblickte, sah sie auf einmal Jesus dastehen, erkannte ihn aber nicht. Er sagte: „Frau, warum weinst du? Wen suchst du?" Sie dachte, es sei der Gärtner, und sagte: „Herr, wenn du ihn fortgenommen hast, sag mir bitte, wo er jetzt liegt. Dann gehe ich und werde ihn holen." – „Maria!", sagte Jesus. Da drehte sie sich um und rief: „Rabbuni!" Das ist Hebräisch und heißt: Mein Lehrer! „Lass mich los!", sagte Jesus zu ihr. „Ich bin noch nicht zum Vater im Himmel zurückgekehrt. Geh zu meinen Brüdern und sag ihnen von mir: Ich kehre zurück zu meinem und eurem Vater, zu meinem Gott und eurem Gott."

Da ging Maria aus Magdala zu den Jüngern, die um ihn trauerten und weinten. „Ich habe den Herrn gesehen!", verkündete sie und richtete ihnen aus, was er ihr aufgetragen hatte. Doch sie glaubten ihr nicht.

Nach seiner Auferstehung am frühen Sonntagmorgen erschien Jesus zuerst der Maria aus Magdala, aus der er sieben Dämonen ausgetrieben hatte. Unterwegs begegnete Jesus auch den anderen Frauen, nachdem diese die Felsengruft verlassen hatten. Es waren Maria aus Magdala, Johanna und Maria, die Mutter des Jakobus, und noch einige andere. „Seid gegrüßt!", sagte er. Da liefen sie zu ihm hin, warfen sich nieder und umfassten seine Füße. „Habt keine Angst!", sagte Jesus zu ihnen. „Geht und sagt meinen Brüdern, sie sollen nach Galiläa gehen! Dort werden sie mich sehen."

Die Frauen berichteten das alles den elf Aposteln und den übrigen Jüngern. Sie erzählten ihnen, was sie erlebt hatten. Doch die hielten das für leeres Geschwätz und glaubten ihnen nicht.

Auf dem Weg nach Emmaus

Sonntag, 9. April, später Nachmittag *Dann erscheint der Auferstandene zwei Jüngern, die gegen Abend nach Emmaus unterwegs sind, und erklärt ihnen die messianischen Weissagungen des Alten Testaments. Sie erkennen ihn zunächst nicht, laden ihn aber zu sich nach Hause ein. Als er am Beginn der Abendmahlzeit vor ihren Augen verschwindet, brechen sie unverzüglich auf und kehren wieder nach Jerusalem zurück.*

Quelltext: *Markus 16,12-13; Lukas 24,13-35*

Am gleichen Tag gingen zwei von den Jüngern nach dem Dorf Emmaus, das elf Kilometer[2] von Jerusalem entfernt liegt. Unterwegs unterhielten sie sich über alles, was in den letzten Tagen geschehen war. Als sie so miteinander sprachen und sich Gedanken machten, kam Jesus selbst hinzu und schloss sich ihnen an. Aber sie waren wie mit Blindheit geschlagen und erkannten ihn nicht. „Was beschäftigt euch denn so sehr?", fragte Jesus. „Worüber redet ihr?" Da blieben sie traurig stehen, und einer von ihnen – er hieß Kleopas – sagte: „Du bist wohl der einzige Mensch in Jerusalem, der nicht weiß, was sich in den letzten Tagen dort abgespielt hat?" – „Was denn?", fragte Jesus. Sie erwiderten: „Das, was mit Jesus von Nazaret geschehen ist. Er war ein Prophet und hat in seinen Worten und Werken vor Gott und dem ganzen Volk seine Macht erwiesen. Unsere Hohen Priester und die anderen Oberen haben ihn zum Tod verurteilt und ans Kreuz nageln lassen. Dabei haben wir gehofft, dass er der sei, der Israel erlösen würde. Heute ist außerdem schon der dritte Tag, seitdem dies geschehen ist. Dann haben uns auch noch einige Frauen von uns, die am frühen Morgen an der Felsengruft gewesen sind, aus der Fassung gebracht. Sie haben seinen Leichnam nicht gefunden, und als sie dann zurückkamen, erzählten sie, Engel wären ihnen erschienen und hätten gesagt, dass er lebe. Daraufhin gingen einige von uns zur Gruft und

---

2   Wörtlich: 60 Stadien. Stadion ist ein griechisches Längenmaß, das nach der Länge des Stadions in Olympia benannt ist und 600 griechische Fuß = rund 185 m betrug.

fanden es so, wie die Frauen berichtet hatten. Aber ihn selbst sahen sie nicht."

Da sagte Jesus zu ihnen: „Was seid ihr doch schwer von Begriff! Warum fällt es euch nur so schwer, an alles zu glauben, was die Propheten gesagt haben? Musste der Messias nicht das alles erleiden, bevor er verherrlicht wird?" Dann erklärte er ihnen in der ganzen Schrift alles, was sich auf ihn bezog, er fing bei Mose an und ging durch sämtliche Propheten. So erreichten sie das Dorf, zu dem sie unterwegs waren. Jesus tat so, als wollte er weitergehen, doch die Jünger hielten ihn zurück und baten: „Bleib doch bei uns! Es ist schon Abend und gleich wird es dunkel." Da ging er mit ihnen ins Haus. Als sie sich dann am Tisch niedergelassen hatten, nahm Jesus das Brot, sprach das Segensgebet darüber, brach es in Stücke und reichte es ihnen. Da gingen ihnen die Augen auf, und sie erkannten ihn. Doch im selben Augenblick wurde er vor ihnen unsichtbar. „Brannte nicht unser Herz, als er unterwegs mit uns sprach und uns den Sinn der Schrift aufschloss?", sagten sie da zueinander. Unverzüglich brachen sie auf und kehren nach Jerusalem zurück. Dort fanden sie alle versammelt, die Elf und alle, die sich zu ihnen hielten. „Der Herr ist wirklich auferstanden", riefen diese ihnen entgegen, „er ist Simon erschienen!" Da berichteten die beiden, was sie selbst unterwegs erlebt hatten und wie sie ihn am Brechen des Brotes erkannten. Doch einige glaubten auch ihnen nicht.

Ungläubige Jünger

Das Misstrauen der Jünger hält sich hartnäckig. Jesus hat es schwer, sie von seiner Auferstehung zu überzeugen.

Quelltext: *Markus 16,14; Lukas 24,36-43; Johannes 20,19-23*

Während sie noch erzählten, stand der Herr plötzlich selbst in ihrer Mitte. Es war am Abend jenes Sonntags. Die Jünger hatten sich aus Angst vor den Juden hinter verschlossenen Türen getroffen und waren noch beim Essen. Er rügte ihren Unglauben und Starrsinn, weil sie denen nicht hatten glauben wollen, die ihn als Auferstandenen gesehen hatten.

„Friede sei mit euch!", grüßte er sie. Doch sie erschraken sehr und bekamen Angst, weil sie meinten, einen Geist zu sehen. „Warum seid ihr so erschrocken?", sagte Jesus zu ihnen. „Warum kommen euch solche Gedanken? Seht euch meine Hände an und meine Füße: Ich bin es ja! Fasst mich an und überzeugt euch selbst! Ein Geist hat doch nicht Fleisch und Knochen, wie ihr sie an mir seht." Mit diesen Worten hielt er ihnen seine Hände hin und zeigte ihnen seine Füße. Und als sie es in ihrer Freude und Verwunderung immer noch nicht glauben konnten, fragte er: „Habt ihr etwas zu essen hier?" Da gaben sie ihm ein Stück gebratenen Fisch. Er nahm es und aß es vor ihren Augen auf.

„Friede sei mit euch!", sagte er noch einmal zu ihnen. „Wie der Vater mich gesandt hat, sende ich nun euch." Dann hauchte er sie an und sagte: „Empfangt den Heiligen Geist! Wem ihr die Sünden vergebt, dem sind sie vergeben, und wem ihr sie nicht vergebt, dem sind sie nicht vergeben."[3]

Misstrauischer Thomas

Sonntag, 16. April *Eine Woche später[4] sind die Jünger immer noch in Jerusalem, obwohl ihr Herr ihnen wiederholt hatte sagen lassen, sie sollten nach Galiläa gehen. Sie verstehen das offenbar so, dass sie die restlichen fünf Tage des Festes der ungesäuerten Brote selbstverständlich in Jerusalem bleiben müssen. Der auf das Fest folgende Tag war Sabbat, an dem man auch nicht reisen durfte. Also sind sie noch in der Stadt hinter verschlossenen Türen, und der Herr erscheint ihnen erneut.*

Quelltext: *Johannes 20,24-29*

Thomas, der auch „Zwilling" genannt wurde, einer der Zwölf, war nicht dabeigewesen, als Jesus zu den Jüngern gekommen war. Die anderen erzählten ihm: „Wir haben den Herrn gesehen!" Doch Thomas erwiderte: „Erst muss ich die Nagelwunden in seinen Händen sehen und mit meinen Fingern berühren und meine Hand in seine durchbohrte Seite legen. Vorher glaube ich das keinesfalls." Acht Tage später waren seine Jünger wieder beisammen. Diesmal war auch Thomas dabei. Die Türen waren verschlossen, doch plötzlich stand Jesus genau wie zuvor in ihrer Mitte und sagte: „Friede sei mit euch!" Dann wandte er sich an Thomas und sagte: „Leg deinen Finger hier auf die Stelle und sieh dir

---

3   Ein Jünger des Herrn darf einem Menschen die Vergebung der Sünden zusprechen, wenn dieser Mensch an Jesus und sein stellvertretendes Sterben glaubt. Wenn er dessen Opfer jedoch verwirft, muss er ihm sagen, dass seine Sünden dann auch nicht vergeben sind.

4   Im Text steht: acht Tage. Weil die Juden gewöhnlich den ersten Tag mitzählten, wird es wohl wieder der Sonntag gewesen sein.

| letzte Monate | letzte Tage | Passion | nach Ostern |

meine Hände an! Gib deine Hand her und lege sie in meine Seite! Und sei nicht mehr ungläubig, sondern glaube!" – „Mein Herr und mein Gott!", gab Thomas zur Antwort. Jesus erwiderte: „Du glaubst, weil du mich gesehen hast. Glücklich zu nennen sind die, die mich nicht sehen und trotzdem glauben."

Sieben Fischer

Mittwoch, 19. April *Wenn die Jünger am nächsten Tag, also am Montag, von Jerusalem aufgebrochen sind, müssten sie spätestens am Mittwoch in Galiläa angekommen sein. Wahrscheinlich halten sie sich zunächst in der Nähe des Sees Gennesaret auf, denn der Herr hat ihnen noch nicht gesagt, wo genau sie ihn treffen sollen.*

Quelltext: *Johannes 21,1-3*

Später zeigte sich Jesus den Jüngern noch einmal am See von Tiberias. Das geschah so: Simon Petrus und Thomas, der auch „Zwilling" genannt wurde, Natanaël aus Kana in Galiläa, die Söhne des Zebedäus und noch zwei andere Jünger waren zusammen. Petrus sagte: „Ich gehe fischen." – „Wir kommen mit", meinten die anderen. Also fuhren sie im Boot hinaus, fingen in jener Nacht aber nichts.

Skeptische Jünger

Donnerstag, 20. April *Früh am nächsten Morgen steht Jesus am Ufer, schenkt ihnen durch ein Wunder die Netze voller Fische und lädt sie gleich, nachdem sie angelegt haben, zum Essen ein. Auf einem Kohlenfeuer hat er schon Fische gebraten und auch Brot bereitgelegt. Die Jünger hätten ihn am liebsten gefragt: „Wer bist du?" Aber keiner von ihnen wagt es; sie wissen einerseits, dass es der Herr ist, andererseits sind sie sich unsicher, denn sie wollen nicht einer Täuschung zum Opfer fallen.*

Quelltext: *Johannes 21,4-14*

Als es Tag wurde, stand Jesus am Ufer, doch die Jünger erkannten ihn nicht. „Kinder, habt ihr vielleicht etwas zu essen dabei?", rief er ihnen zu. „Nein!", riefen sie zurück. „Werft das Netz auf der rechten Seite des Bootes aus!", forderte er sie auf. „Dort werdet ihr welche finden." Das taten sie. Doch dann konnten sie das Netz nicht mehr ins Boot ziehen, so viele Fische hatten sie gefangen. Da sagte der Jünger, den Jesus besonders liebte, zu Petrus: „Es ist der Herr!" Daraufhin warf sich Simon Petrus das Obergewand über, das er bei der Arbeit abgelegt hatte, band es hoch und sprang ins Wasser. Die anderen Jünger kamen mit dem Boot nach, das Netz mit den Fischen im Schlepptau. Sie waren ja nur noch hundert Meter vom Land entfernt. Als sie ausstiegen und an Land gingen, sahen sie ein Kohlenfeuer, auf dem Fische brieten; auch Brot lag dabei. „Holt ein paar von den Fischen, die ihr gefangen habt!" sagte Jesus zu ihnen. Da ging Petrus zum Boot und zog das Netz an Land. Und obwohl es mit 153 großen Fischen gefüllt war, zerriss es nicht. „Kommt her und frühstückt!", sagte Jesus. Am liebsten hätten die Jünger ihn gefragt, wer er sei. Doch keiner von ihnen wagte es, denn sie wussten, dass es der Herr war. Jesus trat zum Feuer, nahm das Brot und reichte es ihnen und ebenso den Fisch. Das war nun schon das dritte Mal, dass Jesus sich den Jüngern nach seiner Auferweckung von den Toten zeigte.

Vertrauen wiederhergestellt

Gleich danach folgt das aufschlussreiche Gespräch mit dem Jünger, der ihn dreimal verleugnet hatte. Jesus weist ihn zurecht, als er fragt, was aus Johannes werden würde. Wohl erst bei dieser Gelegenheit wird Jesus den sieben Jüngern auch gesagt haben, auf welchem Berg in Galiläa er sich mit ihnen und den vielen anderen Nachfolgern treffen will.

Quelltext: *Johannes 21,15-23*

Als sie gefrühstückt hatten, sagte Jesus zu Simon Petrus: „Simon Ben-Johannes, liebst du mich mehr als die anderen hier?" „Gewiss, Herr", antwortete Petrus, „du weißt, dass ich dich lieb habe." – „Dann weide meine Lämmer!", sagte Jesus. Jesus wiederholte die Frage: „Simon Ben-Johannes, liebst du mich?" – „Ja, Herr", antwortete Petrus, „du weißt, dass ich dich lieb habe." – „Dann hüte meine Schafe!", sagte Jesus. Noch einmal fragte er ihn: „Simon Ben-Johannes, hast du mich lieb?" Petrus wurde traurig, weil Jesus ihn zum dritten Mal fragte, ob er ihn lieb habe, und sagte: „Herr, du weißt alles. Du weißt, dass ich dich lieb habe." – „Dann sorge für meine Schafe!", sagte Jesus. „Und ich muss dir noch etwas sagen: Als du jung warst, hast du dir selbst den Gürtel gebunden und bist gegangen, wohin du wolltest. Doch wenn du alt bist, wirst du deine Hände ausstrecken und ein anderer wird dir den Gürtel binden und dich dorthin bringen, wo du nicht hingehen willst." Jesus wollte damit andeuten, auf welche Weise Petrus sterben würde, um Gott damit zu verherrlichen. Dann sagte er ihm: „Komm, folge mir!"

Petrus drehte sich um und sah, dass der Jünger, den Jesus besonders liebte, hinter ihnen herging. Es war derselbe Jünger, der sich damals beim Abendessen zu Jesus hinübergelehnt und ihn gefragt hatte: ‚Herr, wer von uns wird dich verraten?' Petrus fragte Jesus: „Herr, was wird denn aus ihm?" Jesus erwiderte: „Wenn ich will, dass er am Leben bleibt, bis ich wiederkomme, was geht dich das an? Folge du mir nach!" So entstand das Gerücht unter den Brüdern, jener Jünger würde nicht sterben. Aber Jesus hatte nicht gesagt, dass er nicht sterben würde, sondern nur: „Wenn ich will, dass er am Leben bleibt, bis ich wiederkomme, was geht dich das an?"

Der Auftrag des Auferstandenen

Vermutlich ist das von Matthäus berichtete Treffen mit dem Herrn das gleiche, das auch Paulus erwähnt, als er von den mehr als 500 Brüdern schreibt, denen der Herr bei einer Gelegenheit erschien (1. Korinther 15,6).

Viele sehen den Herrn wahrscheinlich jetzt das erste Mal als Auferstandenen. Ihr Zweifel ist kein Unglaube, sondern eher Unsicherheit und Irritation.

Quelltext: *Matthäus 28,16-20; Markus 16,15-18*

Die elf Jünger stiegen dann in Galiläa auf den Berg, auf den Jesus sie bestellt hatte. Als sie ihn dort sahen, warfen sie sich vor ihm nieder, doch einige andere zauderten. Da trat Jesus auf sie zu und sagte: „Geht in die ganze Welt und verkündet allen Menschen die gute Botschaft! Mir ist alle Macht im Himmel und auf der Erde gegeben. Darum geht zu allen Völkern und macht die Menschen zu meinen Jüngern. Dabei sollt ihr sie auf den Namen des Vaters, des Sohnes und des Heiligen Geistes taufen und sie belehren, alles zu befolgen, was ich euch geboten habe. Wer glaubt und sich taufen lässt, wird gerettet werden. Wer aber ungläubig bleibt, wird von Gott verurteilt werden.

Folgende Zeichen werden die begleiten, die glauben: Sie werden in meinem Namen Dämonen austreiben, sie werden in neuen Sprachen reden; wenn sie Schlangen anfassen oder etwas Tödliches trinken, wird es ihnen nichts schaden; Kranken, denen sie die Hände auflegen, wird es gut gehen. Und seid gewiss: Ich bin jeden Tag bei euch, bis zum Ende der Zeit."

Begegnungen

In den nächsten Tagen finden noch viele Begegnungen des Auferstandenen mit seinen Jüngern statt. Kurz vor seiner Himmelfahrt befinden sich die Jünger wieder in Jerusalem. Bei dieser Gelegenheit kündigt er ihnen das Kommen des Geistes in wenigen Tagen an.

Quelltext: *Lukas 24,44-49; Apostelgeschichte 1,2-5*

In Jerusalem gab Jesus den Aposteln, die er sich ausgewählt hatte, noch einige klare Anweisungen. Diesen Männern hatte er sich nach seinem Leiden gezeigt und ihnen viele sichere Beweise dafür geliefert, dass er wieder am Leben war. Vierzig Tage lang ließ er sich unter ihnen sehen und redete mit ihnen über die Herrschaft Gottes. Einmal sagte er zu ihnen: „Nun ist in Erfüllung gegangen, was ich euch gesagt habe, als ich noch bei euch war: ‚Alles, was im Gesetz des Mose, in den Propheten und Psalmen über mich geschrieben steht, musste sich erfüllen.'" Dann öffnete er ihnen die Augen für die Schrift und half ihnen, sie zu verstehen. „So steht es geschrieben", erklärte er ihnen, „und so musste der Messias leiden und sterben und am dritten Tag danach von den Toten auferstehen. Und in seinem Namen wird man allen Völkern, angefangen in Jerusalem, predigen, dass sie zu Gott umkehren sollen, um Vergebung der Sünden empfangen zu können. Ihr seid Zeugen für das alles. Und seid gewiss: Was mein Vater euch versprochen hat, werde ich zu euch herabsenden. Wartet, bis die Zusage des Vaters in Erfüllung geht, die ihr von mir vernommen habt: ‚Johannes hat mit Wasser getauft, aber ihr werdet schon bald – in ein paar Tagen – mit dem Heiligen Geist getauft werden.' Bleibt so lange hier in der Stadt, bis ihr mit der Kraft aus der Höhe ausgerüstet worden seid."

Himmelfahrt

Mitte Mai 30 n.Chr. *Am 40. Tag nach seiner Auferstehung führt der Herr seine Jünger das letzte Mal auf den Ölberg bis zu einer Stelle (Richtung Betanien), wo man die Stadt nicht mehr sieht. Noch einmal sichert er ihnen die Sendung des Heiligen Geistes zu und hebt die Hände, um sie zu segnen. Dann tritt er langsam von der sichtbaren in die unsichtbare Welt hinüber.*

letzte Monate	letzte Tage	Passion	nach Ostern

Quelltext: *Markus 16,19; Lukas 24,50-53; Apostelgeschichte 1,6-14*

Jesus führte seine Jünger noch aus der Stadt hinaus bis in die Nähe von Betanien. Bei dieser Gelegenheit fragten die Jünger: „Herr, wirst du das Reich Israel bald wiederherstellen?" Jesus erwiderte: „Der Vater hat die Zeiten und Fristen dafür selbst bestimmt. Ihr müsst das nicht wissen. Wenn aber der Heilige Geist auf euch gekommen ist, werdet ihr Kraft empfangen und als meine Zeugen auftreten: in Jerusalem, in ganz Judäa und Samarien und bis in den letzten Winkel der Welt."

Dann erhob er die Hände, um sie zu segnen. Und während er sie segnete, wurde er von ihnen weggenommen und zum Himmel emporgehoben. Dann verhüllte ihn eine Wolke vor ihren Augen. Jesus wurde in den Himmel aufgenommen und setzte sich an die rechte Seite Gottes.

Als sie immer noch gespannt zum Himmel hochschauten, hinter ihm her, da standen auf einmal zwei Männer bei ihnen. Sie waren in leuchtendes Weiß gekleidet. „Ihr Männer von Galiläa", sagten sie, „was steht ihr hier und starrt in den Himmel? Dieser Jesus, der von euch weg in den Himmel aufgenommen wurde, wird genau so wiederkommen, wie ihr ihn habt in den Himmel gehen sehen." Da warfen sich die Jünger nieder und beteten Jesus an.

Dann kehrten sie mit großer Freude vom Ölberg nach Jerusalem zurück. Der Berg liegt nur einen Sabbatweg[5] von der Stadt entfernt. Als sie dort angekommen waren, stiegen sie in den Obersaal hinauf, in dem sie sich gewöhnlich aufhielten. Es waren Petrus und Johannes, Jakobus und Andreas, Philippus und Thomas, Bartholomäus und Matthäus, Jakobus Ben-Alphäus, Simon der Zelot[6] und Judas Ben-Jakobus. Es waren auch einige Frauen dabei, darunter Maria, die Mutter von Jesus, und außerdem seine Brüder. Sie waren einmütig beieinander und beteten beharrlich miteinander. Von da an waren sie ständig im Tempel und priesen Gott.

---

5   Das war die Strecke, die sich ein frommer Jude am Sabbat höchstens von seiner Wohnung entfernen durfte. Sie betrug etwa 2000 Ellen, ca. 1400 Meter.

6   „Eiferer". Der Beiname verweist entweder auf frommen Eifer dieses Simon oder darauf, dass er früher Mitglied der Zeloten war, einer Terrorgruppe, die die römische Herrschaft mit Gewalt beseitigen wollte.

Pfingsten

Quelltext: *Markus 16,20; Apostelgeschichte 2,1.2.4*

Als der Pfingsttag anbrach, waren wieder alle am selben Ort zusammen. Plötzlich entstand vom Himmel her ein Brausen. Es klang wie das Tosen eines heftigen Sturms und erfüllte das ganze Haus, in dem sie waren. Alle wurden mit dem Heiligen Geist erfüllt. Sie gingen überall hin und predigten die gute Botschaft. Der Herr wirkte durch sie und bestätigte ihr Wort durch wunderbare Zeichen.

Schlusswort

Quelltext: *Johannes 20,30-31; Johannes 21,15*

Jesus tat vor den Augen seiner Jünger noch viele andere Wunderzeichen, die aber nicht in diesem Buch aufgeschrieben sind. Wenn das alles einzeln aufgeschrieben würde – ich denke, die ganze Welt könnte die Bücher nicht fassen, die dann geschrieben werden müssten. Was hier berichtet ist, wurde aufgeschrieben, damit ihr glaubt, dass Jesus der Messias ist, der Sohn Gottes, und damit ihr durch den Glauben in seinem Namen das Leben habt.

Die christliche Zeitrechnung

Dionysius Exiguus

Unsere christliche Zeitrechnung haben wir einem Mann aus dem Volk der Skythen, namens Dionysius zu verdanken. Dieser kam Ende des 5. Jahrhunderts nach Rom und lebte dort als Mönch.[1] Um seine Demut zu bezeugen, pflegte er sich Exiguus (d.h. der Kleine, Bescheidene, Unbedeutende) zu nennen. Doch seine Gelehrsamkeit war über alle Zweifel erhaben. Er beherrschte mehrere Sprachen perfekt, spielte eine bedeutende Rolle als Übersetzer und Herausgeber des Kirchenrechts, bekleidete lange Jahre ein Lehramt und diente mehrfach den Päpsten. Er beschäftigte sich auch mit Dialektik und anderen Wissenschaften. Dionysius wurde um das Jahr 470 geboren und starb um 545 n.Chr.

Die Ostertabellen

Unter anderem erarbeitete Dionysius eine Fortsetzung der Ostertabelle, mit der das wechselnde Datum des Osterfestes bestimmt wurde. Die 95-jährige Ostertafel des Cyrill von Alexandrien lief im Jahr 531 ab. 525 n.Chr. nahm Dionysius dessen Arbeit auf und fügte von 532 an fünf 19-jährige Zyklen hinzu. Damit glich er die Berechnung des Ostertermins in der westlichen Kirche der alexandrinischen an und erwarb sich so Verdienste um die Einheit der gesamten Kirche.

Die christliche Zeitrechnung

Zur Zeit des Dionysius war es üblich, die Jahre des Julianischen Kalenders nach der sogenannten Märtyrer-Ära zu rechnen, die mit dem Amtsantritt des römischen Kaisers Diokletian 284 n.Chr. begann. Dionysius fand, dass es würdiger sei, „den Verlauf der Jahre nach der Menschwerdung von Christus" zu bezeichnen als „nach einem Mann, der eher ein Tyrann als ein Kaiser war". So zählte er die Jahre nicht mehr nach dem gottlosen Christenverfolger Diokletian, sondern ab „incarnatione Domini". Als den Tag der „Inkarnation des Herrn" betrachtete er den 25.

---

1 Wenn spätere Zeugen ihn Abt nennen, ist daraus noch nicht unbedingt zu schließen, dass er einem Kloster vorgestanden hat.

März und den Tag seiner Geburt demzufolge den 25. Dezember. Der Jahresbeginn der christlichen Ära wurde später aber einheitlich auf den 1. Januar festgesetzt, den Tag der Beschneidung des Herrn.

Das Geburtsjahr von Christus legte Dionysius auf das Jahr 754 a.u.c.[2] fest. Für den Beginn der neuen Ostertabellen ermittelte er das 248. Jahr nach der Thronbesteigung Diokletians. Er setzte es mit dem Jahr 532 nach der Geburt von Christus gleich. Dass er sich dabei um etwa sieben Jahre „verrechnete", lag an den ungenauen Quellen, die ihm zur Verfügung standen, so dass er teilweise auf Schätzungen zurückgreifen musste.

Die christliche Zeitrechnung hat sich allgemein durchgesetzt. Schon zur Zeit Karls des Großen 768-814 n.Chr. war die „dionysische Berechnung" in der ganzen Kirche im Gebrauch.

Das Jahr und die Null

Natürlich wurde die christliche Zeitrechnung bald auch auf die vorchristliche Zeit ausgedehnt. Damit entstand aber ein Problem. Getreu der damals üblichen Zählung nannte Dionysius das erste Jahr der christlichen Epoche das Jahr 1, nicht etwa das Jahr 0, denn mit einer Null[3] konnte damals noch niemand etwas anfangen.

Bis ins 12. Jahrhundert wurden in Mitteleuropa die römischen Zählzeichen verwendet, die ja keine Null kennen. Unser jetziges Zahlensystem in seiner dezimalen Ordnung mit den Zahlen von Eins bis Neun und vor allem der Null verdanken wir den Indern, die es seit dem 5. Jahrhundert nach Christus gebrauchten. In Europa war die Null erst nach dem 13. Jahrhundert einigen Gelehrten bekannt. Und erst die Rechenmeister vom 15.-17. Jahrhundert trugen mit dem Rechnen auch die Null ins Volk.

Für die christliche Zeitrechnung ergibt sich von daher ein kleines Problem. Das Jahr 1 nach Christus folgt unmittelbar auf das Jahr 1 vor Christus. Zwischen dem Beginn des Jahres 2 v.Chr. und dem des Jahres 2 n.Chr. liegen also nur drei Jahre und nicht etwa 2 + 2 = 4 Jahre. Will man die Jahre zwischen einem Datum vor und einem nach Christus bestimmen, so muss man von dem Ergebnis immer 1 abziehen! Trotz dieses kleinen Schönheitsfehlers war mit der Ausdehnung der Zeitrechnung auf die vor-

---

2 *ab urbe condita* – seit (der sagenhaften) Gründung der Stadt (Rom durch Romulus und Remus)

3 Die Null wurde in der Geschichte der Menschheit wohl drei Mal erfunden: von den Babyloniern, den Maya und den Indern, wobei die indische Null die genialste von allen war.

christliche Zeit die Voraussetzung für eine universale, absolute Chronologie geschaffen.

Die astronomische Jahreszählung

Im Gegensatz zu der heute allgemein üblichen historischen Zeitrechnung steht die astronomische Jahreszählung, die sehr wohl ein Jahr 0 kennt. Die Astronomen wollten mit einer Skala ohne Nullpunkt einfach nicht rechnen und fügten kurzerhand ein Jahr zwischen 1 v.Chr. und 1 n.Chr. ein. Damit wurden alle Jahre vor Beginn der Zeitrechnung um zwölf Monate in die Vergangenheit verschoben. Zur Unterscheidung verzichtet die astronomische Jahreszählung auf die Zusätze „n.Chr." und „v.Chr." und verwendet statt dessen ein Vorzeichen vor der Jahreszahl. Das astronomische Jahr +1 entspricht dann dem Jahr 1 n.Chr., das Jahr 0 entspricht 1 v.Chr. und -1 ist das Jahr 2 v.Chr.

Zeitmessung in der Bibel

Der Tag

Weil in Israel die Monate nach dem Mondlauf ausgerichtet waren, wurde der Sonnenuntergang, ca. 18 Uhr, als Beginn des neuen Tages angesehen.[4] Diese Eigenschaft teilen sich die meisten Mondkalender, denn die schmale Mondsichel nach dem Neumond ist in der Abenddämmerung sichtbar. Damit beginnt ein neuer Monat und folglich auch ein neuer Tag.

Die Nacht teilte man ursprünglich in drei Nachtwachen ein (Richter 7,19): Abend, Mitternacht, Hahnenschrei.[5] Eine Stunde, als kürzester Abschnitt des Tages, wurde als ein Zwölftel der Dauer des Tageslichts von Sonnenaufgang bis Sonnenuntergang aufgefasst.

---

4   So auch im Islam. Im Gegensatz dazu ließ man im alten Ägypten, in Rom und Griechenland den Tag mit dem Sonnenaufgang beginnen. Der heute übliche Tagesbeginn um Mitternacht war bei den Chinesen schon im Altertum bekannt. In Rom bürgerte er sich in der Rechtspflege ein. Allgemein verbindlich wurde er im Abendland erst nach Erfindung der Räderuhren, die eine vom Sonnenlauf unabhängige gleichmäßige Zeiteinteilung ermöglichten.

5   Erst die Römer favorisierten eine Einteilung in vier Nachtwachen.

Die Woche

Die wichtigste Periode in unserer Zeitrechnung ist die Woche. Alle Kalender, alle Stundenpläne und Termine richten sich nach ihren Tagen. Die Einrichtung der siebentägigen Woche ist uralt und geht im Prinzip auf die Schöpfung zurück. So lautet die Begründung für das Sabbatgebot:

2. Mose 20,9-11: „Sechs Tage hast du, um all deine Arbeit zu tun, aber der siebte Tag ist Sabbat für Jahwe, deinen Gott. An diesem Tag sollst du nicht arbeiten, weder du, noch dein Sohn oder deine Tochter, weder dein Sklave noch deine Sklavin, nicht einmal dein Vieh oder der Fremde, der in deinem Ort wohnt. Denn in sechs Tagen hat Jahwe den Himmel und die Erde gemacht, das Meer und alles, was dazugehört. Am siebten Tag aber ruhte er. Deshalb hat er den Sabbattag gesegnet und für sich bestimmt."

Zwar wissen wir nicht, wann die Menschen wirklich anfingen, die Tage in Wochen zusammenzufassen. In der Bibel kommt der Begriff „Woche"[6] das erste Mal bei Jakobs Hochzeitsfeier vor (1. Mose 29,27). Doch es könnte schon viel früher gewesen sein, dass man sich an diesen Rhythmus hielt.[7] Namen hatten die Tage der jüdischen Woche allerdings nicht. Man benannte sie entweder nach den ersten sechs Buchstaben des hebräischen Alphabets oder nach den Zahlen von 1-6. Lediglich der Sonnabend trug einen Namen: „Sabbat".

Der Monat

Die Monate in Israel richteten sich nach dem Lauf des Mondes. Das wird bereits im Alten Testament im 104. Psalm, Vers 19, ausgedrückt: „Er hat den Mond gemacht, um Zeiten zu bestimmen, / die Sonne, die ihren Untergang kennt."

Monatsanfang war jeweils, wenn die dünne Sichel des zunehmenden Mondes erstmals wieder bei Sonnenuntergang sichtbar wurde. Die Festsetzung des ersten Tages eines neuen Monats, des „Rosch Chodesch", beruhte auf dem Bericht von mindestens zwei Augenzeugen, die das Erscheinen des „Neulichtes" gesehen hatten. Diese mussten nach Jerusalem kommen, wo ihre Aussagen an einem Platz namens „Bet Jasek" von

---

6   Der hebräische Begriff für Woche ist eine eine Ableitung aus der Zahl sieben, also eine Periode von sieben Tagen.

7   Übrigens wird die Woche bis heute unabhängig von Jahr und Monat durchgezählt. Bisher haben es alle Kalenderreformen ängstlich vermieden, die Wochentagszählung zu unterbrechen (außer der Reform der französischen Revolution, die aber promt scheiterte).

einem speziell dazu eingesetzten „Bet Din" durch genaue Befragung geprüft wurden. Dieser Bet Din proklamierte dann im Fall zweier akzeptierter Zeugenaussagen den neuen Monat.

Die Nachricht wurde durch ein Fackelsystem übertragen und durch Relaisstationen – Leuchtfeuern auf bestimmten hohen Bergen – bis in die entferntesten Gemeinden der Diaspora übermittelt. Als die Samaritaner ihre Ablehnung des rabbinischen Judentums dadurch zum Ausdruck brachten, dass sie bewusst falsche Fackelsignale sendeten (am 30. Tag), wurde das System auf Boten umgestellt. Als diese regelmäßig aufgehalten und überfallen wurden, musste das System der Zeugen eingestellt werden. Es wurde durch ein berechnetes System ersetzt.

Den im Voraus berechneten Kalender entwickelte Hillel II. im 4. Jh. n.Chr. Dieses geregelte System wird heute noch im Judentum universell verwendet. Da ein durchschnittlicher Mondzyklus 29 Tage, 12 Stunden, 44 Minuten und 3,5 Sekunden dauert, konnte ein Monat entweder 29 oder 30 Tage lang sein. Das heißt, Rosch Chodesch wurde für den 30. oder den 31. Tag proklamiert.

Das Jahr

Zwischen dem Mondjahr, das heißt einem Ablauf von 12 Monaten und dem Sonnenjahr, das einer Umrundung der Sonne durch die Erde entspricht, besteht ein Unterschied von etwa 11 Tagen. Ein Mondjahr hat nämlich ca. 354,33 Tage, eine Sonnenumkreisung dauert ca. 365,25 Tage. Weil das Jahr einerseits aber mit dem Sonnenlauf übereinstimmen sollte, damit der Frühlingspunkt nicht durch alle Jahreszeiten läuft, und andererseits gleichzeitig mit dem Lauf des Mondes, versuchte man beide zu kombinieren. Das gelang nur durch das zusätzliche Einfügen von Schaltmonaten. Dafür hätten allerdings zwei Jahre gereicht, ein Gemeinjahr mit 12 und ein Schaltjahr mit 13 Monaten.

Bei den Juden kamen jedoch noch die sogenannten „Ausnahmefälle" hinzu: So durfte z. B. der Neujahrstag, der in den Herbst gelegt wurde, nicht auf einen Sonntag, Mittwoch oder Freitag fallen. Falls dies doch der Fall sein sollte, musste der Neujahrsbeginn um einen Tag verschoben werden, wodurch natürlich das vorausgegangene Jahr um einen Tag länger wurde, als es hätte sein sollen. Im ganzen existieren fünf solcher Ausnahmeregeln. Wenn man sie alle berücksichtigt, ergibt sich die Zahl von sechs verschieden langen Jahren! Es gab das abgekürzte Gemeinjahr mit 353 Tagen Länge, das ordentliche Gemeinjahr mit 354 und das überzählige Gemeinjahr mit 355 Tagen. Außerdem noch ein abgekürztes

Schaltjahr mit 383, ein ordentliches mit 384 Tagen und schließlich ein überzähliges Schaltjahr mit 385 Tagen Länge.

Im Laufe von 19 Jahren summiert sich die Differenz von Sonnen- und Mondjahr zu etwa sieben Monaten. Daher gibt es sieben Schaltjahre in 19 Jahren, und zwar im 3., 6., 8., 11., 14., 17. und im 19. Jahr, die wiederum von unterschiedlicher Länge sind.[8]

Diese regelmäßig eingesetzten Schaltjahre gab es freilich erst nach dem 4. Jahrhundert nach Christus. Vorher werden wir mit größeren Unregelmäßigkeiten zu rechnen haben.

---

8   Weitere Informationen siehe bei Husfeld und Jüdisches Museum (Internet).

Jahr und Tag
der Kreuzigung des Herrn

Der zeitliche Rahmen

Alle vier Evangelien, die Apostelgeschichte und Paulus[9] stimmen darin überein, dass unser Herr Jesus Christus gekreuzigt wurde, als Pontius Pilatus Präfekt von Judäa[10] war. Das wird auch von außerbiblischen Autoren, nämlich dem jüdischen Historiker Flavius Josephus (37-100 n.Chr.) und dem römischen Historiker und Senator Tacitus (55-116 n.Chr.) bestätigt.

Tacitus schreibt in seinen Annalen in Bezug auf die Christen:

„Dieser Name stammt von Christus, der unter Tiberius vom Prokurator Pontius Pilatus hingerichtet worden war."[11]

Josephus schrieb im Zusammenhang mit dem Versuch des Pilatus, eine Wasserleitung für Jerusalem zu bauen und dazu Tempelgelder zu verwenden:

„Um diese Zeit lebte Jesus, ein weiser Mensch, wenn man ihn überhaupt einen Menschen nennen darf. Er war nämlich der Vollbringer ganz unglaublicher Taten und der Lehrer aller Menschen, die mit Freuden die Wahrheit aufnehmen. So zog er viele Juden und auch viele Heiden an sich. Er war der Christus. Und obgleich ihn Pilatus auf Betreiben der Vornehmsten unseres Volkes zum Kreuzestod verurteilte, wurden doch seine früheren Anhänger ihm nicht untreu. Denn er erschien ihnen am dritten Tag wieder lebend, wie gottgesandte Propheten dies und tausend andere wunderbare Dinge von ihm vorher verkündigt hatten. Und noch bis auf den heutigen Tag besteht das Volk der Christen, die sich nach ihm nennen, fort."[12]

---

9 1. Timotheus 6,13

10 Sein genauer Titel lautete: *praefectus judae*. Erst unter Kaiser Claudius (41-54 n.Chr) wurden die Präfekten in Judäa *Prokuratoren* genannt. Judäa unterstand als Sonderterritorium dem Statthalter von Syrien.

11 Tacitus, *Annalen* XV 44

12 Flavius Josephus, *Jüdische Altertümer* 18,3,3. Dieses sogenannte *testimonium* ▸

Nach Josephus war Pilatus zehn Jahre im Amt.[13] Dann beschwerte sich der Hohe Rat der Samariter bei dem syrischen Statthalter Vitellius über Pilatus, der diesem daraufhin befahl, sich in Rom vor dem Kaiser zu verantworten. Doch Kaiser Tiberius starb am 16. März 37 n.Chr., noch ehe Pilatus Rom erreichte. Die entsprechende Reisezeit eingerechnet war Pilatus von 26 bis Ende 36 n.Chr. im Amt in Judäa.

Für den Beginn der Amtszeit des Pilatus sprechen auch die Münzfunde in Judäa. Das Aussehen der Münzen aus den Jahren 15-25 n.Chr. ist bemerkenswert gleich, während es sich deutlich von denen der Jahre 28-32 unterscheidet. Daraus hat man auf den Statthalterwechsel um 26/27 geschlossen.[14]

Der zeitliche Rahmen umfasst also die Jahre 26-36 n.Chr.

Johannes der Täufer

Nach Lukas 3,1 trat Johannes der Täufer im 15. Jahr der Herrschaft (*hegemonia*) des Kaisers Tiberius an die Öffentlichkeit. Lukas unterscheidet damit die offizielle Herrschaft (*basileia*) von der tatsächlichen (*hegemonia*), die gewöhnlich in Form der Mitregentschaft begann. Der Beschluss über die Mitregentschaft des Tiberius kam kurz vor oder kurz nach dem 23. Oktober 12 n.Chr. zustande, was inzwischen auch durch eine Inschrift bezeugt ist.[15] Der Münzbefund belegt das Jahr 13 als den Aufstieg des Tiberius zum Mitherrscher. Das 15. Jahr der Mitregentschaft wäre dann 27 n.Chr. gewesen.

Viele jüdische Gruppen nahmen damals die Berechnung der messianischen Zeit sehr wichtig. Dabei versuchten sie, die Prophetie Daniels in Kapitel 9,24-29 mit dem Zyklus der Sabbatjahre[16] zu kombinieren. Nach der Wiederaufnahme der Sabbatjahrbeobachtung durch Esra 457/56 v.Chr.

Flavianum wird schon von Eusebius in seiner Kirchengeschichte (um 325 n.Chr. entstanden) zitiert. Es wird wegen einiger Formulierungen zwar von etlichen Gelehrten als spätere christliche Hinzufügung angesehen, doch kann man davon ausgehen, dass die Grundzüge dieses Zitats wirklich von Josephus stammen. Belege siehe Riesner, S. 31!

13 Josephus, *Altertümer* 18,4,2.

14 Siehe Rainer Riesner, *Die Frühzeit des Apostels Paulus*, dem ich in der grundsätzlichen Argumentation dieses ganzen Kapitels gefolgt bin.

15 Riesner, S. 36

16 Nach 3. Mose 25,1-5 war das jedes 7. Jahr.

im Zusammenhang mit Esra 7,8 wären im Jahr 27/28 nämlich genau 10 Jubeljahr-Perioden[17] vergangen und nach Daniel 9,26 wäre die entscheidende letzte Jahrwoche angebrochen. Von daher wird die Verhaftung des Täufers 28 n.Chr. in Verbindung mit der apokalyptischen Stimmung im Volk und der Angst des Herodes vor einem Aufstand durchaus einsichtig.

Auch Johannes erwartete den Kommenden[18], das heißt nach Daniel 7,13, den auf den Wolken des Himmels kommenden Menschensohn. Das würde seine Enttäuschung verständlich machen, wenn das Sabbatjahr 27/28 zu Ende ging, ohne dass er im Gefängnis von der Befreiung der Gefangenen und der Rache Gottes hörte, die er nach Jesaja 61 erwartete.

Das öffentliche Wirken von Johannes dem Täufer begann also im Jahr 27 und endete im Jahr 28 n.Chr., in dem Jahr, in dem Jesus Christus seinen Dienst begann.

Der Umbau des Tempels

Als Jesus nach Beginn seines öffentlichen Wirkens das erste Mal zum Passafest in Jerusalem war und von den Juden zur Rede gestellt wurde, als er die Händler und Geldwechsler aus dem Vorhof des Tempels hinaustrieb, antwortete er:

„Zerstört diesen Tempel und ich werde ihn in drei Tagen wieder aufbauen." – „Sechsundvierzig Jahre ist an diesem Tempel gebaut worden", erwiderten die Juden, „und du willst das in drei Tagen schaffen?" (Johannes 2,19-20)

Josephus bietet zwei unterschiedliche Daten für den Beginn des Tempelbaus an: Das 15. Jahr[19] seiner Regierung (= 23/22 v.Chr.) und das 18. Jahr[20] (= 20/19 v.Chr.). Weil letzteres Jahr mit einer Reise des Augustus nach Syrien zusammenfällt, setzten fast alle modernen Forscher den Beginn des Tempelbaus um diese Zeit an. Damit kommen wir unter Beachtung der Jahr Null-Problematik wiederum ins **Jahr 28 n.Chr. für die Datierung der Tempelreinigung.**

17 Jeweils das 50. Jahr nach 7x7 Jahren.
18 Matthäus 11,2-6; Lukas 7,18-23
19 Josephus, Jüdischer Krieg, 1,21,1
20 Josephus, Altertümer, 15,11,1

Ein- oder dreijähriges Wirken?

Johannes erwähnt in seinem Evangelium ausdrücklich drei Passafeste[21] und ein „Fest der Juden", was auf eine Wirkungszeit unseres Herrn von reichlich zwei oder sogar drei Jahren hindeutet, wenn man das Fest der Juden als Hinweis auf ein weiteres Passa versteht.

Es ist aber bemerkenswert, dass auch die ersten drei Evangelien Hinweise auf eine mehr als einjährige Wirkungszeit von Jesus Christus auf der Erde haben.

1. Das Gerichtswort über Jerusalem in Matthäus 23,37 (Lukas 13,34): „Jerusalem, Jerusalem, du tötest die Propheten und steinigst die Boten, die zu dir geschickt werden. Wie oft wollte ich deine Kinder sammeln, wie die Henne ihre Küken unter die Flügel nimmt. Doch ihr habt nicht gewollt.", setzt einen mehrmaligen Besuch des Herrn in Jerusalem voraus.

2. Markus 6,39. Die Erwähnung des grünen Grases, das es nur im Frühling in Israel gibt, deutet auf ein weiteres Passafest hin.

3. Das Gleichnis von der Verschonung des Feigenbaums im Zusammenhang mit der Verfluchung des Feigenbaums im letzten Dienstjahr von Jesus[22], kann durchaus eine dreijährige Wirksamkeit des Herrn im Blick haben, wenn man den Feigenbaum auf Israel bezieht.

Es ist durchaus sinnvoll von einer etwa dreijährigen Wirksamkeit des Herrn auszugehen. Alle bisherigen Aussagen zusammengenommen zeigen auf das Jahr 30 n.Chr. als das Jahr der Kreuzigung des Herrn.

Der Tag der Kreuzigung

Alle vier Evangelien berichten, dass der Tag der Kreuzigung ein Rüsttag auf den Sabbat (*paraskeuê*), also ein Freitag war. Nicht sicher jedoch ist, ob es sich bei diesem Freitag um den 14. oder den 15. Nisan handelte.

Am 14. Nisan mussten nach 2. Mose 12,6 die Passalämmer geschlachtet werden, was nach der Überlieferung des Spätjudentums etwa ab 15 Uhr im Tempel geschah. Während der Schlachtung sangen die Priester das große Hallel (Psalm 113-118).

---

21 Johannes 2,13; 6,4; 12 und folgende Kapitel.
22 Lukas 13,6-9 und Matthäus 21,18-19; Markus 11,12-14.

Dass es sich beim Tag der Kreuzigung, um **Freitag, den 14. Nisan**[23] handelte, dafür sprechen folgende Argumente:

1. Nach dem Johannesevangelium (18,28 und 19,14) starb der Herr am Rüsttag auf das Passa als das wahre Passalamm, dem kein Bein gebrochen wurde (19,36), nachdem er am Tag zuvor zum letzten Mal mit seinen Jüngern zusammen gewesen war.

2. Die spätjüdische Überlieferung des babylonischen Talmud sagt: „Am Rüsttag auf das Passa hat man Jesus gehängt."[24] „Rüsttag des Passa" meint für einen Juden immer den 14. Nisan, genauso wie bei uns Heiligabend immer den 24. Dezember meint.

3. Nach 3. Mose 23,10-11 wurde die sogenannte Erstlingsgabe[25] der Getreideernte am ersten Wochentag nach dem Sabbat dargebracht, der ins Fest der ungesäuerten Brote fiel, also immer am 16. Nisan. Nun bezeichnet Paulus auch unseren Herrn als „Erstlingsgabe", genauso wie er ihn als „unser Passalamm" bezeichnet und von seiner Auferstehung am 3. Tag weiß.[26] Das setzt voraus, dass er am 14. Nisan gekreuzigt wurde.

4. Die von allen Evangelien erwähnte Passa-Amnestie,[27] also die Freilassung eines Gefangenen, war als politische Beruhigungsmaßnahme nur vor dem Passafest sinnvoll.

5. Das nicht kanonische Petrus-Evangelium, von dem nur Bruchstücke erhalten sind, bezeugt: „Da übergab Herodes Jesus dem jüdischen Volk am Tag vor dem Fest der ungesäuerten Brote, dem jüdischen Passa."[28]

6. Nach Johannes 19,31 fiel in diesem Jahr der „Festsabbat", das heißt, der erste Tag des Festes der ungesäuerten Brote mit dem normalen Wochensabbat zusammen und wird deswegen „großer Sabbat" genannt.

7. Wenn der Tag der Kreuzigung der 15. Nisan gewesen wäre, also der erste Tag des Festes der ungesäuerten Brote, der Festsabbat, dann hätte Josef aus Arimathäa an diesem Tag kein Leinentuch kaufen dürfen (Markus 15,46).

---

23 Vor der babylonischen Gefangenschaft wurde der erste Monat Abib genannt.

24 Strack/Billerbeck II S. 843. Riesner S. 44

25 Die LXX verwendet in 3. Mose 23,10 den gleichen Begriff dafür, wie Paulus in 1. Korinther 15,20: *aparchê*.

26 Vgl. 1. Korinther 15,20 und 5,7 sowie 15,4.

27 Matthäus 27,25-26; Markus 15,6-15; Lukas 23,17-25; Johannes 18,39-40.

28 Petrus-Evangelium V. 5, zitiert nach Berger/Nord.

Ein Problem ergibt sich daraus, dass nach Matthäus und Markus[29] der Tag des Abendmahls der „erste Tag er ungesäuerten Brote" war und demnach der Tag der Kreuzigung ein **Freitag, der 15. Nisan.**

Die zwei wahrscheinlichsten Lösungsversuche:

1. Es ist möglich, dass Matthäus und Markus die Zeit des Abendmahls am 13. Nisan abends nach 18 Uhr nach jüdischem Brauch schon zum 14. Nisan zählten. Das würde allerdings zu dem Schluss führen, dass Jesus und seine Jünger das Passa ohne Lamm gefeiert hätten, was den Berichten der Evangelien nicht widerspricht.[30]

2. Wir wissen von Kalenderstreitigkeiten zwischen Pharisäern und Sadduzäern, die besondere Bedeutung gewannen, wenn das Passafest auf einen Wochensabbat fiel. Die Sadduzäter behaupteten, dass die Erstlingsgabe am ersten Tag nach dem Sabbat zu bringen sei, der in die Woches des Festes der ungesäuerten Brote fiel. Die Pharisäer behaupteten, dass die Erstlingsgabe immer am Tag nach dem ersten Festtag der ungesäuerten Brote zu bringen sei, also am 16. Nisan. Die jeweilige Entscheidung beeinflusste die Festsetzung des Pfingstfestes, das am 50. Tag danach stattfand. Von daher ist es möglich, dass die Pharisäer in diesem Jahr das Passa einen Tag früher als die Sadduzäer feierten. Jesus hätte sich mit seinen Jüngern dann den Pharisäern angeschlossen.[31]

Die meisten Argumente sprechen also für Freitag, den 14. Nisan als Tag der Kreuzigung des Herrn. Das hätte auch eine wichtige theologische Bedeutung, denn dann wäre unser Herr Jesus Christus genau zu der Stunde am Kreuz gestorben, als man im Tempel Zehntausende von Passalämmern schlachtete.

Der Beitrag der Astronomie

Es ist inzwischen möglich, die Daten der jüdischen Passafeste mit Hilfe der Astronomie sehr zuverlässig zu bestimmen.[32] In Frage kommen nur

---

29 Matthäus 26,17; Markus 14,12. Lukas 22,7 hat nur eine ungefähre Zeitangabe und könnte von daher mit Johannes übereinstimmen.

30 Siehe dazu auch Fußnote 32 auf S. 209.

31 Siehe dazu auch Fußnote 25 auf S. 231.

32 Riesner S. 44f.

zwei Termine in diesem Zeitraum, bei denen der 14. Nisan auf einen Freitag fiel. Möglich wären Freitag, der 7. April 30 oder Freitag der 3. April 33. Letzteres Datum lässt sich allerdings nicht so gut mit den Hinweisen der Evangelien vereinbaren, wie oben beschrieben.

Der Monat im jüdischen Kalender beginnt immer an dem Tag, an dem abends nach Neumond die Sichel des zunehmenden Mondes wieder sichtbar wird. Der Nisan war nun der Monat, der in die Jahreszeit fällt, in der im Frühling die Tage und Nächte gleich lang sind, um den 21. März. Der 14. Tag in einem Mond-Monat ist damit der letzte Tag vor dem Vollmond-Ereignis, und mit dem 15. Tag beginnt der Mond wieder abzunehmen. Im Jahr 30 n.Chr. wurde der Vollmond in der Nacht vom 6. auf den 7. April sichtbar, mit der nach jüdischer Rechenweise der 7. April begann.

So kann der 7. April des Jahres 30 n.Chr. als das wahrscheinlichste Datum der Kreuzigung unseres Herrn angesehen werden, was sowohl durch eine kritische Sichtung der altkirchlichen Überlieferung[33] als auch von den meisten Forschern[34] bestätigt wird.

---

33 Besonders Klemens von Alexandien und Tertullian. Vgl. Riesner S. 45f.
34 Riesner S. 52

Literaturverzeichnis

Aharoni, Yohanan/ Avi-Yonah, Michael. *Der Bibelatlas.* Die Geschichte des Heiligen Landes 3000 Jahre vor Christus bis 200 Jahre nach Christus. Hoffmann und Campe: Hamburg 1982

Barker, Kenneth (Hg.). *The NIV StudyBible.* New International Version. Zondervan: Grand Rapids 1985

Berger, Klaus/Nord, Christiane (Hrsg.). *Das Neue Testament und die frühchristlichen Schriften.* Übersetzt und kommentiert. Insel-Verlag Frankfurt am Main und Leipzig: 2005

Biddle, Martin. *Das Grab Christi.* Neutestamentliche Quellen – historische und archäologische Forschungen – überraschende Erkenntnisse. Brunnen: Gießen 1998

Blail, Gerhard. *Die Schriften zwischen Altem und Neuem Testament.* Eine Einführung und Orientierung. Quell Verlag: Stuttgart 1988

Boor, Werner de. *Die Briefe des Paulus an die Philipper und an die Kolosser.* Wuppertaler Studienbibel. Verlag R. Brockhaus: Wuppertal 1957

Bronkhorst, Alexander Johannes. *Von Alexander bis Bar Kochba.* Wuppertal: Aussat-Verlag 1967

Bruce, F.F./Güting, E. *Außerbiblische Zeugnisse über Jesus und das frühe Christentum einschließlich des apokryphen Judasevengeliums.* Brunnen-Verlag: Gießen/Basel 2007[5]

Burkhard, Helmut; Grünzweig Fritz; Laubach, Fritz; Maier, Gerhard (Hg.). *Das große Bibellexikon.* R. Brockhaus Verlag: Wuppertal 1987 Band 1; 1988 Band 2; 1989 Band 3

Discovery 2000. *Das große Universallexikon.* Berthelsmann CD-ROM.

Edersheim, Alfred. *Der Tempel.* Mittelpunkt des geistlichen Lebens zur Zeit Jesu. Einführung von John J. Bimson. Wuppertal: Brockhaus 1997

Eusebius von Cäsarea. *Kirchengeschichte.* Kösel-Verlag: München 1989[3]. Die erste Ausgabe dieses Werkes ist im Jahr 312 n.Chr. in griechischer Sprache erschienen.

Fruchtenbaum, Arnold G. *Das Leben des Messias.* Zentrale Ereignisse aus jüdischer Perspektive. Hünfeld: CMD 2007

Gaebelein, Frank E. (Hg). *The Expositors Bible Commentary.* The Zondervan Corporation: Grand Rapids, Michigan 1984 (12 Bände)

Husfeld, Dirk. *Astronomisches Kalenderwesen* http://www. maa.mhn.de/ Scholar/ dt_calendar.html. Angepasst von: C. Kronberg – 97/06/17 Chris.Kronberg@lrz. uni-muenchen.de.

Jettel, Thomas. Die Verleugnung des Petrus in *Bibel und Gemeinde* 1/2009

Jüdisches Museum, Wien. *Der jüdische Kalender.* http://www. jmw.at/index.html.

Keel, Othmar; Küchler, Max; Uehlinger, Christoph. *Orte und Landschaften der Bibel.* Band 1: Geographisch-geschichtliche Landeskunde. Einsiedeln-Zürich-Köln-Göttingen: 1987

Keener, Craig S. *Kommentar zum Umfeld des Neuen Testaments.* Historische, kulturelle und archäologische Hintergründe. 3 Bände. Hänssler: Neuhausen-Stuttgart 1998.

Krieser, Matthias. *Die Geschichte des Volkes Gottes.* Verlag der lutherischen Buchhandlung: Gr. Oesingen 1983.

Läpple, Alfred (Hrg.). *Die Schriftrollen von Qumran.* Übersetzung und Kommentar mit bisher unveröffentlichten Texten. Pattloch Verlag: Augsburg 1997

Maier, Gerhard. *Der Prophet Daniel.* Wuppertaler Studienbibel. R. Brockhaus: Wuppertal 1982

Maier, Gerhard. *Das Matthäus-Evangelium.* Edition C. Band 2. Hänssler: Neuhausen-Stuttgart 1980

McDowell, Josh. *Bibel im Test.* Tatsachen und Argumente für die Wahrheit der Bibel. Hänssler Verlag: Neuhausen-Stuttgart 1988

McGarvey J.W./ Pendelton, A.B. *The Fourfold Gospel.* A Harmony of the Four Gospels, The Standard Publishing Company: Cincinnati 1914 (BWS-Modul)

Molzahn, Wolfgang. *Eine Harmonie der vier Evangelien nach der Elberfelder Bibel.* Selbstverlag, Regensburg 1993

Nun, Mendel. *Der See Genezareth und die Evangelien.* Archäologische Forschungen eines jüdischen Fischers. Brunnenverlag Gießen 2001.

Pixner, Bargil / Riesner, Rainer (Hg). *Wege des Messias und Stätten der Urkirche.* Brunnen Verlag: Gießen 1991. 3. erweiterte Auflage 1996

Ploetz, Carl. *Der große Ploetz.* Die Daten-Enzyklopädie der Weltgeschichte. Herder: Freiburg 1998[32]

Rienecker, Fritz/ Maier, Gerhard. *Lexikon zur Bibel.* R. Brockhaus Verlag: Wuppertal und Zürich 1994

Riesner, Rainer. *Die Frühzeit des Apostels Paulus.* J.C.B. Morh: Tübingen 1994

Schlatter, Adolf. *Die Geschichte der ersten Christenheit.* C. Berthelsmann: Gütersloh 1926

Spurgeon, Charles, Haddon. *Ratschläge für Prediger.* Oncken Verlag Wuppertal und Kassel, Verlag der Evangelischen Gesellschaft Wuppertal: 1986

Strack, Hermann L. /Billerbeck, Paul. *Kommentar zum Neuen Testament aus Talmud und Midrasch.* C.H. Beck: München 1926, achte Auflage 1985 (4 Bände)

Stein, Werner. *Der neue Kulturfahrplan.* Die wichtigsten Daten der Weltgeschichte in synchronoptischer Übersicht. F.A. Herbig: München 1998

Tenney, Merrill C. *Die Welt des Neuen Testaments*. Verlag der Francke-Buchhand-
lung: Marburg 1994[4]

Thiede, Carsten Peter. *Ein Fisch für den römischen Kaiser*. Juden, Griechen, Römer:
Die Welt des Jesus Christus. Luchterhand: München 1998

Thiede, Carsten Peter. *Geheimakte Petrus*. Auf den Spuren des Apostels. Kreuz Verlag: Stuttgart 2000

Walvoord, John F. und Zuck, Roy B. (Hg). *Das Alte Testament und das Neue Testament erklärt und ausgelegt*. Hänssler Verlag: Neuhausen-Stuttgart 1990-1992 (5
Bände).

Zahn, Theodor. *Grundriß der Geschichte des Lebens Jesu*. Reprint Hänssler Verlag:
Neuhausen-Stuttgart 1999

Zahn, Theodor. *Skizzen aus dem Leben der Alten Kirche*. A. Deichertsche Verlags-
buchhandlung: Erlangen und Leipzig 1894

Zarley, Kermit. *Das Leben Jesu*. Die authentische Biographie. Hänssler Verlag: Neuhausen-Stuttgart 1992

Stellenregister

Buchempfehlungen

Neues Testament
mit Psalmen
Geb., 11 x 16,5 cm, 592 Seiten
mit Lesebändchen

Die NeÜ Bibel.heute liegt jetzt in einer neuen Ausgabe
mit den Psalmen vor. Diese Übersetzung versucht,
Sinn und Struktur des neutestamentlichen Textes zu
erfassen und für den Leser wiederzugeben. Sie legt
wesentlich größeren Wert auf sprachliche Klarheit als
auf wörtliche Wiedergabe. Die NeÜ Bibel.heute ist als
Einführung in die Bibel gedacht, die ein großflächiges Lesen ermöglicht.
Sie soll einen Eindruck von der lebendigen Kraft, aber auch von der
Schönheit des Wortes Gottes vermitteln.

Bestell-Nr. 273.607
EUR (D) 7,90 EUR (A) 8,10 SFR 14,60
ISBN 978-3-89436-607-0

Paul N. Benware
Von Matthäus bis Offenbarung
Das Neue Testament verstehen
Geb., 384 Seiten
Dieses Handbuch beleuchtet die Vorwegnahme,
Einsetzung und Erfüllung des Neuen Bundes. Dr.
Benware untersucht ...
• alle 27 Bücher des Neuen Testaments,
• chronologisch das Leben von Jesus Christus,
• die politischen Machtverhältnisse und das
Römische Reich im ersten Jahrhundert,
• die Zeit zwischen den Testamenten.
Das Buch enthält zahlreiche Tabellen, Karten und Abbildungen.

Bestell-Nr. 273.556
EUR (D) 19,90 EUR (A) 20,50 SFR 36,30
ISBN 978-3-89436-556-1

Christliche Verlagsgesellschaft mbH
Kompetent. Profiliert. Engagiert.

John Witmer
Immanuel, wahrer Mensch und wahrer Gott
Eine umfassende Darstellung der Person Jesu
Geb., 272 Seiten
John Witmer beschreibt in seinem Buch vier
Phasen der Existenz des allmächtigen Sohnes
Gottes:
• Der Sohn, bevor er Mensch wurde;
• der Sohn des Menschen, der auf der Erde litt;
• der verherrlichte und zum Himmel aufgefahrene
Christus
• und schließlich die ewige Herrschaft des Königs.

Best.-Nr. 273.494
EUR (D) 15,90 EUR (A) 16,40 SFR 29,30
ISBN 978-3-89436-494-6

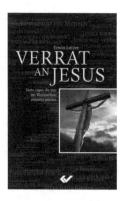

Erwin W. Lutzer
Verrat an Jesus
Sechs Lügen, die über den Weltenerlöser verbreitet
werden
Geb., 176 Seiten
Glauben Sie an Jesus? Wenn ja, an welchen? Wir
benutzen vielleicht
denselben Namen, aber wenn wir uns über Jesus
unterhalten, merken wir, dass wir nicht über
dieselbe Person sprechen. Wer ist der wahre Jesus?
Ist es möglich zu wissen, wie er wirklich war?
Dr. Erwin Lutzer zeigt dies, indem er die sechs
häufigsten Lügen widerlegt, die heute über Jesus
im Umlauf sind: Man hat das Familiengrab Jesu entdeckt, Jesus wurde nie
gekreuzigt, Jesus war ein ganz normaler Mensch, Jesus ist ein Weg zu
Gott unter vielen u. a.

Best.-Nr. 273.577
EUR (D) 10,90 EUR (A) 11,20 SFR 19,50
ISBN 978-3-89436-577-6

Christliche Verlagsgesellschaft mbH
Kompetent. Profiliert. Engagiert.

Manfred Paul
Jesus - Keiner ist wie Du!
Geb., farbig, / 96 Seiten

Best.-Nr. 273.476
EUR (D) 12,90 EUR (A) 13,30 SFR 23,40
ISBN: 978-3-89436-476-2

Wer ist Jesus Christus wirklich? Was
fasziniert an ihm? Was hat er wirklich
gesagt? Und was war seine Mission? Neben
Fakten und Argumenten ist es die Absicht
Manfred Pauls, unser Herz für den Herrn und Erlöser zu erwärmen und zu
erreichen, dass wir ihn ganz neu sehen als den, der mitten im Leben bei
uns sein will. Gehen Sie mit auf eine Entdeckungsreise, die Sie in die
unmittelbare Nähe der wichtigsten Person Ihres Lebens führt!

Manfred Paul
Jesus - Keiner ist wie Du!
Hörbuch Doppel-CD

Best.-Nr. 273.477
EUR (D) 12,90 EUR (A) 13,80 SFR 25,95
ISBN: 978-3-89436-477-9

Christliche Verlagsgesellschaft mbH
Kompetent. Profiliert. Engagiert